Karoline Arn

Die Entourage von Elisabeth de Meuron-von Tscharner

Autorin und Verlag danken für den Druckkostenbeitrag:

SWISSLOS
Kultur Kanton Bern

Kultur
Stadt Bern

Burgergemeinde Bern

Gemeinde Amsoldigen

Verein «buchsi kultur»

Caisse de famille Meuron

Dank des Berner Schreibstipendiums wurde dieses Buch ermöglicht. Merci!

Der Zytglogge Verlag wird vom Bundesamt für Kultur mit einem Strukturbeitrag für die Jahre 2021–2024 unterstützt.

MIX
Papier aus verantwortungsvollen Quellen
FSC® C083411
FSC www.fsc.org

Lektorat: Thomas Gierl
Coverfoto: Hans Steiner, © Musée de l'Elysée, Lausanne – Fonds Hans Steiner
Umschlaggestaltung: Kathrin Strohschnieder
Layout/Satz: 3w+p, Rimpar
Druck: CPI books GmbH, Leck

ISBN: 978-3-7296-5061-9

www.zytglogge.ch

Karoline Arn

Die Entourage von Elisabeth de Meuron-von Tscharner

ZYTGLOGGE

Für Louise und Basile

Inhalt

Barbara Hegner mit Hund Joujou, 2015
Foto: © Peter Mosimann

«Wir dachten, wir hätten noch Zeit»
(Barbara Hegner)

November 2018

Ich suche dunkle Kleider hervor, was im Spätherbst nicht schwierig ist. Braune Wollhose, dunkle Bluse und Jackett, darüber einen blauen Wintermantel und warme schwarze Lederbottinen. Die Kleider sind das Einfachste, das Äusserliche. Was trage ich innen? Welche Gefühle und Gedanken sind meine Begleiterinnen? Bunte, kräftige und vage Erinnerungen steigen in mir auf, ich brauche auch eine innere Hülle, die sie bändigt und meine Haltung formt. Ich hatte nur wenig Zeit, mich vorzubereiten. Anfang der Woche kam ein Anruf mit der Nachricht, Barbara Hegner sei gestorben, die Enkelin von Madame de Meuron. Am Freitag findet die Beerdigung statt. Doch mehr Zeit zur Vorbereitung hätte ich mit alltäglichen Details ausgefüllt, und der Termin wäre genauso schnell herangerückt.

Ich spüre diesen Widerstand, den dunklen und konturenlosen Nebel genauer zu erforschen, der aufsteigt und auf mich zukommt. Diffuse Ängste bilden banalste Fragen im Kopf: Wen werde ich zuerst treffen, wo werde ich sitzen? Was soll ich sagen? Welcher Schmerz steht in den Gesichtern der anderen? Welcher Schmerz trifft mich? Alles Fragen, die eine Antwort finden werden. Was mich jedoch ebenso beschäftigt, ist die Frage nach meinem Platz in der Gesellschaft, die Frage nach meiner Rolle. Denn vieles hat sich verändert, seit mein Mann und ich uns getrennt haben.

Die Angst, die mich begleitet, ist eine alte Bekannte. Sie wurde vom Glauben genährt, dass alles gelingen kann, wenn ich mich mit aller Kraft – und vielleicht noch etwas darüber hinaus – dafür einsetze. Ich erinnere mich, wie ich als Kind jeden Tag Pferde reiten durfte, da ich keine Möglichkeit ausliess, bei Tagesanbruch im Stall zu stehen, zu misten und tränken. Das wurde gelobt, das wurde belohnt. Ich spürte: Ich war stark und konnte durchhalten. Ich hatte ein schlechtes Gewissen, einmal einen Tag auszusetzen, selbst wenn ich krank war. Trotzdem war es ein erlösendes Gefühl, nach der Schule im warmen Bett ein Buch zu lesen, statt drei Stunden bei Wind und Wetter durch die Nacht zu traben.

Hartnäckig hält sich dieses Schuldgefühl, wenn etwas anders läuft als gewünscht: Habe ich nicht das Möglichste getan? Eine Stimme fragt nach, was ich falsch gemacht habe, was ich besser hätte machen können. An eine Beerdigung zu fahren scheint auch eine Reise zu sich selbst zu sein. Radiohören lenkt ab und lässt mich wieder an der Oberfläche navigieren.

Das Dorf Amsoldingen liegt oberhalb von Thun am Fuss des Stockhorns. Von Weitem leuchten die gelben Westen der Verkehrslotsen. Es ist wohl die Aufgabe der Feuerwehr, die zahlreichen Gäste auf den Parkplatz zu weisen. Ich bin früh, erst wenige Autos parken hinter der Mehrzweckhalle. Es nieselt, ich spanne den schützenden Regenschirm auf, um zur Kirche zu gehen. Auf dem Weg suche ich bekannte Gesichter, denn die Einladung zur Beerdigung habe ich meinen Schwiegereltern mitgeteilt, diese haben sie den nahen Verwandten weitergeleitet.

Schweigend ziehen Menschen über den knirschenden Kies an mir vorbei. Da meine Schwiegereltern immer zu früh sind, betrete ich die Kirche in der Vermutung, dass sie vor mir angekommen sind. Draussen ist das Licht durch Regen und Wolken fahl, drinnen ist es noch düsterer. Ausser einem Meer schemenhafter Gestalten erkenne ich zuerst gar nichts. Bis sich in den hinteren Reihen eine Hand winkend erhebt. Auf einer Bank sehe ich den für mich reservierten Platz. Ich nicke meinen Schwiegereltern zum Gruss zu und setze mich dankbar neben sie auf das dunkle Holz.

Alle Kirchenbänke sind nun besetzt, es ist still. Nur die Mäntel schleifen leise auf den Bänken, wenn jemand zur Seite rutscht; Begrüssungen werden gemurmelt und Schuhe scharren auf dem Boden. Mein Blick schweift an den weissen Mauern entlang zu den Säulen der romanischen Basilika mit den sichtbaren eingemauerten Steinquadern, die an ein Gewölbe erinnern. Ich hebe den Kopf, blicke hinauf zur dunklen Holzdecke – sie ist ebenmässig und erhaben. Die eingelassenen kleinen Fenster aus hellem Glas leuchten. Die Architektur vermittelt weder die Strenge reformierter Kirchen noch die Wohligkeit prunkvoller, goldgeschmückter katholischer Bauten. Hier wirkt die Zeit; die tausend Jahre, in denen diese Kirche alle Epochen und Geisteshaltungen durchlebt hat, prägen den Raum.

Im Zeitraffer sammeln sich in diesem Moment Gedanken und Gefühle der einzelnen Besucherinnen und Besucher. Die dicken Kirchenmauern vereinen diese so unterschiedlichen Personen, behüten diese besondere Stimmung. Ich freue mich, vertraute Menschen neben mir zu wissen, die diesen aufwühlenden Moment des Abschieds teilen.

Dieser Ort löst Erinnerungen aus: an eine Lesung mit Harmonium-Begleitung, an Erzähltes und Beschriebenes. Ich trauere um die Verstorbene, die Begegnungen und Gespräche mit ihr werden mir fehlen. Die Arbeit an der Biografie von Elisabeth de Meuron-von Tscharner war ein Teil meines Lebens geworden. Mit all den Briefen, die ich gelesen hatte, mit all den Gesprächen, den neuen Bekanntschaften. Bei jeder biografischen Arbeit werde ich zu einer Mitwisserin, gleichzeitig auch zu einer Beobachterin der Familie. Meine Kenntnisse sind rasch umfassender als diejenigen der einzelnen Familienmitglieder selbst, da diese immer nur einen Teil des Ganzen darstellen, eine verinnerlichte Perspektive einnehmen und sich ein eigenes Bild machen, ohne auf andere Aspekte angewiesen zu sein. Warum auch sollten sie sich um eine Übersicht bemühen und Vollständigkeit anstreben? Mein Aussenblick ist breiter, offener, aber auch distanzierter. Somit habe ich zwar einen Wissensvorsprung, ohne aber die Geschichten selbst erlebt zu haben – die inneren Welten der Menschen muss ich mit Hilfe meiner Fantasie erschaffen. Ich frage mich, ob ich auch das Vorleben meiner Herkunftsfamilie aufarbeiten könnte. Wohl nicht, zumindest nicht auf dieselbe Weise. Denn meine Sichtweise, meine Erlebnisse, meine Meinung würden vielen Entdeckungen im Wege stehen, würden meine Fragen einfärben und zensieren und meine Neugierde wäre beeinflusst. Mein Hintergrund fliesst bei jeder biografischen Arbeit ein. Aber bei der eigenen Familie wäre es noch ausgeprägter und weniger reflektierbar.

Bei meiner Biografie über Elisabeth de Meuron verschwammen die Grenzen zwischen Aussen- und Innensicht, da ich durch meine Heirat faktisch auch ein Teil der Familie de Meuron geworden war. Doch teilte ich nur ein Bruchstück dieses Weges. Ich kannte weder Elisabeth de Meuron persönlich, noch war ich ein Teil der Familiengeschichte. Aber mir eröffneten sich Möglichkeiten, mit nahen Verwandten über sie zu sprechen. Damit erhielt ich Einblick in dieses konfliktbeladene Leben. Ich erfuhr vom schwierigen Charakter, spürte das Unverständnis und erahnte die Wunden, die Elisabeth de Meuron hinterlassen hatte. Als Familienmitglied stellte sich die Frage der Loyalität: Was darf ich schreiben, wer möchte was lesen? Dieser Herausforderung stellte ich mich, indem ich nichts verschwieg, aber allem und allen mit Respekt begegnete. Ich versuchte zu verstehen und nicht zu werten.

Nun ist die Situation eine neue: Mit der Trennung veränderte sich die Beziehung zur Familie de Meuron. Ich sitze an der Beerdigung im Familienverbund, obgleich ein Teil des gemeinsamen Wegs beendet ist. Es bleibt die Verbindung der erlebten Zeit, auch der intensiven Auseinandersetzung mit der Familiengeschichte. Eine Trauer über das Verlorene steigt in mir auf. Der Herzlichkeit ist die Selbstverständlichkeit abhandengekommen, ich fühle mich gleichzeitig heimisch und fremd – die Vertrautheit bleibt.

Die Verbindung zur Geschichte von Elisabeth de Meuron scheint mir unverändert. Vielleicht deshalb, weil sie ausser dem Namen dieser Neuenburger Familie, den sie auch in Bern bekannt gemacht hatte, wenig mit der Familie verband. Elisabeth heiratete Fritz aus Not oder Verzweiflung. Nach der unglücklichen Ehe und der Scheidung besuchte Elisabeth als Taufpatin eines Neffen von Fritz die Familie in Gerzensee zwar regelmässig einmal im Jahr, ihren Berner Verwandten stand sie jedoch näher als den Neuenburgern.

Im hellen Chor sitzt die Musikgesellschaft, ihre Instrumente liegen wie schlafende Kinder auf dem Schoss der Bläser und Streicher. Blicke gehen hin und her. Jetzt läuten die Glocken, zu laut und zu spät – alle Trauergäste haben längst Platz genommen, einzelne Nachzügler suchen nach Lücken in den Bänken.

Madame de Meurons Enkelin, Barbara Hegner, haderte mit dem Alter und seinen Gebrechen, erwähnte in unseren Gesprächen oft die Sterbeorganisation Exit. Falls sie einmal dement würde, wolle sie ihr Leben selbst beenden. Dies betonte sie mit Nachdruck. Ich verstand es nicht, versicherte ihr, ich wäre froh, wenn ich ein Gedächtnis wie sie hätte. Denn ich staunte, als sie das Manuskript der Biografie ihrer Grossmutter Elisabeth de Meuron innert weniger Stunden gelesen, Anmerkungen platziert und fehlerhafte Daten oder Details korrigiert hatte. Zwei Tage, nachdem ich ihr den ganzen Text im Frühling 2014 zugeschickt hatte, lag er wieder bei mir im Briefkasten. Die Post wird in Amsoldingen gegen Mittag ins Schloss gebracht, bis um 17 Uhr musste sie den Umschlag also wieder am Schalter aufgegeben haben. Das hätte ausser der damals 81-jährigen Barbara Hegner niemand geschafft.

Sicher wollte sie dieses Resümee des Lebens ihrer Grossmutter möglichst schnell erledigen; dieses Leben als Konzentrat, als hochprozentig Gebranntes noch einmal zu schmecken. Es wühlte die schillernden Sedimente der Erinnerungen auf, die sich endlich gesetzt hatten. Ihre verletzliche und verletzende Grossmutter, die brüskierend und eigensinnig durchs Leben gegangen war – und von sich gestossen hatte, was sie am meisten liebte: ihren Sohn, ihre Tochter. Mit der Enkelin war sie verbunden geblieben. Nach Elisabeths Tod wollte Barbara ihre Grossmutter weder ehren noch richten. Sie sollte in den Erinnerungen ruhen, sich aber nicht mehr einmischen.

Barbara Hegner hatte dennoch zu unseren Treffen eingewilligt, um die offenen Fragen zu klären, die ich zu den unzähligen Briefen ihrer Grossmutter hatte. Briefe, oft fragmentarisch, hastig in schlaflosen Nächten notiert, so wie wir heute E-Mails, Textnachrichten oder Social-Media-Beiträge verfassen. Die Empfängerinnen und Empfänger verbrannten die Post nicht, obgleich es so von Madame de Meuron angeordnet war, sondern bewahrten die Briefe und Karten sorgfältig auf. Barbara Hegner kannte den Bekanntenkreis ihrer Grossmutter, auch wenn einzelne Personen in den Briefen nur flüchtig erwähnt wurden. Sie stellte die Ereignisse in einen Zusammenhang und rekonstruierte den Hergang. Sie zeigte auf, wie es gewesen war. Nicht immer aber wusste sie, warum.

Die Offenheit von Barbara Hegner verdankte ich wohl auch dem Namen unserer Tochter: Als ich Unterlagen zu Elisabeth de Meuron studierte, lag zwischen den Briefen eine Todesanzeige von Louise de Meuron. Da erst realisierte ich, dass die Tochter von Madame de Meuron denselben Namen trug. Eine Todesanzeige mit dem Namen der eigenen Tochter zu lesen, war ein beklemmendes Gefühl. Also sei es wichtig, dass ich etwas über ihre Mutter und ihre Grossmutter erfahre, meinte Barbara Hegner. Den Namen hatten wir aus anderen Gründen gewählt, doch er schuf er die Verbindung zu Barbara Hegner.

Warum sie ausgerechnet mir Rede und Antwort gestanden habe? Das fragten einige Bekannte Barbara Hegner erstaunt. Meine Lizentiatsarbeit zum Einfluss der Bernburger in der Stadt Bern war noch nicht überall vergessen, auch wenn sie Jahrzehnte zurücklag. Zu beschönigen brauche niemand, entgegnete Barbara Hegner auf diese Frage. Deswegen sei ich keine schlechte Wahl. Ein kritischer Blick schade nie. Nach mehreren Jahren Arbeit und vielen Besuchen im Schloss Amsoldingen bemerkte Barbara Hegner, als sie das frisch gedruckte Buch schliesslich in den Händen hielt: «Jetzt habe ich meine Grossmutter sogar etwas lieb bekommen.»

Für weitere Gespräche ist es nun zu spät. «Wir dachten, wir hätten noch Zeit», steht über der Todesanzeige von Barbara Hegner. Viele erschraken über den plötzlichen Tod, auch viele, die Barbara Hegner nahegestanden hatten. Dabei hatte sie nie etwas nur so dahingesagt. Die frühere Ärztin und Witwe des vor Jahren verstorbenen Diplomaten Anton Hegner, die in den verschiedensten Ländern der Welt zu Hause gewesen war, hatte keine Zeit für leere Worte. So ging sie, als ihr Gehirn nicht mehr leistete, was sie von ihm erwartete. Hatte die Trauerfeier noch minutiös vorbereitet, aufgeschrieben, was sie noch sagen wollte. «Im Jassen hat sie immer noch alle geschlagen», beginnt die Pfarrerin den Trauergottesdienst.

Neben dem Kirchenschiff, keine hundert Meter entfernt, war Barbara Hegner am 27. August 1933 zur Welt gekommen, am Tag, als ihre Grossmutter ihren 51. Geburtstag mit einem grossen Fest im Park des 1000-jährigen Chorherrenstifts und heutigen Schlosses Amsoldingen feierte. Im gotischen Taufstein mit den geheimnisvollen Tiermedaillons wurde Barbara vor 85 Jahren getauft. Heute stehen dort ihre Trauerkränze.

Noch wenige Tage vor ihrem Tod war Barbara Hegner am Sonntag zur Predigt gegangen, hatte einige Worte mit dem Pfarrer gewechselt. So wie immer. So wie fast immer. Denn um diese Jahreszeit ging Barbara Hegner sonst nie in Amsoldingen in die Kirche, im Winter lebte sie in den Bergen. Heuer war sie jedoch nicht nach Klosters gereist, sie hatte eine andere Reise gewählt.

Sie lässt sich entschuldigen. Für ihre oft gereizte Art, für ihre Forschheit, bei allen, die sie verletzt hat. Sie bittet um Verständnis und um Verzeihung. Viele lebten ein erfülltes Leben, sie aber habe ein überfülltes gehabt, lässt sie die Pfarrerin mitteilen. Von allem zu viel. Von meiner Seite gibt es Barbara Hegner nichts zu verzeihen. Im Gegenteil. Ich kann mich nur bedanken und bedaure, in Gesprächen keine weiteren gemeinsamen Zeitreisen mehr mit ihr antreten zu können.

Die Musikgesellschaft Amsoldingen spielt den Berner Marsch. Wie oft hat sie diesen auch für Madame de Meuron gespielt? Der Verein war zehn Jahre vor Elisabeth de Meurons Geburt im «Kreuz» von Amsoldingen gegründet worden. Ab und zu veranstaltete die Musikgesellschaft auch Konzerte im Schlossgarten. Nun spielt sie zum Abschluss einen fröhlichen Gospel, exakt so, wie es sich die Verstorbene gewünscht hat. Es passt alles zu Barbar Hegner: korrekt, präzise und durchdacht, eigenständig, humorvoll, frei und stimmig.

Es braucht viel Kraft, seine Meinung zu sagen und dafür einzustehen, Barbara Hegner hatte sich darin nie beirren lassen. Noch mehr Energie braucht es aber, sich als Partnerin eines Diplomaten an die Gepflogenheiten der Protokolle zu halten. Irgendwann war ihr das Diplomatenleben zu anstrengend geworden. Sie kehrte 1980, einige Jahre vor ihrem Ehemann, nach Amsoldingen zurück und wurde in Bern eine der ersten Ärztinnen, die auch chinesische Medizin und Homöopathie praktizierte.

Die Trauergäste verlassen die Kirche und kondolieren den Töchtern und dem Sohn, den Enkelinnen und Enkeln, den Nichten, die in einer Reihe vor der Tür stehen. Die Angehörigen bitten zu einem Umtrunk im Schloss. Ich folge der Einladung und verabschiede mich von den Schwiegereltern, die den Heimweg antreten. Es war schön, gemeinsam der Trauerfeier beizuwohnen.

Fröhlich streift nur der Pudel durch die Räume von Gast zu Gast. Sucht er seine Herrin? Nie war Barbara Hegner ohne Hund unterwegs gewesen. Beim ersten Telefongespräch sagte sie mir, ich solle meinen Hund mitbringen, und konnte nicht verstehen, dass ich keinen hatte.

Noch einmal im Salon stehen, den Blick auf den Park, den See und hinauf zum mächtigen Stockhorn, in der Hand ein Glas mit Muscat de Frontignan, einem gelben Likör, den Fritz de Meuron,

Barbaras Grossvater, immer getrunken hatte – und der mir in Südfrankreich wieder begegnet ist. Das Sofa, auf dem Barbara Hegner gesessen hatte, als sie mir alle Fragen zu ihrer Grossmutter beantwortete, steht mitten im Zimmer. Damals lag Joujou neben ihr, ein kleiner, wuscheliger, schon betagter Hund. Zum Gespräch hatte sie mir jeweils einen gepolsterten Stuhl angeboten, bevor im Esszimmer das Mittagessen serviert wurde. Zum Apéro um elf und zum Kaffee nach dem Essen erzählte sie aus dem Leben ihrer Grossmutter. Beim Mittagessen sprachen wir über uns.

Plötzlich zupft mich jemand am Ärmel. René Tschäppät: «Wenn Sie das Buch noch schreiben wollen, dann müssen Sie es jetzt machen. Meine Schwiegermutter ist im Pflegeheim, ich weiss nicht, wie lange sie noch lebt.» Ich nicke. Dieses Buchprojekt, das ich schon lange mit mir herumtrage, wie einen Korb Pilze, der sich beim Herumstreifen im Wald allmählich füllt. Doch das Finden alleine reicht nicht. Die Pilze müssen geputzt und mit den richtigen Ingredienzien zubereitet werden, damit sie ihren Geschmack entfalten.

Nachdem die Biografie von Elisabeth de Meuron erschienen war, erhielt ich viele Briefe, Mails und Anrufe. Oft folgte ein Treffen, bei welchem mir die vielfältigen Bekannten von Madame de Meuron ihre Geschichten erzählten, illustriert mit Fotografien, Erinnerungen, Briefen, Erlebnissen und Anekdoten. Mir wurde klar: Elisabeth de Meuron hatte das Leben verschiedenster Menschen geprägt. Sie hinterliess ihre Spuren bei Künstlerinnen und Musikern, bei Dorfpolitikern und Ärzten, bei Bediensteten, Gerichtspsychiatern oder bei ihren Pächtern. Umgekehrt hatte Elisabeth ihr eigenes Leben mit dem Glück und Leid ihrer Freundinnen und Bekannten angereichert. Suchte bei anderen, was ihr selbst verwehrt war, und fand es bei bescheidenen ebenso wie bei prominenten Leuten. Ich habe die Geschichten gesammelt, Regale sind gefüllt mit Flaschen, Hüten, Kopien und Originalen von Briefen, Dias und Fotografien. Die Transkriptionen der Gespräche sind so vielfältig und lebendig, dass sie es verdient haben, erzählt zu werden. René Tschäppät insistiert zu Recht. Es sind mehr als zwei Jahre vergangen seit unserem letzten Treffen, und auch die anderen möchten sicher wissen, was aus ihren Erzählungen wird. Als ich Barbara Hegner damals fragte, ob ihr ein zweites solches Buch recht wäre, meinte sie: «Wenn das jemanden interessiert? Machen Sie nur.»

Mit Tschäppäts Mahnung verlasse ich das Schloss und gehe zurück zum Parkplatz. Am Trottoirrand steht ein Gedenkstein, der daran erinnert, dass Elisabeth de Meuron dieses Land der Gemeinde Amsoldingen zur Verfügung gestellt hatte – für eine Turn- und Mehrzweckhalle mit Sportplatz.

Ich bleibe kurz stehen. Vor Augen habe ich die Familie der Pächter, denen dieses Land verloren gegangen war, und den Gemeinderat, der es für die Gemeinde gewonnen hatte. Dieser Landverkauf hatte Lebenswege mitbestimmt. Die Menschen und ihre Geschichten sind es, die mich dazu bewegen, noch einmal in das Leben von Elisabeth de Meuron respektive ihrer «Entourage» einzutauchen. Lange zögerte ich, dieses Kapitel in Angriff zu nehmen. Fragte mich, ob ich dazu noch berechtigt sei. Doch alle diese Begegnungen, bei denen Madame de Meuron in immer anderem Licht auflebte, kann ich nicht einfach vergessen.

So beklemmend die Hinfahrt zu einer Beerdigung ist, so erfüllend kann die Heimfahrt sein. Der Tod ist ein Ende, auch wenn viele Glaubensrichtungen bemüht sind, darin keinen Abschluss zu sehen. Die Feier eine Versöhnung des Lebens mit dem Tod; die Trauer gibt die Bestätigung, gemeinsam hier zu sein, verbunden mit den Gedanken und den Erinnerungen an Barbara Hegner. Dieses Gefühl bleibt, auch wenn sich die Wege wieder trennen. Das blaue, kühle Licht der Kirche, die gemeinsame Trauer in Worten, Klängen und Bildern verschmelzen und verfestigen sich wie zu einem Kristall, den ich behutsam mittragen kann. Meine Geschichte mit Elisabeth de Meuron geht weiter. Ihr Leben ist mir wichtig, die Auseinandersetzung ist noch nicht abgeschlossen. Die Geschichte ihres Umfeldes bietet einen neuen Anfang – meine diffusen Ängste haben sich verflüchtigt.

Schloss Amsoldingen mit Bauerngut, 2015
Foto: © Peter Mosimann

Amsoldingersee, 2015
Foto: © Peter Mosimann

Das Geburtshaus von Elisabeth de Meuron am Münsterplatz in Bern
Postkarte: Staatsarchiv Bern, StABE T. A Bern Münsterplatz 2

Der Triangel

Im 98-jährigen Leben von Elisabeth de Meuron haben sich die verschiedensten Beziehungen, Freundschaften und Verbindungen entwickelt. Solche, die fast ihren ganzen Lebensweg begleiteten, andere, die vorüberzogen. Die folgenden Geschichten sind wohl nur ein kleiner Ausschnitt davon, es gäbe sicherlich noch viele andere. Sie lassen sich nicht chronologisch erzählen – aber vielleicht örtlich etwas bündeln. Dafür werfe ich zuerst einen Blick auf die zahlreichen Anwesen von Madame de Meuron, einer der grössten Liegenschaftsbesitzerinnen der Schweiz, wie ihr manche nachsagten. Sie besass ihre Häuser und Schlösser nicht nur, sondern bewohnte diese auch häufig selbst. Würde also das Leben als Theaterstück gespielt, welche Bühnenbilder wären nötig? Sicher eines mit der Stadt Bern, eines von Amsoldingen und eines mit dem Schloss Rümligen. Nur könnten die Akte nicht nacheinander in diesen Kulissen gespielt werden, da Madame de Meuron ihr ganzes Leben zwischen diesen Orten pendelte. Es müsste eine Drehbühne sein – aber mit drei statt zwei verschiedenen Bühnenbildern.

Die Lebensorte von Elisabeth de Meuron auf einer Landkarte angepinnt ergäben von oben betrachtet ein langgezogenes Dreieck. Eine Ecke in Bern, eine in Amsoldingen und eine in Rümligen. Die lange Seite des Dreiecks verbindet durch das Aaretal Bern mit Amsoldingen, eine Seite durch das Gürbetal Bern mit Rümligen und die dritte Rümligen über den Rücken des Längenbergs nach Amsoldingen. Es sind alles Güter aus den Familien des Vaters, Ludwig von Tscharner, oder der Mutter, Anna von Wattenwyl.

Auch inhaltlich lässt sich ein klingender Triangel erkennen: Die Stadt Bern, der Geburtsort, blieb viele Jahrzehnte der Mittelpunkt von Madame de Meurons Leben. Auch später verging kaum eine Woche, in der sie nicht einige Tage in die städtische Gesellschaft und ihren Kulturbetrieb eintauchte. In Rümligen wurde sie dagegen zur Landwirtin und Eberzüchterin; in Amsoldingen amtete sie als Schlossherrin und wachte aufmerksam über ihren geliebten See. Madame de Meuron traf an ihren verschiedenen Wohn- und Lebensorten auf ganz unterschiedliche Menschen. Ihre Beziehungen drückten den Orten ihren Stempel auf und umgekehrt wurde Elisabeth durch diese geprägt.

Bern

Das Leben von Elisabeth de Meuron begann in Bern, am 22. August 1882 im herrschaftlichen Tscharner-Haus in der Berner Altstadt. Nicht in einer der engen Gassen, sondern am überschaubaren, etwas abschüssigen Münsterplatz mit dem Mosesbrunnen. Das Münster und der Brunnen boten die Staffage ihrer strengen religiösen Erziehung. Der steinerne bärtige Moses im wallenden blauen Gewand steht auf einer Säule und hält in der linken Hand die Gesetzestafeln mit den zehn Geboten. Seine rechte Hand weist auf das zweite Gebot: «Du sollst dir kein Bildnis noch irgendein Gleichnis machen.» Elisabeth hatte diese römischen Ziffern weniger beachtet als die Widderköpfe und goldenen Fratzen mit den langen Wasserrohren. Während der Moses mit freundlichem, aber abwesendem Blick über alle Köpfe hinwegzusehen schien, verfolgten diese Tierfratzen mit ihren toten Augen das kleine Mädchen. Viel Zeit verbrachte Elisabeth in ihrem Zimmer mit Blick auf das Jüngste Gericht im Eingangsportal des Münsters. Diese Höllenszenarien stiegen auch später immer wieder in ihr hoch.

Das Bern von Elisabeth de Meuron war den engen Gassen und schmalen Häusern zum Trotz der Ort der grossen Träume und des weiten Horizonts. Hier entwarf die junge Elisabeth ihre Zukunft als weltgewandte Künstlerin. Hier erspähte sie als Kind den deutschen Kaiser, hier empfing der Vater General Wille, der die Schweiz durch den Ersten Weltkrieg führte. Auch das unendliche Himmelreich stand mit dem mächtigen Münster gerade vor der Haustür. Bern war Elisabeths grosse, weite Welt. Das Münsterplatzhaus blieb bis zu

Das Châlet Kaaba stand an der Seftigenstrasse 56
Foto: Burgerbibliothek, FP.C.529

ihrem 41. Lebensjahr 1923 der Wohnort von Elisabeth von Tscharner und der späteren de Meuron.

Nur kurz war sie weg: 1905 zog Elisabeth nach der Heirat mit Fritz de Meuron ins Châlet Kaaba an der Seftigenstrasse 56, nahe der Villa Morillon der Familie von Tscharner im Berner Weissenbühlquartier. Wo heute ein Häuserblock an der Strasse steht, auf welcher sich morgens die Autos aus der Agglomeration in die Stadt hinein stauen und am Abend in umgekehrter Richtung, lag damals ein verträumtes dreistöckiges Holzhaus mit fein gearbeiteten Holzverzierungen im Giebel und an den Balustraden. Glyzinien zogen sich an der Fassade entlang – das Châlet lag inmitten eines grossen Gartens.

Woher das Haus seinen Namen hatte, Kaaba, gleich dem schwarzen, würfelförmigen Gebäude im Innern der Heiligen Moschee in Mekka, dem Pilgerort für Abertausende von Menschen muslimischen Glaubens, konnte ich nicht in Erfahrung bringen.

Elisabeth verbrachte bereits als Kind immer wieder Sommertage dort zu Besuch; als junge Mutter mit ihren beiden Kindern seien diese Jahre ihre glücklichsten gewesen, so hat es mir Barbara Hegner erzählt. Es war die Zeit, als Elisabeth de Meuron ihr neues, eigenes Leben beginnen wollte. Bedienstete hatte sie keine, sie gebar ganz alleine in diesem Haus 1909 ihren Sohn Roger – da niemand da war, um Hilfe zu holen.

Vielleicht gibt diese Episode einen Hinweis, warum die junge Familie bald wieder an den Münsterplatz zurückkehrte. Die Ehe mit Fritz brachte Elisabeth keine Eigenständigkeit, sondern Isolation. Fritz war meist auf Reisen, kaum zu Hause und hatte wenig Interesse am Familienleben. So endete der vermeintliche Befreiungsschlag Elisabeths wieder im Haus ihrer Eltern. Diese bewohnten den obersten Stock, Elisabeth zusammen mit ihren Kindern Louise und Roger den mittleren, zuunterst wohnte Fritz in einer eigenen Wohnung. Immerhin hatte Elisabeth Grittli, die junge Haushälterin ihrer Eltern, an ihrer Seite.

Am Münsterplatz lebte Elisabeth wieder in der Nähe ihres Bruder Ludwig Samuel, kurz Louis genannt, und dessen Frau Dora von Büren, ihrer Freundin. Doch auch diese Gemeinschaft hatte nicht lange Bestand: 38-jährig verunfallte Louis 1917 im Garten seines Hauses an der Junkerngasse tödlich. Ein kurzer Schwindel, vielleicht aufgrund eines Schlaganfalls, liess ihn bei der Gartenarbeit auf die Steinplatten des Weges stürzen, wo er auf der Stelle verstarb. Die kinderlose Schwägerin zog aus Bern fort. Im selben Jahr starb Elisabeths Mutter Anna von Tscharner-von Wattenwyl. Übrig blieben Elisabeths Vater, ihr Mann Fritz und ihre beiden Kinder. Zeit für Elisabeth, sich definitiv vom Münsterplatz zu verabschieden – und auch von ihrem Ehemann. Als künftige Alleinerbin liess sich Elisabeth de Meuron 1923 scheiden. Nur so konnte sie ihren Familienbesitz sichern. Nach damaligem Erbrecht wäre nach dem Tod ihres Vaters ansonsten der gesamte Besitz ihrem Ehemann Fritz de Meuron zugefallen.

Alleine mit ihrer Tochter zog Elisabeth ins Landgut im Vertmont in der Schosshalde am damaligen Stadtrand von Bern. Louise durfte mit ihr gehen, Roger wurde bei der Scheidung dem Vater zugesprochen und musste ins Internat. Das Herrenhaus des Vertmont liegt leicht erhöht inmitten einer terrassenförmigen Gartenanlage mit Springbrunnen und eines damals riesigen Parks mit Pförtnerhaus. Doch Elisabeth de Meuron blieb nur wenige Jahre im Vertmont. 1925 heiratete Louise, gerade nach der Matura, einen Schulfreund ihres Bruders Roger, Maximilian von Stockar. Roger und Max besuchten gemeinsam das Internat in Zuoz.

Nach der Hochzeit im Münster zogen die Frischvermählten im Vertmont ein. Zwei Jahre später starb 1927 Elisabeths Vater, Ludwig von Tscharner. Elisabeth de Meuron erbte alle Liegenschaften. Wie wenn sie einen Schlussstrich hätte ziehen wollen, verkaufte Madame de Meuron das Elternhaus am Münsterplatz an den Kanton Bern. So besass sie ein Startkapital für ihre neue Heimat, gönnte sich im Schloss Rümligen renovierte Bade- und Gästezimmer. Der

Stadt blieb Madame de Meuron trotzdem treu; um Künstlerinnen und Musiker zu treffen, Konzerte, Ausstellungen und Kinos zu besuchen oder Einkäufe zu erledigen, weilte sie jede Woche ein bis zwei Tage in Bern und logierte in Erinnerung an ihren Bruder an der Junkerngasse.

Rümligen

Mit 45 Jahren verlegte Elisabeth de Meuron ihren Lebensmittelpunkt nach Rümligen. Wer einmal dort war, will immer wieder hin. Davon war Elisabeth de Meuron überzeugt – ich kann dies bestätigen. Der Ort hat eine fast magische Wirkung. Alle Besucherinnen und Besucher schwärmen davon, wenn sie einmal den steilen Weg zu diesem versteckten Ort gefunden haben. Zugang zum Privatbesitz erhielten aber die wenigsten. Von Weitem hat das Gebäude etwas Trutziges, Abweisendes, Geheimnisvolles. Mit Blick von der Terrasse und noch mehr aus den Fenstern der oberen Stockwerke scheint es, als würde man fliegen, übers Gürbetal den Alpen entgegen. War Bern grau wie der Sandstein oder die Aare nach Schneeschmelze und starken Gewittern, überflutete Rümligen ein Tiefgrün. Das Haus lag eingewachsen zwischen den Bäumen, sogar die Ziegel und der Springbrunnen waren von Moos überzogen, saftig und lebendig. Es roch nach feuchtem Gras und Tau. Selbst im kältesten Winter trotzte das Grün des Efeus und der Stechpalmen dem Eis und Schnee.

300 Jahre lang befand sich das Schloss in Familienbesitz. Jetzt ist oder wird es verkauft. Die Urenkelinnen von Elisabeth de Meuron haben sich in anderen Teilen der Schweiz und der Welt niedergelassen, das Schloss Rümligen passt nicht mehr in diese Lebensentwürfe. Das beauftragte Maklerbüro gab sich viel Mühe, das wundervolle Gebäude und den Umschwung für den Verkauf zu präsentieren. Online konnten die Zimmer besichtigt werden, ein virtueller Rundgang ermöglichte einen Blick auf das Inventar und die Aussicht. Was Elisabeth de Meuron so lange gehütet hatte, war der Öffent-

Schloss Rümligen, Flugaufnahme
Foto: zvg

lichkeit nun virtuell zugänglich. Die Räume, die bemalten Pavillons auf der Terrasse – alle Schauplätze ihres Lebens konnten besichtigt werden.

Auf eine Bemerkung meiner Freundin Katrin Rieder hin, die mich auch mit Ideen, Überlegungen und Kritik bei diesem Buchprojekt unterstützt hat, sie spiele manchmal Lotto, wenn der Gewinn zehn Millionen Franken übersteige, fülle ich manchmal bei hohen Gewinnversprechen einen Schein aus. Ich wüsste, was ich damit kaufen würde: das Schloss Rümligen. Aber ich weiss, dass ich nie gewinnen werde, da ich es seit Jahren kaum einmal schaffe, im Jassen zu gewinnen – auch wenn ich die einzige in der Runde bin, die Jassen als Glücksspiel versteht.

Das Schloss Rümligen, Ende des 11. Jahrhunderts als Burg erbaut, war der Lieblingsort von Elisabeths Vater, obwohl es aus dem Besitz seiner Frau, Anna von Wattenwyl, stammte. Wie ihr Vater liebte Elisabeth dieses etwas grobe Gebäude mit den zahlreichen Rückzugsorten. Jedes der vielen Zimmer war eine eigene Welt: Das Eckzimmer mit dem blauen Himmelbett bot Blicke auf Baumkronen und Alpenfirne. In der stillen Bibliothek wachten über den alten Büchern ausgestopfte Vögel der Umgebung: Kauz neben Bussard, Ente neben Kormoran. Ein Salon lud mit Kaminfeuer und filzbezogenem grünen Tisch zum Spielen ein, die Soldaten des schwarzen und des weissen Königs standen auf dem Brett bereit. Im Jägerstübli und im Esszimmer im Parterre konnten mit Gästen schöne Tischrunden stattfinden. Was aber fehlte, war ein repräsentativer Saal zum Tanzen oder für Bankette.

Nach kurzem Aufstieg auf den Turm hatte Madame de Meuron Abstand von der Gesellschaft, die Welt erschien von dort oben klein und weit weg. Oft sass sie auf den eingelassenen Holzbänken, blickte durch die scheibenlosen Fenster und liess sich die Gedanken vom Wind stehlen. Unten leuchtete das Grün des Parks, funkelte das Wasser im Teich, je nach Sonnenstand zeigte sich ein kleiner Regenbogen rund um die Fontäne des Springbrunnens. Die weitere Umgebung prägten saftige Wiesen und mächtige Bäume, oben lockte das endlose Blau. In der Ferne stoppten nur die Berner Alpen den endlosen Blick zum Horizont.

Rümligen war voller Traditionen. Einige führte Elisabeth de Meuron weiter, wie die der «Concours», der regelmässigen Springkonkurrenzen. Viele aber warf sie auch über Bord. Sie überliess den

Schloss Rümligen mit Allee
Foto: zvg

Landwirtschaftsbetrieb nicht mehr ganz ihren Pächtern, sondern züchtete Eber, Pferde und Hunde – wurde selbst zur Landwirtin. Ihre Liebe zu Tieren war legendär. Sie schrieb etwa in Briefen, dass sie die Tiere zarter liebe als die Menschen, auch der Pfarrer erwähnte bei ihrer Beerdigung in der Grabrede, sie hätte vielleicht sogar die innigere Beziehung zu den Tieren gehabt als zu den Menschen. Mit der Auswahl an Personen in diesem Buch, die mir ihre vielfältigen und vielschichtigen Freundschaften zu Elisabeth de Meuron dargelegt haben, bin ich aber nicht sicher, ob das wirklich stimmt. Madame de Meuron liebte es, Leben zu erschaffen, dadurch spürte sie ihre eigene Lebendigkeit: mit den Welpen, Ferkeln, Küken, Fohlen und Kälbern. Die Tiere waren in der Überzahl und übertönten mit ihrem Kläffen, Grunzen, Gackern das Reden der Menschen. Elisabeths Gedanken und Gefühle befreiten sich inmitten dieser unbeschwerten Jungtiere. Diese urteilten nicht, verlangten keine Erklärungen und waren trotzdem ehrlich: War die Pflege nicht gut, gediehen sie schlecht. In Rümligen empfing Madame de Meuron auch ihre Freundinnen und Freunde, aber auch Amtspersonen wie Gemeindepräsidenten oder Regierungsstatthalter zu geselligen Runden. Fröhliche, farbige und heitere Stunden fanden in dieser Umgebung statt. Rümligen bescherte Elisabeth de Meuron aber auch den tiefsten Schmerz: Mit dreissig Jahren nahm sich ihr Sohn Roger im Schloss das Leben.

Rümligen hütete viele Geheimnisse. Ein kleines hat es noch gelüftet. In einer unscheinbaren grünen Kartonschachtel, die mir die Urenkelin von Madame de Meuron zusandte: «Liebe Karoline, Die Zeit schwimmt mir davon, also schicke ich dir die Briefe.»

Karten und Briefe des Bruders, Vaters, ihrer Mutter, ihrer Verwandten und Freundinnen sowie ihres Mannes hatte Elisabeth de Meuron sorgsam aufbewahrt. Postkarten und Briefe mit Erinnerungen an ihre Jugend. Sie füllten eine Schublade des Sekretärs in ihrem Zimmer in Rümligen.

Zwei Barsoi-Hunde auf der Terrasse in Rümligen
Foto: zvg

Im Wäldchen hinter dem Schloss Rümligen lag das Grab von Roger de Meuron
Foto: zvg

Mit all der Post, die Elisabeth de Meuron in ihrem Leben erhalten hat, hätte sie viele Zimmer von Rümligen bis zur Decke füllen können. Stattdessen hat sie das Feuer damit gefüttert, das im Kamin der dicken Mauern wegen nicht nur im Winter loderte. Der flüchtige Moment des Schreibens und Lesens sollte flüchtig bleiben.

Wie viele Briefe habe ich gelesen, die Elisabeth de Meuron geschrieben hat? Sicher mehrere Tausend. Nun halte ich eine Kartonschachtel in den Händen, ein Überbleibsel oder Destillat aus Rümligen. Voller Briefe und Postkarten, adressiert an Mademoiselle Elisabeth de Tscharner, an der «place de la cathédrale», im Schloss Amsoldingen oder im «château de Rümligen», gebündelt mit hellblauen oder schwarz-roten Bändeln, die beim Öffnen zum Teil auseinanderbröseln. Was werden sie verraten? Lerne ich Elisabeths Eltern kennen – und vor allem ihren Bruder, der in ihren späteren Briefen nur selten erwähnt wird? Finde ich heraus, wo sie ihren Ehemann Fritz de Meuron kennengelernt hatte? Zeigt sich mir der Moment des Eklats, der ihre Träume zerschlug und die Weichen stellte hin zu einem schwierigen Leben voller Schicksalsschläge?

Ist es Ehrfurcht oder nur Neugierde, die mich beim Durchstöbern der Kartonschachtel erfasst? Es sind Zeilen, die ihre Nächsten an Elisabeth geschrieben hatten. In Gedanken blieben Elisabeths Eltern und ihr Bruder anwesend – wie oft hatte Elisabeth de Meuron bis ins hohe Alter von ihnen geschrieben, wohl auch erzählt? Sie fehlten ihr, sie richtete ihr Leben immer noch nach ihnen aus, hielt Traditionen aufrecht. Manchmal schämte sie sich auch vor ihnen. Aber ebenso lud sie ihnen die Schuld für ihr missratenes Leben auf: Ihre «Toten», wie sie ihre Familie nannte. Immer wieder erwähnte sie, wenn auch nur in einem Nebensatz, die «Toten von Rümligen» oder «alle meine Toten». Ich werde mir viel Zeit nehmen, um all diese Karten Buchstabe für Buchstabe zu entziffern, um den Schatz etappenweise zu heben, der bis heute von den dicken Mauern im grünen Rümligen sorgsam behütet wurde. Nach dem Blick in die Schubladen von Rümligen ist es Zeit, die Landkarte des Lebens von Elisabeth de Meuron noch einmal aufzurollen und den dritten Brennpunkt zu betrachten.

Amsoldingen

Das Schloss Rümligen fasziniert, ich werde die neblige Abendstimmung oder das wuchernde Grün im Frühling bei meinen Besuchen nie mehr vergessen.

Das Schloss Amsoldingen dafür ist berauschend – mit dem verträumten See und der verspielten Natur vor dem schroffen Stockhorn. Der dortige Park ist so stimmig angelegt, dass man es fast nicht wagt, ihn zu betreten, um das Bild nicht zu stören; wilde Natur und gepflanzte Blumenpracht wechseln sich ab. An einem Sommerfest von Barbara Hegner stellte ich mir die Gästeschar vor, wie sie Madame de Meuron immer wieder zu ihren Geburtstagen geladen hatte. Am romantischen Seeufer wurde mit einem Glas in der Hand flaniert, Gespräche in kleinen Gruppen unter den schattigen Bäumen gingen dem Essen unter freiem Himmel voran. Immer wieder kreisten Greifvögel über den See, Enten verschwanden im Schilf, wenn die Boote vorbeizogen. Sind gesellschaftliche Anlässe stets dichte und intensive Momente, lockerte die weitläufige Natur die Gespräche auf wie der auffrischende Wind über dem See die Gedanken. Es war, als wandelten wir einige Stunden im Paradies.

Für den Alltag war der Ort Elisabeth zu idyllisch. Sie fühlte sich in einer stillen Oase unwohl. Sie wurde unruhig wie die Böe, die dem See entlang gegen die Voralpen strich und alles aufwirbelte. Sie fand in der Ebene weder Ruhe noch Halt. Der Schatten des mächtigen Stockhorns lauerte ihr auf. Das Wasser des Sees war still, aber nicht unbedingt tief. Der Moorboden war weich und schluckte, was anfiel. Der Blick über den Bootsrand nach den jagenden Karpfen oder Hechten war ihr etwas unheimlich. Die Familie besuchte Amsoldingen vor allem im Sommer. Im August feierte Elisabeth de Meuron ihre Geburtstagsfeste im Park am See. Es war ein Sommerhaus, ein

Schloss Amsoldingen
Foto: Hans Steiner, © Musée de l'Elysée, Lausanne – Fonds Hans Steiner

Blick aus dem Schloss Amsoldingen auf den Park
Foto: Burgerbibliothek Bern, N Eugen Thierstein 373/281 (10)

Sonntagshaus. Inmitten einer Festgesellschaft konnte auch Elisabeth den Ort würdigen. War es ein Männerort? Amsoldingen gehörte ursprünglich Ludwig von Tscharner, Elisabeths Schwiegersohn wie auch der Ehemann ihrer Enkelin besuchten das Schloss, den Park und den See in Amsoldingen sooft sie konnten, wählten den Ort zeitweise gar als Wohnsitz.

Mit seinem riesigen Umschwung und dem landwirtschaftlichen Pachtbetrieb war das Anwesen aber ebenso aufwändig zu unterhalten wie Rümligen. Madame de Meuron verwaltete das Schloss mit Pflichtbewusstsein, fuhr jede Woche hin, um die nötigsten Arbeiten erledigen zu lassen und den Pächter des Landwirtschaftsbesitzes im Auge zu behalten. Auch wenn sie nie länger im Schloss wohnte, unterhielt sie rege Beziehungen zur Gemeinde und den Gemeindebehörden, da der Landsitz mit See an die Kirche angrenzend den Dorfkern bildet. Die Erlaubnis, das Schloss Amsoldingen und den Park samt See besuchen zu dürfen, war ein Geschenk, das Elisabeth de Meuron ihren Freunden und Bekannten als Dank oder als Gegenleistung für eine kleine Hilfe machte oder einfach als Vertrauensbeweis ihrer Freundschaft. Amsoldingen bereitete ihr oft Ungemach – nirgends wurde so viel eingebrochen und gestohlen wie dort.

Dieser Ausschnitt der Landkarte von Elisabeth de Meurons Leben umfasst jedoch noch nicht alle ihrer Liegenschaften. Sie besass weitere Häuser in der Berner Altstadt, ebenso gehörte die Alp Rämisgummen bei Eggiwil im Emmental zum Schloss Rümligen. Diese Aufzählung zeigt, wie schwierig es wohl war, an all diesen Orten die Zügel in den Händen zu behalten, den Überblick zu wahren und regelmässig nach dem Rechten zu sehen. Die Schilderungen ihrer Freundinnen und Bekannten aus Amsoldingen, Rümligen oder Bern zeigen indessen, dass sie es bewerkstelligen konnte. Nie fielen Sätze wie «Madame war nur selten da, man hat wenig von ihr gemerkt», «sie wohnte halt in der Stadt» oder «sie wohnte halt in Rümligen». Elisabeth de Meuron hatte nie – anders als viele ihre

Elisabeth de Meuron mit Silbergeschirr im Schloss Amsoldingen, 1958
Foto: Burgerbibliothek Bern, N Eugen Thierstein 373/281 (5)

Zweitwohnungen heute – ein Haus über längere Zeit unbewohnt gelassen. Sie hätte sich für einen Ort entscheiden können, doch sie fühlte sich überall Zuhause und sie fühlte sich als Herrin verpflichtet, mitzureden und mitzubestimmen. Erst im hohen Alter besuchte sie Amsoldingen nur noch unregelmässig, aber selbst auf die Alp im Emmental liess sie sich fast bis an ihr Lebensende chauffieren.

Ob als Kunstliebhaberin in Bern, als Landwirtin in Rümligen oder als Schlossherrin in Amsoldingen, Madame de Meuron spielte ihre Rolle perfekt, festigte sie mit den Menschen, die sie umgaben. Je grösser ihre Achtung einer Person gegenüber war, desto stärker wurden sie in dieses Dreieck eingebunden und konnte am Klang des Triangels von Elisabeth de Meuron teilhaben. Alle Bekanntschaften hatten einen Ausgangsort, der die Freundschaft mit ihr begründete. So ergaben sich Verbindungen zu unterschiedlichsten Personen aus allen Gesellschaftsschichten. Viele Bekanntschaften und Freundschaften zogen in ihrem langen Leben an Elisabeth de Meuron vorbei, prägten einen Abschnitt, um im nächsten wieder zu verschwinden. Madame de Meuron überlebte ihren Bruder, ihren geschiedenen Ehemann, sie lebte auch länger als ihre beiden Kinder. Konstant blieb wenig, Gründe dafür gab es einige. Der wichtigste mag ihr langes Leben gewesen sein, das genügend Platz bot für vielfältige Freundschaften. Eine Person blieb jedoch fast ein Leben lang an der Seite von Madame de Meuron: Grittli, die Haushälterin.

Grittli ist alles

Beim Triangel ergeben die Metallstäbe zwischen den Eckpunkten den Ton, wenn sie angeschlagen werden. Bei Elisabeth de Meuron sorgte eine Person für diesen hellen Klang. Die Haushälterin war die Verbindung zwischen den drei Lebenswelten. Sie war keine Freundin, gehörte als Haushälterin oder Bedienstete einer ganz anderen gesellschaftlichen Schicht an, dennoch war sie die Vertraute von Elisabeth de Meuron. Sie bewegte sich in der Welt ihrer Herrin, prägte diese, ohne zugehörig zu sein. Sie besass als einzige Person Zugang zu allen Liegenschaften und Räumlichkeiten und erhielt dadurch auch eine Art Passepartout zu allen Lebenssituationen und Gefühlslagen von Madame de Meuron.

Stand Elisabeth de Meuron einem Familienmitglied wohl je so nahe wie ihrer Haushälterin Margrit Bieri? Die naheliegende Antwort wäre ja. Denn warum sollte sie ihrem Bruder, ihrem Vater oder der Mutter – oder auch ihrem Ehemann – nicht uneingeschränktes Vertrauen entgegenbringen und mit ihnen Freud und Leid teilen?

Elisabeth de Meuron gewährte ihrer Familie jedoch weniger Nähe als Grittli. Dem Vater gegenüber war sie die begabte, intelligente und schöne Tochter, die Mutter wollte ein möglichst pflichtbewusstes und frommes Kind und das Verhältnis zum Bruder war von Rivalitäten geprägt – hatten die beiden doch sehr ähnliche, beispielsweise künstlerische Ambitionen. Ihre Familie war eine moralische Instanz, die das Handeln von Elisabeth wertete oder gar sanktionierte.

Grittlis Haltung dagegen konnte Elisabeth de Meuron zur Kenntnis nehmen, sie teilen oder ablehnen, ohne Folgen. Ob Grittli ein Geheimnis kannte oder nicht, beeinflusste den Verlauf der Dinge nicht. Ob ihr etwas passte oder sie keinen Gefallen daran fand, fiel nicht ins Gewicht. Grittli verfügte nicht über die Position, sich einzumischen. Niemand fragte nach ihrer Meinung. Sie hörte zu, wenn ihr etwas erzählt wurde, antwortete, wenn sie gefragt wurde, hatte weder zu werten noch zu richten. Sie war vordergründig eine Quantité négligeable.

Grittli kannte alle Intimitäten, kein Geheimnis blieb ihr verborgen, sie lebte mit Elisabeth de Meuron so lange nahe und intensiv zusammen wie sonst niemand. Trotzdem hätte sie sich nie zur Familie gezählt, auch für Elisabeth wäre sie niemals ein Familienmitglied geworden. Die Distanz wurde beidseitig durch ihr jeweiliges Gesellschaftsbild zementiert. Grittli hatte zu dienen und zu gehorchen, hatte nichts zu bestimmen; was auch immer sie wissen mochte, es brachte ihr keinen Machtgewinn. Sie verhielt sich ein Leben lang loyal zu ihren Herrschaften. Doch faktisch waren diese Distanz und diese Hierarchie längst nicht so ausgeprägt, wie es dem ständischen Bild entsprochen hätte.

Ohne Margrit Bieri wäre Elisabeth de Meuron nie die legendäre Madame de Meuron geworden. Elisabeth de Meuron wäre es kaum gelungen, alle Liegenschaften in Schwung zu halten, ihre knappen Geldressourcen so einzusetzen, dass es überall tout juste reichte. Sie hätte sich nicht in dieser Form gesellschaftlich einbringen können, wäre nicht Grittli im Hintergrund gewesen, die die Arbeiten koordinierte, effizient und unermüdlich erledigte.

Grittli starb kurz nach meinem 6. Geburtstag 1975 mit 82 Jahren. Was ich über sie weiss, habe ich in den Briefen von Elisabeth de Meuron gelesen. Grittli taucht darin häufig auf, ebenso in den Erzählungen zu Madame de Meuron. Wer von Elisabeth de Meuron spricht, spricht auch von Grittli, erwähnt Grittli, wenn auch oft am Rande. Einzelheiten aus Grittlis Leben sind mir wenige bekannt. Im Alter, als Grittli geschwächt weniger arbeiten konnte und wollte, wurde Madame de Meuron, aber auch allen anderen klar, wie unersetzlich diese war. Madame de Meuron hatte die Fähigkeit, die Menschen und ihre Beziehung zu ihnen in einen Satz zu fassen. So auch bei Grittli: «Ohne sie, die Grittli, wäre ich ein Nichts gewesen und bin wieder ein Nichts», notierte Elisabeth de Meuron nach Grittlis Tod. Grittli war Elisabeth de Meurons rechte Hand, ihr Schatten, Engel oder auch Alter Ego, das andere Ich.

Margrit Bieri wurde 1893 geboren, war also 11 Jahre jünger als Elisabeth de Meuron. Mit 16 Jahren trat die kleine, energische Bauerntochter in den Dienst der Familie von Tscharner im Haus am Münsterplatz, einen Tag nach ihrer Konfirmation. Zu Beginn war sie das «Türmeitli», sie empfing, wer Einlass ins Haus der von Tscharner verlangte, meldete den Besuch an und führte ihn, wenn erwünscht, zur Familie. Sie kannte sich in allen Hausarbeiten aus, konnte kochen, bestellte den Garten und half in der Landwirtschaft mit. Ihre natürliche Autorität kam ihr bei den Tieren, die zu versorgen waren, später den Hunden von Madame de Meuron zugute. Grittli begleitete Ludwig von Tscharner nach Amsoldingen oder Rümligen und lernte die Güter kennen. Auch zur jungen Mutter wurde Grittli ins Châlet Kaaba geschickt, eine kleine Unterstützung für Elisabeth nach der Geburt von Roger im einsamen Haus. Grittli war es, die Elisabeths kranke Mutter bis in den Tod pflegte und ebenso den betagten Vater Ludwig von Tscharner.

Nur kurz überlegte sie sich damals, ob es nun an der Zeit wäre, eine andere Stellung zu suchen. Doch für Elisabeth de Meuron war es undenkbar, diese fleissige, begabte und intelligente Hilfe zu verlieren. Grittli sah, dass die geschiedene Elisabeth de Meuron ihre Unterstützung brauchte. Sie kannte die Verhältnisse in Bern, Amsoldingen und Rümligen und erledigte ohne Anweisung alles Nötige. Sie führte ihre Herrin in ihre neue Rolle, ohne gegen die Hierarchie zu opponieren. Sie kannte die Zwänge, denen Madame de Meuron ausgeliefert war: Beide mussten sich gesellschaftlichen Vorgaben unterordnen – nur unterschieden sich bei Grittli und Elisabeth de Meuron die Regeln. Welche Position die bessere oder einfachere war, konnte Grittli nie beantworten. Vielleicht war es diese Einsicht, die sie ihrer Herrin widersprechen liess. Sie wies Elisabeth zurecht, wenn sie es für angebracht hielt, schlug ihr Wünsche aus und stellte Forderungen. Sie zog zwar 1927 mit nach Rümligen, weigerte sich aber, im Winter im eiskalten Schloss zu übernachten. Sie handelte 1948 aus, dass sie ihr eigenes Häuschen in genügender Distanz zum Schloss errichten konnte. Um sich Unabhängigkeit zu verschaffen, baute sie auf dem Land des Nachbarn. Nur zwei Mal war Grittli in ihrem Leben verreist, um in Libingen im Kanton St. Gallen einige Ferientage bei ihrem Bruder zu verbringen. Dieser veranlasste, dass bei Grittlis Beerdigung zeitgleich auch das Glockenspiel von Libingen geläutet wurde. Abgesehen von diesen beiden Reisen war Grittli immerzu zu Diensten von Madame de Meuron. Je älter und vertrauter die beiden Frauen wurden, desto häufiger entfachten sich Streitigkeiten und Zwiste, die Elisabeth de Meuron in ihren Briefen erwähnte. Differenzen bedingen Vertrautheit, besonders zwischen Menschen so unterschiedlicher gesellschaftlicher Positionen: der Streit als Produkt einer langen und intensiven Lebensgemeinschaft. «Es war eine treue liebe Seele, und ist eine gehässige mürrische Alte geworden, sie kann nichts dafür.» Das schrieb Elisabeth de Meuron, vielleicht hatte Grittli ab und zu dasselbe gedacht.

Allen Bestrebungen nach Eigenständigkeit zum Trotz liess Grittli Elisabeth nie im Stich, stellte die eigenen Bedürfnisse hinter diejenigen von Madame. Tauchte eine Frage auf, Grittli kannte die Antwort. «Sie hatte ein Gedächtnis wie ein Lexikon in welchem man alles findet zum Nachschlagen.» Elisabeth de Meuron erwähnte oft Einwände, die Grittli gegen ein Fest oder eine Einladung ins Feld führte. Trotzdem versagte Grittli nie ihre Dienste, auch als sie bereits viel zu krank war und die Aufgaben ihre Kräfte überstiegen. Je überforderter Grittli wurde, desto häufiger zankten sich die beiden Frauen, denn ohne Hilfe wuchsen Elisabeth die Liegenschaften und die Finanzen über den Kopf. Als Grittli starb, konnte sie niemand ersetzten.

Da wurde Elisabeth de Meuron bewusst, welche Leistungen Grittli erbracht hatte. Sie ahnte auch, dass sie Grittli zu viel abverlangt hatte. Zu spät kam das schlechte Gewissen: War sie der Grund für den langsamen Tod und das qualvolle Leiden Grittlis? Diese hatte bis zum letzten Tag gekämpft. Daran fühlte sich Madame de Meuron schuldig.

«Meine liebe, fähige treue Grittli! Dabei ist wie ein Gespenst – der entsetzliche Gedanke, sie könnte sich wegen mir – die hilflose Greisin von 82 Jahren – gegen den befreienden eigenen Tod gewehrt haben.» Grittli wollte Madame de Meuron nicht im Stich lassen – nicht einmal im Todeskampf.

Elisabeth de Meuron besuchte die Patientin, die für niemanden mehr ansprechbar war, im Spital. Als Grittli Madame neben sich fühlte, öffnete sie immer wieder den Mund, brachte aber keine Worte mehr über die Lippen. «Grittli im Bett versuchte einzig mit mir zu sprechen, als ich sie leise streichelte.»

Schuldig blieb Elisabeth de Meuron Grittli auch Geld. Das zumindest fanden die Angehörigen und sie präsentierten Rechnungen, die Grittli aus der eigenen Tasche für Madame beglichen hatte. Diese Auslagen stritt Elisabeth de Meuron nicht ab, machte ihrerseits aber Kosten geltend, die sie im Zusammenhang mit der Krankheit, dem Tod und der Beerdigung Grittlis übernommen hatte. Dieser unschöne Zwist mit Grittlis Verwandten liess Madame de Meuron an der Beerdigung von Grittli fehlen – dies können Bekannte noch heute nicht versehen, wie mir einige erzählt haben. Übrig blieb im «Berner Tagblatt» ein Nachruf, der das Leben und Wirken von Grittli würdigte:

Sie wurde auf dem Friedhof von Kirchenthurnen unter grosser Anteilnahme zu Grabe getragen. Grittli war immer da, wenn man sie brauchte, den ganzen Tag, oft auch nachts und am Sonntag. Grittli kannte keinen Achtstundentag, keinen freien Wochentag, keine Ferien. Sie war Zimmermädchen und Köchin, sie besorgte den Garten, fütterte und betreute die vielen Hunde. Bei Empfängen war sie es, die alles organisierte und für einen reibungslosen Service sorgte. Ihr Haus konnte sie nie geniessen, sie brachte es nicht übers Herz, ihre hochbetagte Frau de Meuron-von Tscharner zu verlassen.

Grittli war die Kapitänin auf dem Schiff, sie war es, die es durch alle Untiefen und Stürme lotste. Wie ein Farbfilter das ganze Bild verändert, so kolorierte sie das ganze Leben von Elisabeth de Meuron mit ihrem Geist und ihrem Einsatz. Denn ohne Grittli wäre Elisabeth de Meuron «ein Nichts» gewesen.

Wie Grittli stand auch Antonio Esposito lange Jahre – und bis zum Tod von Elisabeth de Meuron – an deren Seite. Auch er muss an dieser Stelle erwähnt werden. Mit zwanzig Jahren kam er 1955 aus dem süditalienischen Maschito auf der Suche nach Arbeit in die Schweiz. Madame de Meuron stellte ihn ein, er half im Stall, im Schloss, ging ihr bei Einkäufen zur Hand, chauffierte sie mit dem Jeep nach Amsoldingen oder Bern. Bis zu seinem Tod 2013 lebte er im «Jägerhüsi» auf dem Schlossareal in Rümligen und kümmerte sich weiterhin um die Gebäude; Madame hatte es so gewünscht.

Antonio schickte einen Teil seines bescheidenen Lohns nach Hause, seine Familie konnte sich davon ein Haus bauen. Eine Ehe hielt der Distanz nicht stand, mit 25 Jahren heiratete Antonio eine Frau aus seinem Heimatdorf, doch nach einem kurzen Aufenthalt in Rümligen entschloss diese sich, wieder nach Italien zurückzukehren. In einem Artikel im «Sonntagsblick» von 2009 steht: «Man habe ihm viel Geld geboten, um ‹alles über Madame› zu erzählen. Er aber lehnte ab. Er wollte kein Geld, kein Gerede, keine Probleme.»

Gerne hätte ich mehr über Antonio erfahren, doch meine Recherchen ergeben, dass nach seinem Tod die wenigen Habseligkeiten zur Familie nach Italien gebracht, Briefe, Dokumente und anderes Persönliches vernichtet wurden. «Toni, ich bin deine Mutter», habe Madame oft zu ihm gesagt, lese ich im Zeitungsartikel. Antonio wird als Madames Schatten beschrieben: «Nie sichtbar, aber immer bereit. Ein Vierteljahrhundert lang waren Antonio Esposito und Elisabeth de Meuron ein ungleiches Paar.» Diese Einschätzung deckt sich mit den Erzählungen, die mir zu Ohren kamen. Allerdings erinnern sich die wenigsten an Gespräche mit ihm. Er war zwar immer da, aber stets zurückhaltend und auf Distanz. Dies schuf den Nährboden für manches Misstrauen ihm gegenüber und manchen Tratsch.

Antonio Esposito mit den Barsoi vor dem Schloss Rümligen, 1976
Foto: zvg

Maria Gfeller, ca. 1945
Foto: zvg

Maria, die Pächtersfrau

(Familie Gfeller)

«Die Familie Gfeller war über hundert Jahre Pächter auf dem Schlossgut der Familie von Tscharner und später von Madame de Meuron hier in Amsoldingen. Wissen Sie, was das bedeutet?», fragte mich René Tschäppät mit seinem französischen Akzent, als er sich zum ersten Mal telefonisch meldete. Seine bald 100-jährige Schwiegermutter habe viel zu erzählen. Ehrlich gesagt, ahnte ich nicht, was das bedeutete. Ich dachte, Pächter seien einfach Landwirte, Bauern wie andere auch.

Vor unserem Treffen wollte der Schwiegersohn wissen, was ich Maria Gfeller zu fragen beabsichtige und wozu – um sich vorzubereiten und die nötigen Unterlagen herauszusuchen. Ob ich für das Buch auch die Einwilligung der Enkelin Barbara Hegner hätte, denn mit ihr habe sich die Familie Gfeller immer gut verstanden. So schrieb ich ihm folgendes Mail:

Lieber Herr Tschäppät
Mich interessieren grundsätzlich alle Erinnerungen und auch kleine Details, die Maria Gfeller an ihre Schulzeit, an ihr Elternhaus, an ihre Ausbildung und natürlich auch an die Zeit als Pächterin hier in Amsoldingen hat.

Denn es ist sicher eine sehr besondere Geschichte von Maria Gfeller, zeigt aber auch auf, wie sich die Landwirtschaft verändert hat, wie es war, als Pächter einen Hof zu betreiben, wie es war, als Frau in einen Betrieb hineinzuheiraten usw.

Ein oder zwei Löffel? Die Dose Nescafé ist halb leer. Anderthalb bitte. Das heisse Wasser aus der silbernen Thermoskanne löst den Kaffee nicht ganz auf, kleine braune Brocken drehen sich beim Rühren im Kreis. «Ich erinnere mich an die Fettaugen, wenn ich am

Morgen mit dem gleichen Löffel nach der Rösti im Kaffee gerührt habe», erzählt René Tschäppät: «Mich graust es noch heute.» Ein Tropfen Milch aus der Packung hellt den Kaffee auf, ein Teller Güezi steht auf dem Küchentisch. An der Wand winkt ein blonder Junge von einem Abreisskalender, ein Enkelkind, an einer Pinnwand sind die nächsten Daten des Turnkurses notiert und einige Telefonnummern. Der Kühlschrank rumort, neben dem elektrischen Kochherd steht ein alter Holzherd. Es ist ein Werktag, deswegen sitzen wir im kleinen Holzhaus in der Küche auf der Eckbank auf selbstgenähten Kissen und nicht in der Stube. Vor dem Fenster steht die Linde, einzelne gelbe Blätter trotzen den Herbstwinden. Ein handgewobenes Leinentischtuch überdeckt das geblümte orangene Wachstuch.

Diese Küche erinnert mich an die vielen Stunden, die ich als Kind bei Bauern im Nachbardorf verbrachte. Jeden Morgen nach dem Ausmisten des Stalls – zwanzig Pferde und einige Kühe – sassen alle beim Frühstück: Ruchbrot, Konfitüre, Butter und Nescafé. Auch für die Kinder gab es nichts anderes zu trinken, und durstig wie ich war, liebte ich dieses Getränk mit einem ordentlichen Schluck kalter Milch aus dem blassgelben Rössler-Porzellankrug. Wasser gab es draussen beim Brunnen. Um mit dem Mund unter die Messingröhre zu gelangen, woraus das kühle Wasser der eigenen Quelle unaufhörlich sprudelte, musste ich mich über den kalten Steintrog beugen. Der Rand war immer feucht und glitschig, da wir in Eimern Wasser für die Pferde schöpften. War der Durst gelöscht, waren dafür die Hosen nass.

Der Welsche

René Tschäppät, der quirlige Mann, schaut mich ernst an. Er sitzt am Tischende, Maria mir gegenüber, ihre Hände ständig in Bewegung. Am 30. April 1924 war sie im Nachbardorf Uebeschi zur Welt gekommen. Die Geschichte seiner Schwiegermutter liegt René Tschäppät am Herzen. Er kennt ihre Leistungen, ihre Kraft und ih-

Maria Gfeller hoch zu Ross ...
Foto: zvg

... bei der Feldarbeit, vor 1960
Foto: zvg

ren Mut. Weiss aber auch, welche Enttäuschungen sie hinnehmen musste und wie sie weiter aufrecht ihren Weg gegangen ist. Er ist stolz auf ihren «IQ», wie er immer wieder lächelnd sagt. Maria habe sich nie einschüchtern lassen. Weder von den Männern auf dem Hof noch von Madame de Meuron – und auch nicht, als Marias Tochter ihn, den Welschen, zum Freund wählte. Das rechnet er Maria hoch an.

Maria lässt ihren Schwiegersohn reden. Er ist in Tramelan geboren, machte dort auch seine Lehre als Feinmechaniker und lernte in einem Restaurant Judith Gfeller kennen, die dort servierte. Die Liebe zu ihr führte Tschäppät nach Amsoldingen. Er durfte bald bei Judith wohnen, «Maria war aufgeschlossen und sagte: ‹Ihr müsst hier nichts verstecken›.» Madame de Meuron dagegen begegnete dem jungen Paar mit grosser Skepsis.

Maria schmunzelt. Manchmal lacht sie auch ein helles, klares Lachen. Woher sie wohl diese Offenheit und diesen Mut nimmt? Sie ähnelt wenig meinem Bild einer alten Bäuerin, die ein Leben lang schier pausenlos auf einem Hof angepackt hat.

René Tschäppät erzählt weiter. Er kannte die Landwirtschaft von seinem Grossvater, der im Jura einen Hof bebaute, mit Freibergern, der einzigen Schweizer Pferderasse, die im Jura ihren Ursprung hat. Mit ihnen pflügten sie die Felder, am Wochenende ermöglichten sie einen kleinen Ausritt. In den Ställen von Madame standen keine dieser braunen, kleinen, kompakten Pferde mit Bürstenschnitt-Mähne. Sie waren ihr zu wenig stark für die Feldarbeit und zu wenig edel für die Reiterei. René Tschäppät erzählt, Maria Gfeller und ich hören amüsiert zu – denn nun erleben wir Tschäppäts erste Begegnung mit Madame de Meuron mit.

Er arbeitete in der Schlosserei, der «Schmiede», wie alle in Amsoldingen sagten. Im Sommer bei grosser Hitze oft mit nacktem Oberkörper – bis ihn Madame de Meuron mit dem Spazierstock auf dem Weg zur Arbeit abfing und fragte, wo er herkomme. «Vom Mittagessen» – «Nein, aus dem See», entgegnete sie forsch, worauf Tschäppät «aba» sagte und mit einer abschätzigen Handbewegung wortlos an ihr vorbeizog. Das goutierte Madame gar nicht. Auf dem Hof rief sie nach Pächter Gfeller, um zu erfahren, wer dieser unverschämte Jüngling sei. Schnurstraks sei sie zum Schmiedemeister Bruni marschiert und habe gesagt: «Herr Bruni, bi öich schaffet e blutte Ma, dä müesst dir sofort entlah!»

In der Schmiede amüsierten sich alle über den Auftritt von Madame. Gar nicht zum Lachen fand man die Episode dagegen bei der Pächterfamilie Gfeller. Die Geschichte mit dem nackten Mann brachte Hans in Panik. Der Schwager von Maria und älteste Sohn der Pächterfamilie fuhr postwendend mit dem Töffli in die Schmiede und drohte: «Wenn sie herausfindet, wer du bist, dann kündet sie uns allen!»

René Tschäppät schwankt beim Erzählen zwischen Lachen und Ernsthaftigkeit. Um die Angelegenheit zu beruhigen, verlobten sich René Tschäppät und Judith Gfeller. Fritz Gfeller, Judiths Vater, meinte zur Verlobung: «Jetzt ist aber eine Zeitlang Ruhe!»

Obwohl Tschäppät jetzt über vierzig Jahre in Amsoldingen wohnt, ist ihm immer noch der Blick eines Auswärtigen eigen, etwas distanziert und analytisch. Er ist nicht im Geflecht dieses Dorfes aufgewachsen, es sticht ihm anderes ins Auge als den Einheimischen. Davon zeugen auch die Stapel Unterlagen, die er vor sich ausgebreitet hat: Fotos, Briefe und seine Chronologie zur Familie Gfeller. Zuunterst sucht er die Pachtverträge zur Familie von Tscharner heraus. Den ersten von 1890. «Über hundert Jahre war die Familie Gfeller Pächterin des Schlossguts. Und immer lebte sie in Unsicherheit.»

Die Angst regiert

Jetzt räuspert sich Maria Gfeller: «Diese Angst, die Pacht zu verlieren, sass immer mit am Tisch, liess jedes Wort wohlüberlegt sein, begleitete jeden Handgriff.» Sie spricht bestimmt und besonnen, der Schalk in den Augen hellt ihre Worte auf. «Dabei waren Gfellers so lange Pächter des Schlossguts Amsoldingen, da dachte ich, als ich heiratete, die Pacht sei etwas Selbstverständliches.»

Das Schlossgut grenzt an das Schloss. So standen sich Maria Gfeller und Elisabeth de Meuron oft gegenüber. Sie trafen sich im Alltag, Madame de Meuron war die Schlossherrin, Maria Gfeller die Pächtersfrau, «ds' Lächemaas Meiele», wie sie alle im Dorf riefen. Es bestanden gegenseitige Abhängigkeiten: Gfellers brauchten die Pacht, um ihren Lebensunterhalt zu verdienen, Elisabeth de Meuron brauchte die Pächter, damit Zinsen flossen, das Land bebaut und gepflegt, das Bauerngut bewirtschaftet wurde. Maria wusste um dieses Geben und Nehmen, den Alltag dominierte aber die Angst ihres Mannes, ihrer Schwiegereltern und ihres Schwagers, Madame könnte ihnen die Pacht aufkündigen. Die Existenzangst dirigierte das Leben.

Maria nimmt die Pachtverträge zu sich, vier sind es insgesamt. Ursprünglich gehörten das Schlossgut und die Schlossmatt zusammen, wurden aber auf zwei Gfeller-Söhne aufgeteilt. Der erste Vertrag von 1891 ist in alter deutscher Schrift gehalten und unterschrieben von Frau von Tscharner-von Erlach, der Mutter Ludwig von Tscharners, und von Hans Jakob Gfeller. Der zweite von 1898 ist unterzeichnet von Ludwig von Tscharner-von Wattenwyl und Johann Gfeller und wurde 1904 und 1912 mit handschriftlichen Zusätzen ergänzt. Von 1917 stammt ein weiterer Vertrag zwischen Ludwig von Tscharner und Johann Gfeller, der 1923 verlängert wurde und neun Jahre galt, bis Elisabeth de Meuron-von Tscharner 1932 einen neuen Vertrag mit Johann Gfeller aufsetzte. «Auffällig ist die Dauer der Verträge: War der Pachtvertrag bisher rund sechs Jahre gültig, kürzte Elisabeth de Meuron die Frist auf drei Jahre!», bemerkt Tschäppät.

Maria fährt mit ihren schlanken Fingern über die Seiten: Zehn Hektaren Land waren es, davon zwei Hektaren Moosland nahe des Amsoldinger Sees, mit Schilf und bestenfalls Gras bewachsen, gutes Ackerland war rar. Madame konnte den Vertrag jederzeit künden.

Maria Gfeller weist auf den Pachtzins: 3000 Franken. Gekoppelt an über zwanzig Auflagen mit Anmerkungen zur Menge Holz, die sie abliefern mussten, zur Ausbringung des Mistes oder zu Arbeiten, die geschuldet waren. Sie sucht eine Stelle und liest laut:

Die Nichterfüllung eines dieser Pachtgedinge von Seiten des Pächters räumt der Verpächterin zu jeder Zeit das Recht ein, diesen Pachtvertrag, auch vor dessen Auslauf, auf 6 Monate zu künden.

Diesen Passus habe ihr Fritz kurz nach der Hochzeit 1951 zu lesen gegeben. «Diese Drohung schwebte immer über uns.»

Besonders die Krisen- und Kriegsjahre waren sehr hart. Zwei Jahre erst lief der Pachtvertrag mit Madame de Meuron, da baten Gfellers um eine Zinsreduktion. «Das geht aber wirklich nicht, bei meinen hohen Steuern», schrieb sie zurück, bot aber an, drei Jucharten Land zusätzlich unentgeltlich zur Verfügung zu stellen. Nach Ausbruch des Krieges nahm sie dieses Angebot jedoch wieder zurück:

Werter Gfeller
Da die europäische Kriegslage alles anders macht, muss ich eine Änderung machen, die nicht so arg ist, aber angezeigt durch Schwierigkeiten aller Art.

Die Metzg, an der ich immer so Freude hatte, geben Sie mir in Zukunft nicht mehr. Uneingemessenes Land haben Sie auch nirgends mehr zu benützen, wie die letzten Jahre gegeben wurde.

Weihnachtsgeschenke schicke ich nie mehr, weil es zu mühsam für mich wird, alt, ohne Auto und mit wenig Geld durch alle Steuern des Krieges.

Hingegen verlange ich, dass Sie es jetzt schon einrichten, dass ich von einem Schwein, das Sie im Herbst so früh als möglich metzgen, das halbe Schmer, den halben fetten Speck haben kann. Ich werde den Wert in etwas vergüten, das Sie haben müssen, zum Beispiel an der Pacht.

Mit freundlichen Grüssen und besten Wünschen, dass Ihnen Ihre Landwirtschaft in solcher Zeit einmal etwas einbringt.

Maria stammte aus einer Pächterfamilie, Blasers bewirtschafteten im Nachbarsdorf Uebeschi einen grossen Hof der Eidgenossenschaft mit wunderbarem Blick auf den See. Existenzängste wie diese kannte ihre Familie aber nicht – sie konnte sich nicht erinnern, dass sich ihre Eltern je fürchteten, die Pacht zu verlieren. Geld hatten sie nicht viel, aber es mangelte an nichts, besonders während des Krieges. Bildung sei bei ihnen wichtig gewesen, immerhin war der Grossvater Lehrer in Utzigen gewesen und die Grossmutter hatte bereits Zeitschriften abonniert. Marias liebste war die deutsche «Gartenlaube – illustriertes Familienblatt».

Maria Gfeller spricht jetzt nicht mehr in kurzen Sätzen, die Erinnerungen leben auf und die Bilder werden deutlicher, die Erzählungen länger. Ihre Hände und Finger dirigieren auf dem Tischtuch die Worte.

Es war an einem Maisonntag 1950, kurz nach ihrem 26. Geburtstag. Ihr Traum eines eigenen Pachtbetriebs, den Maria mit viel Mühen fast erreicht hatte, war von einem Tag auf den anderen geplatzt. So blieb ihr nichts anderes übrig als wie alle anderen in der Wirtschaft Weiersbühl in Uebeschi zum Tanz zu gehen und sich einen Mann zu suchen.

Obwohl er aus dem Nachbardorf Amsoldingen stammte, waren sich Fritz Gfeller und Maria Blaser noch nie begegnet. Im grossen Saal kamen sie sich bei Polka und Mazurka näher, Anfang März des nächsten Jahres heiratete Maria «Fritzu», den jüngsten Sohn des Schlossgut-Pächters. Ihre Eltern liessen sich nicht lumpen und kauften bei der Sattlerei Otto Lory Bettzeug «bester Qualität», zwei Matratzen mit je 13 kg Schweifhaar und 1.5 kg Schafwolle, zudem ein Deckbett mit Gänsebrustdaunen und Kissen mit Gänserupf für 1430 Franken. So zog Maria in das Schlossgut von Amsoldingen. Es

Hochzeit von Maria und Fritz Gfeller, 17.3.1951
Foto: zvg

war ein weiser Entscheid. Wollte sie eine Zukunft haben, musste sie heiraten. Sie war mit 26 Jahren dafür schon etwas alt, war also froh, in Fritz einen passablen Ehemann samt Hof gefunden zu haben. Dass er Pächter auf dem Schlossgut von Elisabeth de Meuron war, passte ganz gut; im Dorf erzählte man, Madame de Meuron habe nicht aus Liebe geheiratet, sondern aus pragmatischen Gründen, um ihr eigenes, von den Eltern unabhängiges Leben zu beginnen. Maria freute sich darauf, die Schlossherrin persönlich zu treffen. Es faszinierte sie, dass Madame in Rümligen eine Landwirtschaft führte, sie bewunderte dieses selbständige und eigenständige Leben. Dieser Wunsch war Maria verwehrt geblieben.

Die alte Geiss

Warum Fritz ihr verboten hatte, die Geiss mitzunehmen, konnte sie nicht verstehen. Als junge Frau hatte Maria sich um die Ziegen des Nachbarn gekümmert, dieser hatte ihr zum Dank ein Gitzi geschenkt. Sie hatte es aufgezogen, und es folgte ihr überall hin wie ein Hund. Natürlich gab die unterdessen betagte Ziege keine Milch mehr, aber eine Ecke für das genügsame Tier wäre auch in Amsoldingen zu finden gewesen. Doch Fritz wollte keine alte Ziege auf dem Hof: nichts Unnützes durchfüttern.

Fritz interessierte sich für das Störmetzgen, hatte auch schon einige Male ausgeholfen und sagte stolz, er metzge die Geiss selbst. In Uebeschi war ihr Platz im Stall neben den Kühen gewesen, sie brauchte kein Gehege, tagsüber weidete sie rund um den Hof, am Abend kehrte sie mit den anderen Tieren in den Stall zurück. Wenn Maria kam, lief sie ihr meckernd entgegen. So auch an diesem Tag. Nur dass Maria ihr nach dem Kraulen das Lederhalsband mit der kleinen silbernen Glocke abnahm und sie mit einem Klaps Fritz in die Hände trieb. Dieser lockte sie hinter das Haus, bald darauf lag sie ausgeweidet am Boden. Maria wollte weder das Fleisch noch das Fell, nahm nur die kleine Glocke mit. So still wie an diesem Abend war es auf dem Hof in Uebeschi noch nie gewesen.

Sie hatte versucht, Fritz umzustimmen. Dass sie ihn nicht davon abbringen konnte, die Geiss zu metzgen, irritierte Maria, denn bisher hatten sie in der Familie immer eine Lösung gefunden, auch bei Meinungsdifferenzen. Ihre Eltern waren stolz auf ihre Verschiedenheit. Während des Kriegs beispielsweise, da hatte ihre Mutter einen Verweis erhalten: Sie hatte nicht alle Eier deklariert, sondern einige schwarz verkauft. Als Busse hätte sie zwanzig Franken bezahlen müssen, doch weil sie reklamierte, wurden es achtzig. Zur gleichen Zeit erhielt ihr Vater eine Auszeichnung: Er hatte mehr Getreide angebaut und geerntet, als vorgeschrieben war. Die Kinder verlangten, dass die Busse und die Auszeichnung nebeneinander an der Wand aufgehängt wurden. Diese Erlebnisse waren Marias Antrieb, die Verhältnisse in Amsoldingen nach Möglichkeiten zu verbessern, sogar gegen das Regime von Madame de Meuron zu opponieren. Sie hatte gelernt, nicht blind zu gehorchen, sondern durchdacht und mit Augenmass zu handeln.

Während des Krieges hatte der Metzger auf dem Elternhof offiziell ein Schwein geschlachtet. Tatsächlich aber schlachtete er zwei. Im alten Hühnerstall hatte ihre Mutter eine zweite Räucherkammer eingerichtet, zusätzlich zur offiziellen im Dachstock. So verschenkten Blasers Fleisch an die Verwandten in der Stadt, wenn diese zu Besuch kamen. Als Gegenleistung erhielten sie getragene Kleider, die auf dem Hof sehr willkommen waren. Im Elternhof blieben Marias Puppen zurück, aber auch ihre Wünsche, Hoffnungen und Freuden. Das wurde ihr aber erst später klar.

Maria macht eine Pause und trinkt einen Schluck Kaffee. «Manchmal geben die kleinen Dinge einen Fingerzeig, was später passiert. Aber ich dachte, wegen einer alten Geiss geht die Welt nicht unter, sie hatte ja ein schönes Leben.» Durch das Fenster bleibt Marias Blick am Stockhorn hängen. Wie eine mächtige Schutzmauer bewacht oder bedroht der Berg das Dorf Amsoldingen – je nach Sichtweise. Vom Ufer des Amsoldingersees aus gefällt Maria dieser

Berg, von ihrem Hof hatte er sie damals beengt. Sie vermisste die Weitsicht von Uebeschi. Im November kam ihre Tochter Eva zur Welt.

Als Kind wollte ich auch Bäuerin werden. Ich liebte es, den ganzen Tag draussen zu arbeiten, zu heuen, Äpfel am Boden zusammenzulesen, den Stall zu misten, das Kopfsteinpflaster zu wischen. Immer wieder erzählten ältere Kolleginnen und Kollegen, wie schwierig es sei, wenn die Jungen den Hof der Eltern übernehmen wollten. Es gab Konflikte auf Bauernhöfen, die diese Idylle bitter einfärbten, wie ich jetzt auch von Maria bestätigt bekomme.

Die Schwiegereltern Gfeller führten die Pacht, eine Kleinigkeit reichte aus, und sie redeten ein halbes Jahr nicht mehr miteinander. «Johann hat seit fünf Monaten kein Wort mehr zu mir gesagt», klagte die Schwiegermutter. «Und du?», fragte Maria. «Ich auch nicht.» Fritz brach glücklicherweise immer schon nach ein paar Tagen das Schweigen, wenn er wütend gewesen war, wenn ihm etwas nicht «ins Gürbi» gepasst hatte.

Die Schwiegermutter litt an Gelenkschmerzen, dadurch war sie gereizt. Der ältere Sohn Hans war bei der Kavallerie, besass als Dragoner ein eigenes Pferd, Fritz dagegen absolvierte den Dienst bei der Ordonnanz, zwei Pferde vermochte die Familie nicht zu halten. Maria als Ehefrau des jüngsten Sohnes Fritz stand zuunterst in der Familienhierarchie. Sie hatte nichts zu sagen, und all das, was sie gelernt hatte, war keinen Brosamen mehr wert. Sie hätte ihr ganzes vorheriges Leben und Lernen auch wegwerfen können, meint sie rückblickend.

Die Schwiegermutter kümmerte sich um den Garten, Maria um die Küche, so gingen sie sich aus dem Weg. Der Keller war gefüllt mit Äpfeln, diese musste Maria rüsten, in Schnitze schneiden und auf dem Ofen trocknen, bis die riesige Truhe in der Stube voller Apfelschnitze war. Waren es zu viele, wurden die feinen Schnitze an die Schweine verfüttert. «Warum verfüttern wir nicht direkt die

Äpfel den Schweinen? Das würde viel Arbeit sparen und es gäbe Zeit, andere Dinge zu erledigen.» Auf diesen Einwand erhielt Maria die Antwort, sie sei hier nicht diejenige, die Fragen zu stellen habe. Sie, die in Uebeschi seit dem Krieg die Pferde betreut hatte und mit der komplizierten Dreschmaschine zu hantieren wusste wie sonst keiner. Die es sogar mit den schwerfälligen und begriffsstutzigen Ochsen schaffte, die Feldarbeit zu erledigen. Im Krieg waren die Frauen auf dem Hof auf sich gestellt, Maria hatte alles im Griff. Tausend Möglichkeiten hätte sie gesehen, die Landwirtshaft auf dem Schlossgut zu optimieren.

Einmal, nach der Ernte, fand eine ihrer Ideen Anklang. Die Garben lagen auf der Einfahrt, die Dreschmaschine der Genossenschaft Aaretal war mit den Gehilfen eingetroffen, um das Korn aus den Ähren zu dreschen. Der Bund hatte 100-kg-Säcke zur Verfügung gestellt, auf jedem war der Name aufgedruckt: Gfeller. Gefüllt mit Korn wurden sie eine steile Treppe hoch ins Tenn geschleppt, obwohl sie einige Tage später für den Transport zur Mühle wieder auf dem Hof bereitstehen mussten. Maria sagte: «Wir stapeln die Säcke in der Zwischenzeit doch einfach in der Einfahrt.» Weil wohl alle genug von der Plackerei hatten, machten sie es fortan so. Doch sonst sagte Maria – dem Frieden zuliebe – nichts. «Dem Frieden zuliebe macht man einiges», lacht sie vielsagend.

Gebrüder Gfeller

Die Familie Gfeller, die Schwiegereltern, Fritz und Maria wohnten zusammen mit dem Schwager Hans im Schlossgut von Madame de Meuron. In der Stube gab es kaum Platz für ein Kinderbett und im Essstübli schlief Hans. Im Sommer wurde auf der Veranda gegessen, so hatte Hans das Stübli für sich. Nicht nur im Haus war es eng. In Amsoldingen stand auf der einen Seite die Mühle und auf der anderen die Kirchenmauer. Maria kam sich manchmal vor wie im Gefängnis.

Und dann diese Madame. Maria war neugierig auf die erste Begegnung. Madame de Meuron verbrachte meistens einen Nachmittag in der Woche im Schloss. Ihre Augen und Ohren schien sie überall zu haben. Sie beauftragte einen «Nachrichteler» im Dorf, der alles beobachtete. Gegen Mittag reiste sie jeweils mit dem Postauto oder mit dem Jeep ihres Faktotums Antonio an. Antonio, der Italiener, ging zuerst im Laden sein Pick-Nick einkaufen, Brot und einen Cervelat. Bei diesem Gang liess er sich rapportieren, was in der Woche vorgefallen war. Madame ging ins Schloss, ihr Essen hatte ihr Grittli mitgegeben.

Der «Nachrichteler» informierte Madame über alles, was vorgefallen war. Er übte sein Amt nicht im Versteckten aus, vielmehr mischte er sich in jede Diskussion ein, lauschte jedem Gespräch und stellte neugierige, oft misstrauische Fragen – befugt durch seine aristokratische Herrin. «Einige hofften auf ein Stück Bauland, wenn sie Madame behilflich waren oder auf sonstige Gefälligkeiten. Doch meist gingen sie leer aus – Madame fühlte sich ihnen gegenüber nicht im Geringsten verpflichtet. Informiert zu werden war für sie eine Selbstverständlichkeit», wirft René Tschäppät ein.

In Amsoldingen amüsierten sich die meisten über die Kontrolle durch Madame de Meuron, doch für Gfellers bedeutete es eine existenzielle Bedrohung. Wenn auf dem Hof, dem Land, beim See oder mit den Tieren etwas nicht in Ordnung war, befürchteten die Gfellers, die Schuld könnte auf sie fallen und die Pacht werde gekündigt.

Kurz nach der Hochzeit wies der damalige «Nachrichteler» Maria zurecht: Madame habe gesehen, dass beim See Schilf geknickt sei. Wer wohl dort gebadet habe? Maria gab unumwunden zu, sich regelmässig im See zu waschen. Das passe Madame gar nicht, wies sie der Spitzel zurecht. Maria ahnte, dass es nur dem «Nachrichteler» missfiel, jedenfalls liess sie ausrichten, sie würde mit dem Baden im See aufhören, wenn Madame ihren Pächtern ein Badezimmer baue. Ihre Bitte wurde nicht gehört, Maria badete weiter im See. Im Sommer schwamm sie gerne bis ans andere Ufer.

Schwimmen hatte sie schon als Mädchen gelernt. In Uebeschi waren sie oft mit aufgepumpten Reifenschläuchen über den See gepaddelt. An einem heissen Sommerabend war der Knecht zur Erfrischung alleine ins Wasser gesprungen und hatte den kleinen Riss im Gummi zu spät bemerkt. Mitten im See war zu viel Luft entwichen. Der Knecht hatte das Ufer nicht mehr aus eigener Kraft erreichen können und war ertrunken. Nach dieser Tragödie hatte Marias Vater verlangt, dass alle seine Kinder und Angestellten auf dem Hof schwimmen lernten.

Maria war mit dem zweiten Kind schwanger, als der Schwiegervater, Johann Gfeller, 1953 starb. Hans und Fritz übernahmen die Pacht gemeinsam. Rückblickend gesehen war das keine Erleichterung. «Die Geschäftsform ‹Gebrüder› sollte unter Todesstrafe verboten werden», kommentiert Maria die Zusammenarbeit auf dem Hof. Madame war sie mittlerweile zwar einige Male persönlich begegnet, hatte aber nie ein Wort mit ihr gewechselt. Maria war einfach die Frau des jüngeren Gfeller. Madames Ansprechpartner war Hans, der Ältere. Wenn Elisabeth de Meuron auf den Hof kam, rief sie laut: «Gfeller!» Meldete sich Fritz, sagte sie: «Nein, der andere!» Hans war der, der verhandelte und rapportierte, später übernahm er auch die Arbeit als Schlosswart.

Maria störte sich an den engen Platzverhältnissen, obgleich viele Gebäude von Elisabeth de Meuron leer standen. Nach der Geburt der zweiten Tochter Judith 1953 erlaubte Madame de Meuron der jungen Familie, vorübergehend in die leerstehende Schlossmühle zu ziehen. Bewohnen durften sie aber nur ein kleines Zimmer, «ein Chrümeli», und die Küche. Die anderen Räume standen weiterhin leer, als Reserve für Madame de Meuron. So entschloss sich Maria, ohne Fritz oder sonst jemanden einzuweihen, Madame in einem Brief zu bitten, ihnen eine andere Wohnmöglichkeit zur Verfügung zu stellen.

Schreiben konnte Maria gut, wie alle ihre Geschwister hatte sie die Sekundarschule besucht. Bei der Aufnahmeprüfung interessierte es den Lehrer nur, warum sie denn unbedingt in die Sek wolle.

«Weil ich ein Velo will», sagte sie kurz und bündig. Der Weg von Uebeschi nach Uetendorf wäre zu Fuss zu weit gewesen.

Maria besuchte während des Krieges die Haushaltsschule in Courtemelon im Jura, einige Jahre später auch die dortige Landwirtschaftsschule. Damit war sie eine der ersten gelernten Bäuerinnen der Schweiz und auch die einzige diplomierte auf dem Gfeller-Hof. Sie war es auch, die korrekte Briefe schreiben konnte.

«Ja, dieser Brief, davon hatte Fritz natürlich schnell Wind bekommen. Madame hielt ihn Hans unter die Nase ... Noch am selben Tag packte ich meine Sachen und flüchtete zu meinen Eltern.» Ein schlimmer Gang war das, als sie und die Kinder mit Sack und Pack zu Fuss nach Uebeschi marschierten. Sie wusste nicht, was jetzt kommen sollte. Ihre alten Eltern nahmen sie schweigend auf, Maria spürte genau, wie sehr sie in Sorge waren. Aber ihr war nichts anderes übriggeblieben.

Fritz war ausser sich vor Wut gewesen, dass sie ohne sein Wissen diesen Brief geschrieben hatte. Er hatte das Schlimmste befürchtet und sie in seiner Verzweiflung vom Hof gejagt. Nach einigen Tagen holte er sie zurück – seine Eltern und Hans hätten getobt wie die «lötigen Teufel», Maria werde auf dem Hof noch gebraucht. Eine Entschuldigung gab es nicht.

René Tschäppät zieht den Antwortbrief von Elisabeth de Meuron aus dem Papierstapel. Einen solchen Brief hatte Elisabeth de Meuron wohl noch nie von einer Pächtersfrau erhalten. Die Antwort schrieb sie im November 1954. «Es hat jedenfalls etwas gebracht, dein Schreiben!» Er liest vor:

Sehr geehrte Frau Gfeller
Dass Sie so unzufrieden sind mit was man ihnen als Wohnung bietet ist befremdlich. Den Ort und die Familie Gfeller kannten Sie vorher.

In der Mühle können Sie nicht bleiben, es muss dort repariert werden für Leute, die für mich arbeiten können und nahe sein müssen, dazu ist es der Eingang zum Schloss und muss schlossmässig gehalten werden gegen die Einfahrt zu auf der Betonterrasse bei den Schleusen an der Mauer wo Sie die kleinen Pflanzungen machten.

Maria schüttelt den Kopf: «Wie wenn ich als Pächtersfrau die Einfahrt nicht hätte standesgemäss pflegen können ... Madame lobte es ja sogar selber: ‹Die roten Geranien waren allerdings prächtig an den Fenstern. Es ist nichts mehr zu ändern, dass Sie jetzt ins Kleinkinderschulhaus zügeln müssen so wie es ist, obwohl noch viel zu machen wäre.› Ins Gäggeli-Schulhaus mussten wir», seufzt Maria. So wurde der Kindergarten genannt, weil die Kinder dort spielten, häufig mit kleinen Puppen oder Klötzchen. Das Schulhaus bot zwar mehr Platz, hatte aber seine Tücken, der Holzofen qualmte und wärmte die hohen Räume kaum. Elisabeth de Meuron hatte ihr lapidar beschieden:

Die vorgesehenen Reparaturen werden nicht mehr gemacht. Sie können hingehen, so wie es ist, aber ich will nicht, dass Sie irgendwo mit Farbe anstreichen, später einmal werde ich den Maler schicken, jetzt nicht.

So kam Marias Sohn Niklaus, ihr drittes Kind, im Januar 1956 im ehemaligen Kindergarten zur Welt, in einem ausserordentlichen Winter. Im Dezember und Januar noch flogen Bienen, so warm war es. Doch im Februar sank das Thermometer weit ins Minus, 15, gar 20 Grad Kälte an ärgsten Tagen. Noch nie vorher waren in der Schweiz solche Temperaturen gemessen worden. Die Flaschen für den Säugling gefroren in der Küche. Die Haustür wurde mit einem Vorhang aus einer alten Militär-Wolldecke isoliert, zwischen die Wände und rund um die Leitungen stopfte Fritz alle Zeitungen, die noch nicht verfeuert waren, und in der Nacht wurde das Wasser abgestellt, damit die Leitungen nicht barsten. «Wir machten, was wir konnten. Aber wenn wir etwas selber reparieren oder erneuern wollten, verbot es uns Madame.»

Das Gäggeli-Schulhaus hatte die Familie für sich. Fritz montierte eine Duschkabine mit einem Durchlauferhitzer für heisses Wasser. Über den Haushalt der Pächterfamilie wachte die Schwiegermutter auch von ferne. Sie verlangte, dass alle Milch des Hofes in ihrer Küche landete. Sie schöpfte die Sahne ab, verarbeitete sie und brachte Butter und die blaue, die entrahmte Milch zu Maria. «Vielleicht wollte sie mir damit Arbeit abnehmen, aber meine Mutter fand es ungerecht. Sie drohte, bei Frau Gfeller persönlich vorzusprechen, sollte ich nicht die ganze Milch erhalten.» Maria füllte fortan ihr eigenes Butterfass und es blieb sogar noch etwas Rahm für eine Meringue am Sonntag übrig.

Die Eltern im Nachbardorf so nah zu wissen, bot Maria Sicherheit, aber das Heimweh nach ihrem Elternhof verschwand nie ganz. Oft schweifte sie, wenn sie alleine in der Küche hantierte, in Gedanken in ihre Kindheit zurück.

Ihre Mutter hatte sich immer für Maria eingesetzt. Im Hauswirtschaftsunterricht in der 8. Klasse hatte die Lehrerin sie gemahnt: «Mädchen, esst nicht zu viel, so können wir mit dem gesparten Geld an Weihnachten Güezi backen.» Die Schülerinnen gehorchten, um in der Adventszeit knusprige Brunsli, saftige Zimtsterne und verzierte Mailänderli Blech um Blech aus dem Ofen zu holen. Die Kekse bekamen aber nicht die Mädchen, die ledige Lehrerin steckte sie in eine grosse Dose, band ein rotes Band darum und schenkte sie dem ebenfalls ledigen Pfarrer – der sich von Herzen freute. Die Rechnung der Lehrerin aber ging nicht auf; der Pfarrer schenkte ihr keine Aufmerksamkeit und dachte nicht daran, sie zu heiraten. Marias Mutter hatte unterdessen bemerkt, dass die Mädchen in der Schule hungrig vom Tisch gingen und gab Maria Geld für Brot und Cervelat mit.

Maria arbeitete als Kind mit den Pferden auf dem Feld, deshalb wollte sie auch reiten lernen, so wie ihre Brüder. Ihr Vater verbot es; reiten schicke sich nicht für Mädchen. Die Mutter konterte, wenn Maria den Stall misten müsse, dann solle sie auch reiten dürfen. Worauf Maria am nächsten Sonntag die Ackermähre sattelte und auf eigene Faust loszog. Später nahm sie das Kavalleriepferd des Bruders.

Der Vater war streng, Maria musste ihre Haare lang und in Zöpfe geflochten tragen. Bei einem Besuch bei ihrer Tante in Basel begleitete Maria ihre Cousine zum Coiffeur und kehrte mit kurzem Haar, zusammengebunden zu einem Pferdeschwanz heim. Der Vater bemerkte nur: «Das isch no schön.»

Die Schuhe hatten schwarz zu sein. Maria aber kaufte braune Schuhe. Der Vater fragte verwundert, ob es denn keine schwarzen mehr gegeben habe? «Doch, aber diese haben mir besser gefallen», begründete Maria ihren Kauf. «Immerhin hat sie mich nicht angelogen», bemerkte der Vater zur Mutter.

Wenn später in Amsoldingen Maria zufällig in den alten Garderobenspiegel beim Eingang schaute, erschrak sie manchmal über das Bild der Frau mit ernster Miene. Ihr Spiegelbild bezeugte, dass sie da war, auch wenn ihre Gefühle und Gedanken manchmal weit weg schweiften. Die Erfahrungen ihrer Kindheit mochten vom Alltag und der Arbeit zurückgedrängt werden, lebendig blieben sie trotzdem.

Das Mittagessen kochte sie im Gäggeli-Schulhaus für Fritz und die Kinder. Meist sassen sie schweigend hinter der Suppe, die es vorab gab. Eine fröhliche Tischrunde wie in ihrem Elternhaus war selten. Meist wurden Vorfälle mit oder rund um Madame diskutiert. Madame und das Wetter waren der häufigste Gesprächsstoff am Mittagstisch.

Hans erzählte, im Schloss seien Hellebarden und Münzen gestohlen worden. Die Tischrunde rätselte, wer dies getan haben könnte.

Madame liess die Polizei kommen, und der Dieb war schnell gefasst. Ein Lehrling, der bei der Renovation der Kirche mitarbeitete, war über Mittag durch eine Seitentür ins Schloss gelangt und hatte zum Jux die Hellebarden mitgenommen und diese während des Zvieris auf der Baustelle theatralisch geschwungen. Die Münzen hätte er wohl gerne gegen Geld umgetauscht, wäre nicht der Landjäger aufgetaucht. So leerte er seine Taschen ohne Aufforderung.

Einige Tage später, die Geschichte war schon fast vergessen, tauchte zur Mittagszeit Madame in Marias Küche auf. Ohne zu klopfen marschierte sie in ihrem schwarzen Mantel herein, sah sich um, zeigte mit dem Stock über die Köpfe der sitzenden Familie auf Maria und polterte: «Sie haben noch einmal Glück gehabt, der Dieb wurde schnell gefasst. Trotzdem will ich keine solche Umtriebe! Sie sind schuld, Sie haben die Schlüssel zum Schloss, Sie haben die Pflicht, zum Rechten zu sehen – und dies haben Sie versäumt.»

Maria schmunzelt hinter ihrer Kaffeetasse und fährt über den dunkelbraunen Henkel: «Madame genoss den Auftritt. Sie hätte für ihren Rüffel auch am Morgen oder Nachmittag vorbeikommen können. Aber mit so viel Publikum erhielt die Vorstellung erst die richtige Dramatik.» Maria erinnert sich, dass sie sich umdrehte, ohne ein Wort zu sagen, weg von den Töpfen, aus denen sie gerade das Sauerkraut und die Bohnen schöpfen wollte. Sie ging in die Stube zum blankpolierten Buffet, öffnete mit dem kleinen Schlüssel das oberste Kästchen, klaubte den schweren Schlüsselbund aus der Schublade und legte diesen auf den Mittagstisch. Vielleicht mit etwas viel Schwung, denn es knallte wie ein Schuss durch die Küche: «Frau vo Mörong, wenn Ihnen nicht passt, was ich mache, dann müssen Sie selber zum Schloss schauen. Ich mache es nicht länger. Wir sind keine Leibeigenen mehr!»

Es war totenstill, die Münder waren weit aufgerissen wie bei einem erstarrten Chor. Als erster sprang Fritz auf und wollte beschwichtigen. Doch wie auf Kommando drehten sich Madame und

Maria um, Maria zu ihren Töpfen und Madame zur Tür hinaus. Der Schlüssel blieb mitten auf dem Küchentisch liegen. Fritz drehte sich leichenblass zu Maria: «Was fällt dir eigentlich ein?» – «Wie kannst du es wagen?» – «Wehe, wenn sie uns jetzt kündet ...» – «Wer möchte etwas Bohnen, wer Speck?», fragte Maria ruhig und setzte sich. An diesem Tag konnten sie und die Kinder so viel Fleisch essen, wie sie nur wollten, Fritz war wortlos aufgestanden und hatte sich in den Stall verzogen.

Am nächsten Tag telefonierte Maria ins Schloss Rümligen, wo Elisabeth de Meuron wohnte, und liess dieser über Grittli ausrichten, Antonio solle beim nächsten Besuch bei ihr den Schlüssel des Schlosses Amsoldingen abholen, sie habe die Aufsicht abgegeben. Maria schwor sich, dass sie sich nie mehr vor Madame fürchten wollte.

Heimlich durchkämmte Maria den «Schweizer Bauern» nach Anzeigen für Pachthöfe. Sie entdeckte ein gutes Angebot in Grandson. Gerne hätte sie an einem neuen Ort von vorne begonnen. Aber wie sollte sich Fritz durchschlagen, der kein Französisch sprach? Und seine Kundschaft, die er sich als Störmetzger aufgebaut hatte, die wäre auch verlorengegangen. Maria wusste, sie würde es nie schaffen, Fritz zu überzeugen.

Hans und Fritz schlichen am nächsten Donnerstag, als die wöchentliche Visite von Madame anstand, wie geschlagene Hunde um den Hof. Als Madame vorbeispazierte, war die Unterwürfigkeit ihrer Pächter kaum zu überbieten, sie grüssten mit einer Verbeugung, so schien es Maria durchs Fenster. Madame würdigte sie keines Blickes. Da trat Maria mit dem Abfallkübel für die Schweine vor die Tür, und Madame rief laut und deutlich über die Strasse: «Guten Tag Frau Gfeller, geht es Ihnen gut?» Maria grüsste dankend zurück. Von diesem Tag an war Maria nicht mehr die Frau des jüngeren Pächtersohns, sondern «Frau Gfeller», die Madame immer wieder aufsuchte, um einen Schwatz zu halten.

Maria nimmt ein Güezi vom Teller. «Das war der Moment, als ich zu begreifen begann, wer Madame wirklich war. Sie schätzte mutige Menschen, Menschen, die ihre Meinung sagten, die konsequent waren – so wie sie selber auch. Sie sagte, was sie dachte, auch wenn es unbequem war. Besonders imponiert hatte Madame wohl, dass ich mich auch gegen die Männer durchsetzen konnte. In dem Moment, als Madame de Meuron grüssend auf der Strasse vorbeizog, merkte ich, dass sie, genau wie ich, in ihrer Rolle gefangen war, zwischen Familie, Arbeit und den eigenen Ansprüchen.»

Einige Monate später kam es erneut zu Diebstählen im Schloss. Wertvolle Möbel und Gegenstände wurden nach Angaben von Madame geraubt. Fortan empfing sie keine Besucherinnen und Besucher mehr. Diese Geschichte erfuhr Maria von der Frau des Schmieds, denn diese hatte die Schlüssel übernommen zusammen mit der Aufgabe, im Schloss nach dem Rechten zu sehen. Sogar deren Tochter, die gerne mit ihren Freundinnen einen Rundgang im Schloss unternommen hätte, erhielt eine Absage:

Liebe Madlen Bruni und Freundinnen
In Beantwortung Ihres Briefes vom 26. Mai betreffs Besichtigung des Schlosses Amsoldingen kann Ihren Wünschen nicht entsprochen werden aus dem Grund, dass man seit den nächtlichen Plünderungen im Haus angefangen 1956 bis 1957 unter neun Malen, niemand hineinlässt in der Hoffnung, die richtigen Fingerabdrücke könnten noch die Diebe ermitteln. Auch ich habe das Haus selten seither bewohnt.

Madame war überzeugt, dass die Diebe aus ihrem Bekanntenkreis stammen mussten, «welche mich und das Haus ein wenig gekannt haben müssen, da sie überall Schlüssel fanden in allen Zimmern und Schränken waren Kommoden, Truhe, Kanapee, Stühle in der Nacht fortzügeln unter 9 Malen, ohne dass jemand in Amsoldingen etwas davon will gesehen haben».

Diesmal hatte Madames Überwachung versagt, aus welchen Gründen auch immer. Wie froh war Maria jetzt, dass sie keinen Schlüssel mehr hatte, sonst wäre sie mit Sicherheit verdächtigt worden und hätte gar den Diebstahl verantworten müssen.

Ausgeträumt

Hans und Fritz verloren kein Wort zu Marias Auftritt, redeten aber erst nach einigen Tagen wieder mit ihr – und vielleicht waren sie sogar etwas beeindruckt von Marias Mut. Denn als Madame, nachdem sie den Stall und die Jauchegrube hatte erneuern lassen, den Pachtzins von 3000 auf 3450 Franken erhöhte, opponierten auch die Brüder und rekurrierten bis vor die Landwirtschaftsdirektion.

Die Klage und das Urteil befinden sich in René Tschäppäts Unterlagen. Auf das Stichwort von Maria zieht er die Blätter hervor. Die Landwirtschaftsdirektion veranlasste eine Expertise und kam zum Schluss, die Erhöhung sei rechtens. Die dreissig Jucharten Ackerland und sechs Jucharten Weideland reichten, um drei Pferde, zwölf Kühe, einen Stier, eine Zuchtsau, drei Mastschweine, einige Schafe und Hühner zu versorgen. Zusammen mit Winter- und Sommergetreide, Kartoffeln, Rüben und Gemüse konnten 73 500 Franken erwirtschaftet werden. Was bei einem durchschnittlichen Pachtzins von 4.5 Prozent einen Pachtzins von 3300 Franken ergibt. Da die Renovationen den Hof auch wertvoller machten, also wertsteigernd waren, steht im Urteil:

> *Die Direktion der Landwirtschaft des Kantons Bern erkennt: Die Verpächterin wird ermächtigt, den bisherigen Pachtzins von Fr. 3000.– pro Jahr um 450 Franken zu erhöhen.*

«Wenn sie mich gefragt hätten, ich hätte es ihnen auch berechnen können, ich kannte ja die Bestimmungen.» Maria fand einen Rekurs von Anfang an wenig erfolgversprechend. Wieviel ein Gut abwirft und wie hoch die Pacht berechnet werden darf, das hatte Maria 1945 an der Ecole Cantonale d' Agriculture du Jura gelernt. Aber ihre Ausbildung nahm niemand zur Kenntnis.

Sie zieht eine Klassenfoto aus einem anderen Stapel hervor: 32 Männer, Maria und noch eine zweite Frau. Sie beide hätten sich gut mit den Männern verstanden. Aber ein «Gschleipf», eine Affäre, wäre mit Schulausschluss sanktioniert worden. Die Männer schliefen im Massenlager, die Frauen teilten sich ein eigenes Zimmer.

Der Vater und die Brüder hatten Marias Vorhaben zuerst belächelt. Sie waren erstaunt, als Maria in der Schule aufgenommen wurde, denn sie bezweifelten, dass sie den Anforderungen genügen würde. «Doch als sie das da sahen», Maria nimmt ihr Zeugnis hervor; es stehen lauter 5.5 und 6, «da haben sie nichts mehr gesagt. Ich war die Klassenbeste.»

Der Grund für Marias Ambitionen waren ihre beiden Brüder gewesen. Diese hatten andere Pläne gehabt, als den elterlichen Betrieb weiterzuführen; der eine ging zur Bahn, der andere wollte Landwirtschaftslehrer werden und begann an der ETH Agronomie zu studieren. «Ich übernehme den Hof», hatte Maria bestimmt zu ihrem Vater gesagt und sich in der Bauernschule angemeldet.

Doch dann, eine Woche vor der Abschlussprüfung, erhielt Maria von ihrer Mutter einen Brief. Der Bruder habe die ETH abgebrochen, er sei wieder zu Hause und habe es sich mit dem Hof anders überlegt. Er sei es, der ihn weiterführen werde.

Sie las die Zeilen immer wieder. Steckte den Brief in die Manteltasche, zog die schweren Arbeitsschuhe an, stapfte über das nasse Gras auf den Feldern, ging immer weiter und verpasste zum ersten Mal den Unterricht. Sie ass nicht mehr, schlief nicht mehr und die Prüfung absolvierte sie leichenblass. Warum wurde der Wunsch des wankelmütigen Bruders sofort zum Befehl? Niemand fragte, ob

Klassenfoto der Landwirtschaftsschule in Courtemelon, 1946
Foto: zvg

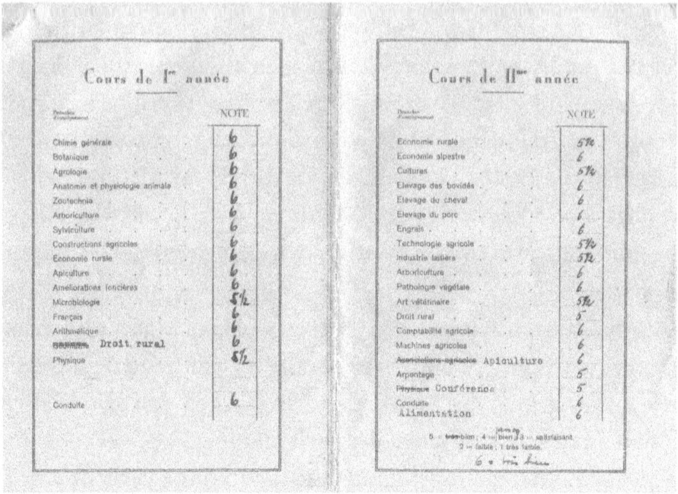

Cours de Ire année

Branches d'enseignement	NOTE
Chimie générale	6
Botanique	6
Agrologie	6
Anatomie et physiologie animale	6
Zootechnie	6
Arboriculture	6
Sylviculture	6
Constructions agricoles	6
Economie rurale	6
Apiculture	6
Améliorations foncières	6
Microbiologie	5½
Français	6
Arithmétique	6
~~Géométrie~~ Droit rural	6
Physique	5½
Conduite	6

Cours de IIme année

Branches d'enseignement	NOTE
Economie rurale	5½
Economie alpestre	6
Cultures	5½
Elevage des bovidés	6
Elevage du cheval	6
Elevage du porc	6
Engrais	6
Technologie agricole	5½
Industrie laitière	5½
Arboriculture	6
Pathologie végétale	6
Art vétérinaire	5½
Droit rural	5
Comptabilité agricole	6
Machines agricoles	6
~~Associations agricoles~~ Apiculture	6
Arpentage	5
~~Physique~~ Conférence	5
Conduite	6
Alimentation	6

5 = ~~très~~ bien ; 4 = bien ; 3 = satisfaisant
2 = faible ; 1 très faible.
6 = très bien

Zeugnis von Maria Blaser von der Landwirtschaftsschule Courtemelon, 1945
Foto: zvg

nicht Maria Anrecht auf den Hof hätte – nicht die kleinste Andeutung stand im Brief. Warum half ihr die Mutter diesmal nicht?

Nach der Ohnmacht kam die Wut und dann der Trotz: «Ich habe alle Zeichen geflucht, aber was wosch?» Tür zu und «fertig schnätz», alles war umsonst. Maria sah keinen Sinn mehr darin, das Praktikum in England anzutreten, und blieb zu Hause.

René Tschäppät seufzt und sagt, sie hätte eben doch nach England fahren sollen. Das wäre die Alternative gewesen, da hätte es vielleicht noch einen anderen Weg gegeben, als beim Tanz einen ledigen Bauernsohn zu suchen.

Maria schweigt und blickt auf ihre Hände, die jetzt auf dem Tisch zur Ruhe gekommen sind. Sie zieht das Album mit Familienfotos von Uebeschi hervor, auf einem Bild schwingt neben der jungen Maria ein Chinese eine Sense. Auf vielen Fotos sind asiatische Männer zu sehen und Kinder in eleganten Kleidern. In Uebeschi war die Welt zu Besuch; die Verwandten aus Basel, die Stadtkinder, die ihre Ferien auf dem Hof verbrachten – manchmal halfen sie Maria bei der Arbeit im Stall, zum gemeinsamen Spiel blieb aber immer genügend Zeit. Während des Zweiten Weltkriegs arbeiteten Internierte auf dem Hof und später die Austauschstudenten. Diese vermittelten die Basler Verwandten, da die Basler Mission Schweizer Bauernbetriebe suchte. Der Indo-Chinese Lim Bokto war einer von ihnen, mit ihm unternahm Maria auch gemeinsame Wanderungen in die Berge.

«Einmal fuhren wir auf den Niesen», lacht Maria und zeigt auf ein Foto. Während des Heuens wollte er mithelfen, musste aber schnell forfait geben, der Schweiss lief in Bächen von seiner Stirn. Er warf sich ins Gras und empörte sich darüber, dass Frauen in der Schweiz solche Arbeit zugemutet werde, da könne ja nicht einmal er mithalten. Wäre Maria etwas älter gewesen, vielleicht hätte Bokto sie mitgenommen nach China? Oft hat sie sich gefragt, ob sie dort glücklich geworden wäre.

Bis zu diesem vernichtenden Brief ihrer Mutter hatte sie nie daran gezweifelt, mit Willen und Können ihr Ziel zu erreichen. Nie hatte sie einen Rückschlag erleiden müssen, nie war ihr Bestreben in Frage gestellt worden. Aber am wichtigsten Punkt ihres Lebens versagte die Unterstützung, war sie plötzlich doch nur die kleine Schwester.

«Einmal in meinem Leben ist mir diese Enttäuschung, dieser Frust, diese abgrundtiefe Verzweiflung nochmals begegnet, oder ich bilde es mir zumindest ein», sagt sie. «Aber nicht bei mir, sondern bei Madame de Meuron. Ich glaube, ihr ist dasselbe widerfahren.» Maria schaut zum Fenster hinaus. Der Kaffee in der Tasse ist unterdessen kalt geworden.

Es war ein Tag wie heute. Kalt und nass, überall Schlamm und Dreck. Nach dem Mittagessen erledigte Maria den Abwasch und schaute dabei aus dem Fenster. Da sah sie jemanden auf dem Weg liegen. Sie stieg in die Gummistiefel und hastete hinaus, erkannte Madame in ihrem schwarzen Mantel. Maria beugte sich über sie, und blickte in verzweifelte Augen. Sie befreite Madame aus dem Dreck und führte sie zu sich in die Küche. Maria bereitete ihr einen heissen Tee zu, mit einem Schuss Bätziwasser aus vergorenem Kernobst. Unruhig und durchfroren schlurfte Madame in der Küche hin und her, in den alten Pantoffeln, die Maria ihr gegeben hatte. Die nassen Schuhe stopfte Maria mit Zeitungen aus und stellte sie auf den Ofen zum Trocknen. Mit Tüchern rieb sie den gröbsten Schmutz von Madames Kleidern. Erschöpft setzte sich Madame de Meuron hin und fragte: «Frau Gfeller, darf ich diesen Nachmittag bei Ihnen bleiben? Hier ist es so schön warm.» Im Schloss hatte die alte Frau einfach gefroren, sie war alleine und oft traurig. «E armi Hutte – da tat sie mir plötzlich unendlich leid. Ich glaubte in ihren Augen zu sehen, dass ihr etwas verwehrt wurde, wofür sie ihr Leben gegeben hätte. Diese Enttäuschung kam mir so bekannt vor!»

Maria wurde in diesem Moment klar, wie viel sie beide gemeinsam hatten; sie erkannte das Rollenspiel von Madame, die sich ihr Leben anders gewünscht und vorgestellt hatte. Wie nahe sie sich plötzlich waren. Maria war eine stolze Bäuerin, beklagte sich nicht, sondern packte die Probleme an und löste sie. Beugte sich weder dem Druck der Männer noch dem Druck der Arbeitslast. Aber in stillen Stunden kamen ihr die Tränen, wenn sie an ihren Traum dachte, den Bauernhof in Uebeschi zu führen und zu leiten. Sie war jetzt eine Bäuerin, aber nur die Frau des zweitgeborenen Pächterssohns. Madame de Meuron trotzte der chronischen finanziellen und organisatorischen Überforderung mit ihrer stoischen und herrischen Art. Hatte die Eigenständigkeit und damit die Einsamkeit der Abhängigkeit als mittel- und damit machtlose Ehefrau vorgezogen. Nun sassen Elisabeth und Maria zusammen in der Küche, hatten ihre Rollen wie die nassen Kleider abgelegt. Zwei Frauen, die an ihren hohen Zielen gescheitert waren, sich aber dem Schicksal nicht unterwarfen, sondern den Spielraum ausschöpften, der ihre Situation erlaubte.

Es bedurfte keiner grossen Worte, die beiden Frauen wussten von ihrem geteilten Schicksal. Elisabeth de Meuron stellte nur eine Frage. «Wo haben Sie das alles gelernt?» – «In Courtemelon, in der Landwirtschaftsschule», war Marias Antwort. Madame de Meuron nickte stumm. Maria wagte nicht, Madame nach ihrem Leben zu fragen, oder danach, welches Erlebnis sich vorhin auf der Strasse in Madames erschrockenen Augen gespiegelt hatte. Allen Unterschieden zum Trotz hatten Madame und sie doch einige Gemeinsamkeiten, entdeckte Maria. So viel Nähe hätte sie nicht für möglich gehalten. Ein angenehmer Nachmittag war das, fast freundschaftlich.

Als Maria Monate später, im Jahr 1960, um ein anderes Haus bat, damit ihre nunmehr betagte Schwiegermutter zusammen mit Hans im Gäggeli-Schulhaus wohnen konnte, bekam sie zur Antwort:

Elisabeth de Meuron blättert im Schloss Amsoldingen in ihren Briefen, 1958
Foto: Burgerbibliothek Bern, N Eugen Thierstein 373/281 (6)

Das Kleinkinderschulhaus bleibt vor der Hand zu Ihrer Verfügung, aber zur Verfügung für Ihre Schwiegermutter und Ihren Schwager stelle ich es nicht. Es ehrt Sie, dass Sie darauf gedrängt haben, dass dieser Tausch gemacht werde im Bestreben, die Pflichten der Schwiegermutter auf sich zu nehmen und zu sorgen, dass sie in eine schöne Wohnung komme. Vorläufig geht das wirklich nicht.

Judith Gfeller am Hirsmontag, verkleidet als Madame de Meuron
Foto: zvg

So kam auch Daniel, das vierte Kind von Fritz und Maria, im Schulhaus zur Welt. 1964 zog die grosse Familie trotzdem ins Schlossgut und die Schwiegereltern ins Gäggeli-Schulhaus. Maria hatte die Strategie ihrer Mutter ergriffen: handeln, statt fragen. Die Fugen im Küchenboden aus Steinplatten des alten Gebäudes waren kaum zu reinigen. Maria erkundigte sich bei Madame, ob sie ihn auswechseln dürfe. «Dä Bode blibt», so die Antwort. Trotzdem legte Maria Novilon aus und deckte ihn mit einem Kork-Flies ab. Madame erschien gelegentlich in der Küche, zum neuen Boden sagte sie nie ein Wort.

1966 starb die Schwiegermutter Louise Gfeller, einige Jahre später vereinbarten die Brüder, dass Fritz und Maria die Pacht alleine mit ihren Kindern weiterführen sollten, Hans die Betreuung des

Schlosses und der Umgebung und der Rinder, der Guschti, übernahm. Madame war gar nicht glücklich, wie sie Fritz Gfeller schrieb:

Geehrter Gfeller, in Sorge bin ich um Sie betreffs dieser Teilung mit Ihrem Bruder, welcher mir davon schrieb, dass er in der Wohnung bleiben möchte, ohne Pächter zu sein – weiter weiss ich nichts.

Madame machte sich Sorgen, wie Fritz bei einer Teilung seinen Bruder auszahlen wollte und wie der Pachtzins beglichen werden sollte. Sie bat Fritz – oder auch seine Frau – ihr Bescheid zu geben, was Sache sei: «Ich bedaure sehr, dass es so hat kommen müssen – aber vielleicht ist es auch zu etwas gut?» Maria erklärte Elisabeth de Meuron ausführlich die Vorteile. An der Antwort erkannte sie, dass Madame ihr nachfühlen konnte:

Wie gut und schön Sie schreiben, liebe Frau Gfeller, man merkt, aus wie gutem Haus Sie kommen und in die bescheidenen Pächterverhältnisse mit unmöglichen Gebäudlichkeiten von Amsoldingen-Schloss verschlagen wurden! Nun erziehen Sie Ihre Kinder und werden wohl sein ohne den armen Hans Gfeller. Ich habe Ihren Brief gut verstanden, Sie und Fritz Gfeller hatten gut Zeit zu überlegen wie es kommen würde und sind wegen den Kindern froh, dass es endlich gekommen ist.

Die familiären Schwierigkeiten konnte Madame nachvollziehen; sie schilderte im Brief ihre eigene Situation mit ihrer Tochter Louise de Meuron, welche in Tanger wohnte und sie nur noch ab und zu besuchte. Zum Schluss schrieb Madame: «Jetzt will ich Ihnen noch etwas Lustiges erzählen.» Die Neuapostolische Gemeinde hatte sie gebeten, ihr Land für eine Kirche zu verkaufen. «Sogar meine unvollkommenen Kenntnisse der Landwirtschaft verbieten mir, das Gut als Nutzung so zu schädigen – fragen Sie Ihren Mann, meinen Pächter, was er dazu sagen würde?»

Wollte die nunmehr 90-jährige Madame ein Anliegen zum Anwesen in Amsoldingen vorbringen, schrieb sie oft an Maria Gfeller. Seien es Fragen zum Heuet, zu Reparaturen am Hof oder zu anstehenden Vogelbeobachtungen des Naturschutzvereins im Schlosspark. Maria mit Fritz bebauten mit ihren Kindern den Hof, ohne grosse Furcht und Sorgen – in freundschaftlicher Beziehung zu Madame de Meuron.

Nur einen kleinen Zwischenfall gab es, am «Hirsmontag». Nach einem alten Brauch schenkt in Amsoldingen die Burgergemeinde alle zehn Jahre den Ledigen eine Tanne, beim Fest wurde ursprünglich Hirsesuppe gegessen, daher der Name. Bei diesem Anlass gibt es einen Umzug mit Verkleidungen durchs Dorf. Judith, Marias Tochter, ahmte verblüffend echt Elisabeth de Meuron nach und liess sich in einer Kutsche durch das Dorf fahren. Am nächsten Tag prangte ein grosses Bild in der Zeitung, aus der Kutsche lachte der Amsoldinger Gemeindepräsident, der Burgerratspräsident und Burgerratsschreiber – zusammen mit der als Madame de Meuron verkleideten Judith Gfeller. Diese Darstellung kränkte Madame. Sie ertrug es nicht, wenn jemand sich über sie lustig machte. Maria verstand den Ärger, aber nie hätte sie ihrer Tochter verboten, sich so zu verkleiden. Diese Episode änderte nichts am guten Einvernehmen. Anders das Ereignis Anfang März 1974.

Da jemand mutwillig die Schleuse geöffnet und blockiert hatte, floss viel Wasser aus dem See ab. Die Landwirte begrüssten einen möglichst tiefen Pegel, weil sie so mehr Land bebauen konnte. Madame dagegen bestand auf einem hohen Seespiegel, weil das Schilf für die Brut der Wasservögel genügend im Wasser stand und die Ruderboote leichter anlegen konnten.

An Fritz Gfeller
Nachdem man mit Hilfe des Schmieds, des Posthalters und meines langjährigen Italieners gearbeitet hatte Ende Nachmittag ist die Wahrheit offenbar geworden – dass ein ganz neues Holzscheit

EINGEPFLOCKT worden war. Wenn Sie an der Sache beteiligt oder der Verlobte oder Ehemann Ihrer Tochter damit zu tun hat, ist besser, Sie sagen es. Ihr Betragen an der Schleuse hat sowieso unsere Beziehungen zueinander ganz verdorben – und mit Ihrer lieben Frau, die ich all die Jahre gerne hatte, ging es wirklich nicht mehr, weil sie ohne mein Wissen Leute ins Haus liess und nicht meldete. Unhöflich ist sie nie gegen mich gewesen.

Maria schaut René Tschäppät an: «Da sind wir wieder beim Anfang unserer Erzählungen angelangt. Sie verdächtigte uns, die Schleuse sabotiert zu haben und damit sie. Ganz besonders verdächtigte sie dich, René, der du als Fremder ins Dorf kamst und ihr nie unterwürfig begegnet bist. Mir hat sie nicht verziehen, dass ich dich bei Judith wohnen liess.»

Ob dieses letzte Zerwürfnis der Grund war, ist schwer zu sagen, aber ein Jahr später verkaufte Madame ein Stück des besten Ackerlands an die Gemeinde, um dort eine Turnhalle mit Mehrzweckhalle zu bauen. Dem Gemeindepräsidenten sagte Madame, als dieser für das Land anfragte, die Mädchen gediehen gut in Amsoldingen, aber die Knaben, das seien schwache «Räbeli». Deshalb sei eine Turnhalle wichtig. Sie verlangte einen symbolischen Preis von zehn Franken pro Quadratmeter. Während sie bei den Neuapostolen noch darüber gelacht hatte, dass diese gutes Ackerland verbauen wollten, stellte sie es der Gemeinde zur Verfügung und fragte nicht einmal mehr den Pächter nach seiner Meinung. «Wir hätten sie zumindest gebeten, ein anderes Stück, ein weniger wertvolles, zu verkaufen!», sagt Maria.

Ein Findling mit einer Tafel ehrt die Stifterin Elisabeth de Meuron. Im August 1978 weihte die Gemeinde mit einem grossen Dorffest die Turn- und Mehrzweckhalle ein. «Am wenigsten feierten wohl wir, da ein wichtiger Teil unserer Einkünfte weg war.»

Trotzdem übernahm Niklaus, Marias zweitjüngster Sohn, die Pacht. Ihn faszinierten die Tiere und der Ackerbau. Maria bestand darauf, dass er wie einst sie selbst die Landwirtschaftsschule besuchte, und setzte sich gegen Fritz und Hans durch, die der Meinung waren: «Ds' Bure muesch nid ga lehre.» Niklaus beendete die Ausbildung mit der Meisterprüfung.

1980 feierte die Familie Gfeller 100 Jahre Pacht auf dem Schlossgut Amsoldingen. Im gleichen Jahr – zwei Jahre vor ihrem 100. Geburtstag – starb Elisabeth de Meuron. Die Beerdigung fand in der Kirche in Gerzensee statt, mit handverlesenen Gästen, von Gfellers wohnten Hans und Fritz der Trauerfeier bei.

Das Schloss Amsoldingen und der Landwirtschaftsbetrieb gingen an die Enkelin Barbara Hegner über, denn Elisabeths Tochter Louise war bereits 1973 in Tanger gestorben, auch ihr Sohn Roger lebte nicht mehr. Barbara Hegner liess den Ökonomieteil des Schlossguts renovieren, und 1987 übernahm Niklaus Gfeller die Pacht. In der vierten Generation – und der letzten.

In diesem Jahr wurde über den Moorschutz in der Schweiz abgestimmt, die sogenannte «Rothenthurm-Initiative» kam vors Volk. René Tschäppät räuspert sich: «Wir waren politisch nie sehr aktiv. Fritz sass zwar in der Schulkommission, war auch Schulkommissionspräsident, aber er sagte immer: ‹Wir wollen abstimmen und wählen, wie wir es für richtig halten.› Aber bei dieser Initiative, da begann auch Fritz zu weibeln. Er sagte immer; es werde nicht bei Rothenthurm bleiben.»

Die Initiative erhielt eine Mehrheit, und in der Folge verschärften sich die Auflagen für die Landwirtschaft rund um den Amsoldingersee. Dies verunmöglichte Niklaus Gfeller, das verbleibende Land rentabel zu bebauen. Das Pachtland wurde auf verschiedene Landwirte aufgeteilt, Tiere wurden rund ums Schloss nicht mehr gehalten. Niklaus arbeitete fortan für die Thuner Stadtbetriebe. Die Püchtertradition der Familie Gfeller in Amsoldingen war zu Ende.

«Ich weiss», sagt Maria, «der Moorschutz, das wäre auch im Sinn von Madame gewesen. Sie war immer sehr besorgt um alle Pflanzen und Tiere und tat alles, um den See und die Ufer zu schützen. Was geschah, war sicher in ihrem Sinne.»

Der Naturschutz gab immer wieder Anlass zu Diskussionen im Schloss Amsoldingen. Hier kann ich weitererzählen: Wenn ich bei Barbara Hegner zu Besuch war, gab sie ihre Anekdoten zum Besten. Einmal habe jemand vom kantonalen Amt für Naturschutz den Rückgang der Seerosen am Ufer beklagt. Wollte wissen, was Barbara Hegner da gemacht habe. Auf alten Fotos war der See von einem dichten Seerosengürtel bewachsen, der nun auf ein kurzes Band vor dem Schloss geschrumpft war. Barbara Hegner war ausser sich. Sie erklärte «dem Bürolisten», dass die Seerosen Dünger benötigen. Da es seit dem Naturschutzgesetz nun eine Schutzzone rund um den See gäbe, würde auch die Jauche fehlen und damit der Dünger für die Seerosen. Was Hegner verschwieg: Ab und zu kippte sie selbst vor dem Schloss eine Garette Mist ans Ufer, damit die Seerosen dort gediehen.

Ebenso ereifern konnte sich Barbara Hegner, wenn das Ufer durch umgestürzte und entwurzelte Bäume durchlässig wurde und bei Hochwasser der See die angrenzenden Felder überflutete. Munter schwammen die Karpfen und Hechte im Frühjahr in die neuen Tümpel. Wurde es wärmer, trockneten diese langsam aus, die Fische konnten nicht mehr in den See zurückschwimmen und verendeten. Da rückte Barbara Hegner mit Netz und Kübel aus, um die Fische wieder in den See zu tragen. Lieber hätte sie die umgestürzten Bäume entfernt und das Ufer wieder abgedichtet. Aber Natur ist eben Natur, musste sie lernen. Aber auch Barbara Hegner wusste: Ihre Grossmutter hätte für den Moor- und Naturschutz gestimmt, für sie waren die Anliegen der Tiere und der Natur meist wichtiger als diejenigen der Menschen.

René Tschäppät räumt die Bilder und Urkunden der 100-jährigen Pacht zusammen. Maria wohnt seit dem Tod von Fritz alleine im kleinen Stöckli. Er war zuckerkrank und obwohl Maria die richtige Diät kochte, gönnte sich Fritz bei seinen Besuchen als Störmetzger immer wieder eine Meringue oder ein Stück Schwarzwäldertorte, die er so sehr liebte. «Alles kann man einfach nicht verbieten, auch wenn es schwere Konsequenzen hat», sagt Maria.

Es wird Mittag. Zeit zum Kochen. «Nüt u d' Türe zue – das sagten wir jeweils, wenn es nichts zu essen gab.» Einen Zeitungsausschnitt kramt Maria noch zwischen den Briefen hervor. Eine Anzeige des Auktionshauses Stuker. «Objekte aus dem Nachlass von Frau Elisabeth von Meuron von Tscharner» von 1981. Ein Jahr nach Madames Tod sollten Gegenstände, Möbel und Geschirr von Elisabeth de Meuron versteigert werden. «Ich habe mir lange überlegt, ob ich hingehen soll. Es war ein grosser Aufwand, wir fuhren selten nach Bern, und sicher nicht an einem Werktag, und ich schon gar nicht alleine.» Maria hat die Reise nie bereut.

Von der Türschwelle aus sieht man hinter den Feldern das Dorf mit der Kirche und dem Schloss. Mein nächster Besuch führt mich in den oberen Teil des Dorfes Amsoldingen.

Ernst Hirschi mit Madame de Meuron, 1950
Foto: zvg

Der Dorfkönig
(Familie Hirschi)

Von der Autobahn durch das Aaretal von Bern nach Thun schlängelt sich die Hauptstrasse in engen Kurven auf das weitläufige Plateau, die Häuser von Amsoldingen haben sich viel Platz genommen, um sich vom See weg über die Ebene zu verteilen. Durch Amsoldingen führt nicht eine Dorfstrasse, die Chorherrengasse verbindet zusammen mit der Hurschgasse das Dorf in einem Kreis. Die Käserei steht seit 1914 an der Hurschgasse, das Schloss liegt am Seegässli, einer Verlängerung der Chorherrengasse auf der anderen Seite. Trotz der räumlichen Distanz waren Schloss und Käserei schon seit Jahrhunderten miteinander verbunden. Die Landwirte von Amsoldingen bildeten 1823 eine der ersten Käsereigenossenschaften der Schweiz und verarbeiteten ihre Milch im Waschhaus des Schlossgutes. So hatten die Käser immer direkt mit den Herrschaften zu tun.

In Madames Familie begann die Tradition 1842 mit dem Urgrossvater Beat Ludwig von Tscharner; er erstand das Schloss Amsoldingen von Alfred de Rougemont von Bonstetten. Elisabeth de Meuron führte sie weiter – der Käser in Amsoldingen blieb ein Verbündeter der Schlossherrin, auch bei Geschäften, die den Interessen des Dorfes entgegenliefen. Bei ihm suchte sie Hilfe und Rat. Erich Hirschi zeigte mir nach einer Lesung in Amsoldingen einen Brief von Madame de Meuron an seinen Vater, den damaligen Käser und Gemeindepräsidenten: «Sehr geehrter Herr Hirschi, ich schreibe nicht an den Gemeindepräsidenten, sondern an Sie persönlich, die wir einander durch jahrelange Freundschaft kennen.» Madame ging in der Käserei ein und aus, blieb oft zum Mittagessen; sie ass mit Vater Hirschi in der Stube, die Mutter mit den Angestellten und den Kindern in der Küche.

Ich verlangsame meine Fahrt bei der Käserei, um einen Blick auf das Gebäude zu werfen: Ein einfaches Riegbauhaus, das Dach wird von einer kleinen dunklen Holzründi getragen. Im oberen Stock ist die Wohnung, unten die Käserei mit Laden. Emmentaler ist zu kaufen, so das Schild, aber auch verschiedene Sorten Mutschli.

Das Navigationsgerät lotst mich in das benachbarte Einfamilienhausquartier. Erich Hirschi steht winkend auf dem Garagenplatz und weist mich rückwärts in die Einfahrt ein. Er wohnt nicht mehr in der Käserei, die er in der zweiten Generation in Amsoldingen geführt hat. Sein Vater Ernst Hirschi wurde 1933 als Käser in Amsoldingen gewählt, nach seinem Tod übernahm 1959 Erich Hirschi bis zu seiner Pension 1995.

In der hellen Stube mit weissen, geheizten Bodenplatten, orientalischen Teppichen und einem Holztisch steht ein Teller mit Güezi parat, daneben stapeln sich rote, blaue und gelbe Mäppchen mit Zeitungsausschnitten und Briefen. Rosemarie Hirschi serviert Kaffee, Erichs Bruder Alfred ist aus dem aargauischen Schafisheim angereist. Er zieht ein dickes Buch aus seiner Mappe hervor, sein Stolz: die Chronik der Familie Hirschi von 1654 bis 2010, 256 Seiten dick.

Hier treffe ich auf die Geschichte der alten Amsoldinger Machtpole; der Gemeinderat auf der einen, die grosse Land- und Liegenschaftsbesitzerin Elisabeth de Meuron auf der anderen Seite. Ich ahne die Strapazen für den Gemeindepräsidenten, um zwischen den unterschiedlichen Interessen zu vermitteln, zwischen zwei leidenschaftlichen Engagements mit verschiedenen Prioritäten für das gleiche Dorf. Den Hirschis gelang dieser Spagat meist, sie gewannen den Respekt von Madame de Meuron und es entstand eine tiefe Freundschaft. Aber zu welchem Preis?

«Wir hatten sogar zwei Verbindungen zu Madame de Meuron», erzählt Erich Hirschi: «Unsere Eltern führten die Käserei in Amsoldingen, unsere Grosseltern waren bereits in der dritten Generation Pächter auf dem ‹Freudheim› in Gerzensee, bei der Familie von Fritz de Meuron, Elisabeths Mann.» Während Ernst Hirischi senior die Käserei betrieb, führte sein Bruder die Pacht auf dem «Freudheim» weiter. Der Onkel habe ihn immer wieder gebeten, in vierter Generation die Pacht des «Freudheims» zu übernehmen, ergänzt Alfred. Doch er schlug es aus. Ihn zog es weg – er wollte nicht in Amsoldingen und auch nicht in Gerzensee bleiben. Er lernte in Thun Automechaniker, arbeitete in Bern, Gstaad und zog anschliessend mit seiner Familie aus beruflichen Gründen in den Aargau. Für Alfred Hirschi ist Amsoldingen Erinnerung an seine Kindheit und Jugend. Erich Hirschis Leben dagegen war und ist ein Teil der Geschichte von Amsoldingen, verknüpft mit den Erinnerungen an und die Erlebnisse mit Madame de Meuron.

Elisabeth de Meurons Kontakte zum Vater tangierten die ganze Familie. Die Freundschaft übertrug sich auch auf die nächste Generation. Wenn der Vater das Vertrauen genoss, galt das auch für die Söhne, wenn sie in Vaters Fussstapfen traten. Die Freundschaft wurde sozusagen vererbt, deshalb lag die Erziehung der jungen Hirschis Madame de Meuron sehr am Herzen. Alfred, mit sechs und acht Jahren Unterschied zu seinen Brüdern der Jüngste, durfte seinen Vater oft begleiten. Wenn die Türklingel schroff durch das Haus schrillte, rannte er als erster zur Tür. Madame erkundigte sich immer nach seinem Vater: «Ich brauche nicht dich, ich brauche deinen Vater, du verstehst noch nichts von Politik.» Im Schlepptau seines Vaters konnte er den beiden hinterhertraben, wenn sie ins Schloss gingen.

Alfred wartete draussen vor dem Schloss auf der Veranda, aber das war schon Abenteuer genug. Die runden Korbstühle mit den dicken Stoffkissen erinnerten ihn in ihrer Wuchtigkeit an graue Elefanten, nie hätte er es gewagt, hinaufzuklettern. Lieber schaute er von der Terrasse auf den Park und das Ufer, beobachtete die «Fischriegel», die Fischreiher, zählte sie, kam nie über zwanzig. Er wusste, dass Madame den Gärtner im Frühling auf die Bäume schickte, um in den Nestern der Kolonie einige der blaugrünen Eier mit einem Nagel anzustechen. Hätte er die Eier weggenommen, hätten die Reiher einfach neue gelegt – Madame de Meuron wollte nicht zu viele Reiher, die den Fischen im See zusetzten.

«Weil ich älter war, nahm sie mich ernster», wirft Erich ein, «mir gab sie jeweils Aufgaben, wenn sie in die Käserei zu Besuch kam. Einmal stellte sie im Frühjahr einen Kübel mit Fischlaich vor die Waschküche. Um für frischen Sauerstoff zu sorgen, musste ich mit einem Federkiel jeden Tag darin rühren», erzählt er. Ein anderes Mal, als Madames Angestellter Antonio verhindert war, fuhr Erich mit dem Töffli in die Fischzucht, um junge Hechte zu holen. Sie befahl ihm, einen Kübel beim «Schiffschärm» auszusetzen, also bei der überdachten Anlegestelle der Boote, den anderen bei der krummen Eiche am anderen Ufer des Sees. Erich war in Eile und fand es überflüssig, die Hechte an unterschiedlichen Orten freizulassen, schliesslich konnten diese dann selbst dorthin schwimmen, wohin sie wollten. Kaum hatte er den See erreicht, kippte er beide Kübel hinein. Madame trat hinter einem dicken Kastanienbaum hervor, wütend schimpfte sie ihn aus. «Schimpfen konnte sie bestens», erinnert sich Erich. «Besonders, wenn sie sich nicht ernst genommen fühlte. Ihre Schelte wurde oft nicht verstanden und brachte viele gegen sie auf. Madame de Meuron stellte sich oft quer und war sehr eigensinnig.»

Sie nahm nie an einer Gemeindeversammlung teil und kümmerte sich grundsätzlich auch nicht um die Dorfpolitik, aber viele Geschäfte tangierten entweder ihr Land oder eines ihrer Häuser. Sei es beim Strassenbau, bei den Einkaufsläden im Dorf oder der Schule – und dann war da auch noch das Militär, das auf ihrem Gelände übte oder untergebracht war. Zu allem und jedem hatte sie ihre eigene Meinung, die sie auch vehement vertrat. So machte sie sich keine Freunde. Die Quittung erhielt sie, als sie einen kleinen Flecken Land direkt an der Strasse, da er nicht mehr landwirtschaftlich nutzbar war, zu Bauland umzonen wollte. Die Gemeindeversammlung verhinderte dieses Begehren, das eigentlich nur noch eine Formsache gewesen wäre. «Aus lauter Teufelssucht haben es die

Leute abgelehnt, nur weil es der de Meuron gehört hatte», bemerkt Erich Hirschi. «Sie hatte viele Feinde, aber mit uns hatte sie es immer gut.»

Der Vater hielt zu ihr, wenn immer es ging: «Mit seinem Charme und weil er ihre Verhältnisse kannte, konnte er einiges erreichen», ist Erich überzeugt. Auch nach dem Tod von Ernst Hirschi wollte Madame de Meuron einen «Hirschi» als Ansprechperson. Erich sass zwar im Gemeinderat, aber nicht als Präsident. Dieses Amt hatte der Chef der GRD, Gruppe Rüstungsdienst in Thun, inne, ein Angestellter also, einer, der «Lohn nahm». Da hielt sich Elisabeth doch lieber an den selbständigen Käser. Doch der Reihe nach.

Eine Geschichte mit Madame de Meuron ist in der Erinnerung der Brüder besonders lebendig geblieben. Sie wechseln immer wieder Blicke, wer damit beginnen soll. Die Dokumente dazu liegen längst auf dem Tisch, illustrieren eine Episode, eine der vielen typischen Anekdoten – die jedoch eine für Amsoldingen existenzielle Frage aufwirft: Wem gehört der See? Die Antwort war einfach: Madame de Meuron. Da aber der See das Herz von Amsoldingen bildet, fühlten sich alle Bewohnerinnen und Bewohner mit ihm verbunden und nutzten ihn auf die eine oder andere Art. Ob die Lehrer mit den Kindern im See schwimmen durften? Wo die Bevölkerung Zutritt zum See erhielt? Diese Fragen gelangten bis in den Gemeinderat. Die Nutzung des Amsoldingersees war immer ein Abwägen zwischen Privateigentum und öffentlichem Raum. Alle versuchten, die Grenzen ein bisschen zu verschieben. Manche schwammen nahe an den Schlosspark, andere wanderten dem Ufer entlang – den Jungen kam noch anderes in den Sinn …

An einem lauen Spätsommerabend 1961 sass Alfred Hirschi wie so oft vor dem Hof seiner Freunde Hans und Karl Moser am See. Aussergewöhnlich aber war, dass heute auch eine junge Frau zum Ufer geschlendert kam, das Au-pair-Mädchen der Bäckerei Bangerter.

Mit 18 Jahren war Alfred der älteste der Runde. Er hatte am Nachmittag allen Mut zusammengenommen, um in der Bäckerei eine Semmel zu kaufen. Dabei hatte er umständlich Kleingeld hervorgekramt, damit genug Zeit blieb zu erwähnen, es sei angenehm am Abend bei Mosers am See. Die junge Verkäuferin hatte die Anspielung verstanden und sass nun bei ihnen. Schön war es, aber etwas ungewohnt. Und um das verlegene Schweigen zu brechen, erwähnte einer der Moser-Brüder: «Ich weiss, wo die Schlüssel zum Bootshaus sind und wo die Ruder.» Es war ja nicht das erste Mal, schon früher gingen junge Amsoldinger mit den Booten von Madame de Meuron nachts auf den See «gondeln». Dass dies streng untersagt war, erhöhte den Reiz. Sie warteten, bis es um zehn ganz dunkel war, schlichen sich zum Bootshaus, damit der Gärtner und Hauswart ihnen auf keinen Fall auf die Schliche kam. Die Gruppe Jugendlicher schaukelte ausgelassen an Mitternacht vorbei – sie zählten die Sterne und warteten auf Sternschnuppen und beschlossen, die Morgendämmerung in ihren zwei Schiffchen zu erwarten.

Der Friede nahm ein jähes Ende, als der sonst immer fröhliche Bäckermeister am Ufer streng nach dem Mädchen rief. Eilig paddelten sie zurück, der Meister führte die junge Frau wortlos in die Bäckerei zurück, Alfred und seine Freunde verstauten fein säuberlich Boote und Ruder.

Alfred schmunzelt am Tisch: «Wir Jungs hofften, der Bäcker halte dicht. Wir schlichen nach Hause, ich fuhr am Morgen früh wie immer mit der Verspa nach Thun, ich musste zu meiner Arbeitsstelle als Automechanikerlehrling.»

Zuerst fuhr der Polizist bei der Familie Moser vor. Dies war erst das zweite Mal, dass ein Polizist vor dem Haus stand. Vor Jahren hatte der alte Dorfpolizist beim Mieter im Stöckli geklingelt, dieser hatte zu offensichtlich und zu fleissig im Amsoldingersee geangelt: «Ich muss leider eine Anzeige erstatten.» – «Gut, wenn du mich anzeigst, dann helfen wir dir das nächste Mal im Kreuz nicht mehr beim Aufsteigen auf den Töff.» Die Diskussion war damit erledigt gewesen. Hatte der Polizist doch zu gern einen über den Durst getrunken. Dieses Mal schrillte die Klingel aber bei Mosers selbst, ein junger dienstbeflissener Landjäger stand vor der Tür. Die Buben hatten sich längst aus dem Staub gemacht, der Vater hatte zur nächtlichen Rudertour nichts zu sagen, seine Söhne aber rügte er bei der nächsten Gelegenheit: Die Polizei bei Mosers, das hat es noch nie gegeben!

Als der Streifenwagen auf dem Vorplatz der Autogarage in Thun hielt, liessen alle Mechaniker ihre Werkzeuge liegen und versuchten durch die blinden Scheiben zu erspähen, was los war. Zwei Polizisten marschierten zum Chef und anschliessend in die Werkstatt. «Der Stift soll kommen», hiess es, «der Hirschi» müsse auf den Polizeiposten.

Es roch herrlich nach Leder im Polizeiwagen, es waren gute Sitze, das fiel Alfred sofort auf. Er sah die Altstadt von Thun und die grüne Aare vorbeiziehen und wusste, was er beim Verhör sagen wollte: «Ich bin noch heute stolz, dass ich niemanden verriet. Ich erklärte, es sei kein Schaden entstanden, wir seien sehr vorsichtig mit den Booten umgegangen und es habe sich um einen kleinen Streich gehandelt und nicht um eine Zerstörungsaktion gegen Madame de Meuron. Wenn wir gewusst hätten, welche Konsequenzen dieser Ausflug haben würde, hätten wir ihn nicht unternommen. Ich bat die Polizei, Madame von einer Anzeige abzubringen.»

«Luus-Cheibe», sagten die Beamten nur, sie legten tatsächlich ein gutes Wort für die Jugendlichen ein.

Zu Fuss trottete Alfred vom Posten zur Autogarage zurück, keiner traute sich zu fragen, was los sei, alle machten einen Bogen um ihn. So etwas war noch nie vorgekommen. Er solle besser bei seinem Metier bleiben und keine Kapitänsallüren entwickeln, meinte sein Chef nur, aber so etwas dürfe nicht noch einmal vorkommen.

Die Heimkehr in die Käserei bereitete Alfred dagegen Kummer. Sein Bruder hatte es schwer genug, zusätzlich war die Familie in grosser Sorge um die Gesundheit von Ernst, dem mittleren Bruder.

Scherereien mit Alfred und Madame de Meuron hatten gerade noch gefehlt.

Erich seufzt am Tisch. Er beugt den Rücken, wie wenn die Last dieser Jahre hier am Stubentisch immer noch auf seinen Schultern läge. Es waren damals schwierige Jahre. Erich stand kurz vor seinem 26. Geburtstag, seit dem Tod seines Vaters zwei Jahre zuvor führte er die Käserei zusammen mit seiner Mutter. Jeden Tag im Morgengrauen die Milchkannen in die Käserei zu rollen, zu kontrollieren, ob die Milch sauber und einwandfrei in den grossen Kupferkessel floss, das war er von der Lehre gewohnt. Doch die zwei Angestellten zu instruieren und für die ganze Produktion verantwortlich zu sein, daran hatte er sich auch nach zwei Jahren noch nicht recht gewöhnt. Jeden Tag kontrollierte Erich die Temperatur der Milch lieber zweimal, bevor er das Lab zugab, spritzte mit dem Schlauch am Abend die ganzen Räume und das Käsegeschirr noch gründlicher ab als bei seinem Lehrmeister. Er konnte sich keinen Fehler leisten, musste beweisen, dass er dieser Käserei würdig war – auch wenn er sie hatte übernehmen müssen, bevor er überhaupt seine Meisterprüfung bestanden hatte.

Seine Mutter half, wo sie konnte. Auch der mittlere Bruder Ernst wollte in Vaters Fussstapfen treten und nach seiner Lehre als Käser Erich zur Hand gehen. Nur der jüngste, Alfred, beschäftigte sich lieber mit Autos. «Als an diesem Spätsommermorgen meine Mutter kreidebleich über das Chäschessi rief: ‹Sie haben den Alfred verhaftet›, da traf mich schier der Schlag.» Erich schüttelt den Kopf. Wie ein Lauffeuer hatte sich diese Nachricht im Dorf verbreitet. Alle waren fassungslos und befürchteten Schlimmes.

Später lachten natürlich alle darüber. «Dieser Lausbubenstreich war nicht der Rede wert, aber ich wusste vom Vater, dass Madame de Meuron sich auch über Kleinigkeiten furchtbar ereifern konnte und es schwierig war, sie wieder zu besänftigen. Sie fühlte sich –

manchmal auch zu Recht – persönlich angegriffen», führt Erich aus. Es dauerte nur kurz, bis Post aus Rümligen eintraf:

10. September 1961
Sehr geehrter Herr Hirschi, bitte sorgen Sie, dass beiliegendes Blatt an Käserei angeschlagen wird. Diese Burschen muss ich jetzt wohl oder übel ordnungshalber selber zu mir vorladen, weil die Polizei mich ersucht hat sie nicht gerichtlich strafen zu lassen was das einzig Richtige wäre in solchen Fällen.

Entschuldigung haben sie keine zu machen, es gibt ja keine.

Mädchen, die mitgingen will ich nicht sehen.

Alles ist ja nicht so wichtig, es betrübt mich nur, dass in Amsoldingen mir niemand helfen wollte diese Kerle ausfindig zu machen, gleich wie bei den nächtlichen Plünderungen im Haus im Jahr 1956 und 1957 niemand in Amsoldingen etwas will gesehen oder gehört oder gewusst haben. Der schöne Ort ist recht verdorben durch solche Haltung. Das ist der Welt Lauf für alte Leute wie mich und den Toten ist wohl.

Madame de Meuron schien die Toten zu beneiden, die sich nicht mehr mit der modernen Zeit herumschlagen mussten.

«Diese Zeilen fassen die ganze Tragik zusammen. Meine Mutter und ich waren äusserst besorgt, die Polizei hatte Umtriebe und das halbe Dorf amüsierte sich über den Lausbubenstreich, den Madame de Meuron als persönlichen Angriff nahm. Der See, die Liegenschaften gehörten zur Person Madame de Meuron wie ihre Arme und Beine oder ihr Herz. Sie wollte sich Respekt verschaffen, ihr Gerechtigkeitsempfinden war gestört, die Wunden nach den Einbrüchen in Amsoldingen tief, denn sie konnte niemandem vertrauen, sie eckte mit ihrer schroffen Art an und die Leute zahlten es ihr heim, wo sie nur konnten.» Erich Hirschi ist nachdenklich. «Mit uns verband sie eine Freundschaft, die sie immer wieder betonte und nicht missen wollte. Zu uns war sie immer freundlich. Unser

Vater verstand sie.» Dem Brief war eine Karte beigelegt, die Hirschi in der Käserei aufhängen sollte.

Da auf Ersuchen der Polizei keine Strafanklage erfolgt,
haben sich ordnungshalber die Burschen,
welche Nachts Schiffe nehmen,
am Donnerstag, den 14. September, um 19 Uhr, einzufinden,
damit Unterzeichnende sehen kann,
um welche Familien es sich handelt.
Entschuldigungen werden nicht entgegengenommen
und auch keine verlangt.
Frau v. Meuron v. Tscharner

Erich Hirschi hängte diese Karte nicht aus, sie hätte Elisabeth de Meuron noch mehr zum Gespött gemacht. Zudem kannte er die Betroffenen und konnte es ihnen persönlich mitteilen. Ihm sei die Angelegenheit sehr unangenehm gewesen. «Wir dagegen waren ganz aufgeregt, hatten schon fast Vorfreude, endlich dieses Schloss betreten zu dürfen. Wir witzelten, ob wir uns Kissen in die Hosen stopfen sollten, falls sie uns den Hintern versohlen würde», erinnert sich Alfred Hirschi. Doch dann kam kurz vor dem Termin, abends um 20 Uhr, ein Telegramm:

Käserei Amsoldingen
Da Bekanntmachung an Käserei nicht angeschlagen war, wird Frau von Meuron zu angegebener Zeit für die Betreffenden in Amsoldingen nicht zu treffen sein, stopp

Entschuldigungen, Kundgebungen irgendeiner Art haben zu unterbleiben.

Elisabeth de Meuron war wohl zu Ohren gekommen, dass Alfred Hirschi bei der Aktion mit von der Partie gewesen war. Krach mit Hirschis wollte sie sich nicht einhandeln. Die Audienz im Schloss wurde gestrichen, die Jugendlichen waren sehr enttäuscht. Das nächste Mal, als Erich Hirschi Madame de Meuron traf, meinte sie nur: «Sie sind so ein Netter. Und ihr Bruder ist so ein Verwöhnter.» Damit war die Sache erledigt. Aber es war auch klar: Die Freundschaft mit Madame de Meuron bedingte Loyalität. Sonst verlor man ihre Gunst.

Die Eindrücke ihrer Jugend spiegeln sich in den Augen von Erich und Alfred Hirschi, sie funkeln bei ihren Erzählungen. Das Erlebnis der gestohlenen Boote hat sich eingeprägt. Es entspricht dem tragikomischen Klischee von Madame de Meuron, das auch mich fasziniert und gleichzeitig befremdet: Die Polizei loszuschicken, um einen Streich junger Leute aufzudecken, einen Steckbrief in der Käserei anzuschlagen, mit einem Telegramm spät abends die Vorladung abzublasen, das alles wirkt reichlich skurril und unverständlich.

In der Gefühlswelt von Madame de Meuron überlagerten sich die Diebstähle im Schloss, die Entwendung der Boote, die Unfähigkeit und vermeintliche Untätigkeit der Behörden – zum Gaudi der Bevölkerung. Dass ausgerechnet der Bruder ihres Verbündeten auch dabei war, erschütterte ihr Vertrauen in die Welt vollends.

Sie versuchte, im Schloss Amsoldingen und ihrer Pacht nach dem Rechten zu sehen, hatte viele Leute eingespannt, die ihre Interessen vertreten sollten. Doch kaum kehrte sie Amsoldingen den Rücken zu, machten wieder alle, was sie wollten, ganz nach dem Sprichwort: «Ist die Katz aus dem Haus, tanzen die Mäuse.»

Es war kein Einzelfall, dass im Zentrum der Geschehnisse der Amsoldingersee stand. Immer wieder war er Dreh- und wortwörtlich Angelpunkt für Auseinandersetzungen und Diskussionen. Die Gemeinde musste regelmässig mit Madame de Meuron aushandeln, wie weit der private See auch der Dorfbevölkerung zur Verfügung stand. Die Gemeinde war auf den guten Willen von Madame de Meuron angewiesen. Und diesen konnte man sich leicht verspielen.

Der Streit

Genau genommen geht es nicht um einen See, sondern um zwei, um den Amsoldinger- und den Uebeschisee, verbunden durch den Rotmoosbach. Vor 10 000 Jahren liessen die Gletscher auf ihrem Rückzug in die Alpen Moränen und feuchte Mulden zurück, lese ich, in denen sich kleine Seen und Moorlandschaften bildeten. Die zwei Seen gehören zu den Naturdenkmälern von nationaler Bedeutung:

> *Der Amsoldinger- und der Uebeschisee wie auch das Schmittmoos bilden mit ihren national bedeutenden Flachmooren die Moorlandschaft von besonderer Schönheit. [...] Mehrere national gefährdete Brutvögel kommen vor, so etwa die stark gefährdete Zwergdommel, die hier einen der höchstgelegenen Brutplätze der Schweiz hat. Auf der Insel im Amsoldingersee ist eine grosse Graureiherkolonie beheimatet.*

So steht es auf dem Faktenblatt des Inventars für Landschaften und Naturdenkmäler von nationaler Bedeutung des Bundes, das bei Hirschis auf dem Tisch liegt.

Dieses Naturschutzgebiet ist Elisabeth de Meuron zu verdanken. Sie war wohl eine der ersten, die den Wert dieser Landschaft, der Ufer und der vielfältigen Tierwelt erfasste. Doch ihr Engagement für den Erhalt dieses Ökosystems stiess nicht immer auf Verständnis. Die Gemeinde verfolgte vor allem das Ziel, den Badesee öffentlich zugänglich zu machen. Die jetzige Generation profitiert davon, dass sich Madame de Meuron mit Leib und Seele für den Amsoldingersee eingesetzt hat und mit beschränkteren Möglichkeiten für den Uebeschisee. Auch wenn die Ufer nicht zugänglich sind – die Landschaft hat für Wanderinnen und Wanderer eine besondere Magie.

Der rundliche Uebeschisee, einige hundert Meter lang, gehörte samt dem angrenzenden Gebiet zum Waffenplatz Thun und wurde militärisch genutzt. Was für den See und das Moor aber weit weniger schlimm war, als Elisabeth de Meuron befürchtete. Der Streit um diesen See führte zu einem grösseren Zerwürfnis zwischen Madame de Meuron und der Gemeinde.

«Besonders erschwerend war es, dass die Besitzverhältnisse kompliziert lagen», erzählt Erich Hirschi. Sein Vater fungierte damals als Vermittler zwischen den Interessen von Madame de Meuron und denen der Armee. Noch vor der Gründung der modernen Schweiz einigte sich die Tagsatzung des Staatenbunds auf ein Militärreglement und eine einheitliche Armee. 1818 wurde der bis heute grösste Ausbildungsplatz in Thun geschaffen. Ab 1915 betrieb die Armee auch einen militärischen Flugplatz auf dem Areal. Ziel der Schiessübungen wurde der Uebeschisee. Genie-Oberst Ludwig von Tscharner hatte 1880 dem Bund das Land rund um den See verkauft, nicht aber den See selbst.

Elisabeth de Meuron wehrte sich gegen die Schiessübungen in den See und wendete sich gar an den Bundesrat. Das ganze Dorf glaubte dagegen, die Übungen würden mit ihrem Segen durchgeführt.

> *Vor der Mobilisation bestand schon lange die Angelegenheit in den Uebeschisee und von Fliegern über den Uebeschisee zu schiessen und ich wehrte mich und ich zankte mich deswegen mit dem Schiessplatzkommandanten usw. Darüber die Gemeinde zu orientieren fiel mir nie ein, bis mich ein befreundeter Militär aufmerksam machte [...] es werde berichtet, die Flieger hätten Erlaubnis von mir und ich werde, wenn es wahr sei, mit den Einwohnern Unannehmlichkeiten haben so etwas gemacht zu haben.*

Um einer staatlichen Enteignung zuvorzukommen, wurde Elisabeth de Meuron 1949 aufgefordert, den See dem Bund zu verkaufen. Sie lehnte es ab: «Auf meine eigene Verantwortung habe ich das bis jetzt nicht getan, bin aber noch in Gefahr der Expropriation vom Militärdepartement aus.» Sie zählte auch diesmal auf Gemeindepräsident Ernst Hirschi: «Mit besten Grüssen und Vertrauen in Ihre Erfahrung und verständige Gesinnung dem Land gegenüber.» Sie glaubte, auch der Gemeinderat und natürlich vor allem der Gemeindepräsident setzten sich für das Land und den See ein. Doch sie täuschte sich. Der Gemeinderat von Amsoldingen stand nicht auf ihrer Seite. Er unterstützte nicht nur die Schiessübungen beim Uebeschisee, er erteilte gar die Erlaubnis, Truppen wie während der Mobilisation in den 1940er-Jahren im Schlossgut unterzubringen – ohne explizite Einwilligung von Elisabeth de Meuron.

Ernst Hirschi ging von der Annahme aus, dass sie keine Wünsche der Armee ausschlagen würde. Doch dem war nicht so. Erbost brach Elisabeth de Meuron Ende 1949 mit der Gemeinde:

Nach Erhalt Ihres Schreibens haben wir keinen Verkehr mehr miteinander. [...] Wenn die Gemeinde aus Unkenntnis mein Eigentum zu solchen Handlungen der Eidgenossenschaft übergibt gegen meinen Willen, so hört vieles auf. [...] Diese Militär führen sich in einer Schlossbesitzung ganz anders auf als in normalen Bauernhäusern und sehen meinen Besitz als Besitz der Eidgenossenschaft an zum dumm thun damit.

Madame de Meuron war es ernst: «Den Stallschlüssel und Türschlüssel findet niemand, es sei denn, Hausdurchsuchung werde vom Gemeindeschreiber mit des Gemeinderates Erlaubnis angeordnet.» Der Streit eskalierte. Die Truppen wurden ins Schloss gesandt. Sie kündete auch Gemeindepräsident Ernst Hirschi die Freundschaft auf:

Betreffs Liquidierung der Angelegenheit Uebeschisee hört jeglicher Verkehr zwischen mir und dem Gemeindepräsidenten ebenfalls auf nach Erhalt des Schreibens. Es mangelt mir nicht an Hochachtung gegen die verdienten Männer von Amsoldingen und sende meine Abschiedsgrüsse und freundliche Erinnerung E. v. Meuron v. Tscharner.

Elisabeth de Meuron befürchtete mit der zunehmenden militärischen Nutzung des Geländes den Tod des Sees. Doch die Zeiten – vor allem die technologische Entwicklung – spielten der Natur in die Hände. Der Militärflugplatz Thun wurde 1952 eingestellt, da er für die moderne Luftwaffe zu klein war, wie auch der See für Schiessübungen. Dank der Nutzung der Umgebung des Sees durch die Artillerie entgingen die Ufer einer Überbauung und bieten heute laut Inventar des Bundes eine «vollständige Uferzonierung mit charakteristischen und artenreichen Lebensräumen». Dagegen hätte Elisabeth de Meuron wohl kaum etwas einzuwenden gehabt.

1949 aber war ihre Gefühlslage miserabel. Besonders gekränkt und enttäuscht, dass ihre Anliegen von der Gemeinde nicht erhört wurden, war Madame de Meuron deshalb, weil sie 1948, ein Jahr zuvor, der Gemeinde extra die Einwilligung zu einem grossen Musikfest im Schlosspark am See erteilt hatte, um dafür als Gegenleistung bei ihren Anliegen auf den Gemeinderat zählen zu können. Das Fest sollte allen Leuten die Schönheit der Seenlandschaft näherbringen, die Dorfbevölkerung im Kampf gegen die militärische Nutzung sensibilisieren. Die Rechnung ging nicht auf. «Die Geschichte dieses Musikfests hat meinen Vater auch viel Zeit und Energie gekostet, ich erzähle sie später. Zuerst möchte ich noch beim jahrelangen Ringen um die Nutzung des Amsoldingersees bleiben», sagt Erich Hirschi.

Baden und Fischen

Alfred ist in Gedanken in seine Kindheit eingetaucht und unterbricht Erich: «Der See war ein Paradies. Im Sommer baden und im Winter Schlittschuh laufen! Der See war der Grund, warum wir alle drei Hirschi-Buben gute Eishockeyspieler wurden. Das Schönste jedoch war das Fischen.» Alfred kannte sich damit besonders gut aus.

Ernst Hirschi bei der Feier zum 75. Jubiläum der Musikgesellschaft Amsoldingen
Foto: zvg

Er zog Hechte aus dem See, der längste war über einen Meter und zwanzig Zentimeter lang.

Erich lacht. Er erinnert sich an den ersten Hecht, den Alfred gefangen hatte. Natürlich war jedes Angeln verboten. So wickelte sich Alfred unter dem Hemd den Hecht um den Bauch und fuhr mit dem Velo heim. Die Mutter hatte zwar Freude am Fisch, aber Alfred und die Kleider stanken so durchdringend, dass es einige Tage dauerte und häufiges Waschen von Nöten war, bis sich die Duftnote aus Algen und fauligem Wasser verflüchtigte.

Hirschis, aber auch die Buben der Familie Moser, angelten recht unverfroren. Sie legten im Gemüsegarten Bretter auf die Erde, nach wenigen Tagen sammelten sie die Regenwürmer ein, die sich an der Unterseite verkrochen hatten. Damit fingen sie Egli, sie kannten die beiden besten Stellen dafür. Die Köder der Hechte, die «Putzlenis», kleine Fischchen, zogen sie mit einem Jutesack aus dem Bach.

Im Schlosspark hatten die ehemaligen Besitzer beim Abfluss des Sees Kisten im Bach montiert, um die gefangenen Hechte so lange zu wässern, bis der fauligen Seegeruch nachliess. Die Moser-Buben hatten diese Kisten reaktiviert, in der Nacht legten sie ihren Fang hinein, um ihn – wiederum in der Nacht – nach mehreren Tagen zu holen. Frau Moser ermahnte manchmal ihre Söhne: «Aber jetzt ist es dann genug.» Bei Hirschis wurde der Hecht nach dem Tod des Vaters eine willkommene Abwechslung auf der Speisekarte, auch für die Angestellten der Käserei. Die Mutter briet den Hecht exzellent: «Seither habe ich nie mehr so feinen Hecht gegessen», sagt Alfred wehmütig.

Elisabeth de Meuron wusste, dass ihre Hechte im ganzen Dorf verspeist wurden. Auch deshalb sorgte sie wohl regelmässig für Nachschub aus der Fischzucht. Die Möglichkeit, grosse Hechte aus dem See zu ziehen und damit zu posieren, setzte sie geschickt als Anreiz ein, wenn sie auf Hilfe angewiesen war, beispielsweise, wenn sie einen Chauffeur mit Auto für einen Fahrdienst benötigte. Erhielt sie Unterstützung, dann durften die Helfer im See fischen. So sind unzählige Fotografien mit stolzen Fischern vom Amsoldingersee entstanden, denen ich in Fotoalben begegnet bin. Diese Hechte als Trophäen waren begehrt.

Fischen war das eine, Schwimmen und Baden das andere. Noch heute ist es den Ansässigen erlaubt, sowohl im Uebeschisee wie auch im Amsoldingersee an genau bezeichneten Plätzen zu baden – als Ergebnis eines jahrzehntelangen zähen Verhandelns mit Madame de Meuron.

Als junge Frau war Elisabeth eine passionierte Schwimmerin und bis ins hohe Alter ruderte sie gerne mit ihren Booten über das Wasser. Wer sonst noch Schwimmen oder Fischen durfte, diese Karten wurde immer wieder neu gemischt. Bereits ihr Vater Ludwig von Tscharner hatte 1905 ein Bade- und Fischerei-Verbot erlassen. Für Elisabeth war beides ein Privileg, das sie für besondere Verdienste

Badi Mettli – Baden im Amsoldingersee, 1973
Foto: zvg

oder an besonders geschätzte Personen vergab. Richtig fand sie es, wenn die Kinder im See schwimmen lernten, dafür gab sie gerne ihr Einverständnis. «Bitte irgendwo diese Karte anzumachen oder in die Schule zu geben», schrieb sie 1940 dem Gemeindepräsidenten. «Baden im Amsoldingersee an gewohntem Badplatz den Amsoldingern erlaubt. Kinder und Schüler am Tag. Erwachsene am Abend. (Verbot gilt für Auswärtige.)»

Zur Kontrolle ruderte Madame mit dem Hauswart beim Badeplatz vorbei – die Kinder hängten sich ans Boot, und bevor Madame sie verscheuchte, fragte sie eines nach dem anderen, woher es denn komme. «Aus Amsoldingen», war die einhellige Antwort, da alle die Regeln kannten. Zufrieden schrieb sie an den Gemeindepräsidenten: «Ich glaube, sie führen sich sehr gut auf beim Baden in den letzten Jahren.»

Erich Hirschi erinnert sich, dass Madame de Meuron immer sehr besorgt war, wenn sie Kinder und Jugendliche im Wasser beobachtete. Sie lobte Eltern, die ihre Kinder nicht unbeaufsichtigt baden liessen.

Aus ihren Briefen geht hervor, dass ihre Besorgnis nicht persönlich begründet war, sie wollte nicht mehr Ruhe oder auf ihren Besitz pochen, vielmehr ängstigte sie sich um das Wohl von Kindern und jungen Frauen. Erich liest aus einem Brief vor:

Können Sie bei Gelegenheit die Lehrerschaft oder grössere Schüler ermahnen, dass man nicht unbekannte Fremde da baden lassen sollte? Sollte Ihnen etwas Praktisches in den Sinn kommen, wie man jeweils dieses Kinderbad vor schlechten Kerlen schützen kann, lassen Sie es mich wissen. Und sollten Sie etwas vernehmen, dass man Autonummern oder Motorradnummern angibt, ist Polizist Hug zu avisieren, er scheint mir sehr verständig.

Gerne wäre auch die Schule aus dem benachbarten Thierachern gekommen, um den Kindern das Schwimmen beizubringen, aber da winkte Madame de Meuron ab:

> *Ich schreibe Ihnen wegen Schulbaden, denn was brauchen diese Mädchen von Thierachern da zu kommen, dass es noch in die Zeitung kommt und man dann wieder Autoleute oder Motorradfahrerkerle bekommt.*

Sie fühlte sich als Besitzerin des Sees persönlich für die Sicherheit der Kinder und Jugendlichen verantwortlich. Ihre aristokratische Haltung liess sie selbst nach dem Rechten sehen, sie erlaubte und verbot. Dies führte zu Konflikten. Den Lehrern übertrug sie die Aufsicht über den ganzen Badbetrieb des Sees, Polizeiaufgaben delegierte sie ihrem Hausmeister, die Behörden sollten ihre Wünsche umsetzen. Im Frühjahr 1967 schrieb Elisabeth de Meuron an die Lehrerschaft:

> *An die Herren Lehrerinnen und Lehrer der Schule Amsoldingen*
> *Als Eigentümerin des Sees muss ich hiermit jegliches Baden darin verbieten, weil sich ein Strandbetrieb entwickelt hat, wo man nicht auseinanderhalten kann, was Fremde und Amsoldinger sind. Man kann per Velo in den Uebeschisee gehen baden es ist dort ein Badeplatz.*

Zuvor hatte sie ihre Pächter und den Hauswart beauftragt, die Kinder wegzuschicken, leider erfolglos. Deshalb nahm sie nun die Lehrer in die Pflicht:

> *Der See und seine Ufer brauchen Schonung und meine Baumpflanzungen und Pflege der Uferbäume leiden zu viel durch Badebetrieb, welcher heutzutags ebensoviel auf dem Uferland als im Wasser betrieben wird.*

Die Schule dürfe jedoch weiterhin mit den Knaben schwimmen gehen:

P.S. Für die Schüler wird gesorgt sein, dass noch Möglichkeiten geschaffen werden, aber für die Mädchen, welche durch bunte Kleider den Anschein eines Strandbads machen, wird es verboten bleiben, sie müssen auch nach Uebeschisee gehen.

Madame de Meuron sorgte sich auch, dass Natur und Tiere durch Badegäste leiden könnten. Der Sommer kam, die Jungen hielten sich nicht an das Verbot. Madame de Meuron doppelte nach:

Geehrter Herr Lehrer. Letzten Sonntag war Strand-Bad-Betrieb mit 6 Auto durch Wiesland am Ufer gefahren. Der Hauswart verjagte diese – aber es badeten eine Anzahl Mädchen wie üblich bunt gekleidet und an der Luft im Schatten liegend, welche diese Fremden angezogen hatten. Der Hauswart weigerte sich Mädchen zu verjagen ist aber überzeugt es seien Amsoldinger-Mädchen gewesen, er will es mit den Leuten nicht verderben.

Sie erinnerte an die Verbote, die grundsätzlich überall gelten würden:

Den Text der vom Statthalter bewilligten Verbote habe nicht ich erfunden man hat den einfach auf meinen Namen umgeschrieben. Die Verbote werden stets ausgerissen beschädigt und der Hauswart hat keinen guten Willen diese wo es passt aufzustellen.

Das Schreiben landete auf dem Pult des Gemeindepräsidenten Hirschi, zusammen mit der Bitte der Lehrerinnen und Lehrer, den Schwimmunterricht wieder im See abhalten zu dürfen. Es fehle die Zeit, nach Uebeschi zu fahren. Für die Freizeit ihrer Schülerinnen und Schüler hingegen seien die Lehrerinnen und Lehrer nicht zuständig.

Der Oberlehrer verteidigte den Schwimmunterricht bei Madame de Meuron persönlich. Diese antwortete:

> *Man macht so gut man kann – und da sind die Gedankengänge bei jedem einzelnen nicht immer die des anderen. Wenn ich anders handle als Sie geehrter Herr Lehrer für gut befinden, müssen Sie mich doch in Frieden lassen. Nie habe ich den Mädchen verboten das Baden im See zu tun. Nur die Luftmatratzen um auf dem Land Luftbad liegend zu halten und im Wasser damit zu weit zu schwimmen habe ich verboten.*

Somit gab sie indirekt auch den Mädchen wieder die Einwilligung, am Unterricht im See teilzunehmen. Grundsätzlich fand sie es aber wichtiger, dass die Knaben sich «körperlich ertüchtigen», denn die Mädchen seien viel zäher und widerstandsfähiger im Wachstum. Mädchen unbeaufsichtigt baden zu lassen war ihr weiterhin ein Dorn im Auge: «Der Ort ist einsam und voll Gebüsch und unvernünftig Mädchen da baden zu lassen vielleicht sogar UNVERANTWORTLICH? Wer kennt die heutige Jugend?»

Es war wie so oft: Sie war einverstanden, dass die Schülerinnen und Schüler im See Schwimmunterricht erhielten. Aber die Jugendlichen wollten auch in der Freizeit an den See, was Elisabeth de Meuron nicht behagte, weil sie sich um die jungen Mädchen und Frauen sorgte. Da die Unterscheidung nicht gelang, verbot sie in ihrer Hilflosigkeit jegliches Schwimmen.

Ernst Hirschi merkte, dass er nur mit gesundem Menschenverstand die Sache regeln konnte. Er wies die Polizei an, an Sonntagen zu verhindern, dass Autos beim See parkierten, damit die Wiese am See nicht zum Strandbad verkam. Auch veranlasste er Polizeipatrouillen am See, um Madame de Meuron zu beruhigen.

Ich nicke, begreife, wie es Ernst Hirschi gelang, die Probleme auf pragmatische Art zu lösen. Hirschi versuchte sich in Elisabeth de Meurons Situation zu versetzen, um herauszufinden, was sie störte. Er war sich sicher, sie agierte nicht aus Egoismus oder zur Machtdemonstration, auch wenn es manchmal so schien. Gelang es ihm, die Autos in Schach zu halten, sicherte er damit das Badevergnügen der Amsoldingerinnen und Amsoldinger. Denn Autos brachten Fremde ins Dorf, das war Madame de Meurons grösste Sorge.

Die Erzählungen von Erich und Alfred Hirschi verdeutlichen die Präsenz von Madame de Meuron, auch wenn sie nicht in Amsoldingen wohnte. Zwei Anliegen treten hervor, die sie verfolgte: die Schönheit der Natur zu erhalten – im heutigen Begriff betrieb Madame de Meuron aktiven Naturschutz –, gleichzeitig aber auch die Sicherheit der Bevölkerung zu gewährleisten. Ein Badeunfall oder noch schlimmer: ein Verbrechen an ihrem See, das liess sie nicht zu. Diese beiden Anliegen lagen über Kreuz beim nächsten Geschäft, das Erich Hirschi gerade zu erzählen beginnt.

Ich unterbreche, denn so interessant diese Händel auch sind: Mehr würde mich interessieren, warum Erich so unverhofft die Käserei übernehmen musste? Was war seinem Vater zugestossen? Was dem Bruder Ernst, dem Namensträger seines Vaters? Ich habe die Frage noch nicht ausformuliert, als die Tragik dieser Schicksalsschläge die Mienen der beiden der Brüder verändert. Alle Heiterkeit ist aus den Gesichtern verschwunden.

Erich wendet den Blick ab, nimmt, ohne meine Fragen zu beantworten, Briefe hervor und beginnt unbeirrt mit den Ausführungen zum Musikfest 1948.

Die Gemeinde fragte Elisabeth de Meuron um Erlaubnis an, um im Schlosspark ein Musikfest abzuhalten. Hirschi erklärte ihr das Anliegen mit einem Anruf nach Rümligen. Bereits einen Tag später erhielt er die Zusage:

Sehr geehrter Herr Gemeindepräsident von Amsoldingen. Zurückkommend auf unser gestrige telephonische Vereinbahrung, gebe ich hiermit schriftlich meine Einwilligung, dass diesen Sommer im Schlosspark meines Landgutes ein Musikfest abgehalten werde. Das unvermeidliche ‹Verstampfen› etc. nehme ich gerne in Kauf aus Dankbarkeit gegen Sie persönlich geehrter Herr Gemeindepräsident der mir stets mit Verstand und Erfahrung und Güte geraten hat in den kleinen Schwierigkeiten, die es gibt und auch in den grossen Schwierigkeiten.»

Mit «Verstampfen» meinte sie den Flurschaden, der vor allem bei nassem Wetter beträchtlich ausfallen konnte. Madame de Meuron hatte klare Vorstellungen zum Programm:

Ich hoffe, es ist Blasmusik, denn ich liebe Blasmusik sehr und kann das in Ruhe vom Haus aus anhören. Bei meinem nächsten Amsoldinger-Kommen werde ich mir von Ihnen erklären lassen, wo man eine Festwirtschaft etwas abseits und doch nah aufbauen kann. Mit besten Grüssen Frau von Meuron.

Der Brief trägt das Datum vom 13. Februar. Mir fällt auf: eine Bewilligung als persönlicher Dank für den Gemeindepräsidenten. Weder freute sie sich über ein Musikfest, noch wollte sie der Bevölkerung damit eine Freude bereiten. Sie dankte damit einzig dem Gemeindepräsidenten für die bisherige Zusammenarbeit – mit Blick auf ein künftiges Entgegenkommen ... Sie steckte ja mitten im Clinch mit der Eidgenossenschaft um den Uebeschisee. Diese Zusage bedeutete wohl auch eine stille Übereinkunft, dass ihr Hirschi künftig beistehen solle.

Erich Hirschi nickt und nimmt den nächsten Brief hervor, denn da zeichnete sich das Problem schon ab. Das Organisationskomitee schickte das geplante Programm nach Rümligen.

Vorgesehen waren eine Konzertbühne auf der Wiese, ein Buffet unter den schattigen Bäumen beim Schloss, Lagerraum im Keller und für Wetterüberraschungen Unterschlupf beim Haus.

Die Konzertbühne sollten wir nach Schluss der Aufführungen als Tanzbühne benutzen können, um so die grossen Unkosten decken zu können. Vorgesehen war ursprünglich Samstag und Sonntagabend bis ca. Mitternacht. Wir könnten uns aber auch mit nur einem Abend begnügen. Dieser Abend sollte ein «bunter Abend» werden mit Darbietungen unserer Vereine. Sollten Sie mit unserem Plan nicht einverstanden sein, so bitte ich Sie, unverzüglich Bericht zu erstatten. Mit vorzüglicher Hochachtung, der Präsident des Org. Komitee E. Hirschi.

Postwendend schrieb Elisabeth de Meuron zurück. Einerseits korrigierte sie direkt in das Schreiben der Gemeinde. Sie strich den Vorschlag, den Keller als Lagerraum zu benutzen. «Nein» steht darunter notiert. Ferner ist der Samstagabend durchgestrichen und durch «mit nur einem Abend begnügen» ersetzt. «Genehmigt, aber ich hätte lieber es fände anderswo statt als bei mir wegen Tanzabend, von dem ich nichts wusste als ich meine Einwilligung unbedacht gab», schrieb Madame de Meuron begleitend in einem vierseitigen Brief mit ihren Bedenken und Einwänden. Ganz besonders beschäftigten sie wiederum die Fremden, die durch dieses Fest angelockt werden könnten:

Man bringt die Spaziergänger so schwer aus dem Park weg und verdirbt einem den ganzen Sonntag Leute wegjagen zu müssen und ist die grösste Dummheit, die man machen kann, alle diese Leute da hineinzunehmen, die alle wieder zurückkehren. […] Die Leute von Amsoldingen sind anständig, aber Leute von weiterher sind es nicht und sollten gar nicht dazu kommen den Park als Tanzort kennenzulernen als ob er öffentlich sei. In Rümligen und Amsoldingen lernt man freche Spaziergänger kennen, weil man die anständigen nicht sieht.

Um möglichst wenig Fremde anzulocken, nahm es Elisabeth de Meuron auch mit der Ortsbezeichnung sehr genau:

Um exakt zu sein müsste man nicht sagen ‹im Schloss› […] Der Name Schloss Amsoldingen ist zum Namen des Hauses geworden, aber Herrschaftsrechte der Schlösser wie andere Berner Schlösser hat es nie gehabt, nachdem der Chorherrenstift aufgehört hatte.

Elisabeth de Meuron befürchtete neugierige oder auch einfach unbedachte Leute auf ihrem Grund und Boden. Die ihre Blicke in ihre Liegenschaften werfen konnten, vielleicht in ihr Leben? War diese Furcht vor Fremden gar auch die Angst vor dem «Volk», von dem man sie gelehrt hatte, Distanz zu halten?

Elisabeth de Meuron gehörte den «auserwählten», privilegierten, regimentsfähigen Familien an, zumindest im patrizischen Weltbild ihrer Eltern, ihrer Gesellschaftsschicht und ihrer Erziehung. Sie lebte diesen Unterschied, obwohl die alltäglichen Begegnungen ihr auch anderes zeigten. Wie viele der Leute, die Elisabeth sehr schätzte, kamen aus diesem «Volk», waren sogenannte «gewöhnliche Leute»? Die Pächtersfrau Maria Gfeller, aber auch Hirschis oder Grittli – sie alle waren nicht Angehörige ihres Standes und standen ihr doch in wenig nach. Sie zweifelte vielleicht im Stillen an dieser Ordnung, vielleicht waren solche Zweifel ein weiterer Grund, ihr Gelände zur Verfügung zu stellen. Kurz darauf erschrak sie über ihren Mut. Sie fühlte sich ihren Ahnen verpflichtet und auch ihren Verwandten. Was würden diese sagen, all die Leute auf dem Schlossgut zu sehen? Ein Blasmusikkonzert wäre allenfalls noch akzeptabel gewesen, aber ein Tanzabend?

Ich nehme jedoch alle Bänke und Tische und Stühle der Veranda ins Haus, denn im Finstern bei einem Tanzabend circulieren die Leute in allem herum und ich will das Gefühl nicht haben, diese artfremden Elemente vom Abend seien auf diesen Bänken an diesen Tischen der Toten meiner Familie gewesen.

Elisabeth de Meuron stellte viele unverblümte Fragen. Ein Schmunzeln können wir uns beim Lesen nicht verkneifen:

Ich scheue auch aus Erfahrung vom Militär und Kirchenversammlungen her, dass die Leute immer in Ställe und Garagen und an Mauern und in Gebüsche gehen ‹Brünnen und Haufen› machen. Die Gemeinderäte von Längenbühl gehen immer in Amsoldingen in meinen unbenutzten Pferdestall gerade vor meiner Nase, was wird es nachts sein? Sogar in der Veranda gegen das Haus gehen junge Burschen oder in die Schnittblumenbeete vom Gemüsegarten bei diesem Tanzabend.

Seitenweise Bedenken listete Madame de Meuron zu diesem Anlass auf, dem einen Brief folgten weitere. Belastete dies den Vater, der persönlich für einen reibungslosen Ablauf garantieren musste? Erich Hirschi seufzt. Es war eine riesige Bürde. War es einerseits eine grosse Ehre, die Einwilligung von Madame de Meuron erhalten zu haben, so wog andererseits die Verpflichtung schwer, dafür zu sorgen, dass sie am Schluss zufrieden war. Eigentlich ein unmögliches Unterfangen. Ernst Hirschi liess sich nichts anmerken.

Das Musikfest ging am 17. Juli 1948 trotz fehlender Toiletten reibungslos über die Bühne, Erich erinnert sich an die riesige Erleichterung seines Vaters, als er die Schlussworte des Anlasses gesprochen hatte. Dass die Schlossherrin sich für das Fest entschuldigt hatte, war eher ein Segen. «Niemand wird im Schloss gegenwärtig sein wegen diesem ‹bunten Abend› der uns allen an diesem schönen stillen Ort so widerwärtig ist», hatte sie mitgeteilt. Ihrem Hauswart hatte sie ebenfalls von der Teilnahme abgeraten: «Der Hauswart wird nicht gegenwärtig sein, er ertrüge es nicht, seine Nerven sind schwach und er ist leicht schwermütig.» Elisabeth de Meuron bilanzierte:

Nach dem Musikfest blieb die Garage lang voll mit Wirtschaftsgerümpel angefüllt und war mir greulich so wie auch die Musikfestabhaltung, so dass ich lange nicht mehr hinkam – aber ich glaube, es war ein Versuch den Leuten beizubringen, was dieses Gut ist.

Elisabeth wollte das Terrain ebnen, damit die Dorfbevölkerung sich auch für den Schutz des Amsoldinger- und Uebeschisees einsetzte, was auch den Gemeinderat beeinflussen sollte. Diese letzte Rechnung ging nicht auf.

Der Stapel an Briefen und Unterlagen ist noch lange nicht abgetragen – Erich Hirschi greift bereits zur nächsten Beige – doch zuerst möchte ich die Geschichte des Vaters und des Bruders hören. Hirschi winkt ab: Um diese zu verstehen, brauche es noch einige zusätzliche Erklärungen. Denn der Tod des Vaters stehe damit in Zusammenhang.

Das Dorf ist Madame

Elisabeth de Meuron wurde im Alter immer misstrauischer und empfindlicher – sie wusste es auch: «Ich bin jähzornig im Alter», schrieb sie Hirschi 1950 als 68-Jährige. Das machte es für die Gemeinde nicht einfacher. Viele Liegenschaften waren in Madame de Meurons Besitz, die Bäckerei oder die Sägerei. Die vielen Häuser standen aber im Widerspruch zu den geringen flüssigen Mitteln, die für Renovationen zur Verfügung standen. So gingen die Ansichten, welchen Standard die Mieter erwarten konnten, weit auseinander. Der Bäcker forderte eine Renovation der Backstube, Madame de Meuron lehnte rundweg ab. Auf eine weitere Forderung schrieb sie ihm die Kündigung. Diese klagte er beim Mietamt ein und erhielt sehr zu ihrem Missfallen Recht:

Das Mietamt hat ihm Recht gegeben, so dass er verdorben hat, was verdorben werden konnte, alles regieren wollte und mir Verdruss und Geldverlust so viel er konnte zugefügt hat. Wegen dem werde ich mich auch nicht verpflichtet fühlen mit der alten Bäckerei zu machen wie die Amsoldinger es mir vorschreiben würden – sondern je nachdem wie es mir passt.

Machtlos gegen dieses Urteil schlug sie mit ihren Mitteln zurück. Sollte das Dorf doch – zumindest eine Zeitlang – ohne Bäckerei auskommen. Damit es niemandem mehr in den Sinn komme, gegen ihren Willen aufzubegehren.

«Da musste die Gemeinde, da musste mein Vater handeln. In Amsoldingen gibt es keine Bäckerei mehr – heute verkauft die Käserei auch Brot – aber damals wäre das undenkbar gewesen. Deswegen schaute sich die Gemeinde nach einem anderen Standort für die Bäckerei um», meint Erich Hirschi nachdenklich. Dies erboste Madame de Meuron weiter. Sie fühlte sich vom Gemeindepräsidenten verraten. Sie telefonierte herum und hatte erfahren, dass eine neue Bäckerei gebaut werden sollte: «Was ich nicht anständig finde, dass von anderer Seite der Gemeinde aus geplant wird.» Ihr Plan fiel auf sie selbst zurück. Mit einer neuen Bäckerei hätte sie keinen Mieter mehr gefunden:

Schliesslich merkte ich, dass von allen Seiten ich angelogen werde und sandte Ende nachmittags [...] ein Telegramm, ich hätte Sinn geändert und fahre fort einen Bäcker auf die Bäckerei zu nehmen, da mir Tatsachen nicht bekannt waren [...] Den Grund des Telegramms war, dass ich nicht will, dass man sagt, ich habe verspro-

chen keine Bäckerei mehr zu haben, und somit der Bäckerei das Recht abginge zu bestehen.

Es war Ernst Hirschi, der dafür sorgte, dass in diesem Fall nicht die Kirche, sondern die Bäckerei im Dorf blieb. Kaum war dieses Problem gelöst, stand das nächste an: Bei der Sägerei, die auch sanierungsbedürftig war, wandte sich Elisabeth de Meuron direkt an Hirschi:

Dass Sie gekommen sind, um über die Sägerei zu sprechen, bin ich Ihnen sehr dankbar. In den letzten Jahren hat mich dieses Problem sehr geplagt, noch mehr als die Bäckerei und den Stall der Gebrüder Gfeller.

Trotz der Intervention von Hirschi gab es auch keine Einigung mit dem Mieter und definitiv kein gutes Ende:

Ich mache Schluss mit der Sägerei. – Es wird wohl bald vor Gericht oder Mieterschutz kommen, aber es ist fertig und aus für immer.

Oft verstand die Gemeinde die Anliegen von Madame de Meuron nicht. Wenn ich das heute lese, scheinen mir ihre Wünsche doch recht nachvollziehbar. Beispielsweise sorgte sich Elisabeth de Meuron sehr um die Natur. Umweltschutz war während der 50er-Jahre wohl ein Fremdwort, aber Madame de Meuron setzte sich bereits dafür ein: Sie mahnte die Gemeinde, bei einem «Fischezenrecht», das den Fischfang im Bach gestatte, dürfe diesem kein Abwasser ohne Klärgrube zugeleitet werden, wie es im Bach bei Amsoldingen der Fall war. «Allfällige Fische sterben sehr bald, wenn Gülle-Jauche-artiges, Waschküchenabwasser mit Seife oder Karbid-Motorölartiges ins Wasser kommt.» Deshalb verbot sie, Abwasserleitungen in den Bach zu leiten: «Ich kann also ohne Klärgrube [...] nicht Erlaubnis geben.» Elisabeth de Meuron war unsicher, wie weit sie gehen sollte:

Ich bitte Sie, geehrter Gemeindepräsident, zu erwägen, ob ich es so machen soll wie bis jetzt: mündlich sagen zu lassen oder selber sagen ich gebe keine Einwilligung, eine Wasserableitung in den Bach zu führen, aber ich werde nicht nachsehen – oder ob ich zum ersten Mal auf eine Klärgrube bestehen soll?

Elisabeth de Meuron wies den Gemeindepräsidenten darauf hin, dass die Gemeinde besser früher als später selbst auf Klärgruben bestehen sollte. «Man muss ein wenig an die Zukunft denken beim Bewilligung erteilen für vermehrtes Wasser [...]» Was der Amsoldinger Bach alles anspülte, wusste Madame de Meuron vom Bachputzen, das sie regelmässig in ihrem Beisein anordnete:

Gestern lief starkes Seifenwasser in das ausgetrocknete Bachbett und zwar in einer unerklärlichen Menge, immer blaues trübes Seifenwasser. Allzuviel solches muss ich beanstanden, denn Fische waren vor 40 Jahren etwa im Bach, und die letzten 30 Jahre hat alles aussetzen nie mehr etwas gegeben.

Für Hirschi zeichnete sie auch noch eine Skizze:

Klärgruben gibt es jetzt in Form fertiger grosser Zementröhren. Aber ich glaube, es kostet über 150 Franken, man sandte mir in Rümligen einen Katalog zur Ansicht ob ich einverstanden sei.

Sie plante weitsichtig: «Ich denke ich muss doch einmal Klärgruben verlangen und dann Grundbuch-Ableitungsrechte geben.»

Für einen guten Wasserfluss im Bachbett liess sie am Ufer Steine aufschichten. Diese Methode bewährte sich und sprach sich herum – ihre Steine wurden gestohlen und an anderen Stellen des Baches verbaut:

Es war so schön gemacht und ich liess diese nicht zurückholen obwohl es einem Diebstahl gleichkam, weil auf meinem Gut keine Steine von selber wachsen, man kauft Steine.

Sie offerierte dem Gemeindepräsidenten hundert Franken, um Steine zu kaufen, um den ganzen Bach vom Schilf, das ihn verstopfte, zu schützen. Vater Hirschi hörte zu – nahm ihre Anregungen ernst und suchte auf alle Fragen eine Antwort. So stand er zwischen der Gemeinde und Madame de Meuron, die beide unterschiedliche Ziele verfolgten. Er war es, der vermitteln musste.

Madame de Meuron dachte und handelte, um zu bewahren. Ihr Zeithorizont waren Jahrhunderte, nicht Jahrzehnte. Ihr Besitz stammte über Generationen aus den Familien ihrer Mutter und ihres Vaters, sie fühlte sich dieser Tradition verpflichtet. Diese Haltung kam der wachsenden Gemeinde Amsoldingen nicht selten in die Quere. Neue Quartiere entstanden, der Verkehr nahm zu, die Bevölkerung wuchs. Um die Infrastruktur anzupassen, Strassen zu bauen, brauchte es wiederum das Land und das Einverständnis der Grundbesitzerin. Doch sie verfolgte diese Entwicklung skeptisch. Vielleicht überlegte sie, wie ihre Mutter oder ihr Vater an ihrer Stelle gehandelt hätten – diese waren den Problemen der modernen Zeit entkommen.

Neuerungen gegenüber war sie nicht grundsätzlich verschlossen, wenn sie ihren Zielen dienten. Die Motorisierung fand sie bequem, sie vergrösserte ihre Unabhängigkeit. Madame de Meuron war eine der ersten Frauen, die in Bern mit ihrem Privatauto herumfuhr. Sie brachte ihren Enkelinnen kurz nach deren 18. Geburtstag das Autofahren bei. Das hiess aber nicht, dass sie einer breiteren Strasse durch Amsoldingen zustimmte. Mehr Verkehr, mehr Lärm, mehr Menschen im Dorf waren ihr ein Gräuel.

Diese Widersprüche musste wiederum die Gemeinde auffangen, vor allem der Gemeindepräsident. Als schier unlösbare Aufgabe erwies sich die Verbreiterung der Chorherrengasse, die immer drängender wurde. Ab und zu sprach Ernst Hirschi dies gegenüber Elisabeth de Meuron an. Sie winkte ab: «Was braucht man auch diese Militärfahrzeuge durchs Dorf gehen zu lassen? Geehrter Herr Hirschi, viel besser all das Zeug käme nicht ins Dorf.»

Seit dem Verlust des Uebeschisees war ihr Verhältnis zu den motorisierten Truppen der Armee getrübt. Im Frühsommer 1957 beschloss die Gemeindeversammlung eine Verbreiterung der Strasse. Der Gemeinderat verfasste einen dezidierten Brief an Elisabeth de Meuron, der jedes Federlesen von Beginn weg unterbinden sollte. Gemeindepräsident Ernst Hirschi musste unterschreiben:

> *11. Juni 1957. Sehr geehrte Frau de Meuron! Die Strasse Amsoldingen-Höfen-Oberstocken wird sehr viel von Motorfahrzeugen der Armee befahren, so dass diese mit Staats- und Bundessubventionen ausgebaut werden kann [...] was die Räumung ihrer Mauer bedingen würde. Dies wurde speziell damit begründet, weil die Mauer in einem sehr schlechten Zustand sei und ein Hindernis für Motorfahrzeuge sei. [...] Wenn Sie sich nicht freiwillig entschliessen können die Mauer abbrechen zu lassen mit Verzicht auf deren Wiederherstellung, so solle dies auf dem Weg der Expropriation geschehen.*

Elisabeth de Meuron verstand die Botschaft: «Wie ich die Chorherrengasse retten könnte, weiss ich wirklich nicht», antwortete sie. Ans Einlenken dachte sie aber nicht: «Kurz, von meiner Einwilligung kann nicht die Rede sein [...] Ich denke, es kommt eventuell so, dass ich expropriiert werden muss, es ist ja in Wirklichkeit so bei Lärchen und Pappelbäumen, man will und macht es, ich will nicht.»

Die alte Steinmauer reute sie, dieses Paradies für allerlei Eidechsen und andere kleine Tiere, aber auch die Bäume wollte sie nicht für die Strasse hergeben. Die Natur war wichtiger als eine neue Strasse.

Expropriation – das war das Letzte, was die Gemeinde, vor allem Hirschi brauchen konnte: Staub aufwirbeln und Schlagzeilen in der Zeitung liefern und damit das Vorhaben noch länger verzögern. Häufig lud Hirschi nun Elisabeth de Meuron in die Käserei zum Mittagessen ein. Er nutzte die warme Stube und das feine Essen, um Madame zu überzeugen. Er anerbot ihr, zusammen mit dem Chef-Ingenieur der Frutiger AG, einigen Gemeinderäten und dem Bauführer das Terrain zu besichtigen, um die Strassenführung festzulegen. Es brauchte den ganzen Sommer, bis sie dazu bereit war.

Erich erinnert sich, wie er staunte, als der Vater nach der Begehung heimkehrte und sich als erstes einen Schnaps einschenkte. Beim Abendbrot erfuhr er den Grund. Den Rundgang begannen alle gemeinsam, Ingenieur Ramu blieb etwas hinter ihnen zurück und diskutierte mit dem Bauleiter. Abrupt blieb Madame de Meuron stehen und fragte: «Wer ist das?», worauf Hirschi den Chefingenieur vorstellte. «Er soll aufschliessen», verlangte Madame laut. Doch Ramu reagierte nicht. «Der soll gehen», herrschte sie Hirschi an. Es war ihm sehr peinlich, aber er musste Ramu bitten, im Restaurant Kreuz auf sie zu warten, sie kämen zum Zvieri nach. Elisabeth de Meuron begleitete die Gruppe nach der Begehung nicht mehr ins Kreuz. Ihr eingeschriebener Brief war dementsprechend:

> *An Gemeindepräsident von Amsoldingen. Hiermit erkläre ich offiziell, dass ich heute nach Besichtigung der von ihr gewünschten Absteckung der Verbreiterung der Chorherrengasse keine Besprechung mehr mit Gemeinde Kanton und Eidgenossenschaft eingehe. Wir sind nicht einig geworden, wenn es geschieht wie es abgesteckt ist betrachte ich es als Eingriff auf Privateigentum.*

Wenn Erich Hirschi diese Geschichte jetzt am Stubentisch amüsiert erzählt, vergisst er nicht anzufügen, wie sehr diese Händel seinem Vater Energie raubten. Für Aussenstehende schienen diese Ereignisse nicht nachvollziehbar. Jeder Amsoldinger hätte sofort zur Gruppe aufgeschlossen, wenn Madame de Meuron es verlangt hätte; der Thuner Chefingenieur sah keinen Anlass, diesen herrischen Worten Folge zu leisten. Hirschi blamierte sich vor dem Ingenieur, da er sich von Madame herumkommandieren liess. Schlimmer noch: Alle Bemühungen, Madame de Meuron Zugeständnisse abzuringen, waren für die Katz und er musste wieder von vorne beginnen. Erich sagt, seine Mutter habe ihren Mann sorgenvoll gefragt, wie lange er das noch mitmachen wolle, wie lange er das durchhalte. Hirschi habe diese Bedenken mit einer Handbewegung fortgefegt.

Ohne Entgegenkommen der Gemeinde hätte die Sache in einem üblen Rechtsstreit geendet. Er bat seine Frau, eine Rindszunge zu kochen, mit Weissweinsauce und Kapern, dazu ihren Kartoffelstock – eines von Elisabeth de Meurons Lieblingsessen in der Käserei. Mit dem feinen Mittagessen versuchte er Madame milde zu stimmen. Zudem versprach er, alle Bäume zu ersetzen. Zeigte Verständnis für den Wunsch einer Ersatzmauer. Er schlug ihr eine kostengünstigere Betonkonstruktion vor. Je mehr Madame forderte, desto weniger schmeckte ihm das Essen, da er vor seinem inneren Auge die Gesichter seiner Ratskollegen vor Empörung immer röter werden sah. Mit jedem «Einverstanden» seinerseits kaute Madame genüsslicher.

Während vieler weiterer Treffen, meist am Mittag in der Käserei, einigten sie sich auf einen Mauerersatz mit den alten Steinen. Endlich, im Februar 1958, kam das ersehnte Schreiben:

Nach einer Besprechung mit Herrn Gemeindepräsident in der Käserei Amsoldingen. Im Grossen Ganzen erkläre ich mich mit der Errichtung der Ersatzmauer bei der Chorherrengasse einverstanden, wenn diese wirklich der alten Mauer gleich gemacht wird, wie es mir versprochen wird.

Die Einwilligung von Madame de Meuron zu erhalten war delikat und brauchte Geduld, Fingerspitzengefühl und viel Zeit und Energie. Nach dieser Hürde stand schon die zweite an: die Überzeugungsarbeit bei den Ratskollegen. Ihnen galt es, das Zurückbuchstabieren der Gemeinde schmackhaft zu machen, dies gelang nur mit dem Hinweis, dass die Kosten der Bund und der Kanton tragen würden. So waren zum Schluss der Gemeinderat, Bund und Kanton einverstanden, alle waren froh, endlich bauen zu können. Hirschi hatte es möglich gemacht!

Dass Ernst Hirschi dies gelang, war wohl dem Umstand zu verdanken, dass er mit der Denkweise von Madame de Meuron vertraut war. Ihre Haltung knüpfte an das Weltbild des Ancien Régime an. Was für sie logisch war, erschien dem Gemeinderat widersprüchlich, wenn nicht gar widersinnig.

Ernst Hirschis Eltern waren Pächter der Familie de Meuron im «Freudheim» in Gerzensee gewesen. Er hatte von Kind an gelernt, den Herrschaften behilflich und nicht lästig zu sein. Er lebte Seite an Seite mit den ehemaligen Patriziern, konnte ihr Denken nachvollziehen, kannte ihre Werte. Ernst Hirschi wusste, wie er sprechen musste, wie sich benehmen, was sich schickte. Nicht zu laut reden, ruhig und ohne Hektik arbeiten, wenn die Herrschaften im Haus waren. Keine neugierigen Blicke, keine Fragen. Reden, wenn man direkt angesprochen wurde – klar und verständlich. Keine Ausflüchte. Fehler und Rügen unwidersprochen eingestehen und annehmen. Es zählten Bescheidenheit, Redlichkeit und Fleiss. Kein Lob oder Geschenke erwarten, nette wie scharfe Worte unwidersprochen annehmen. Die eigene Meinung für sich behalten und nicht ungefragt äussern. Eine eigene Meinung war aber unabdingbar, auch wenn sie nicht formuliert wurde. Bei Bedarf war es ratsam, danach zu handeln, auch wenn sie allfälligen Wünschen der Herrschaften widersprach. So liess sich mancher Fehler verhindern, so gedieh der Weizen prächtig und das kranke Pferd genas. Diesem beiläufigen freundlichen und undurchschaubaren, ab und zu eigensinnigen Gehorsam konnte Ernst Hirschi folgen. Er gehorchte eigenen Gesetzen – und diese galten auch in der Beziehung mit Elisabeth de Meuron.

Vieles davon war dem Gemeinderat fremd. Wenn Ernst Hirschi der versammelten Männerrunde erklären wollte, warum er in diesem Punkt Madame de Meuron nachgegeben hatte, um das Ziel zu erreichen, erntete er nur verständnislose Blicke. Warum die Kosten in die Höhe treiben, wenn ein Machtwort möglich wäre?

Alfred und Erich erinnern sich an ihre oft besorgte Mutter, die ihren Mann ermahnte, das alles sei einfach zu viel für ihn. Die endlosen Diskussionen, die riesige Verantwortung und dazu noch der Käsereibetrieb. Sie übernahm zwar einen grossen Teil der Arbeit mit den Angestellten, die Entlastung war dennoch gering. Jeden Tag stand Ernst Hirschi spätestens um fünf in der Käserei, seine Schreibtischlampe brannte abends meist bis Mitternacht, er beugte sich über die Arbeit, die kein Ende zu nehmen schien. Am 21. März 1958 unterschrieb Elisabeth de Meuron definitiv: «Sie müssen nicht glauben, dass diese Angelegenheit in meinem Sinn ist, aber ich sehe ein, dass Sie Hirschi sich Mühe gegeben haben, mir entgegenzukommen.»

Für Elisabeth de Meuron war dies das letzte Angebot. Sie opponierte später gegen jeden Baum, der gefällt werden sollte, gegen jedes Stück Natur, das zu verschwinden drohte. Nach der Verbreiterung der Strasse schwor sie sich, kein Iota mehr nachzugeben:

Amsoldingen ist mir persönlich nach der Diebesgeschichte nicht mehr viel wert. Aber ich halte es in Ehren und gab mir Mühe, die Schönheit des Landsitzes zu erhalten. Diese Lärche hat zu bleiben. Ich habe nicht zu wenig nachgegeben, sondern um des schönen Ortes Willen habe ich zu viel nachgegeben und jetzt ist Schluss.

Viel zu viel

Erich legt alle die Briefe zur Seite. «Diese Beispiele sind es, die es braucht, um zu verstehen, was mit unserem Vater geschehen ist», beginnt er nun zu erzählen.

Sich Mühe geben – diese Worte fassen das Streben seines Vaters zusammen. Zur Freude, aber auch zur Sorge der ganzen Familie.

Denn alle kannten die Herzschwäche des Vaters. Immer wieder erzählte er von der Rekrutenschule, als er an einer Erkältung litt. Die Ärzte hatten ihn gründlich untersucht und einen Herzfehler diagnostiziert.

Erich kann sich genau an den Tag erinnern. Es war vor Weihnachten 1959, die Temperaturen waren seit längerem unter null, eine schöne Schneedecke lag bereits auf den Feldern, der See in Amsoldingen war wohl schon zugefroren. In der Molkereischule in der Rütti beim bernischen Zollikofen freute er sich auf die freien Weihnachtstage, in denen er mit den Schlittschuhen über den See ziehen konnte, zusammen mit seinen beiden Brüdern. Sie würden ihre Hockey-Stöcke aus dem Keller holen, ein Stück des Sees räumen, bis kein Schnee den Lauf mehr bremsen konnte, und einem alten Puck über die raue Eisfläche hinterherjagen. Dieses Stück Kindheit hüteten sie wie einen wertvollen Schatz. Alle drei trainierten auch im Hockey-Club, kämpften in der Liga um Auf- oder Abstieg, sie waren zum Üben nicht auf den See angewiesen, aber dies war ihr grösstes Vergnügen.

Plötzlich öffnete der Direktor die Tür. Er nahm Erich beim Arm und führte ihn aus dem Unterricht ins Büro. Ein dringender Telefonanruf. Sein Vater habe einen Herzinfarkt erlitten und sei gestorben.

Erich packte schweigend seine Sachen und fuhr nach Hause. Die Strecke im Zug und Postauto wollte kein Ende nehmen. An der Kurve beim Bach sah er rote Absperrbänder. Zu Hause warteten seine Brüder schon auf ihn, sassen schweigend neben der Mutter. Alfred war zur Schule gegangen, der Oberlehrer hatte ihn aus dem Unterricht geholt und gebeten, nach Hause zu gehen. Die Stimmung belastete ihn, weil er dem Unglück nichts entgegenstellen konnte. Am Küchentisch mischte sich ihre Trauer über den Tod mit der Verzweiflung: Alle hatten es geahnt, gefürchtet, gewusst sogar, auch Ernst Hirschi. Regelmässig musste er für Kontrollen ins Inselspital, zweimal wegen seines Herzleidens gar mehrere Tage bleiben. Wie Madame de Meuron damals davon erfahren hatte, konnte

Eishockeyspiel auf dem gefrorenen Amsoldingersee, Weihnachten 1976
Foto: zvg

sich die Mutter nicht erklären. Sie hatte ihren Augen kaum getraut, als Madame de Meuron am Krankenbett gestanden hatte, hergefahren mit dem Taxi aus Rümligen. Sie hatte den Patienten lange angeschaut, seine Hand gedrückt und dann wortlos den Raum verlassen. Sie hatte eine Karte aufs Nachttischchen gelegt:

Lieber Hirschi, das gefällt mir gar nicht, dass Sie im Inselspital sind mit Herzgeschichte, aber dort haben Sie die besten Ärzte. Sicher haben Sie mit der Gemeinde zu viele Plagen gehabt.

Eine exakte Beobachtung: Er hatte zu viele Plagen – wenn auch nicht nur mit der Gemeinde. Deswegen hatte er auf Ende Jahr sein Amt als Gemeindepräsident aus gesundheitlichen Gründen abgeben wollen. Doch dieses Ansinnen kam zu spät.

Es stand am 18. Dezember seine letzte Gemeindeversammlung an, viele Geschäfte stiessen in der Bevölkerung auf Widerstand. Als Gemeindepräsident musste Ernst Hirschi mit geschickten Worten die Anliegen erklären. Hitzig entwickelten sich die Diskussionen, vor allem Ernst Hirschi legte sich jeweils ins Zeug, verteidigte den Gemeinderat und argumentierte. Sein Kopf glühte rot vor Aufregung, er spürte sich nicht mehr vor lauter Eifer. Diesmal gingen die Abstimmungen im Sinn des Gemeinderates aus. Der Sturm legte sich, die Leute kehrten nach Hause zurück, nach einem letzten Glas Weisswein mit den Gemeinderatskollegen setzte sich auch der Vater ins Auto, um endlich zu Hause zur Ruhe zu kommen.

Am nächsten Morgen schmerzte das Käsen, er musste sich beeilen, eine Herzkontrolle im Inselspital stand an. Um acht Uhr setzte er sich ins Auto, um wie immer nach Thun zu fahren und von dort mit dem Zug nach Bern. Nach kurzer Fahrt, auf der Höhe des «Türli», kam der hellblaue Austin von der Strasse ab, fuhr quer über die Wiese und blieb im Sagibach stecken. Der herbeigerufene Arzt konnte nur noch den Tod feststellen: Ernst Hirschi hatte am Steuer einen Herzinfarkt erlitten und war 53-jährig gestorben. Auf

Von Autos gesäumte Strassen in Amsoldingen an der Beerdigung von Ernst Hirschi 1959
Foto: Stadtarchiv Thun SAT/Fotosammlung Samuel Gassner

Trauergäste an der Beerdigung von Ernst Hirschi
Foto: Stadtarchiv Thun SAT/Fotosammlung Samuel Gassner

einer Bahre trugen ihn Männer, die zu Hilfe geeilt waren, in die Käserei. Gleichzeitig fuhren Schüler mit ihren Veloanhängern vor, um die Pausenmilch für die Schule abzuholen, so verbreitete sich die Nachricht des Unfalls und des Todes in Windeseile im Dorf.

Die Mutter zeigte vor den Jungen keine Schwäche, schaute Erich und Ernst an und sagte lächelnd, immerhin habe sie zwei Käser am Tisch: Denn auch Ernst junior hatte gerade die Käserlehre abgeschlossen und versicherte, nach der Molkereischule so schnell wie möglich in Amsoldingen Erich zu unterstützen.

In den nächsten Tagen gab es keine ruhige Minute in der Käserei, so viele Kondolenzbesuche empfing die Familie. Eine Beerdigung wie an diesem 21. Dezember hatte Amsoldingen noch nie gesehen. Parkierte Autos säumten alle Strassen, die meisten Leute mussten während der Abdankung in der Kirche stehen, die Sitzplätze reichten bei weitem nicht für alle. Alle wollten dem lebensfrohen und geselligen Ernst Hirschi die letzte Ehre erweisen.

Die Käsereigenossenschaft wählte einstimmig Erich Hirschi zum Nachfolger, er beendete ohne Meisterprüfung seine Ausbildung, der Lehrmeister gab ihm gute Empfehlungen und beste Noten im Zwischenzeugnis mit. Erich übernahm von einem Tag auf den anderen die Käserei – zusammen mit seiner Mutter. 1966 stellte er sich zur Wahl für den Gemeinderat.

Erich Hirschi füllte pflichtbewusst die Lücke, die sein Vater hinterlassen hatte. Auch Elisabeth de Meuron wollte – wie die Käsereigenossenschaft – in Amsoldingen einen Hirschi als Vis-à-vis. So erbte Erich auch dieses Amt, wurde zum Vertrauten, zum Vermittler, aber auch zum Sündenbock von Madame de Meuron. Ihr Vertrauen gründete nicht nur auf die langjährige Freundschaft mit dem Vater, sie zog den lebensfrohen Erich Hirschi dem neuen disziplinierten Gemeindepräsidenten vor. Dieser genoss zwar grosses Ansehen im Dorf, war die Korrektheit in Person, doch fehlte Madame seit den Auseinandersetzungen um den Uebeschisee das Vertrauen zur Armeespitze, zum Chef GRD, der Gruppe für Rüstungsdienst in Thun.

«Freudheim»

Die beiden älteren Brüder des Vaters, Hans und Gottfried aus Gerzensee, unterstützten die Trauerfamilie in der Käserei. Wiederholt bat Onkel Hans Alfred, ihn nach Gerzensee zu begleiten. Er könne bei Gottfried oder ihm und seiner Familie leben, die Bauernschule besuchen und später die Pacht im «Freudheim» übernehmen. Diese führte die Familie Hirschi noch länger als die Käserei – seit 1897. Wenn Alfred die Pacht nicht übernehme, sei die Ära Hirschi im «Freudheim» mit Hans und Gottfried zu Ende.

Alfred lehnte ab. Warum, will ich wissen – die beiden Brüder beginnen zu erzählen.

Alfred, Erich und Ernst waren häufig in Gerzensee zu Besuch und kannten das wunderschöne Bauerngut am Rande des Sees mit seinem betörenden Blick in die Alpen sehr gut. Die Berge stehen als Kulisse im Hintergrund, rosa in der Abendsonne, geheimnisvoll wolkenverhangen bei Regenwetter und detailreich bei Fön zum Greifen nah. Es gab zwar eine Demarkationslinie zu «Herrens»: Wenn die Herrschaften im Sommerhaus weilten, durften die Kinder nur bis zur grossen Linde. Am Abend schlichen die Buben dennoch unters Fenster des Herrenhauses zur Köchin. Mit Aline und Antoine, den Kindern von Guy de Meuron, spielten sie gerne im Bauernhaus oder auch rund ums Herrenhaus. In der Adventszeit schubste Tante Margrit die Kinder an und bat sie, bei den Mammutbäumen im Garten von ds' Herrens ein paar Zapfen zu stibitzen – diese seien so schön – und den Kindern dürfe man dies ja nicht verübeln. Die exotischen Bäume trugen mächtige Zapfen, sie veredelten die Dekoration mit Lärchenzäpfchen.

Elisabeth de Meuron notierte in Briefen an Hirschis ihre Erlebnisse im «Freudheim», wusste sie doch, dass Gemeindepräsident

Hirschi mit dem Gut und den Besitzern vertraut waren. Ernst Hirschi war einer der wenigen Aussenstehenden, mit dem sie über diese privaten Angelegenheiten korrespondierte – in berührenden Briefen, die Erich Hirschi zu diesem Stichwort hervorholt. Elisabeth de Meuron beschrieb den Tod ihres geschiedenen Mannes Fritz so detailliert, wie ich es noch nie gelesen hatte:

Wir waren in der Seele traurig, weil wir so an Fritz de Meuron gewohnt waren, ihn gern hatten. Es war schön für ihn zu gehen, weil er voller Pläne und Reiselust war und nur 24 Stunden krank war, während denen ich ihn zweimal sah. Es war eine plötzliche Darmknickung, die man operieren musste, nichts Arges, ging gut vorbei, aber 4 Stunden darauf gab es etwas von der Narkose, dass er starb, vermutlich ohne es zu wissen. Ich bin froh, dass er gehen konnte ohne Krankenlager und als er noch Freude hatte am Leben.

Mit grosser Herzlichkeit erinnerte sich Elisabeth de Meuron an das Zimmer von Fritz in ihrem Haus im Vertmont in Bern. Er nutzte es, um die Schätze seiner Reisen zu deponieren. Zuhause war er nirgends mehr, er logierte im Hotel Kreuz in Bern, wenn er nicht unterwegs war. Daneben verbrachte er viel Zeit in seinem Zimmer im Vertmont.

Er wohnte nicht dort, aber ging viel hin und kramte in seinen Altertümern, die er gesammelt hatte, überstellte alles damit und ärgerte mich ab und zu deswegen. Er ging ins ungeheizte Haus im Winter und erkältete sich nie und war alleine dort.

Aus den Zeilen von Elisabeth de Meuron an seinen Vater konnte Erich Hirschi erahnen, wie einsam Fritz gewesen war. Nur Elisabeth kümmerte sich um ihn. Sie holte den Sarg in sein Zimmer in Bern, bahrte ihn inmitten seiner geliebten Gegenstände auf. Für letzte

Verwandtenbesuche und ein Gebet, «bevor der Sarg nach Gerzensee fuhr und ich in einem Auto dahinter».

In Gerzensee war nur ein Gebet am Grab, aber es war nicht besonders – es war zu kurz, ich weiss nicht, was es für ein Pfarrer ist. Der untere Friedhof ist schön wo ein Grab zu haben war – aber eigentlich ist der obere Friedhof schöner. Als geschiedene Frau kam ich auf keine Todesanzeige, aber ich hatte eine Vollmacht von meiner Tochter, dass ich doch machen konnte wie ich wollte.

Fritz hatte bei Elisabeth de Meuron im Vertmont Unterschlupf gesucht, weil er seinen Anteil am Gut im «Freudheim» – ein Drittel gehörte ihm – seinem Bruder übergeben hatte, «mehr oder weniger als Schenkung, mit der Bedingung, dort wohnen zu können».

Doch Fritz zog vom «Freudheim» weg. Auch Alix, die Schwester, gab ihren Anteil nach ihrer späten Heirat ab, «wegen den Steuern und dem Unterhalt». Da ihr Mann bald verstarb, musste sie ein neues Zuhause suchen. Zusammen mit ihrer Bediensteten bewohnte sie ein kleines Haus in der Psychiatrie in Préfargier, geführt von der Familie de Meuron. An Hirschi schrieb Elisabeth de Meuron: «Es hat Herrn Fritz sehr bekümmert und hätte er noch sein Drittel Freudheim, hätte er sicher seiner Schwester dort eine Heimat geboten.»

Alfred Hirschi wollte nicht nach Gerzensee und dort die Pacht seiner Verwandten weiterführen. Der Beruf des Bauern sagte ihm nicht zu, ihn interessierten Autos und Motoren. So endete das Pachtverhältnis der Familie Hirschi im «Freudheim» 1965 mit der Versteigerung von Vieh und Fahrhabe.

Ich bin in Gedanken abgeschweift, höre nur noch mit halbem Ohr den Ausführungen von Alfred Hirschi zu. Die Briefe und Karten aus Rümligen haben mich abgelenkt. Wie und wo sich Elisabeth und Fritz wohl kennengelernt hatten? Finde ich diese Antwort vielleicht im Karton mit der alten Post? Zu Hause werde ich die Karten danach durchforsten. Doch meine Gedanken werden schnell wieder nach Amsoldingen gelenkt. Eine wichtige Facette fehlt. Denn bevor Gottfried und Hans Hirschi aus Gerzensee ihr Hab und Gut versteigerten, hatten sie noch eine kleine Hoffnung gehegt, den mittleren Bruder, Ernst Hirischi junior, umzustimmen, um die de Meuron'sche Pacht in Gerzensee zu übernehmen. Doch das Schicksal entschied anders für den jungen Mann.

Es war der Winter nach Ernst Hirschis Tod. 1960. Mit den ersten Schneeflocken setzten auch die Erinnerungen wieder ein, die während des Sommers allmählich etwas verblasst waren. Erich und Ernst trainierten in der Ka-We-De, auf dem Stadtberner Eisfeld. Während des Spiels traf Ernst ein Puck am Hinterkopf; es blutete so stark, dass die beiden Brüder zusammen das Berner Universitätsspital Insel aufsuchten. Die Platzwunde lag genau über dem Muttermal oberhalb des rechten Ohrs. Während des Nähens forderte der Arzt Ernst auf, dieses grosse Mal untersuchen zu lassen. Die Kopfschmerzen liessen auch nach dem Abheilen der Wunde nicht nach. Die Untersuchung des Muttermals zeigte einen bösartigen Tumor im Kopf, der im Oktober 1960, bevor Ernst in die Molkereischule eintrat, operiert wurde. Ob der Krebs langfristig besiegt sei, zeige sich in einem Jahr, prognostizierten die Ärzte. Elisabeth de Meuron erkundigte sich in der Käserei immer wieder nach Ernsts Befinden, denn sie wusste, was es hiess, einen Sohn zu verlieren.

Die Stimmung an den Weihnachtstagen waren noch gedämpfter als im Jahr zuvor nach dem Tod des Vaters. Niemand wollte sich die Trauer anmerken lassen, aber während des Festessens sprach fast niemand ein Wort. Die Mutter ging immer wieder in die Küche, um sich unbemerkt zu schnäuzen und die Tränen abzuwischen.

Mit dem Frühling keimte die Hoffnung auf, und im Sommer schwammen die Brüder so oft sie konnten im See. Sie unternahmen trotz aller unerledigten Arbeit unbeschwerte Wanderungen auf das

Stockhorn. Ernst war voller Kraft und Zuversicht und versprach Erich immer wieder, ihn und die Mutter bald in der Käserei zu unterstützen. Im Oktober war es soweit, er hatte die Molkereischule abgeschlossen. Doch mit seiner Rückkehr in die Käserei in Amsoldingen waren im November auch die Kopfschmerzen wieder da. Anfang Dezember brach er während der Arbeit bewusstlos zusammen. Die Mutter, Erich und Alfred begleiteten ihn am gleichen Tag ins Inselspital.

Alfred und Erich erinnern sich an die vielen Untersuchungen, an das Bangen und Warten und das ungute Gefühl dabei. Ernst ging es jeden Tag schlechter. Der Bescheid war niederschmetternd: Ein bösartiger Tumor hatte bereits mehrere Ableger im Hirn gebildet. Am 12. Dezember stand eine Besprechung im Inselspital an. Die Mutter war mit ihren Kräften am Ende, lag im Bett – wie seit der Geburt ihrer Kinder nicht mehr – und musste gepflegt werden. Gerne hätte sie sich von ihrem Sohn Ernst verabschiedet, doch ihr Beine verweigerten diesen Gang. So schickte sie ihre Söhne Erich und Alfred nach Bern. Kein Wort konnten sie mit ihrem Bruder wechseln, er war nicht mehr ansprechbar. Keine Operation bot mehr Hoffnung. Die Ärzte rieten, die Maschinen, die ihren Bruder noch am Leben erhielten, abzustellen.

Alfred schaut auf den Tisch: «Es war ein Alptraum, über Leben und Tod eines Bruders mitentscheiden zu müssen.» Ernst erhielt nur noch Beruhigungs- und Schmerzmittel. Um 18 Uhr verabschiedeten sich die beiden Brüder – so hatten es die Ärzte geraten. Das Loslassen sei so für alle einfacher.

Alfred erinnert sich noch heute an den Klang des Telefons, der kurz vor 22 Uhr die Stille in der Käserei durchbrach. Der Arzt richtete aus, Ernst sei am Dienstagabend, den 12. Dezember um 21 Uhr 30 verstorben. Fast auf den Tag genau zwei Jahre nach dem Tod des Vaters wurde Ernst junior am 16. Dezember in Amsoldingen beerdigt – unter Anteilnahme des ganzen Dorfes.

Drei Jahre arbeiteten Erich und die Mutter in der Käserei Hand in Hand, bis Erich 1962 heiratete und die Mutter entlastet wurde. Das Ansehen von Erich Hirschi wuchs bei Elisabeth de Meuron weiter, da er es im Militär bis zum Offizier gebracht hatte. Als er befördert wurde, rief Madame sofort in der Käserei an und fragte, ob er «ein Gelber» sei, also ein Dragoner bei den berittenen Truppen. Die Mutter, die sich mit den Farben in der Armee nicht auskannte und gerade Kunden im Laden bediente, bejahte kurzerhand. Bald darauf meldete sich Elisabeth de Meuron bei Erich Hirschi und beklagte, er sei gar kein Gelber, sondern ein Weinroter, er sei bei den motorisierten Truppen, bei den Transporttruppen, sie habe es in der Zeitung gelesen. «Das hat sie mir immer vorgehalten», lacht Erich. Er kannte ihre Vorbehalte bestens.

Eigentlich hätte Erich auch Gemeindepräsident werden sollen. Überraschend wurde er aber als erster Amsoldinger in den Berner Grossen Rat gewählt. Von da an sprach Elisabeth de Meuron ihn nicht mehr mit «Hirschi» an, sondern nur noch mit «Herr Grossrat».

Die Freundschaft mit Erich Hirschi beinhaltete ein Geben und Nehmen. Jede Leistung wurde von Elisabeth de Meuron mit einer Gegenleistung abgegolten – die aber ihren Wert- und Moralvorstellungen entsprechen mussten, denn käuflich war sie nie.

1974 feierte die Musikgesellschaft ihr 100-Jahr-Jubiläum, Erich Hirschi als OK-Präsident hatte etwas Besonderes vor. Da im Sommer der Geburtstag von Madame de Meuron nahte, fragte er sie an, ob sie die beiden Geburtstage für ein Konzert im Schlosshof zusammenlegen könnten – die Musikgesellschaft wurde 100, Elisabeth de Meuron 92 Jahre alt. «Mafois, ja», sie willigte ein. Sie erkundigte sich, was die Musikanten zu trinken gedenken, schlug Milchkaffee vor. Erich Hirschi entgegnete, Wasser wäre besser, denn Milchkaffee sei nicht gut für die Lippen der Bläser. «Oder Wein?», fragte daraufhin Madame de Meuron – und Erich Hirschi willigte erleichtert ein.

Natürlich kamen die Musikanten in Begleitung ihrer Frauen; Erich Hirschi schlug kurzerhand vor, dass diese sich hinter der Musik zu einem respektablen Umzug einreihen sollten. Alles war vorbereitet, und die Musik samt Zuhörerinnen im Schlepptau näherte sich dem Schloss. Als der Hausverwalter die Frauen sah, schloss er direkt hinter der Musik das Tor, die Frauen standen vor dem Gitter ausgesperrt. Eine Riesenblamage für Erich Hirschi. Er überlegte sich krampfhaft, wie diese Situation zu retten sei, denn die Frauen kehrten nicht nach Hause zurück, sondern warteten ungeduldig vor dem Tor. Sie murrten wegen Madame de Meuron, aber weit mehr empörten sie sich über Hirschi, der sie eingeladen hatte. Es erging ihm wie seinem Vater: Wenn er eine Entscheidung ohne vorherige Rücksprache mit Elisabeth de Meuron traf, machte sie ihm prompt einen Strich durch die Rechnung. Dass die Frauen vor dem Tor standen, war ihr nicht entgangen.

Erich seufzt am Stubentisch. «Ich machte, was als einziges möglich war. Ich musste mein Anliegen sehr freundlich, aber bestimmt vorbringen.» Nach einem ersten Ständchen liess Madame de Meuron der Musikgesellschaft durch das Restaurant Kreuz gekühlten Weisswein und eine Fleischplatte servieren. Herr und Frau Hirschi beorderte sie auf die Veranda, sie mussten warmen Rotwein trinken zu einem süssen Migros-Törtlein. Frau Hirschi war persönlich eingeladen – im Gegensatz zu den anderen Frauen. Erich Hirschi fragte, ob die Frauen in den Park kommen dürften, um dem zweiten Teil des Konzerts beizuwohnen. Vor einem grösseren Publikum zu spielen sei auch für die Musikanten attraktiver. Madame willigte ein und so wurden die Zuhörerinnen doch noch vorgelassen.

Meine erste Reaktion ist ein Kopfschütteln. Typisch: Frauen stellte Madame in der Öffentlichkeit gerne in die zweite Reihe. Es gibt aber auch einen anderen naheliegenden Grund für ihre Reaktion. Sie hatte eine Fleischplatte und Wein für die Musikanten bestellt. Damit hätte sie nicht die doppelte Anzahl Gäste bewirten können. Diese Blösse wollte sie sich nicht geben. Sie hatte den Anspruch, Gäste richtig zu bewirten, so durften die Frauen erst nach der Erfrischung zur Gesellschaft stossen.

Nach dem Konzert wurden alle Musikanten aufgefordert, sich vorzustellen. Sie fragte nach Namen und Beruf. Der erste war Sulzer Ernst, Bauer. Sie meinte skeptisch, ein Bauer habe keine solch feinen Hände, es fehlten die «Melkerknödli». Sulzer verwies auf die Melkmaschinen, doch Madame liess es nicht gelten. Den zweiten, der sich vorstellte, schaute sie lange an – und fragte nach seiner Mutter. Eine Bäuerin. Sie studierte, sagte: «Sie gleichen meinem Mann – aber bei einer Bäuerin ist er nie vorbeigegangen.» Beim dritten Musikanten strahlte sie: «So, Gödeli, den kenne ich ...» Den vierten, den jungen Schmied, musterte sie von oben bis unten. «Werner Bruni, Sie sind ein Intellektueller.»

Diese Vorstellungsrunde gehörte zu ihren Gepflogenheiten. Man hätte eine Stecknadel zu Boden fallen hören, so still war es jeweils – weil niemand die Bemerkungen verpassen wollte, die Madame zu ihrem Gast gerade einfiel. Sehr humorvoll, immer überraschend, oft treffend. Sie spielte diese Rolle liebend gerne und einzigartig, gleichzeitig merkte sie sich genau, was sie erfuhr. Und das nächste Mal auf der Strasse grüsste sie mit dem richtigen Namen und fragte gezielt nach der Arbeit oder der Familie.

Die Frauen durften über die Veranda in den Salon eintreten und die beiden Zimmer mit Blick auf den See bestaunen. Damit war Hirschi wieder etwas rehabilitiert. Elisabeth de Meuron nahm seine Frau kurz beiseite und fragte: «Ihr Mann ist der König im Dorf – aber ist er Ihnen auch treu?»

Für Feste, Veranstaltungen oder Anlässe mussten die Amsoldinger Vereine stets auf gutes Wetter hoffen, da in der Gemeinde in den

Erich Hirschi und Madame de Meuron beim festlichen Anlass der Musikgesellschaft in Amsolingen 1974
Foto: zvg

70er-Jahren weder eine Mehrzweckhalle noch eine Turnhalle zur Verfügung standen. Es fehlte der Gemeinde an Bauland, geeignetes Land besass nur Madame de Meuron.

Jedes Kind wusste: Madame de Meuron verkaufte nie Häuser oder Land. Kurz vor dem Bankenkrach hatte sie das Tscharner-Haus am Münsterplatz in Bern dem Kanton verkauft – und hatte damals das meiste Geld verloren. Erich Hirschi fühlte seinem Vater nach, der unter allen Umständen die Chorherrengasse hatte erweitern müssen. Auch den Bau einer Turnhalle konnte die Gemeinde nicht mehr lange hinauszögern.

Wie schon sein Vater lud Erich Hirschi Madame 1975 zum Zmittag ein, diese Tradition führten er und seine Frau weiter, auch wenn Madame mit 93 Jahren aus gesundheitlichen Gründen seltener in Amsoldingen weilte. Beim Essen in der Stube schilderte Erich

Hirschi, warum die Jugend eine Turnhalle brauche, um sich auch im Winter zu ertüchtigen: Das Dorf und seine Vereine entwickelten sich und bräuchten Platz zum Üben oder für Aufführungen. Erstaunlich rasch liess sie sich überzeugen. Denn die Amsoldinger Buben, die sollten kräftig werden. Als Bedingung holte sie selbst einen Stock, um das Land für die Turn- und Mehrzweckhalle eigenhändig abzustecken.

So marschierte bereits am nächsten Tag Madame mit Erich Hirschi los, nach kurzer Zeit blieb sie stehen, steckte einen Stab in den Boden. «Bis hier», meinte sie resolut. «Wir brauchen auch noch einen Sportplatz», entgegnete Hirschi, worauf sie weiterschritt und den Stab ein zweites Mal in den Boden pflanzte. «Noch zwanzig Meter mehr», verhandelte Hirschi. Elisabeth de Meuron marschierte weiter. «So, jetzt ist fertig!»

Am selben Tag beurkundigten Elisabeth de Meuron und Erich Hirschi beim Gemeindeschreiber den Verkauf. Für Erich Hirschi war es ein grosser Triumph, dass Elisabeth de Meuron das Land für so wenig Geld der Gemeinde verkaufte. Hirschi präsentierte seine Arbeit dem Gemeinderat – alle waren begeistert. Ausser dem Pächter, der sein bestes Land verlor: Gfeller. Dieser las Erich Hirschi die Leviten, das beste Land zu überbauen. «Es gab aber keine Alternative, ich hatte keine Eigeninteressen.» Hirschi und Gfeller gingen sich eine Zeitlang aus dem Weg.

Was bedeutete Amsoldingen Elisabeth de Meuron? Erich und Alfred Hirschi zucken mit den Schultern. Je älter sie wurde, desto seltener besuchte sie ihr Schloss. Nutzte aber jede Gelegenheit, nach Amsoldingen zu fahren, wenn sie einen Chauffeur fand. Sie hing am Schloss, aber auch an der Gegend. Immer wieder kursierten Gerüchte, sie wolle das Anwesen verkaufen. Dr. Wander von der Ovomaltine-Fabrik in Neuenegg, so wurde im Dorf erzählt, interessiere sich dafür, später gar der Autorennfahrer Michael Schumacher. Aber bereits Ernst Hirschi prophezeite, Madame de Meuron werde Amsoldingen nie verkaufen. Er wusste auch warum. Erich nimmt einen letzten Brief hervor:

> *Nun wäre der Karakter von Amsoldingen bei Verkauf und Parzellierung des Landes beim Dorf ganz anders und viele wünschen das wohl. Es scheint nicht zum Verkauf zu kommen da meine 19jährige Enkelin mit 18 einen reichen Zürcher geheiratet hat, der in Thun Dienst gemacht hat und Amsoldingen liebt – sonst wäre es ja besser für mich, alles aufzugeben.*

Tatsächlich übernahmen die Enkelin Barbara Hegner und ihr Gatte, der Botschafter Anton Hegner, nach dem Tod von Madame de Meuron das Schloss Amsoldingen. Hirschis wurden als einzige Amsoldinger zur Beerdigung von Elisabeth de Meuron eingeladen. Barbara Hegner schickte ihnen später eine Dankeskarte mit einer Fotografie: «Mit bestem Dank für die lieben Wort – eine kleine Erinnerung an Frau v. Meuron, die immer mit viel Hochachtung von Ihrem Vater erzählte.»

Zu Hause erinnere ich mich, dass ich einen Blick in die grüne Kartonschachtel werfen will, in den kleinen Schatz von Rümligen. Vielleicht finde ich einen Hinweis darauf, wie sich Elisabeth von Tscharner und Fritz de Meuron kennengelernt haben – um auch den Grund dieser Heirat zu verstehen.

«Salue tout le monde»

Es ist nicht einfach, die Poststempel zu entziffern. Zum Glück gibt es immer zwei pro Karte oder Couvert – einen vom Ort der Briefaufgabe, einen zweiten der Empfängerpost. 1897, 1900, 1904 – rund 120 Jahre alt sind diese Karten, in Kurrentschrift geschrieben oder aber auf Französisch. Adressiert sind alle an Mademoiselle Elisabeth de Tscharner am Münsterplatz, in Amsoldingen, im Vertmont, in Rümligen, in der Kaaba oder in Mettlen bei Muri … Elisabeth wechselte bereits damals zwischen vielen Orten hin und her.

Sie war, als sie diese Zusendungen erhielt, eine junge Frau zwischen 15 und 22 Jahre alt. Die Karten und Briefe datieren bis Ende 1904, also bis ein halbes Jahr vor ihrer Hochzeit 1905. Es ist die Zeitspanne im Leben von Elisabeth de Meuron, in der sich wohl die grosse Wende abspielte, die ihr späteres Leben bestimmen sollte. Die junge Elisabeth hatte die Liebe ihres Lebens im Sohn eines mit der Familie von Tscharner befreundeten Zürcher Ehepaares gefunden. Später erzählte Elisabeth, ihr Vater habe nicht gewollt, dass Berner Gut nach Zürich wandere, weswegen er die Heirat untersagt habe. Es müssen aber andere Gründe gewesen sein, die zu diesem Heiratsverbot führten. Geschrieben sind die Karten und Briefe nun von denjenigen Leuten, denen Elisabeth später die Verantwortung für ihre Probleme gab.

Eine der ältesten Karte datiert sogar von 1895 – eine «Ordre de bal». Am 4. Mai – der Ort ist unbekannt – wurde abends zum Tanz aufgespielt. Das Orchester stimmte mit einer Polka ein, gefolgt von einem Galopp, Walzer und einer Mazurka («Damen-Tour»). Nach sechs Musikstücken stand das Souper auf dem Programm, um anschliessend den Tanz mit weiteren sechs Stücken, Schwedisch, Polka, usw. zu beenden.

Elisabeth war damals 13 Jahre alt. Besuchte sie den Ball selbst – oder hatte sie die Einladung ihres Bruders aufbewahrt? Tanzstunden nahm sie zusammen mit ihrer Freundin Dora von Büren, davon zeugt ein Hinweis in einem Brief.

Die alten Postkarten sind sonderbar: Auf der Rückseite steht gross und ganzseitig die Adresse, daneben prangen Marke und die Poststempel. Die Vorderseite ziert ein Bild, häufig ein gedrucktes Gemälde, aber auch Fotografien von Städten, Kirchen oder historischen Bauten, teils koloriert. Es bleibt ein schmaler, unbedruckter Rand rundum. Hier wurde geschrieben. Meist so klitzeklein, dass ich Mühe habe, einzelne Worte zu entziffern. Zum Glück können eingescannte Karten vergrössert werden, so dass ich überhaupt eine Chance habe, die Texte zu lesen.

Die allermeisten Postsendungen im Karton haben denselben Absender: Louis. «Ton frère Louis». Der drei Jahre ältere Bruder unternahm nach seinem Studium zum Rechtshistoriker lange Reisen; 1898, 1899 und 1900 bereiste er Deutschland; Karlsruhe, München, Dresden, Marienburg, Königsberg, Würzburg, Nürnberg und immer wieder Berlin. Zwischendurch kehrte er in die Schweiz zurück, nach Bern, aber auch nach Neuenburg oder Colombier in den Militärdienst. 1902 verbrachte er den Frühling in Paris, 1903 war er über ein Jahr in Italien unterwegs; Nizza, Bologna, Rom, Nemi, Capri, Pompei, Amalfi, Napoli. Anfang 1904 schloss er die Italienreise mit Verona, Venedig und Padua ab. Durch den Sommer bereiste Louis England und Irland, um Ende 1904 wieder nach Italien zurückzukehren. Meist war er mit dem Zug unterwegs, in Italien aber auch mit dem Auto. Zwei, manchmal drei Ansichtskarten wöchentlich schickte er seiner Schwester, die sich in einem viel kleineren Radius bewegte. Manchmal begleitete ihn auf den Reisen sein Vater, oft aber jemand anderes. Louis erwähnt nie einen Namen, er verwendet aber immer die erste Person Plural. Nie finden sich zwei Unterschriften unter den Grüssen.

Die Postkarten von Louis könnten kaum unterschiedlicher sein im Vergleich mit Briefen und Karten seiner Schwester. Schrieb Elisabeth kaum je zweimal dasselbe, machten Sprachwitz oder die sorgfältigen Beschreibungen ihrer Gedanken und Beobachtungen ihre Briefe attraktiv, wiederholte sich Louis in den Themen wie den Formulierungen und blieb oft an der Oberfläche, obwohl es keine schnell hingeworfenen Zeilen sind, sondern ernsthafte, fein säuberlich geschriebene.

Nach der zwanzigsten der circa 200 Karten ahne ich jeweils, was als nächstes kommt. Nach Grussworten dankte Louis Elisabeth für den vorherigen Brief, bevor er erzählte, wann er an diesem oder jenem Ort eingetroffen war, wo er übernachtete, mit konkreten Adressangaben – falls Elisabeth ihm antworten wollte. Meistens fügte er noch an, wann er das nächste Mal seinem Vater oder seiner

Mutter schreiben möchte und was Elisabeth dem Vater ausrichten solle. Ab und zu erwähnte er auch noch, welches Museum oder Kirche er besucht hatte. Selten vergass Louis das Wetter zu erwähnen. Ab und zu schrieb er auch, ob ihn sein Reiseziel ansprach:

Chère E.
Encore une dernière carte de Königsberg. Le temps se gèle de nouveau il neige par endroits. Je pars ce soir à 8 heures et je serai demain matin vers 7 heures à Berlin ! La distance est grande et encore c'est un train de vitesse. J'écrirai prochainement à Maman. Königsberg me rapelle Lausanne. Ça monte et descend du tout au tout, si pas encore plus ! Ton frère Louis

Louis teilte ihr auch mit, wenn er nichts zu schreiben hatte:

Berlin
Chère Elisabeth ! J'ai reçu la lettre de Papa et je l'attends donc mercredi à 5 heures. Il fait plutôt froid ici. J'écrirai un de ces jours à Maman, je l'aurais déjà fait si je savais quoi écrire, mais il n'y a absolument rien d'intéressant à dire !

The Tower Bridge – London
Londres Dimanche
Chère Elisabeth
Une carte de Londres qui n'a en tout aucun autre but que te transmettre mes saluts. Je pense que Papa aura reçu ma lettre de jeudi, je n'ai rien de nouveau à dire et j'écrirai probablement de nouveau jeudi ou mercredi. Donc adieu salue tout le monde ton frère Louis.

Was Elisabeth, die meist in Bern blieb, wohl dachte, wenn ihr Bruder aus Städten wie Berlin oder London nichts zu erzählen wusste? Sie sass stundenlang vor den Kartensujets und bereits diese erzählten ihr tausend Geschichten, ergänzt mit den Angaben im Lexikon zu den Städten und Bauten. Wenn Louis bei seinen kurzen Aufenthalten in Bern am Esstisch von seinen Reisen erzählte, wusste Elisabeth über seine Reisedestinationen immer besser Bescheid als er.

Sie schien das Scharnier im Familiengefüge gewesen zu sein. Oft schrieb ihr Louis, sie solle den Vater um etwas Geld bitten:

17.3.1900
Nürnberg Henkersteg
[...] Puisque Papa trouve que je n'écris rien d'intéressant, demande-lui, si je ne peux pas employer les 30 marks que je lui dois et qu'il pourra me déduire à mon retour ? Je te donnerai donc demain notre adresse pour Mainz. Adieu salue tous Louis.

Ihr Bruder kommunizierte über Elisabeth mit seinem Vater oder seiner Mutter, oft musste sie seine Nachrichten überbringen – obwohl er auch direkt seine Eltern hätte anschreiben können.

Danzig
Chère Elisabeth
Merci beaucoup pour ta longue lettre, qui m'a fait grand plaisir. Elle était très interessante et amusante. Ce matin j'ai aussi reçu celle de Papa, pour laquelle je le fais remercier. Mais dis-lui que c'était «dr Speck dür ds' Mul zoge» de m'écrire qu'au printemps il m'aurait payé ce voyage à Danzig. Car au printemps j'irai dans une toute autre direction de celle-là, que si je n'y vais pas maintenant, je n'arriverai jamais à Danzig ! Je pars demain soir et je reste en tout cas jusqu'à samedi matin au Danzig Hôtel Dom. Je t'écrirai demain depuis là. Salue Papa et Maman à laquelle j'écrirai prochainement.

Da alle Reisen aufwendig waren, war oft von Geldnöten die Rede.

Postkarte von Louis de Meuron an seine Schwester Elisabeth, 1900
Foto: zvg

Postkarte (Rückseite) mit 2 Poststempeln
Foto: zvg

Umso erfreuter schrieb Louis, wenn er von Verwandten und Bekannten in Deutschland oder auch Grossbritannien eingeladen wurde: «Je suis ‹versorget› pour un certain temps.»

Ab und zu bat er Elisabeth, ihm Kleider zu schicken. War er an einen Ball eingeladen, brauchte er leichteres Schuhwerk, ein andermal fehlten ihm Hemden und sie musste die Schneiderin damit beauftragen:

> *Je t'écris cette carte pour te donner les mesures : Rückenbreite 42 cm Länge donc longueur de la taille 50 cm Brustumfang 98 cm. La chose compliquée mesure 88 cm mes faux cols sont 42 et mes manchettes 26 – 27 cm. J'espère que ces mesures vous seront utiles ! Sans cela prends celles d'une de mes chemises à 2 boutons.*

Während der Zeit im Militär bat er auch um Leckereien, erklärte, dies sei die Aufgabe von Schwestern: «Il y a une masse de Neuchâtelois qui reçoivent des paquets de ce genre de leur soeurs!»

Kurz darauf konnte er sich herzlich bedanken: «Merci infiniment de tout ce que vs m'avez envoyé, c'est excellent! Les fruits sont les 2 fois arrivés en très bon état, les Russetäfeli sont très bons.»

Louis revanchierte sich auch. Immer wieder kaufte er auf seinen Reisen Präsente, vor allem Porzellan, zum Beispiel als Weihnachtsgeschenke. Er sandte sie per Post nach Bern und ordnete in Listen die Gaben den Empfängern zu. Elisabeth kaufte er oft «Bäbä». Vielleicht waren es Puppen mit Porzellanköpfen, abgeleitet vom berndeutschen Wort für Puppen «Bäbi»? Im Berndeutsch-Lexikon wird «Bäbä» mit Dreck übersetzt, nach dem Wörterbuch von Ruth Bietenhard ist es ein Ausruf des Abscheus, ähnlich wie «wääh, pfui», «nid arüere, das isch Bäbä!» Vielleicht meinte Louis auch Ramsch, Kitsch oder Süssigkeiten, die er seiner Schwester mitbrachte?

Dresde
Lundi après-midi. Chère E. Je suis bien arrivé ce matin ici, avec un retard d'une demi heure ! Enfin, c'est égal. Il fait au fond très mauvais temps, il neige tant qu'il peut.

Je suis aussi allé voir le magasin de porcelaine, je t'ai gänggelet en attendant quelques Bäbä, connu que c'est beaucoup beaucoup moins cher que celle de Berlin et au fond bien plus joli. J'y retournerai encore pour acheter un objet pour Papa et Maman.

Lundi je vais à Leipzig, mais je reviens encore à Dresde.

Prague
Chère E. Ce matin j'ai reçu la lettre de Papa, dont je le fais beaucoup remercier ! Je pars donc demain pour Nürnberg et de là lundi pour Mainz. J'ai acheté quelques objets en verre, c'est très joli et aussi très cher ! Je t'ai encore acheté quelques bäbä dans un petit Lädeli russe qui a de très drôles de choses à bon marché. Dis à Papa que j'avais très peu dessiné. Prague est trop grand et la température n'est pas assez belle. Donc adieu salue tous. Ton frère Louis.

Studienhalber schien Louis nicht unterwegs zu sein – denn er vermerkte nirgends, dass er eine Universität besucht hätte. Seine einzigen Ambitionen schienen künstlerischer Art zu sein: Er wollte zeichnen und malen. Aus Neuenburg schrieb er denn auch 1897, er nehme Malstunden, die aber sehr teuer seien. «Je prendrai des leçons de peintre, mais elles sont affreusement chères, 10 Frs par matin!» So nehme er nur einmal in der Woche teil.

In seinen ersten Wanderjahren zeichnete Louis immer wieder, mit mehr oder weniger Erfolg. In einer Karte – auf Deutsch – direkt an seinen Vater Ludwig von Tscharner schien er sich fast etwas zu entschuldigen:

11. 7. 1897
Heidelberg
Lieber Papa
Ich bin also jetzt in Heidelberg. Wir haben den Rhein bei Seite gelassen, da das Wetter nicht besonders schön war. [...] Diesen Morgen waren wir auf dem Schloss, das sehr schön ist; ich habe ein wenig gezeichnet, es war aber sehr compliziert. Ich werde jedenfalls noch telegraphieren oder schreiben wann ich komme. Ich lasse Mama grüssen und verbleibe Dein Louis.

Louis erklärte auch Elisabeth, dass das Zeichnen oft sehr schwierig sei:

Danzig est maintenant très joli, cet après-midi j'ai fait une longue promenande et suis resté au port et à la Weichsel. Je suis au fond tout près de la Rhume, aussi on la remarque. J'ai fait un très «Küchu» dessin de l'intérieur de l'Artes tout ça passablement. Jeudi soir réussi.

Aus Marienburg bilanzierte er: «Je n'ai pas beaucoup dessiné ici, il y a trop, on ne sait pas que choisir.» Bei den späteren Reisen nach der Jahrhundertwende erwähnte er seine Zeichnungen immer seltener.

Konnte Elisabeth ihren Bruder wohl verstehen? Wäre sie gereist, sie hätte wohl überall ihren Skizzierblock dabeigehabt. Elisabeth versuchte in Bern einige Gebäude anhand der Postkarten nachzuzeichnen, bei Abbildungen von Gemälden studierte sie die Malweise des Künstlers mit ihrer Lupe, die sie auch brauchte, um die Karten zu entziffern. Sie schickte Louis aber keine Zeichnungen, sondern Fotografien. Immer wieder bedankt sich Louis dafür: «La photographie est très bien réussie. Pour changer de sujet, je viens!» Um 1900 besass Elisabeth von Tscharner demnach einen Fotoapparat. Dass sie malte, war mir bekannt. Dass sie aber auch fotografierte, erstaunt mich sehr. Denn in ihren späteren Briefen hat sie nie etwas davon erwähnt. Nach ihrer Heirat sistierte sie die Malerei, wann beendete Elisabeth wohl das Fotografieren?

Während sich Louis am Anfang fast in jeder Karte für einen Brief von Elisabeth bedankt hatte, forderte er sie mit den Jahren häufiger auf, ihm doch zu schreiben. 1903 mahnte er sie:

> *Je t'envoye cette carte, puisque Papa m'écrit de l'envoyer ?!?! Je ne comprends plus rien ! Tu as pourtant reçu ma lettre ? Dis à Papa que je le remercie beaucoup de ça et qu'avec les 48 lettres MK de juin logement il y avait une erreur ce n'était que 42 MF 33 d'avant pour le mois de novembre, le reste pour octobre et le pétrole, etc. J'ai dernièrement voulu aller au théâtre, j'ai vu Carmen, c'était très beau. Maintenant je t'ai assez écrit car toi tu me dois ma lettre. Salue tout le monde de Louis.*

1904 wird er noch klarer:

> *Chère E. Une carte de Windsor, où nous sommes venus aujourd'hui malgré un épouvantable vent. Je fais remercier Maman de sa lettre et je compte écrire à Papa ce soir ou demain. Ecris-moi aussi une fois !*

Es schien sich etwas verändert zu haben in der Beziehung zwischen Elisabeth und Louis. Wurde Elisabeth vielleicht müde, ihrem Bruder auf seinen Reisen immerzu von ihrem Leben zu Hause zu erzählen? Vielleicht war aber auch die untersagte Heirat der Grund für die Distanz. Erwähnt oder auch nur angedeutet hatte Louis kein solches Ereignis. Zumindest er schien diese Jahre ohne Bruch oder Wende erlebt zu haben, Louis war mit sich und seinen Reisen beschäftigt. Selten erkundigte er sich nach dem Befinden seiner Schwester, kaum je nahm er inhaltlich Bezug auf ihre Zuschriften. Die wenigen Male datieren alle vor 1902: 1898 beispielsweise empfahl Louis eine Kunstausstellung in Zürich, die Elisabeth gemeinsam mit ihrem Vater besuchen sollte. Die Karte war adressiert ans Châlet Kaaba im Weissenbühl:

Chère Elisabeth. Je t'envoye là une carte pour que vous soyez tranquillisés sur mon arrivée à Zurich. J'ai été ce matin et cet après-midi au musée il est superbe il te faut essayer de persuader Papa d'aller une fois le voir avec vous, il y a une masse de chambres l'une plus jolie que l'autre. Adieu Louis

1899 wandte sich Louis fast schwärmerisch an Elisabeth im Mettlen-Gut bei Muri, dem «Versaille von Bern», wie es auch genannt wurde. Dieses war im Besitz von Reinhard Hieronymus von Wattenwyl, einem Verwandten der Mutter. Dort schien es Elisabeth sehr gefallen zu haben, wie der Karte ihres Bruders zu entnehmen ist, der sie dort auch einige Tage besuchen wollte:

Chère E. Merci beaucoup pour ta lettre que j'ai reçue hier soir, elle m'a naturellement beaucoup interessé. Je me réjouis beaucoup de venir à la Mettlen quoi que ce ne sera que pour quelque jours ! Adieu, salue tous, amuse-toi bien dans les entourages agrestes et poétiques de la Mettlen. Louis

Die Mettlen musste in einer wunderschönen und inspirierenden Umgebung liegen! Aus Berlin begleitete Louis seine Schwester in Gedanken an Bälle, die sie in der Jahrhundertwende besuchte: «Je t'ecrirai une autre fois plus. Amuses-toi bien à tes bals [...] Adieu ton frère Louis»

Nach 1901 erwähnte Louis keine Bälle oder Ausflüge seiner Schwester mehr.

Eine Karte unterschied sich von den anderen. Louis kündete aus Frutigen den Tod der «Grandmaman» an, der Grossmutter mütterlicherseits.

16.12.1901
Chère Elisabeth
Je t'envoye seulement vite cette carte pour te dire que j'ai reçu cette après-midi la dépêche de la mort de Grandmaman. Je crois au fond que c'est bon que ce soit allé comme ça. Je n'essaye pas de demander d'aller à l'enterrement, ça n'irait quand-même pas ? Je suis bien arrivé jusqu'ici, le temps est bon. Une autre fois plus. Salue Papa et Maman de ma part. Ton frère Louis

Aus welchem Grund Louis nicht an die Beerdigung gehen konnte, kann ich mir nicht erklären. Er war in der Schweiz, in der Nähe von Bern. Wen hätte er fragen müssen, ob er gehen dürfe? Seine Verwandten? Oder war er im Militärdienst? Nach den Zeilen von Louis zu urteilen, schien auch Elisabeth nicht an der Beerdigung teilzunehmen. Die Ursache dieser Absenz wurde nirgends ersichtlich und kann ich nicht nachvollziehen.

Elisabeth war für Louis die wichtigste Bezugsperson der Familie. Der Kontakt zu ihr brach kaum mehrere Tage hintereinander ab. Sie war über seine Agenda informiert, sie übernahm die Koordination mit den Eltern; wenn ihm etwas fehlte, so spedierte sie das Gesuchte. Wenn es Konfusionen um Einladungen gab, wenn etwa eine Einladung oder Absage zu spät bei Louis eintraf, räumte Elisabeth die Missverständnisse aus und schrieb Entschuldigungen. Elisabeth erledigte aus der Ferne alles Nötige für Louis. Seine Rolle als älterer Bruder unterstrich er mit seinem Schlusswort: «ton frère Louis». Diese Unterschrift war verpflichtend – sie betonte, dass seine Karten und Anliegen besondere Priorität hatten.

Louis war auf Elisabeth angewiesen. Welche Bedeutung aber hatte der ältere Bruder für Elisabeth? Benannte sie gar ihre Tochter nach ihm? Ihre Louise? Getauft war Louis als Ludwig Samuel, doch Louis setzte sich als Rufname durch, auch, um die Verwechslung mit dem Vater zu verhindern. Den Namen ihrer Tochter könnte Elisabeth somit als Hommage an ihren Bruder gewählt haben. Ebenso plausibel ist es, dass sie ihren zweiten Vornamen zum Namen ihres Kindes machte, war ihr zweiter Taufname doch Louise. Nicht vergessen werden darf bei diesen Überlegungen «Tante Louise», die Elisabeth nahestand. Vielleicht war es die schöne Verbindung aller drei Gründe, die Elisabeth diesen Namen wählen liess?

Unterstützte Louis seine Schwester im gleichen Masse wie sie ihn? Etwa, als sie den Mann, den sie liebte, nicht heiraten durfte?

Ich durchsuche alle Karten nach dem Zeitpunkt dieser Tragödie. Ich finde eine grosse Lücke im Jahr 1902. Louis bereiste in dieser Zeit Frankreich, schickte aber nur zwei Karten an Elisabeth. Darin schwärmte er vom Louvre und seiner immensen Kunstsammlung. Gerade Paris, gerade der Louvre hätte Elisabeth sicher besonders fasziniert. Warum gibt es nicht mehr Zeugnisse von dieser Reise? Hatte sich Louis nicht öfter gemeldet oder hatte Elisabeth die Karten nicht aufbewahrt? Verfasste Louis in dieser Zeit Briefe statt Karten? Er kündete öfters an, den Karten folge später auch noch ein Brief. Diese sind im Karton nicht enthalten. Warf Elisabeth sie weg? Besprachen die Geschwister in den für fremde Augen verschlossenen Briefen die Angelegenheiten, die sie bewegten? Hatte Elisabeth die Karten nur der Bildsujets wegen aufgehoben, weil sie ihr wichtiger waren als die geschriebenen Inhalte? Viele Fragen, auf die ich keine Antwort finde. Ein intensiver persönlicher Briefverkehr hätte wohl auch in den Karten Spuren hinterlassen. Doch diese sind kein Austausch zwischen Verbündeten. Sie erzählen von Ereignissen, von Handlungen, verraten weder Gefühle noch Befindlichkeiten. Diese schienen nicht der Rede wert – oder hatten grundsätzlich gut zu sein.

Die untersagte Heirat findet sich nicht ansatzweise auf den Karten. Stand Louis gar auf der Seite der Eltern und schwieg deshalb? Die Postkarten vor 1902 und ab 1903 ähnelten sich in Form und Inhalt. Für Louis veränderte sich nichts in der Beziehung zu seiner

Schwester – was auch immer Elisabeth widerfahren war. Sie blieb unentbehrlich für ihn und seinen Alltag.

Elisabeth unternahm kürzere Reisen, Louis erteilte ihr Ratschläge zur Städtereise nach Florenz und Siena – aber das jahrelange Reisen war ihrem Bruder vorbehalten. Elisabeth zehrte von den Ansichtskarten: Sie erlebte die Länder und Reisen durch die Augen und die spärlichen Schilderungen ihres Bruders und anhand der Bilder auf den Postkarten. Die Lücken füllte sie mit ihrer Fantasie in einsamen Stunden zu Hause. Sie reicherte ihr Leben mit dem Erlebten anderer an. So, wie sie es auch später immer wieder machte. Sie konnte in den Erzählungen ihrer Freundinnen und Bekannten mitreisen und an ihren Erfahrungen teilhaben. Elisabeth suchte, was sie selbst nicht erreichen konnte, in ihrem Umfeld, um einen Hauch des Abenteuers oder Glücks zu erhaschen.

Beim Lesen der Karten verliere ich ganz aus den Augen, dass mein Interesse dem Beginn der Beziehung zwischen Fritz de Meuron und Elisabeth gegolten hatte. Die Ausbeute ist recht mager, aber aufschlussreich. Louis ist der Schlüssel zu Fritz.

1904 taucht in einer Karte von Louis an Elisabeth Fritz de Meuron auf – der Mann, den Elisabeth nur ein Jahr später heiraten würde. Aus London schrieb Louis am 12. Mai: «En même temps que ça lettre de Papa j'ai aussi reçu une carte de Fritz Meuron qui s'est enfin décidé pour Rome.»

Erst jetzt fällt mir auf, dass nirgends der Taufname Frédéric, sondern immer nur die deutsche Kurzform Fritz Verwendung findet, selbst in der Konversation auf Französisch. Ich frage mich, ob allenfalls Fritz der unbekannte Begleiter von Louis auf seinen zahlreichen Reisen gewesen war. Fest steht, Louis war mit Fritz in Verbindung. Ich ordne anhand der Ansichtskarten die Reiseziele nach Daten. Bis Ende März war Louis in Italien unterwegs und kehrte im Herbst dorthin zurück. Waren Louis und Fritz allenfalls nur ein Stück getrennte Wege gegangen? Ich finde eine Karte, die mit «F. de M.» unterschrieben ist:

Nice, Avenue Félix Fauvre,
Mademoiselle E. de Tscharner, Münsterplatz, Berne, Suisse
21. April 1903 L. E. Vielen Dank für Ihren heutigen Brief. Seit vorgestern sind wir in Nizza wo es uns sehr gut gefällt. Aber abends ist es immer sehr kalt. Fahren wahrscheinlich am Donnerstag nach Cannes. Viele Grüsse an die Ihrigen von F. de M.

Meine Vermutung bewahrheitet sich: Fritz und Louis waren gemeinsam auf Reisen – denn auch Louis weilte im Frühling 1903 in Nizza. So verliess sich Elisabeth auf ihren Bruder und wählte dessen Reisebegleiter zum Ehemann. Umgekehrt lernte Louis seine spätere Ehefrau ebenfalls als Freundin seiner Schwester kennen. Elisabeth und Louis entschieden sich beide, die jeweils beste Freundin oder den besten Freund des Geschwisters zu heiraten. In der Hoffnung, sich auf die guten Erfahrungen des anderen verlassen zu können. Die Ehen verliefen bei beiden Paaren glücklos.

Beim Lesen der alten Postsendungen wird mir allmählich klar, wie Elisabeth und Fritz zusammenfanden, wohl ohne grosse Liebe. Fritz gehörte als Reisegefährte ihres Bruders bereits zur Familie, lange bevor jemand eine Verbindung zwischen Elisabeth und dem acht Jahre älteren Freund des Bruders in Erwägung zog. Fritz unterschrieb keine der unzähligen Grusskarten von Louis an seine Schwester mit. Erst ein gutes Jahr vor der Hochzeit sandte auch Fritz de Meuron eine sehr förmliche Karte an Elisabeth. Er schien sich nicht um die Gunst oder gar um die Liebe von Elisabeth bemüht zu haben. Die untersagte Heirat mit einer anderen zu ersetzen, schien Elisabeth die beste Strategie, um aus der Enttäuschung herauszufinden. Um weiteren Verletzungen durch unglückliche Liebesbeziehungen vorzubeugen, schien die Wahl ein gutes Mittel: Die Freundschaft von Louis und Fritz schienen ihr Garant für eine eigenständige, wenn auch unaufgeregte Zukunft mit eigener Familie. Die Frage, wie die Beziehung zwischen Elisabeth und Fritz de Meuron ihren Anfang nahm, ist nun geklärt. Geben die Karten noch andere Geheimnisse ihrer Jugend preis? Für den Moment lege ich sie zurück in den Karton und stelle diesen zurück in das Regal.

Es ist lange her, seit ich mich in Amsoldingen von Erich und Alfred Hirschi verabschiedet habe. Während ich dieses Kapitel verfasse, suche ich die Adresse von Erich Hirschi heraus. Denn ich werde allen Beteiligten eine Rohfassung des Textes zur Durchsicht schicken. Meine Gesprächspartner geben viel von sich Preis, erzählen über ihre Beziehung zu Elisabeth de Meuron, aber auch aus ihrer eigenen Biografie. Um diese Offenheit zu erreichen, erläutere ich jeweils meine Arbeitsweise: Ich zeichne keine Gespräche auf, sondern notiere das Wichtigste. Zu Hause schreibe ich daraus einen ersten Text. Damit eine Erzählung entsteht, versetze ich mich in die Personen, um mit deren Augen und Ohren die mir geschilderten Momente zu durchleben und mitzufühlen. Was ich niederschreibe, ist also ein Produkt meines Wissens, angereichert mit Fantasie und Assoziation. Für den Fall, dass Fakten und Fiktion durcheinandergeraten sind, ich falsch interpretiert habe, ist mir das Gegenlesen der Gesprächspartnerinnen und -partner wichtig.

Bei der Suche nach Erich Hirschi in Amsoldingen lande ich nicht bei «search.ch», sondern finde eine Todesanzeige: Erich Hirschi ist am 3. April 2019 gestorben. «Menschenleben sind wie Blätter, die lautlos fallen. Man kann sie nicht aufhalten auf ihrem Weg. All unsere Liebe mag sie nicht halten», lese ich auf der Todesanzeige über dem Bild des lachenden Erich Hirschis.

Nach langer, schwärer Chrankheit isch dr Erich im 84. Läbesjahr ganz lisli i de Arme vo sire Rosemarie friedlich igschlafe. Sis güetige, liebevolle Wäse, üser interessante Gspräch mit ihm u sini Verlässlechkeit wärde üs für immer fähle. Erich mir vermisse di.

Erich Hirschi hat erzählt, dass er den Herzfehler des Vaters geerbt habe. Er und sein Bruder Alfred seien beide am Herzen operiert worden. Professor Thierry Carrell meinte aus Spass, er habe schier eine Winde gebraucht, um Erichs Brustkorb zu öffnen, so muskulös war dieser – vom Käsen und vom Hockey-Spielen.

Das Buch ist nun für ihn zu spät fertig geworden, was ich sehr bedaure.

Walter Grimmer mit Cello
Foto: Thomas Moll

Schlimmer Grimmer – das Herz touchiert
(Walter Grimmer, Thomas Moll)

Madame Elizabeth de Meuron — *blaublütige Schlossherrin*
von Rümligen und Amsoldingen

und

Walter Grimmer — *deutscher Minnesänger*
und Musikus
(ohne Rasse)

haben beide ihr Herz aneinander verloren – nicht in Heidelberg, sondern in der Herrengasse in BERN!

VIEL GLÜCK

Darum sei sowohl der Schlossherrin als auch ihrem geliebten Musikus das folgende Gedichtchen gewidmet:

Die Schlossfrau und der Musikus

Grimmer, Grimmer jetzt und immer
wirst du stets mein Herz betören
mich becircen, mich entzücken
und mir immerfort gehören.

Grimmer, ja, nur dir allein
Treu, gelobe ich für immer
schliess' dich in mein Herz hinein
Grimmer, Schlimmer, heut' und immer.

Und wenn du fern mir bist, oh Grimmer
dann ist es um mein Glück geschehn'
und Ruhe finde ich dann nimmer
oh Grimmer, lieber schlimmer Grimmer.

Drum komm' aufs Schloss, oh Grimmer, Schlimmer
du bist willkommen Nacht und Tag
zu jeder Stunde – heut und immer
du weisst es ja, dass ich dich mag!

- – - – - – - – - – - – - – - – - – - -

Königliche Romanze

Am Hofe IHRER MAJESTÄT

Königin Elizabeth I. von HOHRÄTHIEN

Die Schlossfrau und der Musikus
(Teil 2)

Sie hat ihr Herz im lieben BERN verloren
in einer lauen Sommernacht
sie ist verliebt bis über beide Ohren
in Grimmers graue Lockenpracht

Sie sagt, sie wäre krank gewesen
das ist vorbei, vergessen heut'
die Liebe liess sie rasch genesen
schaut, wie sich copain GRIMMER freut!

Der Landarzt lächelt still verlegen
zum Schlossfrau-Wonnemonat-Mai

hier hat er gar nichts mehr zu reden
verlässt das Schloss gleich eins-zwei-drei!

Die beiden sind nun ganz allein
im Märchenschloss – lass sie in Ruh!
die Burg liegt still im Mondenschein ...
und lautlos geht der Vorhang zu!! ....

Mit zittriger, alter Schrift steht auf der Kopie:

Zur Kenntnis nehmen, aber ich glaube die Pflicht zu haben es zu vernichten. Es ist lustig und zugleich unangenehm EvM.

1976 erhielt der Berner Cellist Walter Grimmer diese maschinengeschriebenen Blätter – versehen mit diesem kurzen Vermerk. Madame de Meuron hatte sie anonym erhalten. Natürlich ahnte Grimmer, wer diese Verse gereimt hatte: Gottfried Hess, «Lehrer, Heimatkundler und Wörtersammler», wie es im «Literapedia Bern» heisst, der sich auch als Dichter betätigte, war Mieter in einer der Wohnungen von Madame de Meuron in der Berner Altstadt. Sie hatte sich für einen Verleger seiner Gedichte eingesetzt, leider erfolglos. Aus den Zeilen sprach Eifersucht auf Walter Grimmer, ebenfalls Mieter von Elisabeth de Meuron. Madame vernichtete die Blätter, Walter Grimmer nicht.

Noch heute amüsiert er sich über dieses kleine «Theäterli» – ich bin sehr erstaunt über diese eindeutigen Zeilen, ebenso über Madame de Meurons Kommentar. «Lustig und zugleich unangenehm.» Sie ist nicht empört oder verletzt, sie empfindet es weder als Frechheit, noch widerspricht sie. Schmeichelt ihr der angedichtete Liebhaber gar etwas? Gespannt warte ich auf die Geschichte, die zu diesen Zeilen geführt hat – denn ich frage mich, wie berechtigt sie waren. Ich überschlage rasch das Alter von Madame und Grim-

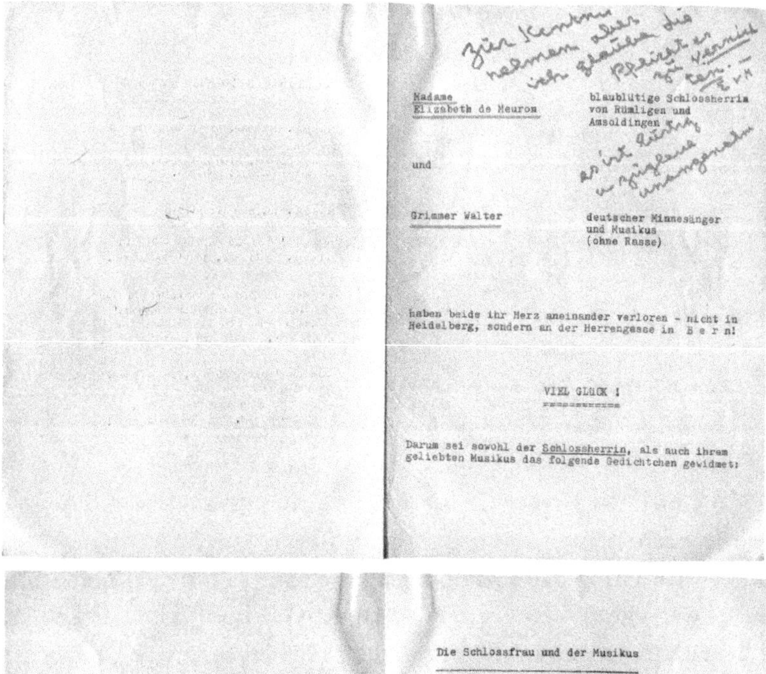

Madame
Elizabeth de Meuron

blaublütige Schlossherrin
von Rümligen und
Amsoldingen

und

Grimmer Walter

deutscher Minnesänger
und Musikus
(ohne Rasse)

haben beide ihr Herz aneinander verloren – nicht in Heidelberg, sondern an der Herrengasse in B e r n!

VIEL GLÜCK !

Darum sei sowohl der Schlossherrin, als auch ihrem geliebten Musikus das folgende Gedichtchen gewidmet:

Die Schlossfrau und der Musikus

Grimmer, Grimmer, jetzt und immer
wirst du stets mein Herz betören
mich becircen, mich entzücken
und mir immerfort gehören.

Grimmer, ja, nur dir allein
Treu' gelobe ich für immer
schliess' dich in mein Herz hinein
Grimmer, Schlimmer, heut' und immer.

Und wenn du fern mir bist, oh Grimmer
dann ist es um mein Glück geschehn'
und Ruhe finde ich dann nimmer
oh Grimmer, lieber schlimmer Grimmer.

Drum komm' aufs Schloss, Oh Grimmer, Schlimmer
du bist willkommen Nacht und Tag
zu jeder Stunde – heut und immer
du weisst es ja, dass ich dich mag !

Kopie des Theaterstückleins mit Madame de Meuron und Walter Grimmer
Foto: zvg

mer – sie ist etwas über neunzig Jahre alt, er noch keine vierzig. Und doch eine Art Liebesgeschichte?

Nach den Visiten im ländlichen Amsoldingen führt die Reise nun nach Bern. Zur Stätte von Kunst und Kultur, in die Heimatstadt Elisabeths mit den Erinnerungen ihrer Kindheit und ihrer Jugend. Ein Lieblingsort von Madame de Meuron, das Casino der Burgergemeinde Bern, war für ihren Vater Ludwig von Tscharner fast wie ein drittes Kind. Er hatte die Planung und den Bau in der Kulturkommission der Burgergemeinde begleitet und Elisabeth vom Konzertsaal vorgeschwärmt. Am Brückenkopf ins Kirchenfeld sollte dieser alles übertreffen, was bisher gebaut wurde. Gestalt nahm nach der Jahrhundertwende auch das neue Stadttheater an, dessen Bühne aber vor allem dem Theater dienen sollte. Das alte Casino in Bern hatte dem Bundeshaus weichen müssen, für ein neues fehlte der Einwohnergemeinde das Geld. So verpflichtete sich die Burgergemeinde, ein Konzert- und Gesellschaftshaus aus eigenen Mitteln zu finanzieren.

Ludwig von Tscharner schilderte Elisabeth in blumigen Worten das Restaurant mit der geplanten Terrasse mit Ausblick von der Aare bis in die Alpen. Er zeigte Elisabeth stolz die Baupläne, die er auf seinem grossen dunklen Schreibtisch ausbreitete.

Die Eröffnung des Casinos fand am 27. April 1909 statt, rund einen Monat nach der Geburt von Elisabeths Sohn Roger am 13. März. Der Vater präsentierte die Einladungskarte des Casinos zur Eröffnung ebenso stolz wie die Geburtsanzeige seines Enkels. Dass beides fast zusammenfiel, sah er als glückliche Fügung.

Das Festmenü zur Eröffnung liess denn auch nichts zu wünschen übrig: Elisabeth hatte die Speisekarte ihres Vaters sorgfältig aufbewahrt: «Hors d'oeuvre variés, Mock turtle soup (unechte Schildkrötensuppe aus Kalb- und Rindfleisch), Truite du lac, sauce génoise, Pommes de terre, Filet de boeuf à la renaissance, Gâlantine de volaille en belle vue, Asperges en branches sauce mousseline, Salade, Bombe fédérale glacée, Gâteau Victoria, Desserts, Fruits.» Dazu eine Auswahl erlesener Weine: «Chablis 1904, Château de Luins 1906, Dôle de valais 1906, Santenay 1900, Champagne Bouvier.»

Im Casino begleiteten sie die Erinnerung an ihren Vater, es war ein Stück Heimat für Elisabeth de Meuron. Sie verabredete sich dort mit Freundinnen, besuchte klassische Konzerte und liess sich von der Musik entführen. Dort begegnete sie auch dem Cellisten Walter Grimmer.

Peter Heering, Liqueur de cerises

An einem Frühlingstag treffe ich Walter Grimmer und Thomas Moll vor dem Tor mit dem jüngsten Gericht des Berner Münsters. Grimmer hat eine Flasche Kirschlikör der Marke Peter Heering in einem Korb mit Gläsern dabei. Mit diesem Geschenk von Madame de Meuron, das er bis heute, über vierzig Jahre lang, aufbewahrt hat, stossen wir auf sie an. Der Klassiker unter den Kirschlikören – Peter Heering, Liqueur de cerises wird entkorkt und nach einem Prost andächtig getrunken. Wie es zu diesem Treffen kam? Es begann mit einem Mail:

Ich war, als Cellist des Berner Streichquartettes und als Lehrer der Berufsschule am Konservatorium Bern, ihr Mieter an der Herrengasse 4 in den Siebzigerjahren. Ich bewohnte das oberste Stockwerk. Im Parterre war ursprünglich der Teppichhändler Müller einquartiert. Nach seinem Wegzug war das Parterre in einen musikalischen Workshop verwandelt worden. Wir veranstalteten ab und zu Salonkonzerte dort, Uraufführungen von namhaften Komponisten haben dort stattgefunden.

Als Dank für eine grosszügige Geste, von der ich vielleicht mal erzählen werde, spielte ich mit dem Quartett meiner Hausherrin, in Begleitung von Sybille von Stockar, ein Schubertquartett vor, das sie am Schluss ganz wunderbar kommentiert hat. Doch das war an der

Junkerngasse 5 im Parterre-Studio, das direkten Zugang zu den «hängenden Gärten» Berns hatte.

Das, pars pro toto, zu meiner Beziehung zu der unvergesslichen Frau.

Vielleicht kommt in Ihrem Buch, das mich formal übrigens fasziniert hat, das wie durch ein Schuppengeflecht den Leser immer näher an die Person führt, die Beziehung zur klassischen Musik zu kurz. Dass auf dem Klavier in Rümligen nur Militärmärsche lagen, das ist höchstens anekdotisch zu verstehen, denn es mag den besuchenden Herren Offizieren Genugtuung gebracht haben.

Dass ich aber in meiner Zeit als Solocellist des Symphonieorchesters Mme. de Meuron mehrfach im Konzertsaal erblickt habe, das mag erstaunen. Ihre Hör-Konzentration während der 40 Minuten Schubert war beindruckend.

Ihre Sympathie mit dem Pianisten und Komponisten Jürg Wyttenbach, den sie im Gartenhaus des Vertmont während langer Jahre einquartiert hatte, und der ihr ab und zu vorspielte, ist leider auch ausgeklammert.

Vielleicht gibt all dies und mehr genug Material für eine Ergänzung in der nächsten Auflage...

So verabredeten wir uns vor dem Münster mit dem Kirschlikör.

Der Tag ist sonnig, es weht eine frische Bise, wir beginnen zu frösteln und entschliessen uns, das Gespräch drinnen weiterzuführen. Grimmer schlägt das Restaurant im Casino vor, sein ehemaliges Konzertlokal. Es gibt keinen passenderen Ort! Walter Grimmer wohnt heute in Südfrankreich, in der Nähe von Avignon. Bevor er die Schweiz verliess, hatte er lange in Zürich gelebt. Bern ist weit weg, Madame de Meuron noch weiter.

Walter Grimmer schleicht sich unbemerkt in den Konzertsaal des Casinos, statt in die Eingangshalle zum Restaurant einzubiegen. Die Erinnerungen kehren zurück. Hier spielte er als Orchestermitglied sechs Jahre lang – bis zur Neugründung des Berner Streichquartetts.

Thomas Moll und Walter Grimmer mit dem Kirschlikör von Madame de Meuron vor dem Münsterportal in Bern
Foto: Karoline Arn, 2015

Ab und zu bemerkte er die auffällige Elisabeth de Meuron in den Zuschauerrängen. Dieses Gefühl ist zurück: Er stellt sich vor, dass Elisabeth de Meuron jeden Moment durch die Gassen kommen könnte, so präsent ist sie ihm hier in Bern.

Als Kammermusiker lernte Grimmer sehr bald den Pianisten Jürg Wyttenbach kennen, ein schon längst «Auserwählter», ein Mieter von Madame de Meuron im Vertmont. Das war Ansporn für Grimmer, sich ebenfalls in die Reihe der Anwärter auf eine der begehrten Wohnungen zu stellen. «Ich kann nur dort wohnen, wo geboren und gestorben wurde, nicht in sterilen Neubauten.» Zu seinem Erstaunen stellte ihm Madame de Meuron sofort eine Wohnung an der Herrengasse 4 zur Verfügung. Das Orientteppichlager von Müller wurde aufgelöst, Grimmer erstand einen riesigen Wandteppich von Aubusson für sein Musikzimmer im obersten Geschoss. Er staunte über die Offenheit der Vermieterin und ihr Gespür für die Mieter. Roger de Diesbach, diskreter, aber gesellschaftskritischer Journalist bei «Le Matin» und Chefredaktor der «Liberté» bewohnte an der Herrengasse 4 die «bel étage» mit Frau und Katze. Nachmieter von Grimmer war der Cembalist Marc Philippe Meystre. Im Salon im Erdgeschoss fanden unzählige Konzerte statt, auch die Uraufführung des «Senfkorns» des Berner Komponisten Klaus Huber.

Elisabeth de Meuron faszinierten ansprechende Menschen. Walter Grimmer besass alles, was für Madame zählte. Er gefiel ihr, mit seiner stattlichen Grösse und dem wirbligen Lockenkopf. Dieser erinnerte sie an ihren Sohn Roger. Spielte Grimmer auf seinem Cello, fesselten sie vor allem seine Hände: «Grimmer, Euri Händ, Euri Händ», rief sie ein ums andere Mal aus. In wilder Kletterei erklommen sie den Hals des Instrumentes, um wieder ruckartig abzustürzen. Dazu schwang der Arm den Bogen über die Saiten, mal wie die stürmische See, mal wie eine feine Brise. Ein Mensch, im Bann der Musik, des Klangs, des Rhythmus', eins mit der Melodie – wie viel hätte sie gegeben, einige Minuten in dieser Trance zu schweben! Stand später das Instrument mit gewachsten Saiten in feines Stoff-

Schlafzimmer an der Herrengasse 4
Foto: zvg

Walter Grimmer und Thomas Moll
Foto: zvg

futter gehüllt im Koffer, berührten Grimmers Stimme und erlesene Worte Elisabeth de Meurons Innerstes. Vielleicht öffnete die Musik einen Zugang zu höheren Welten, nach denen Elisabeth de Meuron suchte. Sie fühlte sich geborgen, wenn sie mit Grimmer sprach oder ihm beim Musizieren zuhörte. Vielleicht lag es auch an Grimmers besonderer Biografie – ein Leben, das man nicht so schnell vergass, gehörte für Elisabeth de Meuron zu einem fesselnden Menschen.

Sie unterbreitete Grimmer, kaum war er an der Herrengasse eingezogen, einen Vorschlag: «Grimmer, d'Ihr sid so blass, d'Ihr müesst grüeni Blettli gseh!», und liess ihn während des Sommers ein ebenerdiges Studio an der Junkerngasse 5 bewohnen, mit Blick auf die hängenden Gärten am Aarebord. 1976 zog Grimmer dort ein. Ein traumhaftes Logis für einen Cellisten.

Im Herbst gab er seiner Gönnerin ein Privatkonzert mit dem Berner Streichquartett: Sie spielten Schuberts «Der Tod und das Mädchen». Es waren nur Elisabeth de Meuron, ihre Enkelin Sibylle von Stockar und Thomas Moll als Zuhörer geladen. Madame sass die vierzig Minuten schweigend da und konzentrierte sich auf die Musik, auch wenn es mit ihrer Hörschwäche wohl schwierig war, diese zu erfassen. Auch das Hörrohr half in diesem Fall nicht, das verstärkte nur menschliche Stimmen. Die Leckereien der Konditorei Tschirren und den Tee rührte sie nicht an.

Am Schluss klatschte Madame lange, wirkte erfreut und entzückt und marschierte auf den Cellisten zu: «Grimmer, es ist einfach merkwürdig, was man so aus vier Därmen herausholen kann.» Das war Madames einziger Kommentar, und noch nie vorher und auch nie nachher hat Grimmer eine auch nur annähernd so überraschende Rückmeldung zu seiner Musik erhalten. Es entsprach aber der Wahrheit, ihrer Wahrnehmung. Hätte sie gesagt, es sei schön gewesen, hätte sie gelogen, da Grimmer wusste, dass sie die Musik nicht richtig hören konnte. Hätte sie gesagt, sie sei beeindruckt, wäre ihr das eventuell zu viel Schmeichelei gewesen. Aber während des Spiels waren ihre Blicke immer wieder zu den Saiten des Cellos gewandert, deren Schwingungen man schier mit blossem Auge zu erkennen glaubte. Deswegen passte die Bemerkung perfekt.

Mit dem Konzert wäre beinahe die zarte Freundschaft zwischen Grimmer und Madame de Meuron abrupt zu Ende gegangen. Thomas Moll fuhr Madame mit seinem alten Peugeot nach Rümligen zurück. Dass er keinen Führerschein besass, war Madame entgangen, nicht aber die Cordhose und -jacke, die langen Haare und dass er barfuss ging! Am nächsten Tag schrieb sie Grimmer einen langen Brief – nicht zum Konzert, sondern voller despektierlicher Bemerkungen über seinen Freund.

Dieser Brief ist der einzige, den mir Walter Grimmer nicht zeigen will – er sei richtig unflätig. «Nie hast du mir erzählt, wie schwerwiegend und tiefgreifend ihre Reaktion war», wirft nun Thomas Moll ein. Der «Erfinder», der aus weggeworfenen Gegenständen neue kreiert, hat den Brief ebenfalls nie zu Gesicht bekommen und wird ihn auch künftig nicht sehen. Madame kannte Moll von einem früheren Besuch in Rümligen her, sie war bettlägrig gewesen und hatte wohl nicht auf Molls Füsse ohne Schuhe geachtet. Sie schickte Grimmer und Moll damals in eine Remise mit einem Wurf junger Barsoi. «Ich sehe noch heute diese faszinierende Meute vor mir, ihre intelligenten, fast durchtriebenen Blicke und die stete Aufmerksamkeit – und ich bin wirklich kein grosser Hundefan», bemerkt Thomas Moll lächelnd. Im Ostring, nahe des Guts Vertmont aufgewachsen, hatte er schon als Kind Bekanntschaft mit Madame de Meuron gemacht – auch da als Übeltäter. Im Pförtnerhaus des Vertmonts wohnte ein «Kauz», wie die Kinder ihn damals nannten, dem sie Streiche spielten. Sie lehnten schwere Fussgitter gegen die Haustür, klingelten und rannten weg, bis sie hinter den nächsten Büschen das Donnern der Gitter beim Öffnen der Tür hörten. Dieses Spiel nahm ein jähes Ende, als der Mann ihnen vor dem Haus auflauerte. Der Schrecken der Kinder war riesig, handelte es sich doch um Jürg Wyttenbach, den Sohn ihres äusserst strengen Lehrers! Doch Wyttenbach verriet die Kinder nicht, sondern lud sie regelmässig zu Tee und Keksen ein. «Da wusste ich natürlich nicht, dass ich Jürg später erneut treffen sollte, als Freund von Walter Grimmer, der Wyttenbachs Musik aufführte.»

Die Kinder vereinnahmten auch den Park des meist leerstehenden Vertmont-Guts als Revier, sie spielten in der Nähe des Gebäudes und drangen einmal sogar ins Haus ein. Im Winter schlitterten sie mit Anlauf über den kleinen gefrorenen Teich, bis sie von Madame gestoppt wurden. Es gab Schelte, doch Thomas Moll kann sich nicht vorstellen, dass sie ihn später als den damals 10-jährigen Jungen wiedererkannte.

Grimmer ist überzeugt, dass Madame de Meuron aus Eifersucht auf Thomas Moll in Rage geriet. Andere Freunde und Freundinnen ihrer Vertrauten konnte sie schlecht neben sich ertragen. Sie drohte, Walter Grimmer umgehend die Wohnung zu künden. Doch alles kam anders, Grimmer konnte bis zum Tod von Elisabeth de Meuron 1980 an der Junkerngasse bleiben.

Was ich bis da gehört habe, erklärt nicht ausreichend, weswegen den Dichter-Verehrer die Eifersucht auf Grimmer gepackt hatte. Elisabeth de Meuron unterhielt viel freundschaftlichen Umgang mit ihren Mietern, keiner hatte je eine solche Eifersucht ausgelöst. Ich frage Walter Grimmer nach seinen Begegnungen mit Madame de Meuron. Während Walter Grimmer die Geschichte weiterspinnt, verabschiedet sich Thomas Moll.

«Sie hatte selber auch eine Wohnung an der Junkerngasse 5. Deswegen war es ein sehr grosses Privileg, dass sie mich bei der nächsten Gelegenheit in ihr Haus holte. Wenn wir uns trafen, dann hat sie mich mit auf den Estrich genommen. Mehrere Male. Zeigte mir ihr Porträt von Victor Hammer, nahm sich eine Kiste oder einen alten schwarzen Lederkoffer, wie man ihn früher für Überseereisen brauchte, mit silbernen Beschlägen. Breitbeinig setzte sie sich mit ihrem Rock hin und begann zu erzählen. Von einer Zürcher Jugendliebe erzählte sie, da sie meine Zürcher Herkunft kannte.»

Sie erzählte aber auch von ihrem geschiedenen Ehemann, von Fritz, der als Liebhaber versagt habe. Zweimal habe es geklappt, zweimal habe es ein Kind gegeben. Sie sprach über Gott und die Welt und von den Menschen, die «perroquets», Papageien in Käfigen seien, und wies dabei mit einer Handbewegung auf einen grossen leeren Papageienkäfig, der mit einem Tuch bedeckt in der Ecke stand. Es waren überaus besondere Momente. Sonnenlicht fiel spärlich durch Ritzen auf den staubigen Boden; sie hatte in diesen Stunden etwas Feines und Zerbrechliches, das sonst verborgen blieb. Madame erwartete keine Entgegnungen Grimmers zu ihren Ausführungen.

Sie stellte aber unzählige Fragen, vor allem zu seiner Musik. Sie wusste, dass er aus einer Pfarrfamilie stammte, was zur Sympathie beitrug. Grimmers Werdegang interessierte sie besonders.

Mir fällt die Neugierde auf, mit der Madame de Meuron ihren Freunden und Bekannten begegnete. Sie findet in vielen Erzählungen und unterschiedlichen Formen Erwähnung. Elisabeth de Meuron nutzte ihre Fragen, um anhand möglichst vieler Details einen fremden Lebensweg zu ergründen, Unterschiede und Parallelen zu entdecken, ein Stück dieses Weges zu begleiten. Konnte sie so erleben, was sie sich wünschte, was sie verpasst hatte? Wenn Walter Grimmer erzählt, kann ich nachvollziehen, wovon Elisabeth de Meuron in diesen Stunden fasziniert war.

Als kleiner Junge hatte Walter vom Vater den Schlüssel des Münsters in Schaffhausen stibitzt. In der grossen Kirche war der Bub in kurzen Hosen zur Orgel hochgeklettert und begann, alle Register zu ziehen. Zum Griff in die Tasten drückte er jedes Mal die Pedale fester, liess die Orgel immer lauter pfeifen. Zuerst sang er dazu, doch musste er immer lauter schreien und zum Schluss gar brüllen, um mit den Orgelpfeifen mitzuhalten. Die Kirchenfenster begannen zu klirren – jetzt fühlte es sich an als wäre er Gott. Dieses Spiel endete abrupt, als er den Sigrist mit Nachbarn verdattert in der Türe stehen und zu ihm hochblicken sah. Orgel spielen wollte er lernen, nicht aber Klavier. Doch das eine ging nicht ohne das andere – und so liess er von der Kirchenorgel ab. Jeden Sonntag blätterte er während der Predigt für den Organisten die Notenblätter um und eignete sich damit einiges Wissen an.

In der Familie von Tscharner hatte die Mutter Klavier gespielt, auch Elisabeth nahm Unterricht. Es gehörte – wie Mathematik oder Geschichte – zum Bildungskanon ihrer Herkunft. Das Üben empfand Elisabeth als Qual, vor allem auch deshalb, weil die Fehler rigoros bestraft wurden. Als sie ein paar Stücke leidlich beherrschte, bat sie die Eltern, den Unterricht zugunsten des Malens beenden zu dürfen. Sie war froh, das Klavier fortan als dekoratives Möbelstück betrachten zu können. Mit der Erinnerung an die eigenen musikalischen Versuche wollte sie von Grimmer wissen, warum er den Beruf des Konzertmusikers gewählt hatte.

Walter Grimmer erzählte ihr, dass er eines Samstagnachmittags nach der Pfadfinderübung zuhause ein Bachkonzert vom italienischen Cellisten Enrico Meinardi gehört hatte. Fortan sprach er nur noch vom Cello, er insistierte, bis er Stunden nehmen durfte. Wenn sie die Lektionen bezahlten, sagten die Eltern, so müsse er auch üben. Die Mutter setzte sich während der Etüden neben ihn, was ihn motivierte. Seine Schwester spielte Geige, es entstand eine fruchtbare Konkurrenz.

Der Vater war sehr luthertreu, hielt Mitternachtsgottesdienste mit Kerzen – was in Schaffhausen nicht goutiert wurde, den Kirchgängern erschien dies viel zu katholisch. So suchte der Vater eine neue Stelle als theologischer Direktor in einer Anstalt für Epileptiker in Zürich. Die Stadt behagte Walter Grimmer nicht, er empfand sie als riesige Fabrik, die Lehrer als uninspirierte Beamte. Mit vierzehn Jahren hätte er die Klasse im Gymnasium wiederholen müssen. Er brach die Schule ab und wechselte ans Konservatorium. Als seine Kollegen die Matura in der Tasche hatten, bestand er sein

Lehrdiplom, den ersten Schritt der Musikausbildung, und stand fortan auf eigenen Beinen. Mit achtzehn Jahren zog er aus, um in Saarbrücken bei dem berühmten französischen Cellisten Maurice Gendron zu studieren.

Wenn immer Grimmer die Namen von Musikern oder Dirigenten nennt, schaue ich ihn ahnungslos an. Ich kenne die meisten nicht. Er lacht. Bei Elisabeth de Meuron war dies anders. Er konnte sich nicht erklären, woher sie dieses Wissen hatte, aber sie erstaunte ihn immer wieder mit Fragen, die nur Kennerinnen stellen konnten.

Der Lehrmeister hatte mit Grimmer viel vor und meldete ihn zu einem Wettbewerb in München an. Walter war dies zu viel – «La porte est là», war die Antwort. Nach ein paar Monaten holte Gendron Grimmer jedoch zurück und ermöglichte ihm, sein Studium in Saarbrücken zu beenden. Das Konzertdiplom bestand er in Bern und er sondierte mögliche Anstellungen.

Gimmer verfolgte eine eigenständige und eigenwillige Karriere. Er ging das Risiko ein, statt die Matura zu absolvieren, direkt am Konservatorium zu studieren. Er besass den Mut, einem grossen Meister einen Korb zu geben – weil er wusste, dass die Zeit für einen Exploit noch nicht reif war. Solche Menschen bewunderte Madame de Meuron. Alles Gradlinige erschien ihr langweilig und suspekt. Es entsprach ihrer Art, auch sie lebte etwas Rebellisches und Nonkonformes. Indem sie Menschen traf, die mit dieser Haltung reüssierten, wurde sie darin bestätigt.

Grimmer spielte zuerst beim Ensemble des Radiostudios Bern, bald darauf war er Mitglied der neugegründeten Camerata. «Alle waren jung, wollten etwas aufbauen, waren voller Energie ...» Seine Augen leuchten. Diese Energie faszinierte Elisabeth de Meuron, und sie liess sich von dieser Aufbruchstimmung auch im Alter von 90 Jahren noch gerne anstecken.

Damit er sich ein neues und besseres Cello kaufen konnte, war er auf Einkünfte einer festen Stelle angewiesen. Er begann im Symphonie-Orchester als Nummer 9 unter der Leitung von Paul Klecki. Bald durfte er für einen erkrankten Solisten einspringen, bewährte sich und erhielt die 1. Solostelle in Bern. «Der fliegende Holländer» war seine erste Oper, wie gut kann er sich noch daran erinnern! Dieses düstere Stück von Richard Wagner über einen Kapitän, der auf ewig verdammt war, die Meere zu kreuzen, und überall Sturm, Unglück und Tod brachte. «Es wehte ein ähnlich stürmischer, aber sehr schöpferischer Wind in Bern. Viele junge Musiker mit neuen Ideen prägten die Szene. Es war eine wilde, kreative Zeit.»

1972 beschloss die Berner Musikgesellschaft, das Berner Streichquartett wieder aufleben zu lassen; Grimmer wurde als Cellist gewählt. «Das war ein Angebot, wie es heute nicht mehr existiert: eine ganzjährige bezahlte Arbeit. Vier Programme übten wir ein und trugen sie vor, weitere Auftritte spielte ich auf eigene Rechnung.» Richard Sturzenegger leitete das Konservatorium und fand, als Solist gebühre Grimmer auch ein Lehrauftrag. Sein erster Schüler als 26-jähriger Dozent war Thomas Demenga – der daraufhin eine internationale Cellisten- und Komponistenkarriere machte und später als künstlerischer Leiter der Zürcher Camerata wirkte.

In diese Zeit fielen die Jahre der Freundschaft mit Elisabeth de Meuron. Eine relativ kurze, aber sehr intensive Zeit. «Die Wohnung an der Junkerngasse, diese Gespräche auf dem Estrich – vielleicht haben sie mir den Boden und die Energie für diese Entwicklung gegeben, erfolgreich zu sein. Sie stand gleich einer mächtigen Wächterin hinter mir, ihre auch emotionale Unterstützung stärkte mich in meiner jugendlichen Unsicherheit.»

Dieser gesellschaftliche und berufliche Aufstieg – mit Elisabeth de Meuron im Hintergrund – konnte tatsächlich Grund genug sein, um eifersüchtig zu werden. Elisabeth de Meuron gab Walter Grimmer noch andere Anstösse. Gerade in einer Zeit wie heute, in der die Jugendlichkeit über allem steht, meint Grimmer: «Ich habe gesehen, welche Kraft von einem alten Menschen ausgehen kann.

Fokussiert und klar. Musiklehrer sagen oft, bis 24 könne man besser werden, Fortschritte machen. Aber ich habe das Gefühl, dass ich bis 40 technisch besser geworden bin. Vor allem merke ich: Wenn ich jungen Musikerinnen und Musikern zuschaue, ja die können spielen! Technisch perfekt, oft aber haben sie nichts zu sagen. Die Alten machen es mit einem Minimum. Die ganze Energie dreht sich um den Stuhl herum.» Von der Kraft, die im Alter liegt, ist Grimmer heute überzeugt.

In den 1990er-Jahren zog es ihn an die Zürcher Hochschule, heute lebt er mit seiner Frau in Südfrankreich. Um das kulturelle Leben im Dorf anzukurbeln, gründete er die Gesellschaft «Culture pour tous». Er gibt dreitägige Intensivkurse für Cello. Täglich überlegt er sich, die Musik an den Nagel zu hängen. Fünfmal hat er seine Hände operiert und fragt sich manchmal, wozu. Was ihm nie gelungen sei – bemerkt Grimmer wehmütig, auch mit Blick auf seinen Freund Jürg Wyttenbach –, war zu komponieren. Er versuchte es, ergebnislos. Doch die Musik: Sie lässt ihn nie in Ruhe.

Zu Elisabeth de Meuron zieht er Parallelen. Trotz ihres hohen Alters hat sie keine Ruhe gegeben, hat ihn herausgefordert und nichts unhinterfragt gelassen. Diese Rendez-vous, in denen sie sich über ihr Leben ausgetauscht und über die Musik philosophiert hatten, sind ein Teil seines Selbst geworden.

Irritiert hat ihn ihre Art, Beziehungen zu führen. War sie in vielem differenziert, verlangte sie bei Freundschaften etwas Absolutes. «Alle, die etwas mit ihr zu tun hatten, lebten in einer ‹Amour impossible›. Ein Absolutismus in der Beziehung.» Sie kannte viele Leute, die ihr nicht entsprachen. Gleichwohl bewunderte er ihre Kontaktfreudigkeit. Ablehnung und Akzeptanz widersprachen sich nicht. Sie war allergisch auf Frauengeschichten, ebenso auf Männerfreundschaften. Was ihr nicht erlaubt war, das erlaubte sie auch ihren Mitmenschen nicht, dieses Schema repetierte sie.

«Wer ihr wohlgesinnt war, spürte ihre Anziehung, sie übte eine Art ‹Magnetismus› aus. Eine wunderschöne Frau, Veilchen-Augen wie Diamanten ... Würde sie in den Lauben auftauchen, das Gefühl wäre grad wieder da.»

Walter Grimmer formuliert so, als ob alle, die Madame de Meuron gekannt hatten, es so erlebt hätten. Diese Beschreibung einer schier bedingungslosen Faszination und Verbundenheit zur von Widersprüchen geprägten Elisabeth de Meuron höre ich von Grimmer zum ersten Mal.

«Sie gab mir Energie. Ich musste mich behaupten, standhalten, ihrer Person, ihren Umgangsformen, ihrer Moral. Sie war eine derart aufrechte Person, dass man ihr auch aufrecht begegnen musste. Aufrechter als sie konnte niemand sein. Vielleicht wurde ich durch sie auch selbstbewusster. Ich war einer der ‹Auserwählten›, das stärkte mich. Ich hatte stets etwas Mühe, selbstbewusst zu sein. Deshalb war ich stolz, sagen zu können, ich sei ein Mieter von Madame de Meuron. Ich suchte ihren Kontakt und ihre Nähe.»

Mit einem dicken Umschlag Briefe verlasse ich das Berner Casino. Zum Abschied ermahnt mich Grimmer, unbedingt mit dem Komponisten Jürg Wyttenbach Kontakt aufzunehmen. Ich verspreche es. Welche Worte hat Madame de Meuron wohl für Walter Grimmer gefunden? War diese Faszination gegenseitig?

In Ruhe kopiere ich alle Briefe, damit ich beim Lesen mit verschiedenen Farben Notizen hineinschreiben kann. Gleichzeitig tippe ich die wichtigsten Sätze aus den Briefen in das nach Schlagworten unterteilte Dokument, das ich mir zu den Briefen von Elisabeth de Meuron angelegt habe.

Sie hatte die Gabe, mit wenigen Worten ganze Gefühlswelten zu umschreiben. Stark und konzentriert kommt dies in den Briefen an Walter Grimmer zur Geltung: «Wie gut, dass es Sie in meinem Leben noch so nebenbei gegeben hat – es ist eine Hilfe, so wie ich jetzt bin, an Sie so nebenbei zu denken.» In dieser Beiläufigkeit hängt eine grosse Zärtlichkeit und Bewunderung, die aufblitzt:

Mein lieber Grimmer, wo Sie auch seien und wie Sie denken – meine Grüsse und ehrerbietenden Gedanken aus meiner armen Seele, welche jedoch noch den Reichtum besitzt, sich zu freuen am Reichtum der Seelen, denen man begegnet unter welcher Kategorie ich Sie zu Recht oder Unrecht klassiere.

In eigenen Worten beschrieb sie die Dankbarkeit, sich am Reichtum des Lebens, sogar am Reichtum der Seele von Walter Grimmer, des anderen, zu laben. Madame de Meuron bemühte sich, ihren Alltag mit ihren Begegnungen, mit dem Leben ihrer Nächsten anzureichern. Sie dankte Grimmer für die Musik, die sie sehr schätzte: «Sind Sie der Geist oder Urgeist? Für meinen Lebensabend man lobt allgemein Ihres Cellos Lobgesang.» Auch wenn sie sich mit den Jahren zu alt fühlte, um seine Konzertkarten anzunehmen, die Grimmer trotzdem seinen Briefen beilegte. «Meine Zeit ist abgelaufen, ich bin 92 Jahre alt und schleiche oder humple noch auf dieser Erde herum, ganz klein geworden.»

Die Besonderheit in der Beziehung zu Grimmer offenbarte sich nicht nur in den Formulierungen, die Elisabeth de Meuron für ihn fand, sondern auch in einem per Express zugeschickten «Pass» für Amsoldingen: «Herr Grimmer Mieter in meinen Häusern in Bern – ist zu erlauben sich im Park aufzuhalten, Schiffe zu benutzen, eventuell ihm das Haus zu zeigen.» Während andere lediglich Einlass in den Park erhielten oder die Erlaubnis, die Boote zum Angeln zu nutzen, gewährte sie Grimmer den Zugang zum Schloss. Sie stellte ihm in Bern ein Zimmer für seinen Flügel zur Verfügung, sogar ein Wohnrecht auf Lebzeiten zog sie in Erwägung: «Dieser Punkt muss studiert werden.»

Diese Zeilen demonstrieren eindrücklich, wie hoch Elisabeth de Meuron Walter Grimmer schätzte. Nirgends sonst habe ich von ähnlichen Begünstigungen gelesen. Es war ihr nicht entgangen, dass Grimmer mit seiner Bewunderung ihre Eitelkeit schmeichelte. Sie genoss die Zuneigung des jungen Verehrers, den Hauch von Romantik liess sie sich nicht entgehen – deshalb wandte sie ihre strengen Massstäbe etwas milder an. Grimmer würdigte dies mit Geschenken und Zuwendungen. Sie bedankte sich mit ihren schön eigensinnigen Formulierungen:

Da scheint mir dieses grüne Papier so tröstlich um zu melden, dass Ihre Rose sich hochnäsig und siegesbewusst entwickelt hat.

Als Grittli im Spital lag, liess Grimmer Blumen und Süssigkeiten nach Rümligen bringen:

Mein vererhrter Freund, wie im Märchen funktionieren Sie als Ritter des Mittelalters zu erscheinen wo es angezeigt ist, dass irgendein Wunder geschehe!»

Und immer bat Madame de Meuron um einen Besuch:

Bei besserer Jahreszeit können Sie Ritter der Altstadt Bern mich vielleicht besuchen und meine Hunde aus der Nähe sehn sie haben seltsame Gesichter einer unbekannten Welt. Es gibt viel Unbekanntes auf dieser Erdkugel.

Die Besuche Grimmers inspirierten sie:

In der Nacht nach Ihrem Kommen. Erst diese Nacht – mein lieber Grimmer, geht mir ein Licht auf was die Sprache der prächtigen Pfauen-Federn sind, nämlich es ist die Sprache der Schöpfung.

Die geheimnisvolle Sprache des Willens um das Sein der Erde mit allem Drum und Dran.

Meine abergläubische, nicht sehr gebildete ‹Maman› aus vornehmerem Blut [...] behauptete Pfauen bringen Unglück, aber sie hielt immer welche im Hühnerhof und in Freiheit. Ich schliesse all meinen Unsinn mit Freude und Dank.

Die Lilie, die Grimmer bei einem Besuch mitbrachte, stand tagelang unter Beobachtung. Antonio hatte die Idee, ein kleines Gläschen in die grosse Vase zu stellen, damit die Lilie nicht umkippte. Und die Enkelin nahm die Blume in die Hand, um sie zu begutachten «Ihre Lilie hat also gewissenhaft ihre Karriere zurückgelegt sogar mehr als die Lilien des Alten Testamentes.»

Grimmer teilte mit Elisabeth de Meuron die mystische Ebene, die sie so sehr liebte. Sie hatte diese mit ihrem geliebten Maler Viktor Hammer gepflegt, dem sie nach der Scheidung in den Dreissigerjahren aller Liebe zum Trotz nicht in die USA folgen wollte.

Einer ähnlichen Mystik begegnete ich auch in der Freundschaft und dem Briefwechsel in den Vierzigerjahren mit dem Berner Kunstmuseumsdirektor Max Huggler. Nun hatte sie im hohen Alter noch einmal einen solchen Freund gefunden, sie konnte, wie sie schrieb, sich noch einmal freuen am Reichtum einer Seele, gleichzeitig blickte sie noch einmal tief ins Leben eines Künstlers, was sie inspirierte.

Vielleicht, weil sich Elisabeth de Meuron offenbarte, waren diese Freundschaften fragil und flüchtig. Viktor Hammer liess Elisabeth de Meuron in die USA ziehen, den Kontakt zu Max Huggler brach sie abrupt ab, nicht einmal ihre Enkelin Barbara Hegner, die Huggler ebenfalls schätzte, kannte den Grund. Das Zerwürfnis mit Grimmer liess nicht auf sich warten, es bahnte sich am Konzert an der Junkerngasse an, die Heimfahrt mit dem langhaarigen Jüngling widerstrebte Madame de Meuron: «Die Lilienblüte verbrannte ich eigenhändig achtungsvoll – Allerhand.»

Sie war drauf und dran, die Wohnung zu kündigen und den Kontakt abzubrechen. Ihre Zweifel waren berechtigt, sie hatte sich in Grimmer getäuscht. Wäre er wirklich dieses Lichtwesen, gäbe es keinen Platz für einen langhaarigen und freakigen Freund! Sie war ein weiteres Mal enttäuscht. Grimmer musste eine grosse Portion Demut aufbringen, um ihre Gunst wieder zu gewinnen:

Soviel Dank wir feiern Versöhnung –
Ich bin jetzt ziemlich deutlich mit Sterben beschäftigt, dazu gehört es sich, dass ich es Ihnen schreibe, dass alles in Ordnung ist zwischen uns, und dass die Pfauen-Federn ihre Mission erfüllen mich an gute Haltung zu ermahnen.

Die Verbundenheit war zurückgekehrt:

Mein lieber Grimmer, so in der Nacht auf den 21. Dezember glaube ich – wage ich Ihnen übliche gute Wünsche zu schicken und die Versicherung, dass ich Sie als ein besseres Lebewesen empfinde – aber wir sind eben wie die jungen Bären auf meiner Karte nur eifrig aber ungeschickt ganz vollkommen zu sein.

Das ist sie also, die Geschichte vom «schlimmen Grimmer heut und immer». Nach diesen Erzählungen und Briefen kann ich die Eifersucht nachvollziehen. Die beiden waren nicht auf diese Weise verbunden, wie es die Zeilen im Gedicht suggerieren würden, aber im übertragenen Sinn trafen und fanden sich die beiden Menschen auf eine besondere und intensive Art:

So viel Dank so spät noch in meinem Leben aufgetaucht zu sein und wir haben sicher noch Zeit uns zu begegnen.

Jürg Wyttenbach, um 1970
Bildnachweis: zvg

Sutil und Laar, ein sonderbares Freundespaar – oder: Zwischen Gefühlswelt und Mythologie – oder: Der Unfall

(Jürg Wyttenbach, Mani Matter)

Zu dieser Begegnung passen zu viele Titel, sie besteht aus so vielen Strängen, dass es schwerfällt, den richtigen Einstieg zu finden. Vielleicht ist es das Beste, das Einfachste vorneweg zu erzählen. Damit sie sich in die Tiefe und Quere entwickeln kann, wie sie will. Sie nimmt ihren Anfang bei einem Versäumnis, vielleicht gar mit einer Prise schlechten Gewissens?

Als Probegalopp für die Biografie über Elisabeth de Meuron veröffentlichte ich im Herbst 2014 eine Artikelserie in der Zeitung «Der Bund». Reaktionen erhielt ich in Form von Zuschriften mit Briefen und Unterlagen von und über Elisabeth de Meuron – viele Menschen nahmen Kontakt mit mir auf, um ihre eigenen Erlebnisse mit Madame de Meuron zu erzählen. Dankbar ging ich allen Hinweisen nach. Das heisst, fast allen. Einen – ich weiss nicht warum – vernachlässigte ich:

> *Vielleicht haben Sie als Biographin von Mme de Meuron Verwendung für den hier beigelegten Brief. Mein Bruder Jürg Wyttenbach durfte als junger Musikstudent das Pförtnerhaus vom Vertmont-Gut für längere Zeit bewohnen. Mein Bruder hatte recht guten Kontakt zu Frau de Meuron … Vielleicht hätte Jürg selber noch das eine oder andere Müsterchen zu erzählen.*

So schrieb Evi Weber-Wyttenbach aus Thun. Jürg Wyttenbach ist ein bekannter Schweizer Komponist, doch meldete ich mich damals nicht bei ihm in Basel – die Zeilen von Evi Weber-Wyttenbach gingen vergessen.

Schlagartig kamen sie mir in den Sinn – als Walter Grimmer mir in seinem Mail mitteilte, im Buch zu Elisabeth de Meuron fehle ihr Flair für die Musik, ihre Beziehungen zu Musikern und Komponisten ... und da stand auch wieder der Name: Jürg Wyttenbach. Walter Grimmer legte mir zudem mit Nachdruck nahe, Kontakt mit ihm aufzunehmen. Vor dem ersten Telefongespräch recherchierte ich:

Der 1935 in Bern geborene Jürg Wyttenbach gehört zu den bedeutendsten Komponisten der Schweiz. Als Grenzüberschreiter zwischen Theater, Literatur, Clownerie und Performance hat er ureigene Kunst von doppelbödigem Humor und Lust am Skurrilen erschaffen. Als Anreger für neue Vermittlungsformen ist Wyttenbach ein starker Motivator für junge Musikerinnen und Musiker, er war ein hervorragender Pianist und Dirigent [...]

Diese Zeilen entnehme ich in einem Konzertführer fürs Lucerne Festival. Die Affiche könnte nicht besser sein. Mit Wyttenbachs Eigenschaften als Grenzüberschreiter, seinem doppelbödigen Humor und der Lust am Skurrilen erstaunt es mich nicht, dass er und Madame de Meuron sich gefunden haben, denn in diesen Worten fand ich ein Echo; die Beschreibung könnte auch für Madame de Meuron selbst gewählt sein.

Es ist Sonntag, der 21.6.2015, Viertel nach Vier im Restaurant Rathauskeller an der Berner Gerechtigkeitsgasse. Der vielbeschäftigte Musiker war telefonisch in Basel schwer zu erreichen, wählte einen Tag, an dem andere Termine in Bern anstanden. Etwas verspätet trifft er ein; ausgerechnet heute hat Bernmobil den Busbetrieb eingestellt. Trotz des schönen Wetters setzen wir uns drinnen hin, es ist ruhiger. Er bestellt ein Rivella rot mit Zitrone. Der kleine Mann mit den wachen Augen zieht einen winzigen Papierstreifen aus dem Portemonnaie, seine Erinnerungen sind stichwortartig aufgelistet. Er liest sie still Punkt für Punkt durch und hebt den Blick. Doch bevor er auf Madame de Meuron zu sprechen kommt, erzählt er vom Zufall, jenes Stück nach vierzig Jahren endlich fertig zu komponieren, das er damals als junger Mieter von Elisabeth de Meuron in Angriff genommen hat.

Am Lucerne Festival soll diesen Sommer das Stück nun uraufgeführt werden. Die Komposition sei noch nicht vollendet, die Musikerinnen und Musiker würden langsam nervös, meint er lächelnd. Aber es bereite ihm Mühe, an diesem Stück zu arbeiten. Die Idee dazu war im Pförtnerhäuschen im Berner Vertmont entstanden. Es war Mani Matter, der Berner Mundart-Liedermacher und Jurist, der Motiv und Titel wählte und den Text schrieb: «Der Unfall». Wyttenbach komponierte die Musik dazu – beendet hatte er die Partitur nie. Denn am 24. November 1972 starb Mani Matter bei einem Verkehrsunfall. Seither hat Jürg Wyttenbach das Werk nicht mehr angerührt. Es lag in der Schublade – bis jetzt. Durch die Arbeit an diesem Stück ist Jürg Wyttenbach in seine Zeit im Vertmont zurückgekehrt.

«Die Erinnerungen an die acht Jahre im Vertmont sind lebendig geworden, an die Zeit, die ich dort mit Mani Matter und unseren gemeinsamen Freunden verbrachte. Das hat mich und mein Leben geprägt.» Er lächelt. «Eine Frage hat mir Elisabeth de Meuron einmal fast beiläufig gestellt, und sie wurde zu einer meiner Lebensfragen. Sie hat mein Innerstes getroffen – seit nun fast achtzig Lebensjahren pendle ich zwischen diesen Polen hin und her. Das zeigt, wie sehr Madame de Meuron ihre Mitmenschen verstanden hat. Mich hatte sie vollständig erfasst.»

Doch der Reihe nach. Jürg Wyttenbach nimmt seinen Notizzettel zur Hand, beginnt chronologisch zu erzählen. Er studierte in Paris Musik, kehrte 1959 nach Bern zurück in die Wohnung seiner Eltern an der Bantigerstrasse. Schnell beklagten sich die Nachbarn über seine Übungen. Wo sollte er eine günstige Wohnung finden, in der er den ganzen Tag und am liebsten die halbe Nacht noch musizieren konnte? Sein Freund Christoph von Greyerz schrieb Madame de Meuron und schilderte die Notlage Wyttenbachs.

Zufällig existierte das Bernburgergeschlecht «von Wyttenbach», mit dem Jürg Wyttenbach aber nicht verwandt ist, denn sein Heimatort ist nicht Bern, sondern das emmentalische Goldiwil hoch über dem Thunersee. Jürg Wyttenbach lacht. Einmal habe ein von Wyttenbach zu ihm gesagt: «Sie bringen unserem Namen viel Ehre – schade, sind sie nicht einer von uns!» Da wurde ihm bewusst, dass er wirklich nicht zu diesem Kreis gehörte.

Elisabeth de Meuron meldete sich telefonisch bei ihm – wie immer gut informiert – und fragte, warum Wyttenbachs nicht ein eigenes Haus bewohnten, sein Vater sei doch immerhin Offizier. Madame de Meuron löste seine Probleme. Sie stellte ihm das Pförtnerhäuschen im Vertmont zur Verfügung, das völlig isoliert inmitten eines grossen Parks stand. Er zahlte fortan jeden Monat 35 Franken Miete. Er komponierte und musizierte, wann immer und wie laut er wollte. Zudem mutierte das Pförtnerhäuschen schnell zum Treffpunkt aller seiner Pfadfinderfreunde: Mani Matter oder der Adolf «Döfe» Burkhard, Musiklehrer am Berner Neufeld-Gymnasium, Thomas Moll und viele andere gingen ein und aus.

Lautsprecherdurchsagen unterbrechen das Gespräch. Draussen unter den Lauben herrscht ein dichtes Gedränge; an diesem Nachmittag fährt die «Tour de France» mitten durch die Berner Altstadt.

Jürg Wyttenbach scheint der Trubel nicht zu kümmern, er erzählt von der Freundschaft zu Mani Matter und den vielen gemeinsamen Stunden. An einem Abend in der Dämmerung, als Jürg Wyttenbach die letzten Töne zu Papier brachte, schaute Mani Matter bei ihm vorbei. Wyttenbach zeigte seinem Freund die Partitur seines neusten Auftragswerkes. Döfe Burkhard wünschte für die Einweihung des neuen, modernen Neufeldgymnasiums in Bern 1966 ein humorvolles Werk für Chor und kleines Orchester, aufgeführt werden sollte es in der Aula.

Wyttenbach spielte, Mani Matter nahm sich das Textheft für den Chor, das auf dem Klavier lag und blätterte darin. Er schüttelte den Kopf. Er fand den Text miserabel, setzte sich kommentarlos hin und begann selbst zu dichten. Blickte Wyttenbach an, schaute zum Fenster hinaus und wieder zu Wyttenbach. Er schrieb einen Titel, unterstrich ihn und lachte dabei.

«‹Sutil und Laar, ein seltsames Freundespaar›. Spiel mir die Melodie vor», forderte Matter Wyttenbach auf und wollte sie gleich ein Dutzendmal hören. Dann verlangte er Ruhe.

Wyttenbach verdrückte sich mit einem Glas Rotwein auf die Veranda, um nicht zu stören. Als es langsam kühl wurde, kehrte er zurück ins Häuschen. Mani sass über das Blatt gebeugt am Küchentisch. «Was meinst du?» Er streckte ihm das linierte Notenheft ergänzt mit seinen Zeilen unter die Nase.

Wyttenbach kennt noch heute jede Strophe auswendig:

Sutil und Laar

Von der Küste Gondowar
stammen ab Sutil und Laar
Ein seltsames Freundespaar,
wunderlich und sonderbar.

Sutil mit gehobenen Brauen
Laar verwegen anzuschauen,
Sutil kühl wie der Verstand,
Laar das Messer gleich zur Hand.

Unzertrennlich wie die Kinder,
Abenteurer und Erfinder,
ein seltsames Freundespaar
wunderlich und sonderbar.

Sutil liebt den grauen Regen,
Laar die rote Nacht dagegen.
Sutil denkender geniesst,
Laar vom Leben überfliesst.

Unzertrennlich wie die Kinder,
Abenteurer und Erfinder,
ein seltsames Freundespaar,
wunderlich und sonderbar.

Wyttenbach lachte. Natürlich, das waren sie beide, die diese Zeilen da beschrieben. Der exakte Jurist Mani Matter als Sutil und der ungestüme und vorwärtsdrängende Musiker Jürg Wyttenbach als Laar. Eine grandiose Idee, ihre Freundschaft zum Thema zu machen. «Scherzlieder» sollten sie heissen. Nun fehlten noch neun für das auf zehn Lieder angelegte Werk mit Chor und dem Klavier zu vier Händen. An diesem Abend entstand aber nur noch der Schluss, das zehnte Scherzlied. Wyttenbach und Matter amüsieren sich köstlich.

Das Ende

Laar und Sutil trinken eines
Abends ein paar Gläser Weines.
Dann, auf dass es sie erheitre,
trinken sie noch ein paar weitre.
Unversehens in dem raschen
Fortgang sind es ein paar Flaschen.
Schliesslich deren ziemlich viele
Doch als Folge von dem Spiele
lösen sanft Sutil und Laar
sich in Geist auf, ganz und gar …

Wyttenbach hat die Abende nicht gezählt. Wenn sie gelacht, getrunken, musiziert und diskutiert hatten. Nach Kino- oder Konzertbesuch kam seine «Gäng», seine Freundinnen und Freunde, ins kleine Häuschen, dem Elisabeth de Meuron an der Aussenwand ein Plumpsklo hatte anbauen lassen, eine «Tschinggenschissi», wie sie damals sagten.

Freunde konnten bei ihm ein- und ausgehen, mit Freundinnen war Madame de Meuron dagegen strikt und sprach ein Machtwort, übernachten durften diese nicht.

Wyttenbach strahlt, wenn er von den Feiern am ersten August erzählt. Sie starteten die Raketen aus dem Park, veranstalteten einen Höllenlärm, ohne dass es je Reklamationen gegeben hätte. «Diese Freiheit gab unserer Entwicklung richtig Schub. Wir hatten keine grossen Geldsorgen, unserer Kreativität waren keine Grenzen gesetzt. Gerade zwischen 20 und 30 sind solche Freiräume nicht mit Gold aufzuwiegen.»

Als Wyttenbach einzog, unternahm Madame de Meuron mit ihm einen Rundgang durch den Park. Bei einem Baum zeigte sie auf einen Stein, einen Gedenkstein für ihren Sohn, «den Lappi». Das war ihr einziger Kommentar zum Suizid ihres Sohnes Roger. Das Schlösschen stand fast immer leer, beim Blick hoch zum Turm erwähnte Madame de Meuron, ihre Tochter habe sie einmal darin festgehalten, um ihr eine Unterschrift abzupressen. Aber ohne Erfolg. Das war die einzige Bemerkung zu ihrer Tochter, die in Tanger lebte und nur sehr selten zu Besuch kam. Sonderbar, dachte Wyttenbach. Er wollte die Hintergründe dieser Geschichten nicht in Erfahrung bringen und fragte nicht nach.

Im Gemüsegarten arbeitete singend ein Mann in einem schillernden violetten Hemd. Madame wollte Wyttenbach – sie nannte ihn immer nur «Wyttenbach», nie «Herrn Wyttenbach» – vor ihrem Gärtner warnen, er habe die «Männerkrankheit», mache es aber nicht mit Minderjährigen. Wyttenbach lachte, er war damals schon längst zwanzig Jahre alt, nicht aber im Empfinden von Madame de Meuron. Der Garten war terrassenförmig angelegt, sehr mediterran und sorgfältig gepflegt.

Jürg Wyttenbach erzählt nüchtern, gar etwas distanziert von Elisabeth de Meuron. Es ist kein Vergleich zu Walter Grimmers gefühlsbetonten Schilderungen. Vielleicht hat dies mit den Vorlieben von Madame de Meuron für die unterschiedlichen Musikstile von Grimmer und Wyttenbach zu tun. In den Konzerten von Walter Grimmer erlebte Elisabeth de Meuron die Musik von innen, übernahm ihren Puls. Bei Kompositionen von Jürg Wyttenbach dagegen war sie eine Zuschauerin, die von ferne bruchstückhaft zu erfassen versuchte, was Wyttenbach da spielte. War sie vielleicht manchmal gar misstrauisch, ob nicht sie selbst als Figur in den humoristischen musikalischen Kammerspielen von Wyttenbach auftauchte? Sie hätte es ihm zugetraut – und sie hätte wohl auch hineingepasst. Konnte Elisabeth de Meuron mit Walter Grimmer durch die Welt der Musik schwimmen und sich der Führung des Künstlers anvertrauen, hielt sie der Komponist Jürg Wyttenbach auf Abstand. Ihn beobachtete sie eher wie ein seltenes, wildes, faszinierendes und etwas furchterregendes Tier im Zoo.

Wyttenbach erinnert sich, wie er zu Beginn seiner Vertmont-Zeit 1963 den Briefkasten leerte, er befürchtete Rechnungen oder gar Mahnungen, als er einen kleinen Zettel fand: «Lieber Herr Wyttenbach, können Sie mir zum Geburtstag 2 Stücke spielen, ich nehme das Hörrohr.» Madame de Meuron wollte sich persönlich ein Bild von Wyttenbachs Musik verschaffen.

Am nächsten Tag kam die 81-jährige Jubilarin in Begleitung des Pfarrers von Thurnen, Heinrich-Adolf Münger. Der Geistliche redete mit Wyttenbach, bis Madame ihn unterbrach und bemerkte, Wyttenbach solle nicht auf ihn hören, er rede nur Blech. Der Pfarrer war unangenehm berührt. Wyttenbach setzte Madame de Meuron nahe an den Flügel und spielte fortissimo das lauteste Stück von

Beethoven, die Hammerklaviersonate. Der letzte Akkord klang aus, da wandte sich Madame an den Pfarrer und fragte: «Finden Sie nicht auch, es töne etwas scharf hier drin?» Wyttenbach merkte, dass er etwas übertrieben hatte. Die Wahl der Hammerklaviersonate war kein Zufall: Sie ist lebensfroh, energisch und empfindsam. Diese Mischung aus Humor, Lebensfreude und Empathie teilte Elisabeth de Meuron mit Beethoven, ist Wyttenbach überzeugt. Bis heute ist die Hammerklaviersonate Wyttenbachs ständige Begleiterin geblieben. Immer wieder deutet und interpretiert er sie neu. Vielleicht ist auch ihm diese Mischung eigen – gemeinsam mit Beethoven und Madame de Meuron.

Anschliessend spielte er dem Pfarrer und Madame de Meuron gemässigt eine Es-Moll-Serenade von Bach. «Das ist jetzt etwas sehr Modernes», bemerkte Elisabeth de Meuron.

Wyttenbach kann sich – wie so viele – genau an den Wortlaut von Madame de Meuron erinnern. Vielleicht liegt es an der Knappheit ihrer Kommentare oder daran, dass sie so überraschend daherkamen. Wyttenbach war froh, dass er kein eigenes Werk vorgespielt hatte, da Madame de Meuron selbst Bach der heutigen Zeit zuordnete. Möglicherweise hatte sie aber beim zweiten Stück wenig gehört und gedacht, da Wyttenbach moderne Klassik komponiere, habe er sicher etwas Eigenes vorgespielt. Er wusste es nicht.

Er bot Kekse und Tee an, der Pfarrer nickte freundlich, obwohl ihn Madame de Meuron zurechtwies, nach einem feinen Geburtstagsessen brauche er jetzt wohl nicht schon wieder Tee. Doch der Pfarrer liess sich nicht beirren.

Jürg Wyttenbach hielt Elisabeth de Meuron einen unsichtbaren, feinen, aber durchaus ernsten Spiegel hin. Weder belächelte er Madame de Meuron, noch hatte er Ehrfurcht oder suchte ihre Gunst. Manchmal schaute Wyttenbach sie lange an, dachte dabei darüber nach, was sie erzählte. Sie kannte niemanden, der ihre Worte so ernst nahm wie er – und dennoch kaum darauf reagierte.

Wyttenbach hatte keine Ambitionen, Madame de Meuron zu gefallen, versuchte nicht, sie zu beeindrucken. Er wohnte im Pförtnerhaus, lud Gäste ein und kümmerte sich wenig um seine Vermieterin. Um diese Freiheit beneidete ihn Elisabeth de Meuron. Er biederte sich nirgends an, liess die anderen leben, ohne zu werten. Das gefiel ihr.

Sie verstand seine Musik nicht. Moderne Klassik hatte nichts gemein mit diesen schier göttlichen Klängen von Grimmers Streichquartett, sie weckten in ihr sehr weltliche Regungen. Wenn sie ab und zu am offenen Fenster vorbeiging, stehenblieb und den wirschen Akkorden Wyttenbachs lauschte, fühlte es sich an, wie wenn sie abends vor dem Einschlafen über einen verworrenen Tage Resümee zog, bevor die Gedanken im Strudel der Träume im Schlaf verschwammen. Dieses Gefühl von Gedanken, die sich im Schlaf verheddern ...

Auch Wyttenbach selbst provozierte bei Madame de Meuron widersprüchliche Gefühle. Neben dem Pförtnerhaus stand eine Scheune, darin ein altes Hochrad, ein Sammlerstück. Eines Tages war es verschwunden. Sie schrieb der Polizei einen Brief: «Im Häuschen wohnt der Musikus Wyttenbach – er sollte aufpassen – aber es ist nichts mit ihm.» Sie war so wütend, dass sie den Gärtner beauftragte, einen riesigen Misthaufen vor Wyttenbachs Haustür zu kippen. Wyttenbach schwante, dass jetzt nur noch höhere Gewalt helfen konnte, um nicht den ganzen Sommer mit geschlossenen Fenstern zu verbringen. Er diente bei der Kavallerie, allerdings als Funker, ohne je einem Pferd von Nahem begegnet zu sein. Er kannte Elisabeth de Meurons Vorliebe für diese Truppe und rief deswegen seinen Korpskommandanten an und bat ihn, bei Madame de Meuron ein gutes Wort einzulegen. Der Offizier telefonierte nach Rümligen und erzählte Madame de Meuron, Wyttenbach hätte bei ihm Militärdienst geleistet. Am nächsten Tag war der Misthaufen verschwunden, so unvermittelt, wie er gekommen war.

Diese manchmal gewollt, manchmal ungewollt komische Seite gefiel Wyttenbach wiederum. Er, der in seiner Kunst den Humor immer zur Hand hat, kannte den Wert dieser Fähigkeit von Elisabeth de Meuron, die Leute zu unterhalten, zu amüsieren und im gleichen Moment mit ihrer Treffsicherheit zu brüskieren. Vielleicht hat gerade diese Art auch ihn animiert, humoristisch tiefsinnig zu denken.

Es ergaben sich Situationen, in denen Madame de Meuron und Wyttenbach gemeinsam über etwas lachten, Elisabeth de Meuron freute sich offensichtlich über den Betrieb der jungen Leute im Vertmont, ab und zu mischte sie sich angeregt plaudernd unter seine Freunde. Die Zuneigung war nicht dieselbe wie zu Grimmer, dafür aber in der Wirkung nicht zu unterschätzen. Wer sonst hätte ein Häuschen in dieser Lage für 35 Franken vermietet?

Elisabeth de Meuron hatte Wyttenbach immer informiert, wenn sie jemanden kennenlernte, den sie auch für Wyttenbach würdig fand. Sie stellte ihn dem Architekten Niklaus Morgenthaler vom Büro Atelier 5 vor oder teilte Wyttenbach mit, sie hätte jetzt einen neuen Mieter an der Junkerngasse: Harald Szeemann, Direktor der Kunsthalle Bern, der mit seinen bahnbrechenden Ausstellungen Furore machen sollte.

Bei einem Besuch in der Kunsthalle Bern lernte Jürg Wyttenbach den Schriftsteller Günter Grass kennen, als dieser 1963 aus dem noch unveröffentlichten Manuskript des dritten Bandes der «Danziger Trilogie» las. «Zwiebelschalen» lautete der Titel damals, veröffentlicht wurde das Buch als «Hundejahre». Zwischen Grass und Wyttenbach entstand eine Freundschaft. Im Pförtnerhäuschen im Vertmont komponierte Wyttenbach auf Wunsch von Grass die Musik zu einem Plädoyer, ja, zu einem Pamphlet von Grass. In Anlehnung an Beethovens «Wut über den verlorenen Groschen» wollte Grass ein Stück mit dem Titel «Rede von der Wut über den verlorenen Milchgroschen» aufführen – es ging um Subventionspolitik in Deutschland. Grass tourte anschliessend mit dem Komponisten Wyttenbach als Dirigenten durch West-Deutschland.

Wyttenbach unterbricht seine Erzählung und schweigt einen Moment, um sich zu erinnern. Draussen hat sich der Lärm gelegt, die Zuschauerinnen und Zuschauer sind weitergezogen.

Als Musiker begleitete Aurèle Nicolet ihre Tour, der als einer der besten Flötisten des 20. Jahrhunderts gilt und in der Berliner Philharmonie spielte. Er habe Wyttenbachs Musik besser gespielt, als er sie komponiert habe, schmunzelt Wyttenbach. Sie reisten von Universität zu Universität, Wyttenbach kann sich vor allem an Bonn erinnern. Damals wurden Aufnahmen der musikalischen Vorträge gemacht, doch gehört hatte er sie nie. Erst kürzlich ist ihm ein Artikel der Zeitung «Die Zeit» in die Hände gekommen. Es gibt Aufnahmen, ob er sie auch erwerben will, weiss er noch nicht. Er kramt einen Zeitungsausschnitt hervor:

Wir hören den ästhetischen Aufbruch dieser Generation; es erklingen Werke moderner Komponisten. Dazwischen Grass mit eigenen Gedichten, über deren lyrische Qualität man generell streiten kann. Als Finale schließlich die satirische Rede, unterbrochen vom Zwischenspiel Furioser Tumult. Grass persiflierte darin zeitgenössische reaktionäre deutsche Haltungen – der Milchpfennig war für den Intellektuellen nur ein Aufhänger, als Symbol für die Angst vor dem Verlust an Ordnung und Tradition. «Wollt ihr den totalen Milchpfennig?», ruft der Schriftsteller-Aktivist vehement ins Mikrofon. «Wollt ihr den gesamtdeutschen totalen Milchpfennig in den Grenzen von 37?»

Wyttenbach meint, Grass habe sich 1967 von Vortrag zu Vortrag selbst übertroffen und sich richtiggehend um Kopf und Kragen geredet, angestachelt von Wyttenbachs Musik. Dieser «furiose Tumult», entstanden im furiosen Grün und der stillen Weite des de Meuron'schen Pförtnerhäuschens im Vertmont.

Wyttenbach lächelt. Obwohl dies nichts mit Elisabeth de Meuron zu tun habe, ein Erlebnis wolle er erzählen, weil es diese scheinbar grenzenlose Zeit beschreibe, samt den Früchten, die sie hervorbrachte. Die Freundschaft mit Grass, der damals mit der Lenzburgerin Anna Schwarz verheiratet war, führte zu gemeinsamen Ferien in der Normandie. Jürg Wyttenbach reiste 1968 frischvermählt zusammen mit seiner Frau Janka Brun. Sie mieteten ein Häuschen, Grass ein anderes. Jeden Morgen unternahmen sie zu viert einen Ausflug auf den Fischmarkt. Grass wählte die Fische aus, die er am Abend herrlich zubereitete. Er brauchte jeden Abend sämtliche Pfannen und sämtliches Geschirr im Haus. Wyttenbachs wuschen nach den ausschweifenden Mahlzeiten ab, wenn Günter und Anna gegangen waren. Das Putzen und Aufräumen habe ihm bald die Freude am feinen Fisch verdorben. Weitere gemeinsame Ferienreisen unternahmen sie nicht mehr.

Die Musik für Günter Grass ist an die Ambiance des Pförtnerhauses von Elisabeth de Meuron gebunden. Eine Serenade für Flöte und Klarinette und eine Ballade für Sologeige und diverse Lieder sind dort entstanden. Wyttenbach weiss von jedem seiner Werke, ob es im Vertmont entstanden ist. Wie wenn Vertmont einen besonderen Klang hätte.

Manchmal erschien auch Wyttenbachs Mutter zu Besuch. Nicht selten tauchte Elisabeth de Meuron zufällig auf, und die beiden Frauen redeten lange auf der Holzbank auf der Veranda. Über den Inhalt der Gespräche hat die Mutter geschwiegen. Auf Nachfrage meinte sie nur, sie schreibe zu Hause alles in ihre Notizbücher auf. Leider sind diese Hefte verlorengegangen. Elisabeth de Meuron war aufgetaucht, wenn seine Mutter zu Besuch kam, ein Indiz, dass sie sehr wohl den Überblick über Wyttenbachs Tun und Lassen hatte. Weit häufiger als seine Mutter schauten aber seine Freunde Mani und Joy Matter vorbei – sie fuhren in Joys «Deux-Chevaux» vor, der den Weg blindlings kenne, wie sie immer lachend betonte.

Sutils Traum

Sutil träumt, ein Elefant
setze sich auf seine Hand.
Und dies Tier zerdrücke er,
stell' draus eine Mücke her.
Da ihm geglückt, was umgekehrt
man sonst nur zu oft erfährt,
achtet es der Schläfer nicht,
dass die Mücke ihn jetzt sticht.

Die Eröffnung des Neufeld-Gymnasiums mit den zehn «Scherzliedern» war ein grosser Erfolg. Von da an widmete sich Wyttenbach als Komponist dem «théatre musical». Auch überlegte er an heiteren Abenden mit Mani Matter, was sie zusammen in Angriff nehmen konnten. Doch statt zu schreiben, begann Mani Matter an einem Sonntagnachmittag mit Bleistift zu malen. Er hatte das Häuschen von Madame de Meuron im Vertmont mit dem einen Zimmer und der Küche so liebgewonnen, dass er es porträtierte: die Laube, getragen von Steinsäulen, darunter eine Holzbank inmitten eines Pflanzenmeeres.

Die Rache

Laar liebt sehr den langen Morgenschlaf.
Als im Schlafgemache
eines Vogels Ruf ihn traf,
wacht er auf im Zorn und sinnt auf Rache.

Anderntags sieht man ihn, eh es graut,
einen Baum erklettern,
hört vorm Vogelnest ihn laut
zwitschern, pfeifen, trillern, schmettern.

Als die Schweizerische Radio- und Fernsehgesellschaft SRG Mitte der 1960er-Jahre an der Giacometti-Strasse die Generaldirektion zu bauen begann, standen rund ums Vertmont Bauabschrankungen. Madame de Meuron schürzte ihre Röcke, um über diese hinwegzusteigen, da sie keinen Umweg in Kauf nehmen wollte. Wyttenbach half ihr dabei. Man könne ihn doch zu etwas gebrauchen, bemerkte sie spöttisch. Den Weg zum Haus vertrieb sie mit Konversation. «Komponieren Sie viel?» Dann blieb sie stehen, sah ihm in die Augen und stellte fast beiläufig die Frage: «Komponieren Sie mehr aus der Mythologie oder mehr aus der Gefühlswelt heraus?» Elisabeth de Meuron hatte damit Wyttenbach durchschaut. Sein Leben lang bewege er sich genau zwischen diesen beiden Polen. Sie formulierte damit seine Lebensfrage.

Wyttenbach trinkt den letzten Schluck, er muss weiter. Respekt flösste ihm diese schöne stattliche Frau ein. Er achtete ihren Status als Berner Original und öffentliche Person. Ihresgleichen hat es in Basel, wo er heute lebt, nie gegeben und gibt es auch heute nicht.

Er äussert eine bemerkenswerte Einschätzung: Madame de Meuron habe die Stadt Bern farbiger gemacht. Ausgerechnet sie, die seit dem Suizid ihres Sohnes 1939 immer in Schwarz gekleidet war.

Aber ganz anders als sein Freund Walter Grimmer hielt Wyttenbach Distanz – und Madame liess ihn in Ruhe arbeiten. Einen Briefwechsel, wie sie Elisabeth de Meuron mit vielen anderen pflegte, führten die beiden nicht. Sie hatten ein freundschaftliches Stillhalteabkommen.

Vielleicht gibt es mehr Parallelen zwischen Madame de Meuron und Wyttenbach, als er denkt. Auch sie hatte viel Humor, manchmal unfreiwillig, äusserte sich poetisch und erfasste die Menschen und ihre Umwelt in ihrem Wesen. Zwischen Mythologie und Gefühlswelt.

Das Pförtnerhaus im Vertmont
Zeichnung: Mani Matter

Die Nuss

Eine Nuss, die Sutil knackt,
bleibt in ihrem Kern intakt.
Dessen fruchtige Gestalt
fesselt Sutils Blick alsbald.
Er fühlt dadurch ungeahnt
sich an sein Hirn gemahnt.
Damit, sagt er sich, verweist
die Natur mich an den Geist.
Und nimmt, ohne mehr zu essen,
sich ein Buch infolgedessen.

Es ist ein schöner warmer Sommerabend 2015. Von allen Seiten strömt das Publikum ins KKL, ins Kultur- und Kongresszentrum in Luzern, bis auch der letzte Platz belegt ist. Ein Chor mit der Begleitung eines vierhändig gespielten Klaviers tragen die zehn Scherzlieder von Sutil und Laar vor. Jetzt tritt ein sichtlich bewegter Jürg Wyttenbach, schwarz gekleidet, vor das Publikum. Ich blättere im Programmheft. «Die Uraufführung des zu Beginn der 70er-Jahre geschriebenen Stücks ‹Der Unfall› ist eine kleine Sensation.»

Auf der Bühne stehen voneinander entfernt die Musik (Cellist), die Sprache (Sprecher) und die Bewegung (Mime) bereit für das Madrigalspiel. Mal wird gesprochen, mal gespielt, mal gesungen – oder alles miteinander. Mittendrin steht die Sopranistin, die Arien in unverständlichen Worten singt, der Chor begleitet sie mit Opernbanalitäten wie: «Oh wie schrecklich, oh wie entsetzlich, oh wie schrecklich entsetzlich.»

Die Handlung wechselt zwischen dem Geschehen des Unfalls und einer Sopranistin, die den Sprecher zu verführen versucht, hin und her, manchmal absurd, manchmal komisch. Die Sopranistin steht für die Musik, die dem Verunfallten zum Verhängnis wird. Der Text im Stück lässt den Atem stocken, macht betroffen.

Ich bin überfahren worden, weil ich unachtsam war.
Unachtsam war ich, weil ich an etwas anderes dachte.
Ich dachte daran, es sei schade, dass ich kein Musiker bin.
Wenn ich Musiker wäre, hätte ich nicht gedacht, es sei schade, dass ich kein Musiker bin.
Also hätte ich nicht an etwas anderes gedacht.
Also wäre ich nicht unachtsam gewesen.
Wenn ich also überfahren wurde, weil ich unachtsam war,
und ich, wenn ich Musiker wäre, nicht gedacht hätte, es sei schade, dass ich kein Musiker bin,
also nicht an etwas anderes gedacht hätte,
also nicht unachtsam gewesen wäre –:
so wäre ich, wenn ich Musiker wäre, nicht überfahren worden.

Was zu beweisen war.

Wie verhindere ich also das Überfahrenwerden in Zukunft?
Ich werde Musiker!

Geschrieben und komponiert haben das Stück die Musiker Jürg Wyttenbach und Mani Matter im Pförtnerhäuschen von Elisabeth de Meuron. Für mich – und wohl für die meisten – ist auch letzterer ein Musiker. Er selbst sah sich als Jurist, vielleicht auch noch als «Värsli-Schmied». Mani Matter hatte sich sicher das eine oder andere Mal überlegt, ob er nicht seine Passion zum Beruf machen sollte. Hatte er vielleicht davon geträumt? Mani Matter schrieb ein Stück über einen tödlichen Unfall durch eine Unachtsamkeit. Gestorben ist er später bei einem Unfall durch eine Unachtsamkeit. Es ist verständlich, dass Jürg Wyttenbach dieses Werk lange nicht weiterverfolgen konnte. Die Uraufführung bewegt ihn sichtlich. Aber es war wichtig, dass er das Stück fertigstellt und auf die Bühne bringt. Damit ist auch das Kapitel Vertmont und Madame de Meuron ganz geschlossen.

Im Begleitheft lese ich über Mani Matters Schaffen. Die Arbeitsweise erinnert mich an diejenige von Jürg Wyttenbach, aber ebenso an das Wesen von Madame de Meuron:

> *Absolute Einfachheit und Klarheit der Mittel, paradoxe Abgründe, clowneske Vergröberungen und das irritierende Spiel mit dem sogenannten lyrischen Subjekt.*

Ist es Zufall? Hat sich Gleiches zu Gleichem gesellt? Oder haben sie sich gegenseitig inspiriert?

Ende der 1960er-Jahre ging diese Zeit zu Ende. Elisabeth de Meuron schrieb Wyttenbach:

> *Um keine Missverständnisse aufkommen zu lassen muss besser gleich schreiben, dass von jetzt an nicht gestattet ist, was vorher gewünscht war – das Herumgehen im kleinen Park. Geehrter Wyttenbach müssen sich eben einrichten gegen Radiogebäude zu und ums Häuschen herum für Freiluftleben auszukommen.*

Wyttenbachs Revier wurde beschnitten, er zog aus. Für Madame de Meuron war er wohl wie ein Komet, der fern an ihrem Firmament vorbeizog. Doch wenn Wyttenbach bei der einen oder anderen Begegnung in ihre Augen schaute, erschrak er über die Vertrautheit. Umgekehrt war es wohl ähnlich.

Jürg Wyttenbach verliess Bern und zog nach Basel.

Ich bin froh, dass ich Jürg Wyttenbach erst jetzt kennengelernt habe, kurz vor der Uraufführung des «Unfalls».

Applaus für Jürg Wyttenbach auf der Bühne des Lucerne Festivals 2015
Foto: © Priska Ketterer/Lucerne Festival

Glückwünsche von Franz Hohler nach der Uraufführung
Foto: © Priska Ketterer/Lucerne Festival

Mary Lienhard
Foto: © ArchivArte

Das Leiden der Mütter
(Mary Lienhard, Ingrid Tschudi, Hans Gurtner)

Der Weg unter den Berner Lauben fällt leicht, aber stetig ab, vom Bahnhof bis zur Nydeggbrücke. Zuerst durch die Kramgasse bis zum Käfigturm, dann durch die Marktgasse zum Zytglogge und schliesslich durch die Gerechtigkeitsgasse. Wie oft ist Madame de Meuron diesen Weg wohl gegangen, in ihrem fast 100-jährigen Leben? Beim Haus an der Gerechtigkeitsgasse 61 bleibe ich stehen und warte. «Mary Lienhard», englisch geschrieben, englisch ausgesprochen, steht auf dem Messingschild bei der Türklingel eingraviert. Sie wohnt zuoberst in der Dachwohnung eines der sogenannten «Ischihäuser». Am Telefon hat Mary Lienhard die Geschichte dieser Häuser erzählt, die der Bäckermeister Ischi 1950 zusammenkaufte und abreissen wollte. Ein Verwaltungsgebäude hätte der Bauordnung widersprochen, doch für einen Neubau mit Wohnungen hatte er eine Baubewilligung erhalten. Es kam anders – und damit zu einer Wende in der Stadtberner Baupolitik: Der Widerstand gegen den Abriss erreichte 1954 mit einer Kundgebung auf dem Münsterplatz und einer Volksinitiative zur Erhaltung der Berner Altstadt seinen Höhepunkt. Zuvorderst stand Madame de Meuron.

Ich bin etwas zu früh und warte vor dem Haus auf Ingrid Tschudi, Marys ehemalige Nachbarin. Mit dem Kopf im Nacken blicke ich die Sandsteinfassade hinauf und kann mir nicht vorstellen, dass diese Häuser Neubauten hätten weichen sollen. Die Burgergemeinde Bern intervenierte gegen den Abriss und kaufte die Häuser dem Bäckermeister Ischi zum Selbstkostenpreis ab. Als grösste Grundeigentümerin der Stadt Bern legte sie ihr Gewicht in die Waagschale, um den Besitzer, selbst Bernburger, zu überzeugen. Das Wort der Korporation aus ehemals patrizischen Familien und solchen mit Berner Burgerrecht war entscheidend. Die Ischi-Häuser blieben stehen.

Ingrid unterbricht mit ihrem Gruss meine Gedanken – wir klingeln. Der Weg führt durch das geräumige Treppenhaus und den langen Flur zur Wohnung von Mary Lienhard.

Sie öffnet an diesem Sommerabend in leichten weissen Leinenhosen die Tür, trägt eine zartgemusterte blaue Bluse; ein feines Lächeln lässt das ganze Gesicht erstrahlen. Sie bittet Ingrid Tschudi und mich herein. Dünn aber nicht zerbrechlich steht sie im Gang, den Rücken leicht gebeugt. Sie hat Weisswein kühlgestellt, Salzgebäck von der traditionsreichen Konditorei Eichenberger steht auf dem Tischchen bereit, und Mary freut sich über die mitgebrachten Käseküchlein. Sie koche miserabel, mit dem Mahlzeitendienst habe sie kulinarisch einige Sterne zugelegt, lacht sie. Durch die Dachfenster weht eine kühle Brise die letzte Sommerhitze aus dem Gebälk; die geräumige Wohnstube ist geschickt und erlesen eingerichtet. Die Dachschräge reicht fast bis zum Boden, so hängen Bilder tief unten oder weit oben und ermöglichen ungewöhnliche Perspektiven. Kein Gegenstand, kein Bild, keine Fotografie scheint zufällig platziert. Überall Landschaften aus Sand, gemalt oder fotografiert. Mary Lienhard hat ausgedehnte Reisen in die Wüste unternommen.

Das Ölbild über dem Esstisch fasziniert mich, die Farben der Blumen zusammen mit der Frau im Hintergrund entwickeln einen Sog, der Blick lässt sich schwer abwenden. Woher stammt dieses Bild? Wer hat jenes gemalt? – Meine Fragen müssen warten, zuerst erzählt Ingrid Tschudi. Sie ist es, die dieses Treffen initiiert hat. Wir sitzen auf Segeltuchstühlen rund um das kleine Salontischchen.

«Mary war immer etwas Besonders für Madame de Meuron», diesen Satz habe ich schon oft von Ingrid gehört. Sie eröffnet auch jetzt das Gespräch damit. Ich bin gespannt auf die Begründung. Ingrid und Mary lernten sich 1974 an der Kramgasse 17 als Mieterinnen in Wohnungen von Elisabeth de Meuron kennen. Bei Ingrid Tschudi fehlte das fliessende Wasser, so musste sie jeweils im Gang im Badezimmer von Mary Lienhard ihre Eimer füllen. Ingrid arbeitete als medizinische Laborantin im Frauenspital Bern. Sie konnte erst als Nachfolgerin des Medizinstudenten Martin Kiesewetter in die Wohnung einziehen, als sie den Physik-Studenten Lorenz Tschudi geheiratet hatte. Tschudi war Glarner und Elisabeth de Meurons Vorzeigebeispiel für die Liegenschaftsverwaltung, immer, wenn diese sie wieder dafür rügte, ihre Wohnungen billig an Studenten abzugeben. Er kam aus einer angesehenen Familie, sein Vater war Oberstleutnant bei der ersten Korea-Mission. So etwas beeindruckte Madame. Der Kontakt zwischen Ingrid und Mary ist in all den Jahren nie abgebrochen, die gemeinsame Zeit als Mieterinnen bei Madame de Meuron war Kitt genug.

Ingrid hat mir für die Biografie über Elisabeth de Meuron Einblick in ihr Mietverhältnis gegeben und sie war es auch, die darauf drängte, mir Mary Lienhard vorzustellen. Von Mary hatte ich zwar gelesen, da Elisabeth de Meuron sie oft in ihren Briefen erwähnte, doch persönlich kannte ich sie bisher nicht. «Wir und die anderen Studenten waren einfach Mieter in diesen schönen und billigen Altstadtwohnungen, wir erlebten unsere mehr oder weniger lustigen Geschichten mit Madame de Meuron, doch bei Mary war es etwas anderes, das spürten alle.» Die Bewunderung ist auch nach all den Jahren nicht aus Ingrids Stimme gewichen. Es ist eine Aufforderung an Mary, ihre Geschichte zu erzählen.

Mary schaut sich suchend um, nimmt eine Kartonschachtel vom Regal und reicht sie mir mit einem geheimnisvoll fragenden Blick: «Lies diese Briefe, ich bin gespannt, was du dazu sagst. Gib sie mir aber wieder zurück, sie sollen nach meinem Tod der Burgerbibliothek übergeben werden, damit sie zu den anderen Briefen kommen.» Ich sinnierte, ob Elisabeth de Meuron mich noch überraschen kann, nach den Tausenden von Briefen, die ich von ihr gelesen hatte. Bisher war zwar keiner gleich wie der andere. Ich befürchte aber, den Inhalt doch schon zu kennen, aber das sage ich nicht laut, sondern bedanke mich und verspreche, sie bis zum nächsten Treffen zu lesen.

Ingrid Tschudi, ca.1974
Foto: zvg

Mary serviert die Käseküchlein, wir essen, sie erzählt. Es war eine befreundete Künstlerin, die ihr bei der Wohnungssuche den Tipp gegeben hatte. Als diese ihre Wohnung an der Kramgasse 17 kündigte, forderte sie Mary auf, sich bei Madame de Meuron als Nachfolgerin zu bewerben. Ohne grosse Hoffnung schrieb Mary Madame Meuron also einen Brief und bat sie um eine Wohnung für sich und eine Freundin.

Es war im Januar 1956, Mary war zwanzig Jahre alt, eben hatte sie ihre Lehre als Dekorateurin abgeschlossen. Bis spät in die Nacht war sie damit beschäftigt, in ihrer Kammer, einer Mansarde über der Wohnung der Mutter, Preisschilder für den Ausverkauf auszuschneiden. Schere, die fertigen Schilder und alle Papierschnipsel lagen wie Schneegestöber verstreut am Boden herum. Vor Müdigkeit war sie einfach ins Bett gesunken. Als Mary am nächsten Morgen erwachte – es war acht Uhr morgens – hörte sie, wie ihre Mutter nach ihr rief und dazu eine fremde und durchdringende Stimme. Es blieb ihr nichts anderes übrig als aufzustehen, sich notdürftig zurechtzumachen und nach unten zu gehen.

Sie erschrak, als neben ihrer Mutter Madame de Meuron stand. Mary war den Fragen von Madame und den irritierten Blicken der Mutter ausgeliefert. Diese kannte Marys Ansinnen nicht, von Zuhause auszuziehen. Fürchtete sie sich mehr vor Madame oder ihrer Mutter?

«Haben Sie denn keine eigene Kammer?», die strenge Frage steigerte Marys Unbehagen. Sie nickte und führte Elisabeth de Meuron die Treppe in den vierten Stock hinauf. Steil war sie, aber so unendlich lang war sie Mary noch nie vorgekommen. Ihre Beine schafften die Stufen kaum zu nehmen, gleichzeitig wünschte sie sich, sie würden ihre Kammer nie erreichen. Madame hatte zwei schwere Taschen dabei, die sie beharrlich mit sich schleppte. Plötzlich blieb sie stehen, nahm künstliche Zähne aus dem Mund, holte aus ihrer

Handtasche andere hervor und legte sich diese in den Mund. «So, jetzt ist mir wohler», bemerkte sie lapidar.

Mary fürchtete sich, ihre Zimmertür zu öffnen, schämte sich für die Unordnung. Nie hätte sie damit gerechnet, dass Madame persönlich bei ihr aufkreuzen würde. Elisabeth de Meuron schaute mit keinem Blick auf den Boden, sondern nur kurz zur kleinen Dachluke und sagte laut: «Ich sehe, Sie können Ordnung halten.» Und mit leiser Stimme, damit die Mutter unten sicher nichts verstehen würde, fügte sie hinzu: «Fräulein Lienhard, Sie müssen weg von hier. Ihre Mutter ist krank. Ich musste heiraten, um von meiner Mutter wegzukommen, das soll bei Ihnen anders sein. Sie erhalten die Wohnung.» Nur, um ihr ungestört diese Worte zuzuraunen, hatte Madame die Strapazen der Treppe auf sich genommen. Mary war nicht mehr nur verängstigt, sondern geradezu verstört. Sie verstand nicht, wie Madame de Meuron die Situation in diesen wenigen Minuten so präzise erfasst hatte.

Mary lächelt beim Erzählen, Ingrid schaut mich an, nickt bekräftigend mit dem Kopf. Das Verhältnis zwischen Madame de Meuron und Mary Lienhard war wirklich bemerkenswert! Auch Ingrid hört die Geschichte zum ersten Mal und kann die Fortsetzung kaum erwarten.

Nach der Visite bei Mary stattete Elisabeth de Meuron dem Arbeitsort von Marys Freundin einen Besuch ab. Sie trat ins Büro und fragte laut: «Arbeitet hier ein Fräulein Bürki?» Madame de Meuron musterte die Frau, die sich daraufhin mit hochrotem Kopf meldete, und meinte: «Ich wollte nur sagen, Sie haben die Wohnung.» Einige Tage später erhielt Mary den Mietvertrag für eine Wohnung an der Kramgasse 17.

Damit begann eine lange Beziehung zwischen Elisabeth de Meuron und Mary Lienhard.

Susanne Bürki malte den Tisch in Mary Lienhards Wohnung
(Susanne Steiner-Bürki: «Im Wohnzimmer von Mary Lienhard», Aquarell und Bleistift auf Papier. 1982)
Foto: © ArchivArte

«In den Briefen erklärte Madame ihr Engagement. Ich bin ihr bis heute dankbar, sie hat meinem Leben eine Richtung gegeben. Die Wohnung an der Kramgasse habe ich über alles geliebt – und auch nach Madames Tod bin ich nie aus der Altstadt weggezogen, bis heute. Trotz meiner vielen Reisen hätte ich nie an einem anderen Ort leben wollen.»

Mary ist die erste Person, deren Erinnerungen an Elisabeth de Meuron ausschliesslich positiv sind. Die meisten Zeitgenossinnen und Zeitgenossen beschreiben Madame de Meuron als freundlich, sogar herzlich, gleichzeitig widersprüchlich, unnahbar oder schroff. Auf eine freundliche Bemerkung folgte oft scharfe Kritik, die ihr Lob dämpfte. «Ich hörte die Leute über Madame de Meuron erzählen, schimpfen und lachen. Ich habe einfach zugehört, sie reden lassen und ab und zu den Kopf geschüttelt.»

An diesem Abend will Mary nicht weiter in ihren Erinnerungen graben. Erst müsse ich die Briefe lesen. Sie ergänzt nur, dass ihre Mutter Suizid beging. Mary weiss heute, dass sie es nicht hätte verhindern können, auch wenn sie als junge Frau bei ihr geblieben wäre. Zweifel und Selbstvorwürfe blieben ein Leben lang ihre Begleiter. Sie erwähnt noch einmal kurz Madame de Meuron: Dieses Los teilten sie, Mary verlor ihre Mutter, Madame de Meuron ihren Sohn durch einen Selbstmord.

Einen Moment ist es still. Zeit, mit den Blicken noch einmal an den Wänden entlang zu reisen. Marys künstlerische Arbeit ist in allen Winkeln der Wohnung spür- und sichtbar. Das Gespräch dreht sich weiter. Mary arbeitete ein Leben lang selbständig. Zuerst als Dekorateurin; für drei bis vier Geschäfte gestaltete sie jeden Montag ein neues Schaufenster, für ein Pelzgeschäft etwa, mit Filialen auch in Biel. «Früher wurde in schöne Schaufenster investiert, heute ist das ganz anders.» Sie verfügte über alle künstlerischen Freiheiten, gelangte garantiert ans Publikum und verdiente sich damit den Lebensunterhalt. Daneben malte sie, radierte und fotografierte – auch auf ihren vielen Reisen. Mehrmals besuchte sie die Sahara. Die Wei-

Mary Lienhards Schlaflager auf einer ihrer Reisen in die Sahara
Foto: Mary Lienhard © Archivarte

te, aber auch die Strukturen im Sand und den Dünen, die kleinen Wunder in den Details der Steine oder Pflanzen faszinierten sie. Die Unendlichkeit des Himmels, besonders nachts mit dem Sternenmeer. Riesige, selbstgebundene Fotobücher dokumentieren ihre Reisen. Was sie fotografierte, setzte sie zu Hause zeichnerisch oder malerisch um. Wir blättern in den Seiten mit den selbst entwickelten Schwarz-Weiss-Bildern. Einige Fotos ihrer Exkursionen zeigen einen Schlafsack, der weit abseits der anderen liegt. «Ich musste immer für mich alleine sein, musste Abstand halten.»

Das Lager alleine in der Wüste erinnert mich an Madame de Meuron, die alleine in ihren grossen Häusern wohnte. Bei Mary war dies ein Bedürfnis, eine bewusste Entscheidung. Sie hätte auch bei den andern nächtigen können. Bei Elisabeth de Meuron entwickelte sich ihr Leben in diese Richtung, möglicherweise hätte sie mehr Gesellschaft gewünscht, vielleicht aber auch nicht. Es ist einer der augenfälligsten Unterschiede im Leben zwischen Mary Lienhard und Madame de Meuron: Mary wählte ihren Weg selbst. Sie zog von ihrer Mutter fort, um eigenständig zu leben und ihre Ziele zu verfolgen. Mary stand als Dekorateurin auf eigenen Beinen, blieb ein Leben lang Künstlerin, im Alter widmete sie sich ausschliesslich ihrer Passion. Elisabeth fühlte sich durch ihre Herkunft, ihr Erbe und die Erziehung ihrem Schicksal ausgeliefert. Sie zahlte für ihre Selbständigkeit einen hohen Preis, ohne damit ihre Ziele zu erreichen. Ihre künstlerischen Tätigkeiten gab sie auf. Rührte die grosse Bewunderung von Madame de Meuron für Mary gar daher?

Mary führt uns über eine Treppe auf eine Galerie über dem Wohnzimmer. Ein Dachfenster spendet Tageslicht direkt auf den Zeichentisch. Auch hier hängen an den Wänden viele Bilder von der Sahara, noch mehr liegen in Mappen gestapelt.

Gemalt mit Pastellkreide, verwischt mit ihren Fingern, ganz detailnah, ganz fein, auch bei ganz grossem Format. Ein blaugrauer Himmel mit blätterlosen Zweigen im Vordergrund. Ein Bachbett voller verschiedener brauner Kiesel. Die Sahara trennt ein roter Strich vom Himmel. Die Bilder sind graphisch komponiert. Das Bett neben dem Zeichentisch erlaubt jederzeit kleine Ruhepausen.

In grossen grauen Zeichnungsmappen liegen, gebettet zwischen Seidenpapieren, Radierungen – Drucke, bei denen das Negativ in die Kupferplatte geritzt wird und durch Ätzen die Farbtöne variiert werden. Eine schwere Presse drückt das Papier in die Ritzen der Platte und zieht das Bild ab. Wie bei Marys Fotografien wird das Resultat auch hier erst im Nachhinein sichtbar.

Mir ist diese Technik seit Kindheit geläufig, hat sich meine Mutter doch jahrzehntelang mit dieser aufwendigen Kunst beschäftigt. Und tatsächlich: Mary Lienhard wie auch meine Mutter besuchten beim Berner Künstler Hansjürg Brunner Kurse. Er war der Meister dieser Drucktechnik, sein Atelier ein Anziehungspunkt für Kunstschaffende; Jean Tinguely und Bernhard Luginbühl schufen ihre Kaltnadelradierungen in Münchringen bei Jegenstorf. Er war ein Perfektionist, ein Pedant, wenn es ums Handwerk ging. Wer in seinem Atelier eigene Arbeiten drucken wollte, mussten zuvor Ätz- und Farbtöne mit höchster Genauigkeit beherrschen. Nach Kursschluss aber entwickelten sich schnell lustige, kulinarische Feste; Brunner war auch ein grosszügiger und ausgelassener Gastgeber. «Schwarzpfötler» nannte er seine Gilde, liess sich doch die Druckfarbe auch bei hartnäckigem Händewaschen kaum aus den Hautritzen entfernen, seine Kursausschreibungen waren vielbeachtete kleine Kunstwerke.

Eines Abends blieb meine Mutter zu Hause, statt wie jede Woche das «Radieren» zu besuchen. Hansjürg Brunner habe sich das Leben genommen, erzählte sie mir. Ganz und gar unverständlich fand ich dies als Kind, hatte meine Mutter doch immer voller Begeisterung von den fröhlichen und lebhaften Abenden erzählt, an denen in Brunners Atelier gearbeitet, geritzt und gedruckt, gemeinsam gekocht und gegessen, geredet, getrunken und viel gelacht worden war. Eine wunderbar bunte Erwachsenenwelt, in welche meine Mutter wöchentlich eingetaucht war. Warum ging ausgerechnet ein Mensch, der solche Momente zu schaffen vermochte, freiwillig aus dem Leben? Ich konnte es damals nicht begreifen.

Mary und Ingrid sind unten im Wohnzimmer, servieren Kaffee. Ich vergesse zu fragen, ob Mary meine Mutter kennt.

Mit einer Schachtel Briefe unter dem Arm verabschieden wir uns. Ingrid hat schon einen nächsten Besuch geplant: ein gemeinsames Essen bei Hans Gurtner, dem Nachbarn von Mary. Erstens koche der pensionierte Lehrer und Schulleiter unglaublich gut, zweitens habe er Madame de Meuron auch gekannt und drittens könne er amüsant erzählen, so ihre Begründung. Mary bittet mich, bei dieser Gelegenheit die Briefe wieder zurückzubringen.

Der einsame Tod

62 Briefe hat Elisabeth de Meuron an Mary Lienhard geschrieben, während zwanzig Jahren, zwischen 1956 und 1977. Je länger ich lese, desto klarer wird mir, dass darin eine vollkommen neue Geschichte niedergeschrieben ist. Das Leben von Elisabeth de Meuron zeigt sich mir unvermittelt um eine Dimension reicher. Eine kleine Drehung im Kaleidoskop, und plötzlich wird ein ganz anderes Bild sichtbar – viele scheinbare Ungereimtheiten ergeben plötzlich einen Sinn. Ob Madame de Meuron diese Familientragödie wohl auch sonst jemandem anvertraut hatte?

«Mein Notar weiss nichts von meiner Mutter, ich sagte ihm nichts davon.» Diese Randnotiz eines Briefes zeigt, dass Elisabeth de Meuron ihre Vertrauten nicht in das Geheimnis eingeweiht hatte. Mary hingegen schon. Wie wichtig Mary Elisabeth war, lässt sich einem kleinen Detail der Unterschrift ablesen: Die Briefe an Mary unterschrieb sie nicht wie üblich mit dem simplen Kürzel «E. v. M.», sondern mit «Ihre alte Freundin Elisabeth de Meuron». Wem gegenüber hatte sich Elisabeth sonst noch als «Freundin» bezeichnet? Mit Mary teilte sie die jugendlichen künstlerischen Ambitionen, aber auch Schicksalsschläge.

Elisabeth hatte viel von ihrem mächtigen bärtigen Vater, dem «Löwen» Ludwig von Tscharner, erzählt und geschrieben, der in Heidelberg in Philosophie promoviert hatte. In der Berner Gesellschaft zählte dies wenig. Sein Prinzip als Offizier und Aristokrat war das der Tugend, Elisabeth fand dies als Lebensmotto viel zu bescheiden. Tugendsam würde sie nie etwas erreichen, davon war sie überzeugt. So erzählte und schrieb sie oft, sie habe als Jugendliche unter ihrem Vater gelitten, etwa weil er ihre Liebesheirat verhindert hatte. Später stritt sie sich heftig mit ihm, denn das aufbrausende Temperament besassen beide. Weder ihre Briefe noch ihre Erzählungen liessen je Zweifel daran, dass sie ihren Vater verantwortlich machte für ihr Leiden, ihre Schicksalsschläge und ihr verpfuschtes Leben.

Ludwig von Tscharners Losung «Tenebo» – ich werde halten, durchhalten, sei es wie bei den Vorfahren im Krieg bei Marignano oder im täglichen Leben – war es wohl auch, welche das Schicksal der Mutter unerzählbar machte. «Ich werde halten» – das war ein Versprechen: zu schweigen.

Wenn Elisabeth in Briefen ihre Mutter erwähnte, dann als Person, die still an der Seite von Elisabeth litt, die immer im Schatten ihres Ehemannes stand. Elisabeth liebte das eine Porträt ihrer Mutter, gemalt, als Anna von Tscharner-von Wattenwyl fünf Jahre alt war. Dieses Bild hatte Elisabeth an ihrem 85. Geburtstag als Hintergrund für eine Porträtfotografie gewählt. Als wolle Elisabeth ihre Mutter möglichst jung in Erinnerung behalten. Ihrer Enkelin Barbara erzählte sie, die Mutter habe sich immer mehr zurückgezogen und nur noch in ihrem Zimmer gelebt, «absente».

In den Briefen an Mary zeigt sich die Tragödie, die erst mit dem Tod der Mutter endete, aber das Leben der jungen Elisabeth wie auch das ihres Bruders und ihres Vaters in Mitleidenschaft gezogen hatte. Um ihre Mutter zu schützen, gab Elisabeth ihrem Vater für vieles die alleinige Schuld. Warum hatte Elisabeth ihre Mutter in Schutz genommen und erst Jahrzehnte später Mary die Geschichte erzählt?

Für Mary hegte Elisabeth grosse Bewunderung. Für die Einrichtung ihrer Wohnung: «Ihre Wald-Tier-Höhle, diese gute Wohnung mit der schönen Aussicht.» Für ihre Arbeit als Dekorateurin und Künstlerin: «Besten Dank für Ihre Karte, ich sehe Sie arbeiten.» – «Ich bewundere die Zeichnung mit Platzeinteilung und Gleichgewicht der VALEURS.» – «Ihre Schrift ist so ruhig und ordentlich, geduldig ohne Hast – ich beneide Sie darum. Auch ich sehe so viele Schriften diese Tage wo ich meine Glückwunschkarten wegräume und ein zweites Mal ansehe und in den Schriften sieht man viel.»

Die Energie von Mary vermisste Elisabeth bei sich: «Ich habe Sie aufrichtig bewundert damals, dass Sie wegkonnten, ich dachte, Sie würden es überhaupt nicht zu stand bringen, denn – ich – hätte das nie zustand gebracht, hätte gar nicht die Kraft gehabt.»

Mary, im Alter ihrer Enkelinnen, erreichte, was Elisabeth nie geschafft hatte. Mary hatte sich von Zuhause gelöst, Mary musste nicht heiraten, um von zu Hause auszuziehen, Mary wurde Künstlerin, stand auf eigenen Beinen und ging ihren eigenen Weg.

Sie, die ich eigentlich verstanden und bewundert habe im Sturm Ihres jungen Lebens, hoffe, Ihnen in Erinnerung weiter beistehen zu können ob ich lebend bin oder tot. Tapfer sind Sie ihren Weg gegangen und so ist es recht.

Ebenso war Elisabeth berührt von Marys Fähigkeit, mit Worten umzugehen:

Es ist, wie Sie, die gute Schreiberin sich ausdrücken, es braucht keine Worte und Erklärungen, denn ich wusste, wusste ...

Das Schönste bleibt immer ungesagt, aber ich weiss, dass Sie fühlen, dass Sie für mich ein Lebewesen sind, das gelitten hat und noch leiden wird, um das ich mich sorge, ein Lebewesen, das ich in grosser Achtung halte.

Zur Bewunderung gesellte sich eine grosse Sorge um Mary:

Mein Sohn unheilbar krank hat den Freitod gewählt, und ich möchte Ihnen ans Herz legen, dass es für Sie <u>nicht</u> das Richtige sein kann, bevor Sie sehr sehr alt sind, dann ist es etwas anderes. Jetzt müssen Sie eben tapfer über Stock und Stein gehen. Arbeit und Disziplin bringen auch eine gewisse Zufriedenheit und Beruhigung. Ich bewundere Ihre Disziplin, bin die Unordnung selber.

Elisabeth de Meuron hatte schon beim ersten Treffen mit Mary und ihrer Mutter die Parallelen erkannt. Sie wusste, ihr Schicksal der Tochter, die unter der Krankheit der Mutter ein Leben lang litt, durfte sich nicht wiederholen. In einem Brief vertraute Madame de Meuron Mary ihr gut gehütetes Geheimnis an:

Dass ich damals wagte, Sie als Mieterin anzunehmen ist sehr einfach: im Haus vom Münsterplatz bin ich geboren wo das Wappen in Sandstein gehauen ist, das Wappen meiner Familie [Vogel Greif, Anm.] – ich verliess es mit 23 Jahren, um einen mir befreundeten Vetter zu heiraten, weil meine Mutter geistig krank geworden war und mich geistig so quälte, ich ihr trotz Vater und Bruder gänzlich ausgeliefert war, ich es nicht mehr aushalten konnte. Meine Liebe zu einem anderen Mann konnte sie nicht ertragen, mein ganzes Leben verdarb eigentlich daran und meinen ungeliebten Ehemann, der mich ohne Rückhalt liebte – riss es ins Unglück.

Meinen Bruder hemmte die Krankheit meiner Mutter auch am normalen Glücklichsein in seiner jungen Ehe bis er an einem Unglück starb.

Die Krankheit meiner armen Mutter machte meinen Vater, meinen Bruder, mich jahrelang unglücklich, bis sie mit 56 Jahren gelähmt im grossen Haus elend starb. Sie stammte aus dem Frischinghof das jetzt Béatrice von Wattenwyl-Haus heisst, diese Beatrice von Wattenwyl war die jüngere Schwester meiner Mutter.

Wir liebten meine Mutter, konnten ihr nicht helfen und sie richtete immer den einen oder andern abwechslungsweise zu Grund auf eine Art, welche ich nicht sagen will –, dabei war sie eine liebevolle junge Mutter gewesen, die uns Kinder über alles geliebt hatte, gegen den Ehemann fing es zuerst an und der liebte sie bis zuletzt und schützte uns erwachsenen Kinder nicht genug vor ihren krankhaften Verfolgungen.

Nun sind alle tot, der Bruder, die Mutter, der Vater der Schreiberin. So kam es, dass ich Sie, Mary Lienhard retten musste, ohne dass Sie mir alles zu sagen brauchten. – Nun habe ich Sie doch nicht vor dem argen Ende Ihrer Mutter schützen können.

Ich wusste, dass Sie Frl. Lienhard zu Grunde gehen müssten, wenn Sie bei der Mutter blieben, aber ich dachte, Sie hätten nie die Kraft, sie zu verlassen, sich zu retten, denn diese Kranken haben eine hypnotisierende Kraft, die Umgebung zu knechten, – und diese armen Kranken leiden selber so fürchterlich.

Bei der Mutter war eine Parkinson-Erkrankung diagnostiziert worden. Keine Medikamente brachten Linderung, die Beschwerden setzten Elisabeth und der ganzen Familie zu. Ein Leiden, das die Mutter veränderte, gar bösartig werden liess. Die Krankheit verhinderte alles, was sich in dieser Zeit entfaltet hätte: Elisabeth war talentiert, schuf mit Pinsel und Stift kleine Kunstwerke und wollte Künstlerin werden, in Paris eine Kunstschule einer Verwandten besuchen, anschliessend in ganz Europa herumreisen und so viel lernen, wie nur möglich – so wie ihr Bruder. Sie liebte einen Mann und wollte mit ihm dieses Leben teilen. Doch die Mutter verhinderte alles.

Aus diesen Zeilen spricht die Erinnerung an eine Jugend, überschattet durch die Krankheit der Mutter. Die Lebensgeschichte der jungen Elisabeth de Meuron erhält eine neue Färbung. Nicht der gestrenge Vater war es, unter dem sie gelitten hatte, sondern unter der Gemütsverfassung der kranken Mutter. Schuld konnte sie der Mutter keine zuweisen, war sie doch selbst Opfer ihrer Krankheit, ausgeliefert den sie begleitenden Depressionen, den Zeichen der zunehmenden Ohnmacht. In Mary erkannte sich Elisabeth wieder:

Ich bin gar nicht fromm, aber vielleicht gibt es Fügungen eines Gottes wie z. B. dass Sie ohne es zu wissen auf eine arme Seele voller Wunden stossen müssen, deren erlebtes Elend man ihr nicht ansah […] Es war ganz folgerichtig, dass ich ohne besonders ein Engel zu sein versuchte, eine ertrinkende Schwester zu retten.

Beide Frauen litten unter der Krankheit ihrer Mütter, das war ihr gemeinsames Los. Marys Mutter beging später Suizid. Mary plagten Zweifel, ob sie ihre Mutter im Stich gelassen hatte. War gar der Auszug in die eigene Wohnung mit Hilfe von Madame der Anlass für den Selbstmord? Hatte Mary egoistisch gehandelt? Mary hatte ihre Zweifel nie geäussert, aber Elisabeth ahnte ihr Ringen:

Ihre Mutter ruht in Frieden und ihr Geist wäre bei ihrem kleinen Mädchen, wenn sie kommen könnte, seien Sie getrost, es ist besser so, glauben Sie mir. Vertrauen Sie auf Ihre Kraft, wie ich bei Ihnen.

Vorwürfe machte sich auch Elisabeth de Meuron. Als Kinder litten sie darunter, dass sie ihrer Mutter nicht helfen konnten, und Ludwig von Tscharner hätte alles gegeben, um seiner Ehefrau mehr Unterstützung zu bieten – doch die Mutter starb einsam und elend:

Meine Mutter starb, ohne dass einer von uns dabei war, ob bei Besinnung oder nicht, wussten wir nie, ob sie nach uns verlangt hätte auch nicht – und das alles im schönen grossen Haus gegenüber dem Münster.

Das Haus am Münsterplatz, wo Elisabeth fast das halbe Leben lang gewohnt hatte, als Kind, als Mutter und bis zu ihrer Scheidung – diese Liegenschaft verkaufte Elisabeth als einzige aus dem ganzen Besitz. Weder vorher noch nachher hat Madame de Meuron je eines ihrer weiteren Häuser verkauft. Sie hatte manchmal keinen Rappen Geld in der Tasche und lebte oft von der Hand in den Mund. Trennen konnte sie sich nie von einem ihrer Güter. Ihre Enkelin Barbara Hegner fragte sich, weswegen sie wohl ausgerechnet das Münsterplatzhaus, das Haus mit dem Von-Tscharner-Wappen, dem Kanton Bern verkauft hatte. Aus den Briefen an Mary wird klar: Die Erinnerung an ihre leidende Mutter verfolgte sie in diesem

Haus auf Schritt und Tritt. Nur mit einem Verkauf konnte sie sich ein Stück weit von diesem Schmerz trennen:

Nach meines Vaters Tod verkaufte ich es dann dem Kanton.
Schluss.
Zerreissen Sie diese Blätter.

Elisabeth de Meuron freute sich, Mary geholfen zu haben – und ihre Briefe zeigen, wie nötig sie selbst damals Unterstützung gebraucht hätte:

Sie Liebe, haben mir gar nichts zu danken. Ich glaube doch, wir sind zur Einsamkeit verurteilt, weil wir jung und zart zu viel gelitten haben.

Meine Ehe ging schlecht.

Meines Bruders Ehe ging schlecht, sein Tod war eine Erlösung für ihn und seine Frau, sie waren kinderlos.

Man verkrüppelt, wenn man als jung zu stark belastet wird.

Ich bin 84jährig, und sterbe bald.

Ich möchte Ihnen als tot dann noch Begleitung geben, ich bin dankbar, dass ich Ihnen aus Zufall einmal unter die Arme greifen konnte.

Stellen Sie sich vor, wenn Sie an meiner Stelle gewesen wären, wie gerne hätten Sie mit Ihren starken Armen viel besser als ich einen Versinkenden gepackt?

Denken Sie an mich, jetzt wo Sie wissen, warum Sie in mein Haus gelangen konnten und ich Ihre Freundin nicht ausstehen konnte, aber doch Sie nicht da alleine wissen wollte, da ich Ihrem seelischen Gleichgewicht nicht traute.

Die ähnliche Leidensgeschichte verband sie mit Mary und sie fürchtete vergleichbare Konsequenzen, etwa die Einsamkeit. Die werde Mary mit ihr teilen. Elisabeth, älter und reich an Lebenserfahrung, sparte nicht mit Ratschlägen. Als Marys Freundin aus der Wohnung auszog, wuchs die Sorge:

> *Liebe Fräulein Lienhard, Sie sind jetzt plötzlich zu allein, aber das wird vergehen. Später, nicht jetzt, nehmen Sie sich einen Hund. – Die plötzliche Einsamkeit könnte Ihnen schaden. Man lässt sich leicht gehen und vernachlässigt alles, wenn man zu plötzlich alleine ist. Sonst ist es herrlich, alleine zu sein. Heutzutage ist es der grösste Luxus, den man sich leisten kann.*

Mary hat es ein Leben lang vorgezogen, alleine zu leben – und hat dies als Luxus empfunden. In den Briefen an Mary sah Elisabeth versöhnlicher auf ihr Leben. Das Alter mildere die Schmerzen.

> *Im Alter geht alles von selber, es ist vorbei, man hascht und greift nicht um sich nach allem möglichen. Jugend und Mitte des Lebens bringen allerlei, das weh tut und man versteckt, wenn man etwas auf seine Würde hält, und das Leben ist trotzdem gut und schön und erneuert sich je nach den Altersstufen.*

Elisabeth nannte ihr Leben auch einen Alptraum: düster, traurig, mit nur einigen wenigen lichten, friedlichen und schönen Momenten. In den Briefen an Mary aber, da sind es die frohen Erinnerungen, die Zeilen und Blätter füllen. So klang ihre Lebensbilanz letztlich erstaunlich positiv:

> *Ich habe vielleicht ein schweres Leben gehabt, aber doch so reiche Erinnerungen von grosser Vielseitigkeit, dass mir die Einsamkeit des zurückgezogenen Lebens nicht einsam vorkommt.*

Die Freundschaft mit Mary zeigt eindrücklich, wie Elisabeth de Meuron mit anderen mitfühlte und an deren Leben Anteil nahm.

Sie genoss Marys Erfolg, als wäre er ihr eigener, sie fühlte sich durch die Jahrzehnte jüngere Mary unabhängig und frei.

Mary ermöglichte Madame de Meuron aber auch, sich ihrem schlechten Gewissen zu stellen. Ihren eigenen Kindern hatte sie nie diese Stütze sein können. Sie hatte nicht deren Nöte erkannt, ihnen keine Freiheit geschenkt und keine Grosszügigkeit walten lassen. Ihren Kindern hatte sie verboten, was auch ihr versagt geblieben war. Als sie dies realisierte, war es zu spät. Ihr Sohn hatte sich das Leben genommen, und ihre Tochter hatte mit ihrer Auswanderung grösstmögliche Distanz geschaffen. Zumindest Mary Lienhardt sollte von ihrer Lebenserfahrung profitieren.

Die Nähe und Vertrautheit mit Mary war somit für Madame de Meuron wohl einmalig, über die Jahrzehnte hinweg baute sie die Freundschaft mit vielen Briefen und regelmässigen Besuchen auf. Die tiefe Verbindung sollte auch über den Tod hinaus bestehen bleiben. Sie führte Mary mit ihren Enkelinnen zusammen:

Ich würde schon versuchen, wenn einmal Gelegenheit ist, dass meine Enkelinnen, beide über 30, Ihre Wohnung sähen damit sie bei meinem Tod Kontakt gehabt hätten.

So begann die lange Freundschaft zwischen Mary und Barbara Hegner.

Durch das Leiden ihrer Mütter lernte Mary eine fürsorgliche, feinfühlige, hilfsbereite Elisabeth de Meuron kennen.

Je mehr Briefe ich von Elisabeth de Meuron an Mary lese, umso grösser ist die Neugierde, ob diese Krankheit auch in den Zeilen, die Elisabeth von ihrer Mutter erhalten hatte, erkennbar ist. Welchen Vater lerne ich in den Briefen und Karten an seine Tochter Elisabeth kennen? Es ist Zeit, die grüne Kartonschachtel mit den Briefen der Mutter und des Vaters hervorzuholen. Was erfahre ich Neues über die Eltern von Elisabeth de Meuron?

«Guten Tag Lisla»
Mit der Mutter und dem Bruder hatte Elisabeth auf Französisch korrespondiert, mit dem Vater auf Deutsch. Wie redeten sie zusammen am Mittagstisch? In den französischen Texten tauchen immer wieder Mundartbegriffe auf: «Speck dür ds'Mul zoge» oder «versorget» und «gänggelet». Dies deutet darauf hin, dass ab und zu Berndeutsch gesprochen wurde.

Der erste Stapel der Karten und Dokumente des Vaters ist deutlich höher als das Häufchen mit den drei Briefen ihrer Mutter.

Ludwig von Tscharner war oft und wohl auch gerne unterwegs, ob auf Reisen oder auch in Bern, wo er in den verschiedensten Gremien tätig war. Elisabeth de Meuron hatte eine Auswahl an Dokumenten ihres Vaters aufbewahrt – er war politisch, gesellschaftlich und kulturell sehr interessiert und engagiert. Aus den diversen Einladungskarten für Sitzungen und Veranstaltungen geht hervor, dass er in der Direktion des Freien Gymnasiums, einer Berner Privatschule, sass. Auch in der Direktion des Kunstmuseums und der Bibliotheks-Kommission des Kunstmuseums Bern, im Burgerrat und dort in der Museumskommission, da die Burgergemeinde auch das naturhistorische Museum in Bern betrieb. Er war in der Direktion des Berner Kantonal-Kunstvereins, im Vorstand des Historischen Vereins des Kantons Bern, im Vorstand der Bernischen Vereinigung für Heimatschutz. Bemerkenswerterweise sass er auch in der Bernischen Kommission für Naturschutz, die auch auf eidgenössischer Ebene zusammen mit anderen Naturschutzkommissionen tagte und sich mit dem Schweizerischen Nationalpark, dem Schweizerischen Bund für Naturschutz und der Pflanzenverordnung auseinandersetzte. Er war im Organisationskomitee für die Landesausstellung von 1914 in Bern, sass im Gesamt-Kirchgemeinderat und ebenfalls im Münster-Kirchgemeinderat. In einer der Einladungen wird er aufgeboten, die Opferstöcke des Münsters zu leeren. Politisch engagierte er sich im Gemeinderat der Einwohnergemeinde der Stadt Bern, in der städtischen Kommission für Gaswerk und Wasserversorgung und im Aktionskomitee gegen den Gotthardvertrag. Dieser regelte ab 1909 den alpenquerenden Eisenbahnverkehr zwischen der Schweiz, Deutschland und Italien. Von Tscharner traf sich regelmässig mit den Genie-Offizieren von Bern, war im Verwaltungsrat des Berner Tagblatts, er gehörte den konservativen burgerlichen Delegierten an und der Bogenschützen-Gesellschaft, die nur den regimentsfähigen ehemaligen Patrizierfamilien offenstand. Er war also sowohl in der städtischen wie in der burgerlich-patrizischen Gesellschaft bestens vernetzt.

Viele seiner Interessen teilte seine Tochter Elisabeth mit ihm. Sie nahm am Kulturleben teil, war eine fleissige Kirchgängerin, informierte sich über Politik und las sich durch die Geschichtsbücher. Die Umwelt und das Wohlergehen der Tiere blieben ein Leben lang eines ihrer Hauptanliegen – auch da schien sie in ihrem Vater ein Vorbild zu haben.

Überraschend sind die Ansichtskarten des Vaters an seine Tochter. Ich hatte das Bild eines distanzierten, eher kühlen, vielleicht gar bedrohlichen Verhältnisses zwischen Vater und Tochter, erwartete deshalb förmlich-freundliche Karten, so wie es in Familien dieser Zeit üblich war. Dass die Geschwister einander duzten, erstaunt mich nicht. Dass die Kinder aber auch die Eltern duzten, das war in Familien mit aristokratischem Hintergrund damals nicht selbstverständlich.

Aus den Karten von Ludwig von Tscharner blitzt häufig ein Humor hervor, der auch Elisabeth de Meuron ein Leben lang eigen war.

Ludwig von Tscharner hatte einen Kosenamen für seine Tochter: Lisla. Die erste Karte, die ich lese, ist berührend. An seine 16-jährige Tochter schrieb er 1889 aus Martigny:

Liebe Lisla
Dein Brief war sehr schön & wir können dann ein Mal von allen Deinen Wünschen sprechen.
Länger zu schreiben habe ich keine Zeit.
Dein Papa

Das könnten auch Zeilen von heutigen E-Mails oder SMS eines Vaters an seine Tochter sein. Elisabeth de Meuron schien mit ihren Zukunftsplänen auf offene Ohren gestossen zu sein. Welche Wünsche es wohl waren? Hatte sie bereits Heiratspläne? Verfolgte sie das Ziel, Kunstmalerin zu werden?

Ihr Vater versuchte, wo immer er war, Ansichtskarten mit Gemälden zu ergattern, um diese Elisabeth zu schicken. Er war in der Toskana, in Norditalien, in Frankreich und in Deutschland unterwegs. Eine Zeitlang reiste er auch zusammen mit Elisabeths Bruder Louis.

«Es thut mir sehr leid keine Karte mit Gemälden für Dich zu finden es gibt hier einfach keine. Hoffentlich finde ich in Tengra Dein P.» Aus Bologna schrieb er etwas später: «Hier ein Gruss aus sonderbarer Stadt, aber es gibt nun alle Tage Ansichtskarten. Papa.»

Er war auf Reisen im Bilde, womit sich Elisabeth beschäftigte, und fragte nach: «Danke sehr für Brief. Werde ich die neuen Malerwerke sehen dürfen?»

Spöttisch schickte er eine Karte mit Männerstatuen mit langen Gewändern aus dem Musée de Dijon. Einer verdeckte mit dem Ärmel das Gesicht, ein anderer hatte die Kapuze tief ins Gesicht gezogen. Dazu steht: «Warum schreibst Du mir nicht mehr? Sieh, so sehe ich aus. Dein P. P.»

Augenzwinkernd entschuldigte er sich für die Auswahl seiner Karten-Sujets:

Postkarte an Elisabeth von ihrem Vater
Foto: zvg

25. 10. 1901
Neuchâtel
Liebe E. Ich kann Dir keine schönere Postkarte fabrizieren; diese hier ist ich weiss nicht woher auf meinen Schreibtisch gekommen; – und sie ist auch danach!
Nimm sie in Gnaden an! [...] Auf Wiedersehn, liebe Grüsse an Maman und Louis von Deinem Pa.

Aus Paris kam eine Karte mit nur wenigen Worten:

Guten Tag Lisla
Hast du gut geschlafen?
Sonntag morgen

Herzliche, fast zärtliche Karten, die Ludwig von Tscharner seiner Tochter Elisabeth schrieb. Ich hatte mir das Verhältnis weit weniger innig vorgestellt. War vielleicht gerade deshalb Elisabeths Enttäuschung umso grösser, als der Vater ihr den Heiratswunsch ausschlug? In keiner der Karten des Vaters wird dieses Ereignis angesprochen, obwohl es sich in diesen Jahren zugetragen haben muss.

Keine Karten schickte hingegen Elisabeths Mutter, denn sie begleitete ihren Ehemann nicht auf seinen Reisen, auch nicht an die vielen Bankette oder Eröffnungen; die Einladungskarten waren immer nur an Ludwig von Tscharner adressiert. Trotzdem hielten Mutter und Tochter sich häufig nicht im gleichen Haus auf. Die Mutter war in Rümligen, Elisabeth in Amsoldingen, die Mutter im Haus am Münsterplatz, Elisabeth im Châlet Kaaba. Drei Briefe der Mutter an Elisabeth sind erhalten geblieben.

Wie Elisabeth schrieb auch die Mutter kunterbunt durcheinander – gerade wie ihr der Sinn stand. 1903, Anna von Tscharner-von Wattenwyl war in Rümligen, Elisabeth in Amsoldingen, bedankte sich die Mutter für einen Brief Elisabeths, erzählte, wen sie alles getroffen hatte und dass sie am Aufräumen sei. Sie beklagte das Wetter, auch im Vertmont sei es kalt und nass gewesen. Louise von Werth aus Toffen sei zu Besuch gekommen, sie lebte seit dem Unfall ihrer Mutter vor zwei Wochen alleine. Die Mutter bat Elisabeth, einmal mit Frau von Werth spazieren zu gehen. Sie sprach von Einladungen, die sie plante. Der Brief handelte von alltäglichen Dingen. Mit keinem Wort findet die Krankheit der Mutter Erwähnung, dem Brief ist nichts anzumerken, die Schrift ist ebenmässig und deutlich.

Ein zweiter Brief ist undatiert. Ich frage mich, ob er vor der Hochzeit von Elisabeth mit Fritz de Meuron geschrieben wurde? Die Mutter spricht von Fritz so, als würde er zur Familie gehören, aber nicht wie von einem Schwiegersohn. Sie erwähnt eine Einladung zum Hochzeitsfest: «Cela durera trois jours, ce doit être une noce qui compte. Fritz Meuron trouve que c'est suffisant s'il va le jour de la noce.» Sie erzählt vom Sommer, wenn mehr Leute nach Rümligen kommen würden:

De cette façon je pourrai garder la chambre de Mademoiselle Stettler pour si tu as des amies au mois d'août. En juillet je veux absolument que tout le monde s'absente de Berne cela fait que tu n'aimerais quand même pas trouver personne si tu étais à Rümligen donc profite de rester chez les Tantes sauf que cela va ... Louis et Papa auront la « Jägerstube » pour les Messieurs les Fritz, s'ils restent par-dessus la nuit, la chambre de la tour et tes amies celle de Mlle Stettler ... Fritz a disparu de l'horizon depuis bientôt 8 jours.

Im Sommer verteilte sich die Familie an unterschiedliche Orte, Elisabeth war bei ihren Tanten in Amsoldingen, Vater und Bruder in Rümligen, ebenfalls Fritz de Meuron. An dieser Stelle ist nun zweifelsfrei klar, dass Fritz der Reisegefährte und ein guter Freund von Louis war, bevor Elisabeth ihn heiratete. Dass Elisabeth zusammen mit ihren Tanten in Amsoldingen wohnte, spricht auch dafür, dass der Brief vor ihrer Heirat 1905 geschrieben wurde.

Elisabeths Mutter erwähnt eine Mademoiselle Stettler, die zeitweise bei ihnen wohnte. Ich finde in der Kartonschachtel auch Postkarten, die an Mademoiselle Stettler und Mademoiselle von Tscharner adressiert sind. Gerne hätte ich auch den Vornamen von Elisabeths Freundin gekannt, doch ich finde ihn nicht heraus.

Die Briefe der Mutter sind locker verfasst, sie äusserte klar ihre Meinung etwa zu Egon von Steiger, der mit seinen Kollegen in den Bergen verunfallt war:

On raconte que l'année passée Egon et ses acolytes pour bien célébrer la morte qui s'est tuée dans une course de montagne avec Egon, avaient trouvé cela si grandiose de mourir ainsi qu'en mémoire ils se sont revus à une réunion et ont fait le plan de leurs enterrements réciproques si eux venaient à se tuer dans les montagnes.

On dit qu'ils ont même choisi et chanté alors les chants qu'on devra leur chanter sur leurs tombes [...] et qu'hier on l'a effectivement fait ainsi. Ils n'ont pour sûr pas pensé que cela arrivait ainsi. Si c'est vrai cette histoire, c'est au fond laid et ne prouve pas le sérieux de cette bande.

Auch in diesem Brief erkenne ich keine Anzeichen einer Krankheit. Verfasste sie die Briefe in guten Stunden? Wurden die Symptome erst später sichtbar oder hatte sie die Briefe gar nicht eigenhändig verfasst? Ihre Worte lassen eine grosse Herzlichkeit erkennen:

Bonsoir dors bien et crois-moi ton affectionée
Maman
Papa et Louis te font saluer
Les chiens de Madeleine présentent des voix retentissantes.
J'ai découvert qu'on les entend ici très bien.

Von der strengen Mutter, die Elisabeth starre und vorgeschriebene Rollen vorgibt, wie es Elisabeth rückblickend beschrieb, ist nichts spürbar. Die Stimmung der Briefe und die Schilderung Elisabeths gegenüber Mary Lienhard passen nicht recht zusammen. Die Worte der Mutter spiegeln kurze Momente – diese wenigen Briefe gewähren einen kleinen, erlesenen Einblick, eine Auswahl, wie sie Elisabeth de Meuron getroffen hatte.

«Merci, Mano!»

Spätsommer 2015. Hans Gurtner, Marys Nachbar, hat wunderbar gekocht – Saltimbocca, Risotto, Reis, Salat ... Sein junger Hund pendelt beim Aperitif zwischen Ingrid Tschudi, Mary Lienhard und mir hin und her. Das Treffen an der Gerechtigkeitsgasse 61 ist zustande gekommen, ein Stock weiter unten als beim letzten Besuch im Haus.

Mein Bild von Madame de Meuron hat sich gewandelt, dank der Briefe an Mary. Ich bedanke mich bei Mary für die bereichernden und erhellenden Facetten zur Jugend von Elisabeth, die sich in den Briefen offenbart hatten, wie auch die Nähe zu Mary, die dieses gemeinsame Schicksal ermöglichte. «Für mich war das normal, ich kannte sie nicht anders», sagt Mary bescheiden. Viele Fragen hätte ich gerne gestellt, doch heute gehört die Bühne Hans Gurtner, dem begnadeten Geschichtenerzähler.

Die Runde wird schnell heiter, zwischen den Speisen erzählt Hans von seinen Begegnungen mit Madame, in denen Humor und Witz das Szepter führten. Anekdoten und Madame de Meuron, das gehört zusammen.

Ein allerletztes Mal sah Hans Gurtner Madame kurz vor ihrem Tod im Spital in Riggisberg, als er sie am Krankenbett besuchte. Sie schickte ihn auf den Balkon, er solle schauen, ob bei den Stallungen alles in Ordnung sei. Hans ging auf den Balkon, sah aber weit und breit keine Stallungen. Nach einer Weile kehrte er ins Zimmer zurück und sagte: «Ja, alles in bester Ordnung.» – «Dir heit o ke Muet!», entgegnete Madame. Ja, sagt Hans, sie habe voll ins Schwarze getroffen.

Als Knabe machte er Bekanntschaft mit Madame in Kühlewil. Seine Eltern leiteten den Landwirtschaftsbetrieb der Armenanstalt der Stadt Bern, im Stall standen ein Zuchthengst und ein Zuchtstier. Wenn Antonio, «der Italiener», wie ihn Madame nannte, die Stute von Rümligen in den Anhänger lud, um sie zum Decken nach Kühlewil zu bringen, begleitete ihn Madame. Sie sass nicht im Jeep, sondern immer auf dem Bock der Pferdebänne, kraulte der Stute die Mähne zwischen den Ohren und beruhigte sie. Trotz der immer gleichen gefleckten Pelzjacke wirkte sie durchfroren, das Gesicht vom vielen Puder ganz bläulich. «Als Bub dachte ich immer: Aha, blaues Blut.»

Der Akt vollzog sich hinter dem Haus. Madame stand auf der Rampe und schaute zu. Der Hengst beachtete die rössige Stute neben sich nicht, äugte nur ins Publikum.

«Frou vo Meuron, dir müesset ewäg, er het ds' Gfüel, dir sit e Löi!», sagte Anstaltsleiter Hans Nyffeler, der wie Vater Gurtner Madame de Meuron Gesellschaft leiste. Und schickte Madame in ihrem Pelzkragen weg. «Meinet dir?», entgegnete sie skeptisch, verschwand aber um die Ecke. Da trat der Hengst in Aktion. Sie lugte hinter der Mauer hervor, nickte und rief: «Herr Nyffeler, ig gloube, dir heit Rächt gha!»

In Kühlewil trafen sich die Jäger. Elisabeths grosse Barsoi-Windhunde rissen oft vom Schloss Rümligen aus und jagten Rehen und manchmal auch Schafen nach. Madame de Meuron wurde verwarnt, wollte aber nicht hören – oder schaffte es nicht, ihre Hunde im Schloss zu behalten. Der Metzger war einer der Jäger. «Als Knabe erinnerte er mich an einen Krieger von Marignano, so wie Hodler diese malte und im Geschichtsbuch in der Schule abgebildet waren: stämmig und mit markantem Kopf.» Dieser Metzger erschoss einen wildernden Hund von Madame de Meuron.

Unverzüglich liess sie sich im Jeep von Antonio nach Kühlewil chauffieren. «Herr Gurtner», sagte sie zum Vater, «dir heit e Metzger, rüefet mir dä Ma, dä het mir e Hund erschosse!» Der Metzger trat vor Madame hin: «Ja, ich habe ihn erschossen, und Sie haben noch einen zweiten Hund, der auch wildert, den erschiessen wir auch, wenn wir ihn erwischen.» Madame musterte den Metzger von oben bis unten: «Als Ma chönntet dir mir imponiere, aber als Mönsch verabscheue ig öich.»

Hans Gurtner erzählt Geschichte um Geschichte, alle Antworten von Madame sind so unerwartet, treffend und eigenständig, dass wir lachen müssen – und nachdenklich werden.

Ingrid Tschudi erzählt von Madame als Vermieterin und vom Gerücht der Wohnungsbesichtigungen, die sie bei abwesenden Studenten gemacht haben soll. Madame de Meuron besass zu allen Wohnungen Schlüssel und ging nach Belieben ein und aus – so die Legende. Ingrid spannte eine Zeitlang Fäden in der Wohnung, wenn sie ausser Haus ging. Aber nie waren diese zerrissen. Ihre Wohnung inspizierte Madame also nie. Mary sitzt da und lächelt. Diese Anekdoten. Fassade, alles Fassade. Sie kann keine lustige Geschichte beisteuern.

Hans erzählt weiter. Sein Vater war Feuerwehrkommandant und Gemeindepräsident und damit öfter Gast in Rümligen. Als Madame de Meuron alle Gemeindepräsidenten des Amtes Seftigen zu sich einlud, begleitete ihn auch seine Frau. Den Männern wurde im Keller Wein und Hamme serviert, die Frauen sassen mit Decken in der Allee beim Tee, bevor sie an den ovalen Holztisch im Esszimmer gebeten wurden. Im Schlosseingang bemerkte Madame de Meuron mit Blick auf die Ahnenbilder, von schönen Leuten stamme sie wahrlich nicht ab. Um etwas leiser hinzuzufügen: «Was würde meine Grandmaman wohl sagen, wenn sie es wüsste?» Die Gastgeberin platzierte jede Frau auf einen Stuhl, «Frau Gurtner, heit Dir Problem? Dir heit so müedi Ouge?» Die Mutter von Hans zuckte zusammen, fühlte sich durchschaut: Ein Bruder von Hans musste heiraten, was ihr Kummer bereitete. Die Mutter erzählte diese Geschichte bei jeder Gelegenheit, so beeindruckt war sie von Madames Aufmerksamkeit.

Es gab auch Situationen, in denen Madame de Meuron Hans leidtat. In der EPA, einem Warenhaus, in dem alles billiger war als im Loeb, ABM oder Globus, den anderen Berner Warenhäusern, suchte er nach einem Schal. Madame ging auf der anderen Seite den Gestellen entlang und hielt ein Halstuch in die Höhe. «Frölein», rief sie der Verkäuferin zu, «isch das es Tuech für ne alti Frou um de Chopf?» – «Nei das isch doch viel ds'churz!», schnauzte die Verkäuferin sie an. Hans zeigte ihr, wo die Kopftücher hingen.

«Merci, Mano!», sagte sie und lächelte dankbar – natürlich erkannte sie in ihm nicht den neugierigen Knaben wieder, den sie in der Armenanstalt in Kühlewil getroffen hatte.

Die Erlebnisse mit Madame de Meuron sind vielen Personen noch so präsent, als wären sie gestern geschehen und Madame könnte um die nächste Hausecke spazieren. Erinnerungen haben sich tief eingegraben und sind lebendig geblieben.

Wir bedanken uns bei Hans Gurtner für den unterhaltsamen, angeregten Abend. Seine Anekdoten und Mary Lienhardts Verhältnis zu Elisabeth de Meuron illustrieren den Kontrast, der Madame de Meuron berühmt gemacht hat und immer begleiten wird. Das Nachtessen ist denn auch ein Treffen zwischen Innen und Aussen. Mary kannte Elisabeths gehütetes Innere, Hans das Äussere, das Madame de Meuron nur zu gerne zelebrierte. Beides gehörte zu ihr. Das heutige Treffen führt mit der Bewohnerin der Gerechtigkeitsgasse 61 und ihrem Nachbarn im unteren Stock beides zusammen.

Auf der Strasse verabreden Mary Lienhard, Ingrid Tschudi und ich ein weiteres Treffen in einigen Wochen, um genügend Raum für die offenen Fragen zu schaffen. Inwiefern prägte oder veränderte Elisabeth de Meuron Marys Leben? Wie wäre es verlaufen, hätte sie Madame nicht getroffen? Gibt es Antworten dazu?

Mary drückt mir zum Abschied eine Einladung in die Hand zu einer kleinen Foto-Ausstellung in einem Schaufenster der Altstadt. Mary fotografierte Kerzen, die gerade erloschen. Hielt die letzten Spuren des Lichts in Form des Rauchs fest, der als Gesicht, Tänzerin, Baum oder Gespenst dem Kerzendocht entweicht. Eine Nachttischlampe sorgte für die richtige Beleuchtung, jemand blies die Kerze aus und Mary drückte den Auslöser der analogen Spiegelreflexkamera. Spannungsvolle Bilder, nachdenkliche auch, die den Moment des Vergehens einfangen. Das Licht ist weg, die Wärme verzieht sich, nur die Rauchfiguren tanzen und schwingen einige Sekunden sichtbar fein durch die Luft.

Der Rauch einer erlöschenden Kerze
(Mary Lienhard: «Rauchreigen», Foto auf Fotopapier. 1998.)
Foto: © ArchivArte

Ich gehe noch am selben Abend an dem Schaufenster vorbei, weiss sofort, dass ich eines der Bilder kaufen will, die Wahl fällt schwer. Ich notiere mir die Telefonnummer und reserviere mir einige Tage später ein Bild. Unser geplantes Treffen und damit die Beantwortung meiner Fragen verschieben wir auf den Herbst. Mary ist krank.

Die Galeristin Katharina Büttikofer packt mein Bild ein und fragt mich, ob ich Mary in ihrer Wohnung besucht habe und dort das Bild des russisch-schweizerischen Malers Andrej Jawlensky gesehen habe. Ein prächtiges Bild! Sofort tauchen die Farben der Blumen und der Frau vor meinem inneren Auge auf – ich erinnere mich, wie mich das Bild in Beschlag genommen hat. Die Galeristin plant, bei der nächsten Gelegenheit in Erfahrung zu bringen, wie dieses Bild zu Mary gefunden hat.

Der unerwartete Tod

Anfang 2016. Ich erhalte eine Karte, von Mary gezeichnet, mit ihrer Todesanzeige und einer Einladung zu einem Nachtessen. Mary musste zu einer Abklärung ins Spital, dort wurde klar, dass sie notfallmässig operiert werden müsste, um am Leben zu bleiben. Sie entschloss sich zu sterben. Sie hinterliess ein Adressbuch mit der Bitte, alle, die dort eingetragen waren, zu einem gemütlichen Nachtessen einzuladen. Alle ihre Freundinnen und Freunde, alle ihre Bekannten und Verwandten sollten gemeinsam einen schönen Abend verbringen, reden, essen und fröhlich sein. Das war Marys letzter Wunsch. Für ihren Tod war alles geregelt.

Auf die Operation verzichtete Mary, weil die Ärzte keine Prognose geben konnten, ob sie je wieder gesund genug würde, um selbständig leben zu können. So entschied sie sich dagegen. Weil sie auch im Alter von niemandem abhängig sein wollte. In den zwei Tagen, die ihr nach dem Entscheid im Spital blieben, lud sie ihre engsten Freundinnen und Freunde ein, um Abschied zu nehmen.

Der Abend wird so schön, wie Mary es sich gewünscht hat. Auch wenn sich die meisten Leute nicht kennen, gibt es an jedem Tisch angeregte Gespräche, alle erzählen, was sie mit Mary verbunden hat. Auch Elisabeths Enkelin, Barbara Hegner, und Ingrid Tschudi sind anwesend.

Einige Tage nach diesem Abschiedsessen erhalte ich einen Brief der Galeristin Katharina Büttikofer. Mary hatte ihre Frage zum Bild von Andrej Jawlenksy noch in einem Brief beantwortet – dieses Bild war ein Ausdruck der Versöhnung mit ihrer Mutter.

Als Kind verbrachte Mary die Ferien mit ihrer Familie in Ascona, im oberen Stock des Teatro San Materno – dort, wo Künstlerinnen und Künstler ein- und ausgingen, dort, wo sich Mary als Kind entschied, selbst Künstlerin zu werden. In dieser Ferienwohnung hing dieses Bild.

Meine Mutter hatte sich so sehr in dieses Bild verliebt, dass mein Vater eines Tages nach Ascona reiste, es der Tänzerin Charlotte Baxa abkaufte und es meiner Mutter unter den Weihnachtsbaum legte. Und seither ist es bei mir und die Liebe meiner Mutter ist auf mich übergegangen.

Meine Fragen an Mary bleiben unbeantwortet, nur kurz wurde der Vorhang für ihre Geschichte geöffnet, für zwei Begegnungen und die Briefe. Wie gerne hätte ich noch mehr über Marys Leben erfahren. Hatte sie ihre Schaufenster fotografiert? Welche Kunst war ihr wichtig? Wie gefielen ihre Werke Madame de Meuron? Jede Menge Gesprächsstoff, um bei Käseküchlein und Weisswein die Zeit zu vergessen.

Verena Kuske, 1974
Foto: zvg

«Gottes Wille ist der Titel, Schicksal aber die Wahrheit»
(Familie Kuske)

Bern war für Elisabeth de Meuron die Stadt der Musik, der Kunst und Wissenschaft. Vieles davon vereinigte die Familie Kuske. Den Dermatologie-Professor Hans Kuske lernte Elisabeth de Meuron als Patientin kennen, er war Arzt, zudem Präsident des Vereins Kunsthalle Bern und verkehrte mit vielen Künstlerinnen und Künstlern, Kuratoren und Kunstinteressierten an geselligen Abenden, die Verena Kuske organisierte. Für eine Freundschaft mit Elisabeth de Meuron waren dies beste Voraussetzungen.

Den Anfang aber macht eine eigene, ganz andere Episode, die wiederum bei Verena Kuske landet. Kurz vor Weihnachten 2014, als die Biografie über Elisabeth de Meuron erschienen war, schrieb mir ihr Sohn Andreas Kuske folgenden Brief:

Buch Elisabeth de Meuron-von Tscharner, Kritik an der Rezension von Daniel Sprecher in der NZZ vom 9.12.2014

Entgegen der Kritik in der NZZ haben mir gerade diese Kombinationen von romanhaften Erzählungen und den ausgedehnten Briefzitaten sehr gut gefallen. Besonders die beiden Kapitel Kavallerie und Rämisgummen haben das Atmosphärische hervorragend eingefangen. Als ehemaliger Dragoner der Schwadron 10 war ich auch einmal an einer Springkonkurrenz in Rümligen.

Den Vorwurf von Daniel Sprecher, Sie hätten sich nicht mit dem familiären Hintergrund der Eltern von Elisabeth de Meuron, insbesondere mit der väterlichen Linie von Tscharner auseinandergesetzt, finde ich völlig an den Haaren herbeigezogen. So wie ich Ihr Buch verstanden habe, war es Ihre Absicht, das Leben von Elisabeth de Meuron-von Tscharner anhand der Briefe möglichst authentisch nachzuzeichnen und auf die Tragik in ihrem Leben hin-

zuweisen. Sie hat mir jedenfalls den Anstoss gegeben, das «müffelige Kartontruckli» mit den Mme de Meuron Briefen an meine Mutter Verena Kuske-Ammann zu lesen.

Ich freute mich sehr über den Brief, denn die darin angesprochene Rezension hatte meine Arbeit von Grund auf kritisiert. Es war aber, ehrlich gesagt, eine Breitseite mit Ankündigung. Das Leben von Elisabeth de Meuron war kantig, widersprüchlich, voller Krach und Zorn und wenig versöhnlich gewesen. Die Aufarbeitung dieses Lebenswegs riss neue Wunden auf, was wenig verwundern dürfte. Das war mir von Anfang an bewusst gewesen, ich hatte mich aber nicht darum gekümmert, es beiseitegelegt. Die Idee, mich mit dem Leben von Madame de Meuron auseinanderzusetzen, hatte meine Freundin Katrin Rieder, die mir jetzt auch mit Rat und Tat für dieses Buch zur Seite steht. Als Historikerin war sie in der Burgerbibliothek Bern auf Briefe von Elisabeth de Meuron gestossen und hatte mir 2005 nahegelegt, diese einmal zu lesen. Die Schilderungen Madame de Meurons von ihren Kindern hatten Katrin berührt und nachdenklich gestimmt, in ihrer Dissertation zur Burgergemeinde Bern wäre sie ihr nicht gerecht geworden. Sie fand, da ich in diese Familie hineingeheiratet hatte, könnte es mich vielleicht interessieren.

Es brauchte einige Jahre, bis ich mich etwas widerwillig aufraffte und in den Karteikästchen der stillen Bibliothek die Signaturen heraussuchte und im gegenüberliegenden Restaurant «Metzgerstübli» bei einer grossen Schale Milchkaffee wartete, bis die Unterlagen aus dem Archiv in den Lesesaal gebracht worden waren. Ich versprach mir nicht viel von der Lektüre, war doch mein Bild dieser Frau bereits in meiner Kindheit geprägt worden. Auf dem weissen Bücherregal meiner Eltern vis-à-vis des Fensters stand das Büchlein mit den Skizzen einer alten Frau in langen Röcken, einem riesigen Hut und einem mächtigem Hund des Berner Karikaturisten Lindi. Ich fragte meine Eltern nach dieser Frau. Sie erzählten mir die Anekdoten aus dem Büchlein, zudem hatte mein Vater Madame de Meuron als «Stift» in der Lehre im Architekturbüro abwimmeln müssen. Er musste ihr wiederholt ausrichten, der Chef sei nicht da, wenn sie diesen sprechen wollte. Verschroben, arrogant, aus der Zeit gefallen war sie mir als Berner Original deutlich weniger sympathisch als der Dällenbach Kari und seine Witze.

Ich knipste die Tischlampe an, die einen hellen Lichtkegel auf die schwarze Schreibunterlage des massiven Holztisches warf, und blätterte in den Briefen. Nach kurzer Zeit wusste ich, dass ich wiederkommen würde, um alle diese Dokumente zu fotografieren. Aus den Briefen sprach eine differenzierte, feinfühlige, poetische, humorvolle und selbstbewusste, aber auch traurige und verzweifelte Frau, die ich unbedingt näher kennenlernen wollte.

Als ich der Familie de Meuron von meiner Idee erzählte, ausgehend von diesen Briefen zu recherchieren und eine Biografie über Madame de Meuron zu verfassen, die ihr etwas gerechter werden sollte als die Anekdoten, merkte ich, dass ich ein heikles Thema angeschnitten hatte.

Nach der Anekdotensammlung, die vor allem Elisabeth de Meuron so zugesetzt hatte, wollte Barbara Hegner, solange sie am Leben sei, keine weitere Publikation zu ihrer Grossmutter mehr. Ich schlug vor, sie selbst anzufragen und ihr mein Vorhaben zu erklären. So schrieb ich ihr 2012:

Sehr geehrte Frau Dr. Hegner,
Verschiedene Zufälle bringen mich dazu, Ihnen diesen Brief zu schreiben. Als wir unsere Tochter Louise tauften, wusste ich nicht, dass Ihre Mutter denselben Namen trug, obwohl mein Mann eine Louise de Meuron erwähnte.
Bei einem Besuch in der Burgerbibliothek in Bern stiess ich letztes Jahr im Handschriftenverzeichnis zufällig auf Briefe, welche Ihre Grossmutter Elisabeth de Meuron-de Tscharner geschrieben hatte. Diese Briefe sind öffentlich einsehbar. Max Huggler, Professor für

Kunstgeschichte an der Universität und Direktor der Berner Kunsthalle ab 1931 und anschliessend ab 1944 des Kunstmuseums Bern, hat beispielsweise in der Burgerbibliothek rund 140 Briefe von Ihrer Grossmutter hinterlegt. Es ist ein persönlicher Briefwechsel während der Kriegszeit, zwischen 1940 und 1946. Es sind sehr eindrückliche Briefe, eine intensive Auseinandersetzung mit Literatur (Rainer Maria Rilke, Drieux de Rochelle) mit Kunst und mit dem Glauben. E v M-T, wie sie die Briefe oft unterschreibt, diskutiert Predigten, die sie gehört hat, Textpassagen aus Büchern oder auch ganz praktische Dinge, beispielsweise aus «Haus und Heer», einer Organisation, welche von General Guisan für die Geistige Landesverteidigung eingesetzt wurde und in einer Liegenschaft von Elisabeth de Meuron in Bern einquartiert war. Elisabeth de Meuron lud häufig – zusammen mit Max Huggler – Professoren oder Wissenschaftler ein, um mit ihnen zu diskutieren. Das Auffälligste an den Briefen ist, dass darin eine andere Person zu schreiben scheint, als ich sie im Büchlein wahrgenommen habe. Es sind keine lustigen oder verschrobenen Anekdoten, es sind keine ironischen Bemerkungen, es sind spannende und schön geschriebene Auseinandersetzungen mit Fragen der Zeit, oft auch selbstkritische. Diese Briefe haben mich sehr interessiert. Sie geben einen Einblick in Diskussionen, wie sie zwischen Wissenschaftlern und Politikern während der Bedrohung des Krieges und der unsicheren Zukunft des Landes geführt wurden. Diese Briefe zeigen eine interessierte, intelligente, belesene und engagierte Frau.

Ich weiss, dass Sie die Ruhe der verstorbenen Elisabeth de Meuron nicht stören wollen, was ich sehr gut nachvollziehen kann. Die Familie de Meuron, aber auch die Familie von Tscharner hat sich immer wieder mit der Familiengeschichte befasst.

So war der Vater von Elisabeth de Meuron, Ludwig Samuel von Tscharner, Rechtshistoriker und arbeitete ein Leben lang mit der Vergangenheit. Als Historikerin beschäftige ich mich zwangsläufig immer wieder mit der Vergangenheit, aus der Überzeugung heraus, dass es für die Gegenwart oft hilfreich ist, die Vergangenheit zu verstehen, und nachzuvollziehen, wie Menschen gedacht haben, was sie zum Handeln bewogen hat. Aus persönlichen und familiären Überlegungen würde es sich vielleicht lohnen, diese Briefe von Elisabeth de Meuron, ihre Hinterlassenschaft, sorgfältig und seriös aufzuarbeiten, da es sich um einen grossen Schatz handelt. Ein Schatz, der helfen könnte, sie in einem geschichtlichen Kontext, der ihr gerecht wird, einzubetten. Damit sie wirklich Ruhe findet.
Es würde mich sehr freuen, wenn ich mich mit Ihnen in Verbindung setzen dürfte.
Mit freundlichen Grüssen»

Bereits am folgenden Tag erhielt ich einen Telefonanruf von Barbara Hegner. Ich sass Zuhause auf der Ofenbank und hielt den Hörer manchmal etwas weg vom Ohr, so eindringlich und resolut erklärte mir die Enkelin von Elisabeth de Meuron, dass sie keine Publikationen zu ihrer Grossmutter mehr wünsche, solange sie lebe. Zeit, mich zu erklären, blieb wenig. Deshalb bat ich einzig darum, sie einmal besuchen zu dürfen, damit sie mir persönlich von ihrer Grossmutter erzählte.

So sassen wir in der Folge viele Male in Amsoldingen zusammen, sie schilderte ihre Erfahrungen und Erlebnisse, ich notierte und fragte nach. Dass ich diese Notizen wohl nie verwenden würde, oder wenn, erst nach Barbara Hegners Tod, kümmerte mich wenig. Barbara Hegner und ihre Erzählungen waren für sich spannend genug. Ich hatte die Erfahrung gemacht, dass mit wachsendem Vertrauen sich eine Tür öffnen konnte.

Bei meiner ersten Biografie über Ruth Seiler-Schwab hatte ich diese eindrückliche Frau während mehreren Jahren regelmässig am Frei-

Barbara Hegner in Amsoldingen, 2015
Foto: © Peter Mosimann

tagmorgen besucht, sie hatte mir ihre Lebensgeschichte erzählt, die selbst ihre Kinder nicht kannten. Im Wissen, diese, wenn überhaupt, erst publizieren zu dürfen, wenn Ruth Seiler gestorben war. 2003, zu ihrem 85. Geburtstag, erklärte sie sich plötzlich bereit, dass ich zeitgleich zum 50-Jahr-Jubiläum ihrer Heimschule Schlössli Ins eine Artikelserie zu ihrem Leben in der Zeitung «Der Bund» schrieb. Damit war der erste Schritt zum Buch gemacht.

Ähnlich erging es mir bei Barbara Hegner. Sie rief mich am 8. Juni 2013 an und wies mich auf einen Zeitungsartikel in der «Berner Zeitung» hin:

Madame de Meuron kommt ins Schloss

Jegenstorf· Die Berner Aristokratin Madame de Meuron steht nächstes Jahr im Zentrum der Schlossspiele.

Die Verantwortlichen der Schlossspiele Jegenstorf bleiben der Berner Aristokratie treu. Nach dem «Houptme Lombach» 2012 dreht sich die nächste Produktion im Sommer 2014 um Madame de Meuron-von Tscharner – eine Persönlichkeit, die nicht nur in ihrer Zeit viel Gesprächsstoff geliefert hat. Der Berner Autor, Darsteller und Radiomoderator Daniel Ludwig erhielt den Auftrag für eine Vorlage, welche auf dem Leben der Berner Aristokratin beruht. Diese hatte in ihren Schlössern Rümligen und Amsoldingen bis zu ihrem Tod 1980 ihre aristokratische Lebenseinstellung beibehalten. Und damit gesorgt, dass sie wie Dällebach Kari zu einem Berner Mythos wurde. Einige bewunderten Madame de Meuron für die Konsequenz und Gradlinigkeit, die sie als Vertreterin einer definitiv verflossenen Zeit unbeirrt in die Moderne trug. Andere wiederum, wie etwa Daniel Ludwig, hatten kurz Gelegenheit, der scharfzüngigen Dame leibhaftig zu begegnen und einen flüchtigen, eisigen Hauch aus der legendären Berner Belle Epoque einatmen zu dürfen.

Das Barockschloss Jegenstorf mit seinem prachtvollen Park wird nächstes Jahr zur stilvollen Kulisse für die scharfzüngige Berner Aristokratin. Den passenden Spruch dazu hätte Madame de Meuron sicher auf Lager gehabt.

Barbara Hegner lud mich zum Mittagessen ein, zusammen mit dem Theater-Autor Daniel Ludwig. Auch ihm legte sie dar, dass niemand ihre Grossmutter gekannt hätte, und sie wünschte, ihre Grossmutter würde in Vergessenheit geraten. Barbara Hegner sass wie immer auf dem Kanapee, auch diesmal leistete ihr kleiner schwarzer Hund Joujou ihr Gesellschaft. Sein Bellen ersetzte die Klingel, da Barbara Hegner im weitläufigen Schloss, auf der Terrasse und erst recht im Park das Schrillen nicht immer hörte. Vis-à-vis sassen Daniel Ludwig und ich. Nach ihren Ausführungen fragte sie mich, ob ich es richtig fände, sich auch gegen dieses Theaterstück zu stellen.

Ich erklärte meinen Standpunkt als Historikerin. Wie wertvoll ich es finde, über vergangene Zeiten zu diskutieren, sie aus verschiedenen Perspektiven zu erzählen und beleuchten. So lange eine Geschichte die Menschen bewegt, bricht sie immer wieder auf, kann nicht ruhen, glimmt weiter, bis sie verarbeitet und diskutiert worden ist. Barbara Hegner erkannte, dass sie das Theaterstück wohl schlecht verhindern konnte. Sie hatte auch keine Energie und Lust mehr dazu. Sie gab Daniel Ludwig grünes Licht, betonte aber, sie werde keine der Vorstellungen besuchen. Gerechtigkeitshalber willigte sie ein, dass ich – wieder zuerst in Form einer Artikelserie im Kulturteil der Zeitung «Der Bund» – eine Biografie zu ihrer Grossmutter veröffentlichen dürfe. Ich erhielt in der Folge Unterstützung von verschiedenen Angehörigen der Familie de Meuron, mit Bildern und Erinnerungen. Ich freute mich über die zahlreichen Zuschriften, die aufgrund der Zeitungsartikel in den Briefkasten flatterten oder im E-Mail-Postfach auftauchten. Bekannte und Mieter sandten mir Hunderte von Briefen von Elisabeth de Meuron zu, die zusammen mit vielen Gesprächen mein Bild von Madame de Meuron immer facettenreicher werden liessen.

Das Buch erschien, und damit auch die Rezensionen in der «Berner Zeitung» und dem «Bund». Katrin musste die Texte vorab lesen, bevor ich mich daran wagte. Ich freute mich über die Zeilen:

Madame de Meuron: Als die Berner Patrizierin 1980 mit 98 Jahren starb, war sie längst ein schrulliges «Berner Original». Die Historikerin Karoline Arn trägt nun in ihrer Biografie Schicht um Schicht vom Mythos ab.

Die Berner Historikerin und Journalistin Karoline Arn legt eine differenzierte, in mancherlei Hinsicht ebenso überraschende wie berührende Biografie dieses Relikts einer schon zu ihren Lebzeiten untergegangenen Aristokraten-Welt vor.

So schrieb Alex Sury im «Bund».

Ihre Hüte, ihr Hörrohr und ihr Standesdünkel waren legendär. Doch hinter dem schrulligen Original verbarg sich eine profilierte Persönlichkeit mit tragischer Lebensgeschichte. Berührend porträtiert sie die Berner Historikerin Karoline Arn in einer romanhaft farbigen Biografie, gestützt auf Briefe und Zeitzeugen.

So lautete der Lead in der «Berner Zeitung» von Marie-Louise Zimmermann.

Durch die Lesungen gewann ich den Eindruck, dass – natürlich immer auch mit Schwächen und eventuell auch Unstimmigkeiten behaftet – das Buch Madame de Meuron doch gerecht geworden war.

Eines Nachmittags erhielt ich einen Telefonanruf. Wütend warnte mich eine Frau, es werde nun in der NZZ ein Artikel erscheinen, der alle meine Lügen über Elisabeth de Meuron aufdeckte und endlich die Wahrheit aufgezeigt würde. Ihren Namen wollte sie nicht nennen. Ich war etwas perplex und rief ihre Nummer später noch einmal zurück, um herauszufinden, was die Frau dermassen in Rage gebracht hatte. Sie war nicht zu beruhigen, wollte mir auf meine Fragen, was denn im Buch Falsches stehe, keine Antwort geben. Sie war unglaublich zornig. Fortan wartete ich auf diesen Artikel.

Es war an einer Lesung im Hotel Ermitage in Schönried, als ich beim Essen einen Bekannten traf. Er begegnete mir mit einer eigenartigen Zurückhaltung, die ich nicht recht einordnen konnte. Auch die Fragen aus dem Publikum waren nun andere, irgendwie dünkte es mich, eine gewisse Skepsis zu bemerken, die ich mir nicht erklären konnte. Nach der Lesung erwähnte jemand eine Rezension in der NZZ.

Weglaufen oder hinschauen? Ich hatte mich so sehr gefreut auf diese paar freien Tage, die mir als Entgelt für die Lesung im Hotel offeriert worden waren. Nun erhielten sie aber einen beklemmenden Beigeschmack. Wieder war Katrin meine Vorkosterin. Und ich musste anschliessend in den sauren Apfel beissen:

Verpasste Chance
Eine späte Erinnerung an die Berner «Aristokratin» Elisabeth de Meuron-von Tscharner

Daniel Sprecher

[…]

Es sei vorweggenommen: Die Neuerscheinung gestaltet sich enttäuschend. Bereits auf dem Cover ein düsteres Altersbild der in jungen Jahren attraktiven Elisabeth de Meuron, unpassend auch der Untertitel zur tief in der Berner Landwirtschaft und Kultur Verankerten. Inhaltlich wechseln sich romanhafte Elemente und ausgiebige Briefzitate ab. Sachliche Ungereimtheiten haben sich auch einige eingeschlichen – etwa die Behauptung, die Familie des bürgerlichen Schwiegersohns habe aus eigenem Entschluss auf die Führung des Adelsprädikats verzichtet. Kurz: Es fällt nach der Lektüre schwer, sich ein bleibendes Bild der Porträtierten zu formen. […]

Es fehlt auch die Beleuchtung des familiären Hintergrundes der Eltern. Die väterliche Berner Linie der Tscharner war zwischen 1530 und 1535 durch den Stammvater Luzius, der Chur zugunsten von Bern verlassen hatte, gegründet worden. Die stark ambitionierten Berner Tscharner hatten sich innert weniger Generationen durch gezielte eheliche Verbindungen grossen Wohlstand und politischen Einfluss gesichert. […]

Von weiteren schwerwiegenden Versäumnissen der Eltern, welche ihre Tochter völlig unvorbereitet ins bürgerlich dominierte Leben entliessen, ist bei Arn kaum die Rede. Die junge Elisabeth verfügte, obwohl künstlerisch begabt, über keinerlei Ausbildung, ihr Wunsch nach dem Besuch der Kunstgewerbeschule wurde ihr verweigert. […]

Ihre politische Einflussnahme ist diskret, aber nicht zu unterschätzen, wird von Arn aber nicht aufgearbeitet. So bleibt die vielleicht interessanteste Seite der Elisabeth de Meuron auch weiterhin unerforscht.

Diese Rezension beruhigte mich etwas. Es war für Daniel Sprecher einfach zu wenig von allem. Damit konnte ich leben. Auch mit dem Vorwurf, ein Bild der alten, nachdenklichen Madame de Meuron statt eines Bildes der attraktiven jungen Elisabeth de Meuron als Cover gewählt zu haben. Katrins spöttische Bemerkung «Du hast die Jahre 1530 bis 1535 voll verpasst!» wurde zu einem Bonmot.

Natürlich hatte Sprecher auch wichtige Punkte herausgegriffen: Die politische Einflussnahme wäre sicherlich ein sehr spannendes und wichtiges Thema. Diejenigen Quellen, die mir zur Verfügung standen und stehen, berichteten über ihr Engagement zugunsten der Kavallerie, für den Naturschutz, die Seen und für die Häuser der Berner Altstadt. Auch bei Wahlen, etwa für den Regierungsstatthalter, hatte sie ihre Meinung immer klar vertreten. In den Dreissiger- und Vierzigerjahren gingen Botschafter des faschistischen Italiens, von Franco-Spanien und Nazi-Deutschland, bei ihr ein und aus. Aus der Zeit des Ersten Weltkriegs hatte Barbara Hegner einen freiwilligen Einsatz als Rotkreuzschwester erwähnt.

Aus der Nachkriegszeit habe ich keine Unterlagen gefunden, die eine politische Einflussnahme belegt hätten. Der ehemalige Gemeinderat von Amsoldingen und Berner Grossrat Erich Hirschi meinte, in allgemeine politische Diskussionen habe sie sich nie eingemischt. Einzig bei Fragen, die sie direkt oder indirekt betroffen hatten. Als geschiedene Frau wurde Elisabeth de Meuron nicht überall ernst genommen. In Zeiten ohne Frauenstimm- und -wahlrecht wurde sie belächelt und galt als exzentrisch. Deshalb wäre die Frage, wo und wie sie sich politisch hat durchsetzen können, eine äusserst spannende Facette des Lebens von Madame de Meuron.

Die Besprechung in der NZZ konnte ich, auch wenn ich es gerne getan hätte, trotzdem nicht einfach wegstecken. Wenn ich beim Einschlafen darüber grübelte, erinnerte ich mich an eines meiner liebsten Kinderlieder, den «Eskimo» von Mani Matter: Ja, Kunst ist ein Risiko, wenn man spielt Fortissimo, nicht nur auf dem Cembalo – da kann schon mal ein Eisbär mit seinen scharfen Krallen unbemerkt hereinkommen ...

Erfreulicher und ermunternder waren die Zuschriften, die ich als Reaktion auf den Artikel erhielt, darunter auch diejenige von Andreas Kuske.

Die herrliche Weggenossin

Die Apothekerin Verena Kuske und Elisabeth de Meuron habe eine tiefe Freundschaft verbunden, schrieb mir Andreas Kuske in seinem Brief: Er hatte mehrere Gründe dafür gefunden, einer stach mir besonders in Auge:

Hier begebe ich mich als Arzt etwas aufs Glatteis der Hypothesen. Ich glaube, die Frauen haben an derselben Krankheit gelitten. Meine Mutter war manisch-depressiv, heute würde man sagen, meine Mutter habe eine bipolare Störung gehabt. Ob Frau de Meuron wirklich auch eine bipolare Störung gehabt hat ist mir nicht ganz klar, mindestens depressive Episoden hat sie aber zweifelsfrei durchlitten. [...] Frau de Meuron hatte offensichtlich immer zwischendurch längere Phasen von «Lähmungen» wie sie es nennt. Ich glaube, sie meinte damit ihre Antriebslosigkeit und der Verlust der Lebensfreude. Zwei Kardinalsymptome der Depression. Sie hat auch nächtelang im Bett geschrieben und war vermutlich am Morgen nicht sehr lebhaft, was auf ein Morgentief schliessen lässt, wie es häufig bei Depressiven vorkommt. Es ist überhaupt nicht meine Absicht, Frau de Meuron eine Krankheit anzuhängen und ich bin froh, dass Sie sich in Ihrem Buch nicht auf die Äste hinausgewagt haben. Wenn man als Arzt aber diese Briefe alle liest, bekommt man wirklich den Eindruck, Frau de Meuron habe auch unter Depressionen gelitten.

Andreas Kuske mit seiner Mutter bei Familie Meyer-Chagall, Chlousetag 1957
Foto: zvg

Ich treffe Andreas Kuske in seinem Haus an der Brückfeldstrasse in der Länggasse in Bern. Er serviert Kaffee, und wir essen Kirschenküchlein. Der Mediziner hat alle Briefe sorgfältig gelesen und eingescannt. Mir reicht er einen USB-Stick in der Form eines kleinen Knochens – ein Werbegeschenk – mit allen digitalisierten Dokumenten. Die Originale liegen auf dem Esstisch ausgebreitet – neben dem «müffeligen Truckli».

Ich habe den Brief von Andreas Kuske mit meinen Notizen im Gepäck. Darin beschreibt Kuske einen Zusammenbruch von Madame, der sie über Wochen hinweg lähmte. Dies führte Andreas Kuske auch zu seiner Vermutung, Madame de Meuron habe zeitweise an Depressionen gelitten. Er sucht eine Stelle heraus, in der Elisabeth de Meuron ihre Gefühlslage beschreibt:

Ich bin ganz aus der Form geraten mit diesem Lähmungsblut, das wandert. Man hat konsultiert und nur allgemeine Abnützung gefunden – aber es wandert im Körper herum. Lähmungen dann in Füssen, Händen und Mund – ganz ohne Schmerzen – aber noch ins Gehirn für Worte und Namen.

Elisabeth de Meuron kannte einen Grund dafür. Andreas Kuske blättert in den Briefen, bis er die Stelle findet:

Meine jetzige fast ein wenig besiegte Lähmung kam nach Erhalt des Büchleins über mich, von dieser scheusslichen Langhans.

Wir kennen es beide, es ist dieses Büchlein, das auch mein Bild von Madame de Meuron geprägt hat; in Mundart verfasst, mit den spöttischen Anekdoten und illustriert von Lindi, einem früheren Karikaturisten der Zeitung «Der Bund», einem Mieter von Madame de Meuron – von ihr hochgeschätzt. Die Zeichnungen gefielen Madame denn auch, aber der Text stürzte sie 1972 in eine tiefe Krise:

Nun muss ich gestehen, dass ich im Spätsommer oder Herbst zusammenbrach an der Schweinerei der Langhans-Publikation, vorher war ich nur etwas geschwächt.

Kurz zuvor war sie auf der Treppe gestürzt und deshalb bettlägerig, mittlerweile wieder auf dem Weg zur Genesung. Sie konnte bereits wieder aufstehen, als das Buch erschien.

Der Karikaturist Lindi war Mieter bei Madame de Meuron. Er hinterliess seine Spuren auch in den Wohnungen – zum Beispiel bemalte er Schranktüren.
Foto: zvg

Waren mitten im Leben meine Beine gelähmt und allmählig der ganze Körper, Organe, Hände, das erlaube ich dem Allerhöchsten – aber das mit der Langhans – das nicht.

Ich nehme einige Briefbogen zur Hand und überfliege sie. Madame de Meuron schämte sich, sie schämte sich für ihre Nachkommen und sie schämte sich selbst für ihre Vorfahren. So sehr, dass sie mit Gott zu hadern begann.

Dabei habe ich in Folge dieser Schande geistig die protestantische Religion in den Papierkorb geworfen, weil mir das wiederfahren ist. Altes Testament, Vater unser und einige Gesangsbüchlein behielt ich.

Madame de Meuron war so wütend, dass sie Worte wie «Schweinerei» benutzte, eine seltene Wortwahl. Sie ging noch deutlich weiter, schrieb, sie hege gegenüber der Autorin sogar Mordgelüste: «Ich dachte sogar daran, die Langhans auf nicht zu schmerzhafte Weise zu verstampfen.» Ernst war es ihr nicht, denn Elisabeth de Meuron bezweifelte stark, ob sie imstande wäre, jemandem etwas zuleide zu tun, mit Blick auf die Insekten, denen sie zu Leibe rückte:

> *Wie mir der Todeskampf der Hornissen immer so leid tut, wenn ich sie an der Glasscheibe mit einem Glas fange, ein Karton unterschiebe und nicht den Mut habe, sie anders zu töten als im Glas langsam.*

Was über sie als «Madame de …» nacherzählt wurde, konnte sie nicht fassen. Sie klagte in ihren Briefen von unzähligen Karten, gar Fanpost von begeisterten Leserinnen und Lesern. Elisabeth de Meuron verstand die Freude an den Anekdoten, aber dass sie ihr zugeschrieben wurden, schien ihr jenseits von Gut und Böse. Mit dieser «Madame de» konnte sie sich nicht identifizieren. Besonders ärgerte sie sich über die Sprache, weil sie sich in Mundart am wenigsten heimisch fühlte: «Sicher hat man mich da nicht gelehrt, mit dem Volk gehen schwatzen, man sprach nur Französisch und Hochdeutsch als ich Kind war.»

Sie grämte sich sehr, wollte vorerst die Stadt und damit weitere Rückmeldungen meiden:

> *Das Büchlein ist gar nicht schlecht und gut geschrieben – aber ich habe jegliche Lebensberechtigung verloren, wenn man glaubt, es seien meine Taten und Reden. Ich habe nicht im Sinn in Bern zu Fuss Einkäufe zu machen, nachdem so viel vertrauliche begeisterte Briefe an mich kamen welche mein unseliges Krankenbett noch ärger machten.*

Aufgefallen ist mir eine Textpassage, die auf einen Versuch verweist, dieses Büchlein zu stoppen. Zusammen mit einem Anwalt hatte sie früher schon erfolgreich eine Radiosendung verhindert.

Ich habe die Langhans, welche sich durch den Regierungssatthalter von Belp bei mir einführen liess, nur 2x im Leben gesehen aber vor Jahren musste man sie durch Advokaten hindern, am Radio einen Vortrag zu halten als ob ich es spräche, und das lauter erfundener Unsinn noch über die Familie meines Mannes – aber gar keine Schweinerei wie sie sich jetzt erlaubt im Büchlein mir in den Mund zu legen. [...] Ich hoffe, sie sei nicht Ihre Freundin.

Das waren ihre Zeilen an Verena Kuske. Wenn schon, wollte Elisabeth de Meuron selbst zu Wort kommen. Bei einem Besuch von Stadtpräsident Reynold Tschäppät am 26. April 1973 im Schloss Rümligen hatte Peter Läufer ein Gespräch mit ihr und Tschäppät für das Radio aufgezeichnet. Später veröffentlichte die Vereinigung «für Bern» daraus eine kleine Vinyl-Single. Dagegen hatte sie nichts einzuwenden. Sie und ihre Enkelin störten sich dagegen an Publikationen zu Madame de Meurons Leben:

Die Initiative des Feldzuges gegen die Langhans kam von einer Enkelin, welcher ich erlaubte, zu einem Fürsprech zu gehen und ich, als sie nach Amerika auf eine Vergnügungsreise ging, abbrach.

So erschien dieses Büchlein, das ich als Kind immer wieder durchblätterte und die Geschichten daraus hören wollte. Mein früheres Bild von Madame de Meuron stammt zweifelsfrei von diesen Erzählungen. Meine Eltern haben nie am wahren Kern dieser Anekdoten gezweifelt, auch wenn klar war, dass sie etwas ausgeschmückt oder überzeichnet waren. Auch Mitleid hatte wohl niemand mit dieser alten, hochnäsigen Aristokratin. Madame de Meuron hielt Distanz zu ihrer Umgebung: «Seelisch habe ich keine zu starke Bindung an das Publikum und Volk, nie gehabt ...» Sie pflegte mit einzelnen Menschen intensive Kontakte, aber die Vorstellung, all die fremden Leute amüsierten sich über diese Anekdoten und über ihre Person, verletzte sie. Die Kontrolle über ihr Leben schien verloren – gar auch der Respekt? Elisabeth de Meuron verlangte immer von den Adressatinnen und Adressanten, ihre Briefe nach dem Lesen zu vernichten. Die Angst, die Deutung über ihr Leben zu verlieren, reichte sogar noch weiter als der Tod:

> *Künzi vom Zuchthaus tauchte auf – sandte einen Langhans-Brief an mich wo alles steht von einem neuen Buch, das in Arbeit ist und wenn ich tot bin schwer verhindert werden kann.*

Oh doch – Andreas Kuske staunt, wie viel Zeit bis zur Biografie von Elisabeth de Meuron vergangen ist. Bestärkt wurde das Bedürfnis, das Leben und die Geschichten von Madame de Meuron in der Familie zu bewahren wohl auch durch den Umstand, dass die familiären Verhältnisse konfliktbeladen waren.

Sahen sich Verena Kuske und Elisabeth de Meuron in ihren Stärken und Schwächen ähnlich und verstanden sich deshalb gut? Die Autoritätsperson Elisabeth de Meuron offenbarte gegenüber Verena Kuske eine Schwäche, die dieser selbst nicht unbekannt war. Madame de Meuron war am Ende. Ans Bett gefesselt, unfähig, noch aufzustehen, Kraft aufzubringen, um ihren täglichen Beschäftigungen nachzugehen. Ausgelöst worden war dieser Zustand durch die Anekdotensammlung.

Verena Kuske erkannte sich im Leiden von Madame de Meuron wieder. Erlitt – manisch-depressiv – selbst solche Phasen, in denen nichts mehr ging. Die beiden Frauen teilten nicht nur seelische Zustände, sondern die Strategie, damit umzugehen: die Schwäche zur Stärke zu machen. Das Leiden, die Trauer führten Madame de Meuron in die Rolle der strengen, herrschenden, unantastbaren Aristokratin; Verena Kuske wurde zur umtriebigen, nie müden Schafferin. Damit zogen sie ihre Mitmenschen in ihren Bann und brachten sie dazu, ihnen freiwillig und freudig zu dienen.

Dieses Bild lag mit der Anekdotensammlung in Scherben. Die Schlossherrin Elisabeth de Meuron fühlte sich als schrulliges Original vorgeführt, als Volksbelustigung, oft im gleichen Atemzug mit dem Dällebach Kari genannt. Nicht, dass sie einen Vergleich mit einem Coiffeur scheute, aber sie erkannte die Tragik, die Dällenbach Kari 1931 in den Tod getrieben hatte und nun auch ihre Fassade bröckeln liess.

Der Schock sass so tief, dass sie und ihre Nachfahren keine Publikationen mehr wünschten, jede Bemühung im Keim erstickten. Mit der Kontaktaufnahme von Andreas Kuske und den Briefen an Verena Kuske schloss sich der Kreis nun wieder.

Wir legen die Briefe weg, ich will sie zu Hause in Ruhe weiterlesen. Jetzt möchte ich mehr über Verena Kuske und ihr Leben erfahren, um zu verstehen, was die beiden Frauen darüber hinaus miteinander verbunden hatte.

Andreas Kuske beginnt mit seiner Kindheit. Das Elternhaus in Gümligen war eine schöne Villa, kein Château, aber ein stattliches Gebäude mit zwölf Zimmern, einer Haushälterin, die kochte, putzte und für ihn und seine beiden Geschwister sorgte.

Seine Mutter arbeitete vor der Geburt ihrer Kinder in verschiedenen Apotheken in der Stadt. Sie hatte in Paris studiert, was Elisabeth de Meuron stark beeindruckte. Sie war selbst nicht Professorin, wurde aber als Ehegattin des Berner Dermatologie-Professors Johann Jakob Kuske als «Frau Professor» angesprochen. Auch Madame de Meurons Enkelin Barbara Hegner hatte bei Kuske studiert. Als Präsident der Berner Ärztegesellschaft sowie des Vereins Kunsthalle Bern war er überlastet, so dass Verena Kuske im Hintergrund viele Arbeiten erledigte. Sie las und schrieb viel, sehr gerne organisierte sie grosse Gesellschaften. Oft kamen nach den Kunsthallen-Vernissagen die Gäste zu Kuskes nach Hause, es gab lange und lustige Feste. Auch Max Huggler, ein guter Freund von Madame de Meuron, war immer unter ihnen, aber auch ihr Mieter, der Kurator Harald Szeemann. Er war der erste, der nach dem Krieg 1963 in Bern in der Kunsthalle die Werke

Verena Kuske und Harald Szeemann in der Kunsthalle Bern
Foto: zvg

von sogenannten «Geisteskranken» ausstellte und damit die Diskussion rund um die «Art brut» lancierte.

Szeemann erinnerte sich gerne daran, wie er Elisabeth de Meuron traf und sich vorstellte. Sie fragte ihn, was sein Vater von Beruf sei – Coiffeur. Und der Grossvater? – Auch Coiffeur. Und was er denn arbeite? – Als Kunsthistoriker. «Quelle désordre!», war ihre Bemerkung. Es nützte nichts, dass Szeemann beifügte, dass der ungarische Grossvater Etienne Szeemann ein Freund des Erfinders der Dauerwelle gewesen sei und damit die Haarmode in Bern modernisiert habe.

Diese «Unordnung» faszinierte Elisabeth de Meuron ebenso wie Verena Kuske, wenn auch aus anderen Gründen. Madame de Meuron vermietete Szeemann eine Wohnung und verfolgte seinen Werdegang mit grossem Interesse. Da er dem widersprach, was man sie gelehrt hatte: dass die Geburt entscheidet, welche Rolle einem in der Gesellschaft zufällt.

Andreas Kuske nimmt ein Bild aus einer Mappe. Eines mit Verena Kuske und Harald Szeemann bei einer Vernissage. Ein anderes zeigt den kleinen Andreas auf den Knien seiner Mutter im Haus von Franz Meyer. Dieser leitete die Berner Kunsthalle und war verheiratet mit Ida Chagall, der Tochter des Künstlers Marc Chagall.

Elisabeth de Meuron versuchte stets, die moderne Kunst zu verstehen, was ihr aber nicht immer gelang. Ich erinnere mich an ihre Worte, die sie Max Huggler in einem ihrer vielen Briefe geschrieben hatte: «Das Chagall-Bild, das ich unfähig bin zu würdigen ohne Ihre Hilfe ist leider die eine Seite des Lebens. Diese Seite hat man mich und Generationen meiner Sippe gelehrt mit Kopf-Abwenden zu begegnen.» Verena Kuske und Elisabeth de Meuron verbanden viele Menschen und Interessen, schon lange, bevor sie sich persönlich begegneten.

Die Familie war oft mit dem Zug unterwegs, Verena Kuske konnte nicht Autofahren. Nach fünf Minuten Fahrt hatte die Mutter alle Mitreisenden im Abteil ins Gespräch verwickelt. Ein beliebtes Ausflugsziel war das Entlebuch. Bereits bevor Kuskes den Zug verlassen hatten, eilte der Bahnhofvorstand herbei und brachte eine Schüssel Wasser für den Hund. Als Dank schickte Verena Kuske Zigerkrapfen oder andere Geschenklein – so hatte sie die Leute im Sack, schmunzelt Andreas Kuske. In ihrer Familie lebten immer – wie auch bei Madame de Meuron – Hunde, zuerst Boxer, dann ein Spaniel und zum Schluss hielt seine Mutter eine französische Bulldogge.

Gerne besuchte Verena Kuske Beerdigungen. Wenn in Gümligen jemand starb, den sie – auch nur flüchtig – kannte, fehlte sie in der

Kirche nie. Bei der Rückkehr bewertete sie die Trauerfeier, sagte, es sei eine schöne Verabschiedung gewesen oder eben weniger. Andreas verstand als Kind nie, wie eine Beerdigung das Attribut «schön» verdiente. Heute versteht er besser, was seine Mutter meinte. Es gebe wirklich schönere und weniger schöne Begräbnisse. Oder vielleicht stimmigere und weniger stimmige, findet Andreas Kuske.

Die Wichtigkeit ihrer Beziehungen zu den Mitmenschen zeigte sich auch, als die Post die Regelung aufstellte, alle Briefkästen seien direkt an der Strasse zu postieren, um die Arbeit der Pöstler zu erleichtern. Verena Kuske beschwerte sich postwendend beim Posthalter. Nicht weil sie es zu mühsam fand, selbst zum Briefkasten zu gehen, auch nicht, weil ein neuer Kasten teuer gewesen wäre. Nein, sie erklärte, der Briefträger Harry trinke regelmässig bei ihr einen Kaffee und wolle diese Pausen nicht missen. Sie erreichte ihr Ziel: Der Kasten blieb als einziger im Quartier beim Haus, und der Postbote stieg weiterhin jeden Tag die lange Treppe hinauf, um von einem bellenden Hund empfangen zu werden. Der Boxer liess nur Harry zum Haus, allen anderen verwehrte er den Zugang. Die Aversion des Hundes gegen Uniformen war so gross, dass er an Weihnachten ins Badezimmer eingeschlossen wurde, wenn der «Samichlaus» die Kinder besuchte. Diese Beispiele illustrieren für Andreas Kuske, wie seine Mutter die Leute für sich und ihre Anliegen gewinnen konnte. Er vermutet, dass diese Fähigkeit auch Madame de Meuron eigen war.

Verena Kuske war gerne modisch oder ausgefallen gekleidet, Andreas hat sie ohne Hut nur zu Hause gesehen. Ihre Sammlung aussergewöhnlicher Hüte war beeindruckend. Zudem liebte sie Bilder, kaufte jedes Jahr mit ihrem Mann ein Werk von Cuno Amiet, Ernst Morgenthaler oder Albert Pfister. Die Tapete des Hauses war nur an ganz wenigen Stellen noch sichtbar. Regelmässig besuchte die Mutter die Auktionen des Berner Auktionshauses Stuker, sie flanierte gerne über Antiquitätenmärkte und sammelte alte Gegenstände.

Wegwerfen dagegen konnte sie nichts – höchstens verschenkte sie ab und zu etwas.

Es trafen ähnliche Wesensarten aufeinander. Elisabeth de Meuron war bekannt für alle Spielarten von Hüten. Nach 1939, nach dem Suizid ihres Sohnes, trug sie nur noch schwarze Hüte, aber diese in den vielfältigsten Formen. Ihre Liegenschaften und Schlösser waren voller alter und wertvoller Erbstücke, nur in absoluten Notlagen verkaufte Elisabeth de Meuron eine Kleinigkeit, um an Bargeld zu kommen. Im Gegensatz zu Verena Kuske aber wäre es Elisabeth de Meuron nicht in den Sinn gekommen, etwas zu erstehen. Möbel und Kunst erbte man oder liess sie anfertigen. Wenn Fritz de Meuron von seinen Reisen mit Porzellan oder Bildern zurückgekehrt war, hatte dies Elisabeth als Belastung empfunden, weil sie auch für alles einen würdigen Platz finden musste. Sie stellte Fritz für sein Kunsthandwerk und Bilder ein eigenes Zimmer im Vertmont zur Verfügung.

Andreas Kuske amtete als Chauffeur und fuhr seine Mutter nach Rümligen, wenn sie einen Kuchen gebacken hatte. Grittli freute sich stets über ihren Besuch. Einmal, es war Winter, begleitete Andreas seine Mutter bis ins Haus. Er sah, wie Elisabeth de Meuron und Grittli in der Küche sassen. «Ich habe eine grosse Bewunderung, wie die beiden Frauen dort der Kälte trotzten.» Er hätte es in der Küche nicht lange ausgehalten – obgleich das der wärmste Raum war.

Andreas Kuske kannte Stärke und Durchhaltewillen von seiner Mutter. Keine Kenntnisse hat er darüber, ob sich seine Mutter Madame de Meuron auch in ihren Schwächen offenbarte. Er erinnert sich an tiefe Krisen seiner Mutter auch während der Freundschaft mit Madame de Meuron. Die Schlimmste traf sie nach dem Tod ihres Ehemannes.

Sein Vater und er teilten dieselbe Leidenschaft: Beide liebten sie lange Ausritte. Das war der Grund für den Kauf des Landhauses 1958 in Cotterd in der Nähe des Murtensees. Verena Kuske war die

Reise zu weit, so weilte sie nur ganz selten in Cotterd. Meist fuhren Andreas und sein Vater alleine hin, über das Wochenende oder in den Ferien. Andreas besass ein eigenes Pferd, der Vater lieh sich eines in Foug aus.

Es war an einem sonnigen Herbstnachmittag 1970, sie trabten und plauderten fröhlich am Ufer der Broye entlang. Weiden säumten den Weg, die gelben Blätter schienen das Licht zu färben, es roch nach frisch gepflügter Mooserde. Der Vater liebte diese Weite, diese Ruhe, kein Mensch oder Haus waren zu sehen. Ohne ersichtlichen Grund fiel der Vater plötzlich lautlos vom Pferd. Andreas stoppte, stieg ab und ahnte, dass sein Vater einen Herzstillstand erlitten hatte. Die herbeigeholte Hilfe kam zu spät, so verstarb sein Vater völlig unerwartet. Die Arbeit war trotz der Hilfe seiner Frau wohl zu viel geworden, meint Andreas Kuske rückblickend.

Verena Kuske blieb alleine im grossen Haus in Gümligen, sie bewohnte mit ihrer französischen Bulldogge aber nur noch drei Zimmer. Die anderen standen nicht leer, darin stapelten sich Gegenstände, von denen sie sich nicht trennen konnte und wollte. In einem Zimmer lagerten Erinnerungsstücke ihres Schwiegervaters, der aus Deutschland eingewandert und 1901 als Stempelfabrikant in Winterthur eingebürgert worden war. Dieses Zimmer rührte Verena Kuske nicht mehr an.

Eine weitere Parallele der beiden Frauen, alleine in viel zu grossen Häusern, angefüllt mit Vergangenheit. Andreas Kuske zieht im Rückblick viele Vergleiche zwischen Madame de Meuron und seiner Mutter: Sie hatten die gleiche sorgfältige und treffsichere Sprache und Tonalität, um sich auszudrücken. Sie hatten eine vergleichbare Art aufzutreten. Sowohl seine Mutter als auch Madame de Meuron konnten die Leute gefügig machen, sogar manchmal manipulieren, was den Betroffenen aber gar nicht unangenehm war. Andreas Kuske beschreibt seine Mutter als eigenständige, selbständige und selbstbewusste Frau, die sich aber nie als Feministin bezeichnet hätte. Auch darin war sie Elisabeth de Meuron ähnlich.

Zwei Jahre nach Elisabeth de Meurons Tod, am 28. Juni 1983, starb auch Verena Kuske. Wie ihr Leben war es ein hochdramatisches Geschehen und ein rascher Tod, erzählt Andreas Kuske. Seine Mutter bat ihn um Hilfe, er dachte, es sei eine Art Schlaganfall. Doch sie hatte einen Aortariss, den man nicht behandeln konnte. Innerhalb eines Tages war sie 74 Jahre alt im Inselspital gestorben.

Mit all diesen Gedanken und Eindrücken mache ich mich auf den Heimweg, den «Knochen» mit den digitalisierten Briefen im Gepäck. Welche Freundschaft tritt in den Briefen an Verena Kuske wohl zutage? Um die Übersicht zu behalten, will ich die angesprochenen Themen in den Briefen nach Kapiteln ordnen, gerade weil Elisabeth de Meuron selten strukturierte Texte verfasste.

Bekanntschaft

Es sind über siebzig zum Teil epische Briefe, die Elisabeth de Meuron zwischen 1970 und 1977 an Verena Kuske geschrieben hatte:

> *2. Juli Springkonkurrenz*
> *An Organisation der Springkonkurrenz: Bitte Frau Professor Verena Kuske zu einem Sitzplatz im Juryhäuschen verhelfen. Elisabeth de Meuron.*

Die Frau, die 1972 auf dem Jurywagen Platz nehmen sollte, war mehr als eine Freundin für Elisabeth de Meuron, das fällt beim Lesen sofort auf:

> *Wir sind die gleiche verwandte Weltseele, haben uns vielleicht früher schon begegnet und haben uns, so Gott will, in späteren Menschenleben wieder zu begegnen.*

Madame de Meuron hatte Hans Kuske kennengelernt, lange bevor sie der 27 Jahre jüngeren Verena Kuske begegnete:

> *Ich könnte ja Ihre Mutter sein 93 – 66=27-jährig hatte ich schon 2 Kinder als Sie zur Welt kamen – wahrscheinlich werden Sie meine Tochter bald sehen, so in 6 Wochen.*

Ein Zufall hatte die beiden Frauen zusammengeführt. Elisabeth de Meurons Angestellter Antonio machte einmal in Gümligen eine Besorgung und fand nicht auf Anhieb den richtigen Weg. Er traf auf Verena Kuske, die hilfsbereit und neugierig fragte, was er suche, worauf sie ins Gespräch kamen. Verena Kuske erzählte ihm von ihrem verstorbenen Mann und dessen Patientin Madame de Meuron. Nach dieser Begegnung schrieb Verena Kuske an Madame de Meuron. Bald darauf ergab sich die Gelegenheit, zusammen mit einer Gruppe Berner Künstlerinnen und Künstler Rümligen zu besuchen.

> *Liebe Verena Kuske, da oben sind Sie einmal in irgendeiner Fantasie-Gesellschaft angekommen und ich lebe in dem oberen Eckzimmer 1 Fenster gegen Hang links, 2 Fenster gegen die Terrasse wo sie damals sassen oder standen mit mir sprachen.*

In diesem Zimmer besuchte Verena Kuske Elisabeth de Meuron oft, die sie in ihrem blauen hölzernen Himmelbett sitzend an einen Berg Kissen gelehnt empfing, da sie nicht mehr jeden Tag aufstehen mochte.

Als Freundin schrieb Elisabeth de Meuron: «Dass dieser verstörte Antonio in andere Dörfer als Wattenwyl ging herumvagieren, machte, dass ich Sie entdecken konnte!!»

Da Elisabeth de Meuron Verena erst nach dem Tod von Hans Kuske kennengelernt hatte, schrieb sie immer wieder von ihrer Konsultation. In den Vierzigerjahren hatte ihr Schwiegersohn, Maximilian von Stockar, im Militär in Thun seine Schiesspflicht nicht erfüllt und verbüsste Arrest. Kaum entlassen erholte er sich einige Sommertage in Amsoldingen. Gegen Ende des Sommers juckte es Elisabeth de Meuron an den Zehen, Haut blätterte ab und sie wandte sich an ihren Verwandten und Hausarzt Albert von Erlach. Dieser verwies sie an den Dermatologen Hans Kuske.

> *Ich erinnere mich gut an Ihren bedeutenden Lebensgefährten. Einen schändlichen Pilz an meinen Füssen hatte mein Schwiegersohn in ein einziges Badezimmer nach Amsoldingen gebracht und an meine Beine!*

Zur Illustration schickte Elisabeth de Meuron eine Karte mit einem Bild des Berner Bundeshausfotografen Hans Steiner von Amsoldingen:

> *Amsoldingen, wo nur ein Badezimmer ist und man aus Kasernen Arrestlokalen und ungewaschenen Männerfüssen plebejische Hautkrankheit erwerben konnte. Dr. Kuske sagte, ich hätte wohl diese Ansteckung im neuen Schwimmbad von Worb erworben, was mich ein wenig befremdete. Alte Zeiten!*

Sie staunte über die Vorstellungen ihres Arztes. Madame de Meuron erwähnte wiederholt den Ehemann von Verena Kuske auch aus einem anderen Grund: Die beiden Ehen verwiesen auf den Hauptunterschied zwischen Verena Kuske und Elisabeth de Meuron. Die Beziehung zwischen Fritz und Elisabeth war grundlegend anders als die zwischen Verena und Hans. Madame de Meuron hatte Fritz auch nach der Scheidung finanziell und persönlich unterstützt, ihm ein Zimmer zum Wohnen zur Verfügung gestellt, ihm Gesellschaft geleistet, ihn im Spital besucht und sein Begräbnis organisiert. Gemeinsam hatten sie dennoch wenig. Fritz hatte abgesehen von der Hochzeitsreise nach London keine Reise mit ihr unternommen, war keiner Beschäftigung nachgegangen, die eine Mithilfe seiner Frau bedingt hätte. Verena Kuske identifizierte sich mit der Karriere ihres Mannes, gab dafür die Arbeit in der Apotheke auf. Sie war es, die das Kuske'sche Karussell mit Gesellschaft, Kunst und Wissenschaft drehen liess. Eine solche Rolle hätte Elisabeth de Meuron gerne gespielt, es gelang in Ansätzen mit ihren Einladungen und Festen in Rümligen, aber diese natürlich-lebendige Form des gesellschaftlichen Lebens von Verena Kuske erreichte sie nie.

Familie

Eine zweite Verbindung zu Verena Kuske-Ammann schaffte die Stadt Winterthur, der Geburtsort von Verena Kuske und zugleich Heimat des Ehemannes der Enkelin von Madame de Meuron. Wenn Elisabeth de Meuron die Winterthurer Schokolade von Verena Kuske ass, bedankte sie sich:

> *Winterthur ist scheints die Heimat einer meiner Enkelinnen Ehemann, den ich als Graubündner gehalten hatte, weil er dort Grossmutter Erbe hat. Da gibt es drei meiner Urgrossenkel, welche Winterthurer Blut haben wie Sie Frau Kuske-Ammann und beglückt mich.*

Verena Kuske gab ihr den Anstoss, über ihre eigene Herkunft nachzudenken:

> *Elisabeth de Meuron ohne richtig welschfranzösisches Blut zu haben nach Berner Aristokratenbrauch als FRANZÖSISCH GEBOREN und erzogen und schliesslich Neuchateler Vetter verheiratet gewesen. All das scheint uns jetzt in der Neuzeit unwahrscheinlich, aber es war so: die verkehrte Welt und ging auch so.*

Elisabeth wurde in der französischen Sprache und Kultur erzogen, die der Familie eigentlich fremd war; Ludwig von Tscharner hatte in Deutschland studiert; er stand der deutschen Kultur näher als der französischen. Zudem heiratete Elisabeth nicht den Mann, den sie liebte und den sie selbst gewählt hätte, sondern einen Verwandten, als Flucht in ein eigenes Leben. Wie war es da Verena Kuske anders ergangen!

Verehrte liebe Verena Kuske!
Einzelgängerinnen sind Sie und ich mit eingeschriebenem Gesetz.
Ich bin der Pechvogel mit 2 geschädigten Kindern, und Sie Frau Kuske haben eine Pracht und hatten einen ebenbürtigen Mann.

In vielen Briefen verglich sie ihre Ehe mit derjenigen von Verena Kuske, erwähnte dabei offen die Homosexualität ihres Ehemannes.

Ich schicke Ihnen ein Foto, damit Sie sehen, dass ich nicht als alte Hexe zur Welt kam, 2 Kinder hatte, wollte im Ganzen 7 haben und mein Vetter und Ehemann wollte keine, dabei verlor er Ehegenuss, weil ich ihm verweigerte Verhütungsmittel, er wurde nervenkrank und mehr oder weniger impotent und homosexuell zu unserer beider Unglück. [...] Man sieht es an meinem Gesicht finde ich.

Das Vertrauen in Verena Kuske war so gross, dass sie ein gesellschaftliches Tabu brach. Elisabeth meinte, Homosexualität werde erworben und sei nicht angeboren:

Frau Kuske, es plagt mich etwas, das ich nicht weiss, ob es wahr ist und nicht, nicht weiss, ob ich es Ihnen sagen muss oder nicht wegen dem jungen Mieter, der mit meiner Erlaubnis Untermieter hat und dem ich einen ganz jungen Rechtsstudenten empfohlen hatte zu beaufsichtigen, welcher ihn allerdings ablehnte.
Jetzt höre ich, dass dieser Mieter als Homosexueller angesehen ist und wenn es wahr wäre, sollte man sehr junge Männer vermeiden in seine Nähe zu lassen bevor es zu spät ist. – Mit Ihrer Klugheit

und Weisheit werden Sie besser wissen als ich, ob es Ihrem Sohn schaden könnte oder nicht.

Elisabeth de Meuron warnte Verena Kuske, da deren Sohn durch den Reitsport mit der Schwester des besagten jungen Mannes bekannt war. Elisabeth war es wichtig, ihren homosexuellen Mieter nicht in Verruf zu bringen: «Schaden möchte ich ihm nicht, bitte mein Schreiben zu vernichten, es gibt oft giftiges Geschwätz.»

Die Aufmerksamkeit, Freundlichkeit und auch Herzlichkeit, mit der sie sich den Familienmitgliedern von Verena Kuske zuwandte, standen in Kontrast zu ihren Schilderungen der eigenen Familie. Erwähnte sie ihre Tochter in Tanger oder ihren verstorbenen Sohn, dann ohne Stolz und Liebe. Ihre Tochter, Sorgenkind der Familie, sei zierlich und klein gewachsen, geheilt aus einer psychiatrischen Klinik entlassen und nach Marokko ausgewandert: «Meine einzige lebende Tochter hat im Alter und in Jugend immer etwas Hexenhaftes gehabt über welches man lachte.»

Da Elisabeth einen Vetter zweiten Grades geheiratet hatte, war sie von der erblichen Schädigung ihrer Kinder überzeugt: «2 geschädigte Kinder, Enkelinnen halb und halb nicht geschädigt und Urenkelinnen vielleicht nicht geschädigt.» Mit den Ehen ihrer Enkelinnen stieg Elisabeths Hoffnung, die erbliche Belastung wieder zu verkleinern. Roger erwähnte sie nur am Rande, mit dem Vermerk in Klammer «(Selbstmord)» und über ihre Familie bilanzierte sie: «Meine Familie lehnt mich eher ab aber bemüht sich anständig zu sein.»

Andreas Kuske bemerkte, ihn hätten diese Schilderungen beschäftigt. Er konstatierte bei Elisabeth de Meuron, weshalb auch immer, ein emotionales Defizit gegenüber ihren Kindern. Wie lieblos sie sich über ihre Tochter in Tanger in den Briefen an seine Mutter äusserte, habe ihn erschreckt.

Die Schilderungen der Familie empfinde ich als Versuch, die eigene Situation zu erklären, zu reflektieren und zu verstehen – immer im Vergleich mit Verena Kuske.

Beim Lesen der Briefe realisierte ich, dass Elisabeth de Meuron die Krebserkrankung ihrer Tochter nicht einmal geahnt hatte. Louise lebte in Tanger und kehrte Anfang der Siebzigerjahre für Behandlungen in die Schweiz zurück. 1977 starb sie in Tanger, zur Beerdigung reisten nur Louises Töchter. In einem Brief erwähnte Elisabeth de Meuron 1974 nur kurz, ihre Tochter sei in Genf im Spital gewesen, sie wisse nicht weswegen, sie sei ohne sie zu besuchen wieder nach Marokko zurückgeflogen.

1976, ein Jahr vor dem Tod ihrer Tochter, hatte sich Elisabeth gar über einen Besuch von Louise in der Schweiz empört. «Als ich zur Besichtigung gehe finde ich meine Tochter aus Marokko per Auto in drei Tagen sogenannt allein hergereist, ein Lügengewebe.»

Ein tiefes Misstrauen prägte die Beziehung, Elisabeth unterstellte ihrer Tochter, sie sage aus bösem Willen nicht die Wahrheit. Dass sie todkrank war, darüber hatten sie weder Louise noch ihre Enkelinnen informiert. Eine Verabschiedung war nicht möglich. Louise starb unversöhnt mit ihrer Mutter. Elisabeth de Meuron hatte das Wohlergehen ihrer Tochter an ihre Enkelinnen delegiert:

> *Eine Tochter in Tanger kam vor Jahr und Tag ganz verändert aus dem Irrenhaus zurück und eine meiner Enkelinnen eine Dr. med. und Ministergattin trägt Sorge zu ihrer Mutter und wohnt wochenlang mit Familie in Tanger im Sommer, das ist in Ordnung.*

Die unerkannte Krankheit und den unerwarteten Tod von Louise, gepaart mit dem Selbstmord von Roger, verwand Elisabeth de Meuron wohl nie.

In Verena Kuske sah sie ein Spiegelbild, das aber seine Fähigkeiten nutzte und sich nicht beirren liess: «Was mich betrifft verstehe ich Ihr Wesen ganz gut und bin eine unfähige Schwester von Ihnen.» Elisabeth de Meuron sah sich nicht als Opfer, sie war sich ihrer Verantwortung für das Scheitern bewusst. Umso mehr bewunderte sie den Umgang von Verena Kuske mit Rückschlägen: «Wieviel Enttäuschungen auf Ihrem Weg haben Sie wohl achtlos kaum zur Kenntnis genommen?»

Freundinnen

Elisabeth de Meuron sah im Leben ihrer jüngeren Freundin vieles, was sie selbst sich gewünscht hatte, nannte Verena Kuske eine «starke, prächtige Seele», stärker als sie: «Es ist keine Klage, ich bin in Frieden und es freut mich die Kraft gehabt zu haben, Ihnen der Stärkeren zu schreiben.»

Mit Verena Kuske sinnierte sie oft über sich und ihr Leben als Frau. «Ich finde es eine Pracht, dass Sie Apothekerin waren in einer Zeit, als Frauenberufe mit Studien nicht so alltäglich waren.» Umso mehr irritierte sie die Heirat ihrer Enkelin Barbara und ihr Verzicht, als Ärztin zu arbeiten: «Meine Barbara begreife ich nicht – denn sie ist eine grosse dekorative Frau und Dr. med, welche vor hatte in ihrem Beruf zu arbeiten. Jetzt ist alles anders?» Dass Barbara Hegner nach dem Tod ihrer Grossmutter 1980 nach Amsoldingen ziehen und in Bern praktizieren würde, konnte Elisabeth de Meuron damals noch nicht ahnen.

Madame de Meuron wertete Frauen ab, wenn sie über sie sprach, lud Männer in ihre Gesellschaft, Frauen verbannte sie in den Garten. Sie wiederholte damit das Gesellschaftsbild, welches ihr Scheitern mitverantwortete. Vielleicht wollte sie sich – indem sie sich mit Männern umgab – aufwerten, weil Männer in ihrem Weltbild mehr galten und weil ihnen mehr Möglichkeiten offenstanden. Wenn sie sich mit Männern umgab, machte sie sich ihnen ebenbürtig. Ihren Stolz auf Frauen behielt sie für sich, Verena Kuske gegenüber offenbarte sie ihn:

Ich habe einen Ausschlag im Gesicht seit lang, die einzige weibliche Hautspezialistin will mich nicht, zu einem Mann gehe ich nicht, denn eine Reihe ganz schmerzlose Lähmungsarten hatten mich befallen, ich schwanke fürchterlich – aber wenn nötig trage ich siegreich meinen Ausschlag im Gesicht durchs Terrain, stolz auf uns Frauen, denen solche Kräfte beschieden sind, falls wir es wollen.

Wir die Frauen – Sie prächtige Frau Kuske – haben mehr oder weniger Instinkt Männern zu helfen …

Die 90-jährige Elisabeth de Meuron bilanziert ihr Leben mit dem Wunsch zum Schluss, eine zweite Chance zu erhalten. «Und ich den Tod gar nicht wünsche – ich wünschte nur mehr Fähigkeit und Kraft und das gibt es nicht mehr.» Sie schaut auf ihre Jugend zurück mit zerschlagenen Träumen und materiellem Reichtum.

Beim Anblick einer Postkarte der Osterinsel kam mir der Gedanke, dass man doch den Christengott und alle die anderen Götter auf einen Nenner bringen sollte und sicher hätte das Resultat dann besser zu meinem Leben gepasst wo ich so karg ausging bei dem es scheint dass jedes Kind und Mädchen das Recht hat zu träumen und dann auf anderen Gebieten mit unverdienten geistigen Reichtums-Gütern überschüttet wurde, was auch noch seine Annehmlichkeit hatte.

Wovon träumte die junge Elisabeth? Welchen Weg wollte sie einschlagen? Sie war intelligent, konnte organisieren, den Überblick behalten, kannte sich mit Zahlen aus, war belesen, gebildet, vielsprachig … Doch nutzen konnte sie das alles – trotz ihrer grossen materiellen Mittel – nicht. Was war da wohl geschehen?

Ich lege die Briefe von Verena Kuske beiseite. Diese Fragen lassen mich aus dem Regal erneut die Kartonschachtel mit den alten Karten und Briefen hervorholen. Noch habe ich nicht alle gelesen, die

Stapel mit den Schreiben ihrer Freundinnen und ihrer Tanten sind noch unberührt.

«Jedes Mädchen hat das Recht zu träumen», schrieb die hochbetagte Elisabeth de Meuron. Erzählen die Karten etwas über die Träume Elisabeths und ihre Freundinnen?

Jugendfreundinnen

Louise und Rose, zwei unverheiratete Schwestern von Ludwig von Tscharner, standen Elisabeth besonders nahe. Elisabeth weilte im Sommer mit ihnen in Amsoldingen. Mir scheint, in ihnen hatte die junge Elisabeth grosse Unterstützerinnen für all ihre Anliegen – auch ihre Träume.

In diesen Briefen fällt auf, dass Elisabeths Wirken im Zentrum steht. Während die anderen Schreiberinnen und Schreiber, der Bruder oder die Eltern, in ihren Briefen vor allem von sich erzählten, was sie machten, wen sie getroffen hatten, wohin sie reisten, diskutierten die Tanten Themen, die Elisabeth gerade beschäftigten. 1883 erkundigten sie sich, ob die elfjährige Elisabeth nun das Kochen übernehme, da die Köchin bei von Tscharners ausgefallen sei. Ein Brief von Tante Rose von 1903 bestätigt eine Begebenheit, die ich nur aus Barbara Hegners Erzählungen kannte:

> *C'est moi qui te remercie de la lettre à Tante Louise qui nous a fait grand plaisir et surtout intéressées par ce que tu racontes de l'école tenue pendant toute une semaine, ce que nous avons bien admis. Je crois bien que cela devait être difficile d'occuper quatre classes en même temps, mais cela devait également t'amuser de tenir en ordre toute cette bande; tu les connaîtras bien maintenant!*

Elisabeth hatte tatsächlich in der Schule unterrichtet, was ihr sehr gefallen hatte – die Tanten verfolgten es mit Interesse. Barbara Hegner wusste von einer Stellvertretung, die Elisabeth einmal in Rümligen übernommen hatte – aber Belege dafür fand ich bisher keine. Nun beschrieb Tante Rose diese Episode. Ebenso begeistert verfolgten die Tanten Elisabeths künstlerische Arbeit, die sie in Amsoldingen auch forcierten: «Tu aurais eu le temps aujourd'hui de travailler à ton tapis si tu avais le métier.» Elisabeth stickte nach Mustern und Bildern, die sie selbst entworfen hatte – auch bei dieser Arbeit ermunterten sie die Tanten, ihre Künste weiterzuentwickeln. Kein Wunder, dass Barbara Hegner den Vorbildcharakter Tante Roses in Sachen Eigenständigkeit erwähnt hatte.

Neben den Briefen von Tante Rose und Tante Louise sind auch einige ihrer Freundinnen erhalten geblieben.

In Punkto Selbständigkeit sticht Elisabeths Freundin Dora von Büren hervor. Ihr Vater amtete als Treuhänder der Familie von Tscharner. Die beiden Mädchen kannten sich von klein auf, die Freundschaft hielt ein Leben lang. 1908 heiratete sie Elisabeths Bruder Louis. Auch dies war keine Liebesheirat, wie mir Barbara Hegner später erzählte. Aber den Treuhänder gleich in der Familie zu haben, sei praktisch gewesen. Nach dem tragischen Tod von Louis mit 36 Jahren bei der Gartenarbeit heiratete Dora von Büren ein zweites Mal. Dieser Ehe entsprangen Kinder, während die Ehe mit Louis kinderlos geblieben war. Elisabeth de Meuron traf Dora ein Leben lang mittwochs im Casino in Bern.

Die gleichaltrige Freundin war eine sehr unternehmungslustige junge Frau. 1903 hatte sie «sturmfrei» und schrieb Elisabeth:

Denk wie flott diese Wochen sind, da Anne und ich ganz allein daheim – da kommen wir vielleicht einmal herauf. Freue mich rasend Dich zu sehen. Habe das Tanzen jetzt 7 mal gefehlt. D Dori.»

Doras Meinung zu eigenen Kindern war sehr dezidiert, 21-jährig wollte sie noch nichts davon wissen:

Carola war auch dort und verkündete, sie möchte ein recht wildes Kind bekommen. Wenn es seiner Mutter nachschlägt, so braucht C wohl nicht zu fürchten, dass es zu zahm wird. Denk, ich habe verschiedene sagen hören, Pauline bekäme nun auch ein Kind. – Die Colette war heute in der Insel sehr penibel, sie weinte fast immer, Marie Wäber hatte sie getröstet. Letzterer wurde kürzlich übel und der Frieda auch, es fängt an Mode zu werden, es ist aber eine Mode, der ich nicht huldigen werde.

Dora arbeitete im Inselspital, vielleicht als Pflegerin? Verschiedene Reisen führten sie nach Karlsruhe oder nach Frankreich – sie schickte immer wieder Grüsse an Elisabeth. Besonders gerne fuhr sie in die Berge. Um 1900 schrieb sie Elisabeth:

Les Diablerets – vue générale
Liebe Elisabeth
Sei mir nicht böse, dass ich erst heute schreibe! Es gefällt mir ausgezeichnet gut. Am Donnerstag haben wir eine 12stündige Tour gemacht. Deine Dora.

Dora versprühte eine grosse Kraft und Zuversicht, die sie auch Elisabeth wünschte.

Heute noch möchte ich Dir recht herzliche Glückwünsche zu Deinem Geburtstage darbringen, möge das kommende Lebensjahr Dir nur Gutes und die Erfüllung aller Deiner Wünsche bringen, meine liebe Elisabeth!

Wie Elisabeth fotografierte auch Dora. «Die Photos habe ich noch gar nicht entwickeln können, da ich zuerst noch Abzüge von meinen früheren Bildern machen muss.»

Nicht nur von Dora, auch von ihren Freundinnen erhielt sie regelmässig Post; Madeleine, Pauline, Carola, Anne, aber so häufig wie Dora korrespondierte niemand. Madeleine bedankte sich 1899 ebenfalls für eine Fotografie: «Meine liebste Elisabeth. Herzlichen

Dank für die wunderschöne Fotografie, die mich sehr gefreut hat.» Einige diese Freundinnen verschwanden während der Jahre aus dem Leben von Elisabeth de Meuron, Dora aber blieb.

1902 unterschieden sich die Geburtstagswünsche von Dora an Elisabeth grundsätzlich von den vorangehenden; Dora machte sich Sorgen:

Meine l. Elisabeth
Nimm meine innigsten Glückwünsche zu Deinem Geburtstag. Hoffentlich ist die Kur nicht zu langweilig und gar zu lang. Ich freue mich bis Du zurückkommst. Am Montag kommt Elsi zu mir. D. Dori

Elisabeth schien es nicht gutzugehen. Es ist das erste Mal, dass ich etwas entdecke, das auf eine Krise oder ein Tief hindeutet. War dies die Folge des unerfüllten Hochzeitswunsches, als Elisabeths Träume statt sich zu erfüllen sich zerschlugen? Deutlicher wurde Dora in ihren Briefen nicht. Ebenso wenig die Mutter, der Vater, die Tanten oder ihr Bruder. Wollte oder konnte niemand diese Enttäuschungen ansprechen, oder trug Elisabeth ihr Leiden nicht nach aussen? Wollte sie zeigen, dass sie damit fertig wurde, ohne Schwäche zuzugeben, beweisen, dass sie ihr Leben trotzdem meistern konnte? Nahm sie es gar als Rückschlag hin auf ihrem Weg, den sie zielstrebig ging? Zweifelte sie in dieser Zeit nicht daran, ihr Schicksal noch ändern zu können?

Vielleicht wurde ihr die Tragik dieses Moments auch erst im Nachhinein bewusst. Erkannte zu spät, dass die Weichen ihres Lebens gestellt waren, ohne ihr Zutun und nicht in ihrem Sinn. Warum durfte sie diesen Mann aus einer befreundeten Zürcher Familie nicht heiraten? Elisabeth verstand es nie. Doch die verbotene Hochzeit sollte nicht der einzige Traum bleiben, der in dieser Zeit zunichte gemacht wurde. Davon zeugt mindestens eine Karte.

Elisabeth war eine begeisterte Künstlerin. Sie fotografierte, sie malte, sie stickte. Und sie hatte ein grosses Vorbild: die zwölf Jahre ältere Martha Stettler. Diese stammte ebenfalls aus einer Familie des ehemaligen Berner Patriziats. Martha war die Tochter des Stadtbauingenieurs Eugen Stettler und von Clara Stettler-von Fischer. Der Vater hatte das malerische Talent seiner Tochter von Kind an gefördert, Kunst und Kultur wurden in der Familie grossgeschrieben. Martha besuchte 1886 die Berner Kunstschule und lernte dort die baltische Malerin Alice Dunnenberg kennen, ihre spätere Lebenspartnerin. Gemeinsam bereisen sie die Bretagne und die Normandie, aber auch Venedig, 1892 zogen die beiden Frauen nach Paris. Martha Stettler kehrte öfter nach Bern zurück, etwa als sie 1898 an einer nationalen Kunstausstellung in Basel teilnahm, zusammen mit Ferdinand Hodler. 1905 stellte sie gar in Pittsburgh in den USA aus, ein anderes Mal in der Heimatstadt an einer Gruppenausstellung Bernischer Malerinnen im Kunstmuseum.

Diese Sektion gründete Martha Stettler als Antwort auf die Abfuhr ihrer männlichen Berufskollegen. Denn 1909 beantragten die Frauen beim Schweizerischen Berufsverband der Maler und Bildhauer ihre Mitgliedschaft, doch Ferdinand Hodler verhinderte dies an der Hauptversammlung mit seinem Votum: «Mir wei kener Wyber!»

In der Sammlung von Einladungskarten von Elisabeth de Meurons Vater findet sich eine Einladung für Ludwig von Tscharner zur Ausstellung der Berner Malerinnen und Bildhauerinnen in Bern.

Freikarte
Herrn Oberst L. von Tscharner
Die Sektion Bern des Vereins Schweizerischer Malerinnen und Bildhauerinnen beehrt sich, Sie zum Besuch ihrer Ausstellung im Kunstmuseum, 1.–30. Mai, höflich einzuladen.
Die Präsidentin
C. Müller

Die Familie von Tscharner war mit der Familie Stettler befreundet. Elisabeth de Meuron stand bis zu ihrem Tod in regem Austausch mit Michael Stettler, dem Neffen von Martha. Auch bewohnte um die Jahrhundertwende eine Mademoiselle Stettler, eine Freundin Elisabeths, ein Zimmer in Rümligen.

Martha Stettler übernahm zusammen mit Alice Dunnenberg 1909 die Leitung der Malschule «Grande Chaumière» in Paris. Martha Stettlers internationale Karriere ist bemerkenswert. Es war einer Frau möglich, sich in der damaligen Kunstszene durchzusetzen. Davon träumte auch Elisabeth de Meuron. Vielleicht war es dieser Wunsch, den sie mit ihrem Vater mit 16 Jahren besprechen wollte? Elisabeth verfolgte diesen Weg, sie war mit Martha Stettler in Paris in Kontakt. Dies zeigt eine Karte von 1902 von Martha Stettler an Elisabeth:

30. dec 1902
Liebes Fräulein
Meine besten Wünsche zum Jahreswechsel.
Wie geht es Ihnen? Haben Sie sich ganz erholt? Was macht die Malerei?
Bitte meine Empfehlung an Frau von Tscharner ausrichten.
Mit herzlichem Gruss Ihre M. Stettler

Martha Stettler bezog sich auf die Krise von Elisabeth ebenso wie ihre Freundin Dora im Sommer zuvor. Woran litt Elisabeth und warum verfolgte sie die Malerei nicht weiter? Was ihr im Weg stand oder wer ihn verhinderte, das ist den Briefen und Karten dieser Zeit nirgends zu entnehmen. Das Ziel, Künstlerin zu werden, gab sie nicht auf. Elisabeth stand 1925 im Verzeichnis der Mitglieder der Schweizerischen Gesellschaft bildender Künstlerinnen, nicht als Malerin, sondern als Kunststickerin.

Mit Stickarbeiten wollte sie nach der Scheidung 1923 ihr Leben finanzieren. Dieses Vorhaben scheiterte, weil sie sich nicht um die

Postkarte von Martha Stettler an Elisabeth de Meuron, 1902
Foto: zvg

rechtlichen Belange kümmerte und ihr Geschäft mit Stickerei vom Kanton verboten wurde – das erläuterte mir Barbara Hegner.

Nun habe ich alle Karten und Briefe ihrer Eltern, ihres Bruders, ihrer Freundinnen gesichtet und sogar eine Karte ihres künftigen Ehemannes. Sie sind ganz kleine Mosaiksteinchen aus dem Leben der jungen Elisabeth von Tscharner. Eine Vergangenheit, die sie ein Leben lang beschäftigt hat, wie es auch in den Briefen an Verena Kuske zu lesen ist. Sie ermöglichen einen überraschenden Blick in ihre Jugend. In all der strengen, christlichen und aristokratischen Erziehung tritt eine Herzlichkeit und Freiheit zutage, die im Verlauf des Lebens von Madame de Meuron zugeschüttet wurde. In den Postkarten manifestiert sich ein humorvoller, liebender und verständnisvoller Vater. Eine vergnügte, umtriebige Mutter und ein Bruder, der jahrelang in Europa herumzog und eine Stadt nach der anderen entdeckte. Dazwischen behauptete sich Elisabeth mit klaren Vorstellungen, Zielen und Wünschen, umgeben von lebensfreudigen und unternehmungslustigen Freundinnen. Der Ehrgeiz, der Künstlerin Martha Stettler nachzueifern und die Kunstschule zu besuchen, ist greifbar. Es ist ein schöner Blick in eine heile Welt, den Elisabeth de Meuron selten gewährt hat.

Es ist eine Auswahl an Karten und Briefen. Der Bruch, der Riss, wird angedeutet mit der «Krise», die Elisabeth de Meuron im Alter von 19 Jahren durchlitten hatte. Vielleicht hat es nie einen Eklat gegeben. Vielleicht haben sich Entscheidungen unmerklich summiert und Elisabeth eine Richtung vorgegeben, die sie später nicht mehr ändern konnte. Ihre Träume lebte sie nicht aus, Künstlerin wurde sie nicht und von ihrer grossen Liebe musste sie sich verabschieden.

Mir kommt die Geschichte von Maria Gfeller, der Pächterfrau in Amsoldingen, in den Sinn. In dem Moment, als ihre Ziege geschlachtet wurde, erkannte Maria das Omen dieser kleinen Episode nicht.

Ich lege den Karton mit dem Blick in eine beschauliche Welt weg und springe in der Zeit zu den 70 Jahre späteren Briefen an Verena Kuske.

Frauenfreundschaften

Die Frauenfreundschaft zwischen Elisabeth de Meuron und Verena Kuske umfasste eine Dritte im Bunde: Margrit Bieri. Grittli genoss die Geschenke, die Verena Kuske nach Rümligen schickte ebenso wie die Hilfe, die sie ab und zu anbot: «Sie Frau Kuske sind eine ursprüngliche Kraftquelle, von welcher noch meine 80jährige Haushälterin nascht.» Madame de Meuron bedankt sich: «Ihre Kerzen und Sächelchen sind in der warmen Küche, wo ich immer bei Hunden und Grittli etwas verweile.» Grittli war für Elisabeth de Meuron ein wichtiger Kompass bei Freundschaften. Wem Grittli traute, auf die oder den war Verlass: «Grittli spricht sehr oft von Ihnen, sie ist überzeugt, dass Sie zu uns Weiblein gehören.»

Grittli weigerte sich mit zunehmendem Alter, die Gäste von Elisabeth de Meuron zu bewirten, dies kam einer Kündigung ihrer Arbeit gleich. In einem der wenigen erhaltenen Briefe von Verena Kuske an Elisabeth de Meuron notiert diese:

Meine sehr verehrte Madame de Meuron, Sie schreiben mir von grossen Veränderungen in Ihrem Lebenskreis. Nach vielen Jahren treuer Arbeit im Schloss, scheint sich Fräulein Grittli in ihr eigenes Heim zurückzuziehen.

Verena Kuske versuchte Grittli dabei zu unterstützen, um ihr einen verdienten Ruhestand zu ermöglichen. Doch es gelang nicht, der Rückzug scheiterte. Keine andere Hilfe war Elisabeth gut genug. Sie verlangte, dass Grittli wieder im Schloss übernachtete, weil sie, Madame de Meuron, sich ängstigte:

In meinem nächtlichen Schlafzimmer bin ich nachts alleine im Haus und fürchte mich und habe deshalb in meinem Zimmer zwei Russische Windhunde mit 3 Zwei-monate alten Welpen welche sehr stille Tiere sind.

Vorsicht war angebracht. An Elisabeths 91. Geburtstag drang jemand ins Schloss ein.

Meinen verkleinerten Geburtstag beging ich mit 40 Blasmusikanten im Keller vor einem Monat – aber mit einem unbekannten Dieb im Haus, welcher mir in einem verschlossenen Trog genau 16 Tausend 70 Franken stahl dazu noch 1 oder 2 Rollen Goldstücke. Es hat mich bei meiner Geldknappheit sehr aufgeregt, es am Sonntag nach dem Donnerstag Geburtstag zu entdecken.

Der Dieb hatte Kenntnis des Schlüsselverstecks, schrieb Madame de Meuron an Verena Kuske. Von diesem Tag an kehrte Grittli auch nachts wieder ins Schloss zurück. «Grittli schlief mir zuliebe im ‹Office› mit den Hunden neben der Küche.» Auch wenn es ihre Gesundheit nicht mehr zuliess. «Die Grittli von über 80 Jahren war gut die letzten 2 Jahre unfähig jeglicher Buchführung.»

Grittli stürzte Ende Februar 1975 und wurde in das Berner Universitätsspital Insel verlegt. Verena Kuske kannte den behandelnden Arzt und fragte nach dem Gesundheitszustand.

> *Sehr geehrte Frau Professor Kuske. Wir haben die Patientin heute ins Spital Riggisberg verlegt. Es handelt sich bei der sehr bejahrten Patientin um arteriosklerotische Veränderungen im Gehirn und ein akutes Schädelhirntrauma. Die Patientin erholt sich nur langsam, was wohl mit dem Alter zusammenhängt. Die Prognose ist unsicher und bleibt offen. [...] Ich bin mir bewusst, dass ich mit meinem Schreiben das ärztliche Geheimnis verletze, nehme aber an, dass Sie zu Frl. Margrit Bieri in näherer Beziehung stehen.*

Grittlis Tod folgte bald darauf 1975. Damit starb auch ein Teil von Elisabeth de Meuron, wie sie Verena Kuske schrieb. Alles, was Elisabeth de Meuron unternahm, brauchte die Unterstützung von Grittli.

> *Da sie während Lebzeiten vielen geholfen hat Freude in Schloss Rümligen zu bieten, jedem nach seiner Art, was ich selber die zimperliche hochmütige Dame ohne Grittlis Beratung und Räthe für das niedrige Volk nie zustande gebracht hatte und ich Grittli einfach gehorchte.*

Verena Kuske besuchte die Beerdigung von Margrit Bieri – nach ihren Kriterien gelang eine würdige und schöne Feier. Elisabeth de Meuron blieb im Schloss.

Von nun an akzeptierte Madame de Meuron vermehrt verschiedene Unterstützung, Frauen, die ihr an einzelnen Tagen im Schloss halfen: «2 Mal in der Woche kommt über Tag die eine oder andere Frau, das ist nebensächlich.»

Nie konnten diese die Vertrautheit ersetzen, die sie mit Grittli geteilt hatte, schrieb sie Verena Kuske. Die Frauen halfen beim Nötigsten, brachten auch Essen vorbei:

Ich bin ohne ständige weibliche Bedienung allein mit Antonio. Alle 3 oder 4 Tage schickt eine 40 Dienstjahre Angestellte der Familie Proviant in Staniolpapier verpackt. Es geht alles PRIMA.

Manchmal, wenn Elisabeth de Meuron zu schwach war zum Briefeschreiben, bat sie diese Frauen, ihre Korrespondenz zu erledigen. Verena Kuske erhielt 1975 einen Brief, geschrieben von Ines Meier:

Sehr geehrte Frau Kuske, vielen Dank für Ihre Karte. Ich war vor Ostern in Rümligen und traf die Schlossherrin bei bester Gesundheit und unbeschwerter Laune an. Seither habe ich nur von ihr gehört, dass alles in Ordnung sei. Heute habe ich wieder nach Rümligen telefoniert und mit Madame gesprochen. Am Donnerstag – so sie es richten kann, werde ich sie wieder baden.

Verena Kuske war für Elisabeth de Meuron eine wichtige Vertrauensperson, vom Dreierbund waren sie beide übriggeblieben. «Grittli fehlt mir doch sehr.» Nun vertraute sie sich Verena Kuske an: «Schon Ihnen zu schreiben liebe Seele, erlöst mich ein wenig.» Umso wichtiger wurden die Besuche: «Ich habe wie Sie liebe Seele etwas das mich belebt den Weg entlang dankbar für Begegnung von Frau Kuske Ammann über die Grittli sich gefreut hatte!»

Die meiste Zeit war Elisabeth de Meuron mit Antonio alleine im Schloss. Oft schämte sie sich: «Ich bin knapp an Bedienung und

Antonio kommt ins Schlafzimmer, sieht mich in langem Nachthemd herumirren.»

Verlorenheit

Diese Einsamkeit und Verlorenheit sind es, die mich bei der Lektüre der Briefe an Verena Kuske erschüttern. Auch bricht eine Härte, fast Brutalität, aus den Beschreibungen des Alltags hervor. Angefangen bei der bitteren Kälte, die im Winter in jeden Winkel gekrochen kam und durch Mark und Bein ging. Fast nebensächlich beschreibt Elisabeth de Meuron einen Streit mit Handgreiflichkeiten: Ein Pächter schlug ihrem Angestellten mit einer Schaufel ins Gesicht. Bei Antonio blieben Wunden zurück, die nie ganz verheilten. Der Täter wurde nicht belangt.

> *Antonio ist zeitweise gestört im Kopf infolge eines Schlages eines mir aufgezwungenen Pächters mit der Mistschaufel in unseren gemeinsamen Stallungen.*

Was Elisabeth de Meuron mit «aufgezwungen» meinte? Sie gab ihre Landwirtschaft, ihre Schweinezucht in den Siebzigerjahren auf, und der Pächter des Schlossguts in Rümligen führte den ganzen Betrieb. Diesen Pächter beschrieb sie als «grob», eigentlich war er aber mehr als das. In Rümligen herrschten eigene Gesetze.

Auch der Umgang mit ihren geliebten Tieren geriet mit der Zeit aus den Fugen. Elisabeth de Meuron war überfordert mit den Hunden und nach dem Tod von Grittli nicht mehr Herrin der Lage.

> *Ich schreibe im Bett und vor mir HANGEN zwei meiner Windhunde im Zeugungsakt – weil man sie vor 2 Tagen nicht hatte abhalten können lässt man es eben darauf ankommen Welpen zu töten, denn der Zeugungsakt ist von Vater und Tochter.*

Die weissen russischen Windhunde, die ihren Namen «Barsoi» dem russischen Wort für schnell, «borsy», verdanken, sind energische Vollblutjäger und benötigen viel Auslauf. Als gut erziehbar gelten sie, besitzen aber auch einen starken Trieb, auf eigene Faust auf die Jagd oder «Leutsch» zu gehen. Die Vorstellung, mit wie vielen Hunden die teilweise bettlägerige Elisabeth de Meuron im Schloss gelebt hatte, ist beängstigend.

Das Leben auf dem Schloss geht weiter, vorläufig mit 8 Hunden, bald sicher mehr, da das älteste Weibchen wieder trage, und die 4 jungen Weibchen werden auch ...

Natürlich machte sie sich Gedanken, was mit den Hunden geschehen werde, aber sie dachte nicht daran, sie wegzugeben: «Meine Nachkommen haben keine Ehrfurcht vor Tierseelen.» Sie hoffte deshalb, dass die Hunde irgendwo «aufgenommen werden oder kunstgerecht getötet werden.»

Elisabeth war sich des desolaten Zustandes ihrer Menagerie im Schloss Rümligen bewusst, gewährte deshalb nur noch wenigen Menschen Zutritt:

Liebe Frau Kuske Ammann Wie schön, dass Sie kamen. Vieles bleibt ungesagt denn ich bin verwirrt und menschenscheu geworden. Und eigentlich belagert von Menschen, für welche es scheint, dass ich eine gewisse Anziehungskraft habe aus Mitleid oder Neugierde des Drum und Dran veralteter Verhältnisse, deren Opfer ich bin ohne Klage aber doch ohne rechte Fähigkeit, sie zu meistern.

Diese Verhältnisse präsentierte sie als Resultat ihres Lebens: «Der Schluss: Wahrheitsgetreu musste ich diese bodenlose Hässlichkeit sagen damit Sie prächtige Seele mein absolutes Versagen begreifen können.»

Verena Kuske versuchte mit Geschenken und Briefen Elisabeth de Meuron aufzuheitern. «Das Bleistift ist ein Weltwunder denn meine schadhaften Hände können damit schreiben. Papierservietten, Nadeln, Nähfaden, Seife, Tabletten, sind unser tägliches Leben für uns selber und unsere Umgebung, von welcher man abhängig ist im Leben. Ihre Schachtel ist eine Goldgrube», so bedankte sich Elisabeth de Meuron für die Gaben, denn damit war sie selber in der Lage, Präsente zu machen. Ohne diese Zuwendungen wäre es am fehlenden Bargeld gescheitert oder an den Einkaufsmöglichkeiten. Auch als ihre Enkelin mit einem Wadenmuskelriss im Spital lag, half Verena Kuske aus:

Jetzt kann ich Ihr allerliebstes Geschenk nach einem Tag Besitz morgen schicken und das Fahnentüchlein in die Blumenschachtel. Die Blumen bleiben hier! Und diese Enkelin, fertige Dr. med. wird wohl auch irgend Vorlesungen v. Prof. Kuske gehabt haben ... also wird es sie erfreuen.

[...] Sie lieber Engel in Menschengestalt haben mir geholfen, meinen Wunsch zu verwirklichen, meiner Enkelin beizustehen.

Ob Elisabeth de Meuron wohl auch die Schwächen von Verena Kuske kannte? Von ihren Aufenthalten in der Psychiatrischen Klinik in Münsingen wusste, von denen mir Andreas Kuske an seinem Stubentisch erzählt hatte? Vielleicht ahnte sie es und fühlte sich auch darum so sehr mit ihr verbunden: «Ich liebe Ihr Aller-Welt-Sein in gutem Sinn, Ihr Geist in allen Gebieten ist eine Pracht und sie sind trotzdem eine Einsame.» Sie schätzte Verena Kuskes Hilfen ausserordentlich: «Wie dankbar bin ich für Ihre Freundschaft, Sie sind eine Kraft-Quelle.»

Fast eine Art Erleichterung brachte Elisabeth de Meuron ihr Unfall, der sie ins Spital Riggisberg brachte. Sie lag nach einem Beckenbruch in einem zellenartigen Zimmer, nicht auf der Station mit anderen Patientinnen, sondern etwas abseits. Verena Kuske besuchte sie. Sie lernte wieder gehen, doch zurück nach Rümligen wollte sie nicht mehr, zum ersten Mal seit Jahren war ihr wieder warm, ass sie regelmässige Mahlzeiten und musste sich nicht mehr um Schlossgüter kümmern, die ihr immer mehr entglitten waren. So verbrachte sie ihre letzten beiden Jahre in beschaulicher und überschaubarer Ruhe und im Frieden mit viel Zeit, über ihr Leben zu sinnieren.

Sie liebe Seele welche herrliche Weggenossin habe ich an Ihnen auf meinem letzten Stück Weg! Eigentlich bleibt man sich schliesslich sich selbst fremd und unverständlich, wenn man so lange gelebt hat wie es mir beschieden war.

Am 22. Mai 1980 starb Elisabeth de Meuron im Spital in Riggisberg. Verena Kuske hatte unzählige Beerdigungen besucht. Aber an diejenige von Elisabeth de Meuron, die ihr besonders wichtig gewesen wäre, war sie nicht eingeladen – es fand nur ein ganz kleiner Kreis ihrer Verwandten und Freunde in der Kirche in Gerzensee Platz. Am Eingang gab es eine Kontrolle, da das Datum der Beerdigung durch eine Indiskretion an die Presse und die Öffentlichkeit gelangt war.

An der Auktion bei Stuker, die ein Jahr nach dem Tod von Elisabeth de Meuron stattfand, fehlte sie dagegen nicht und konnte sich wenigstens mit Blick auf einige ihrer Gegenstände verabschieden.

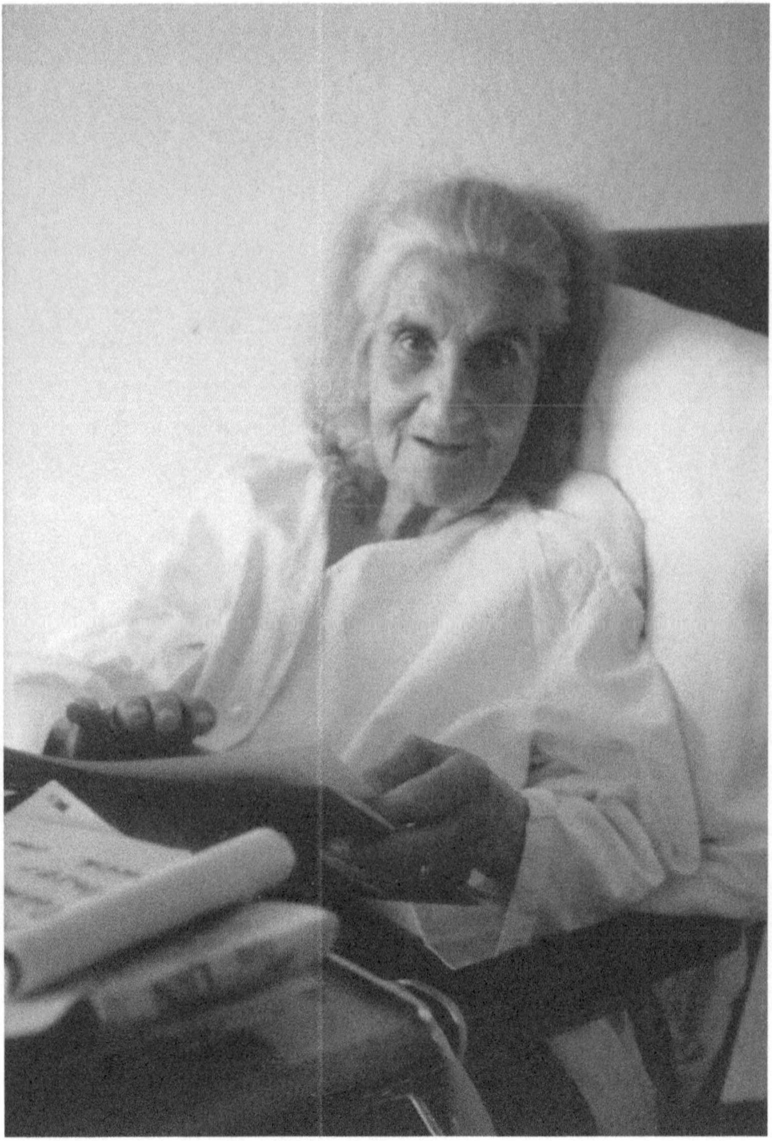

Elisabeth de Meuron im Spital Riggisberg, 1979
Foto: zvg

Walter Schneiter mit seiner geliebten Geige
Foto: zvg

Kreise schliessen

(Marie Ramseyer-Messerli, Walter Schneiter)

Mit den Besuchen von Verena Kuske in den Siebzigerjahren habe ich einen Blick ins Rümligen der betagten Madame de Meuron werfen können. Die nächsten Begegnungen führen mich zeitlich zurück in die Zwanzigerjahre, als Elisabeth de Meuron ihren Lebensmittelpunkt nach Rümligen verlagerte.

Was bietet einen besseren Schutz vor neugierigen Blicken und unangenehmen Fragen als eine alte Burg aus dem 11. Jahrhundert? Elisabeth de Meuron zog nach dem Tod ihres Vaters 1927 im Alter von vierzig Jahren ins Schloss. Es war ein Neubeginn, ein Aufbruch in ein neues Leben. Kunst, Kultur und Gesellschaftsleben in Bern stellte sie zugunsten der Landwirtschaft und der Natur zurück. In Rümligen war das Leben rauer als in Bern. Wie sie, die dritte «Maria» in diesem Buch, Marie Ramseyer-Messerli, mir erzählt.

Marie wuchs an den steilen Hängen Rümligens als Tochter der Pächterfamilie auf. Sie beobachtete, wie die neue Herrin mit ihrem Sohn, ihrer Haushälterin und einem Knecht ins Schloss zog. Es war eine bemerkenswerte Konstellation: Es war nicht mehr die Familie von Tscharner, die nur während der Sommermonate hier residierte und sonst dem Schloss nur ab und zu einen Besuch abstattete. Es war keine andere Familie, die diesen Platz jetzt einnahm. Es war diese eigenwillige Elisabeth de Meuron mit dem manchmal fröhlichen, manchmal verschlossenen Sohn und ihren Angestellten. Dass die Schlossherrin bald selbst mit Gummistiefeln durch den Stall marschierte, war gewöhnungsbedürftig. Die Herren von Tscharner, Elisabeths Vater und Bruder, nahmen die gesattelten Pferde in den glänzenden Reitstiefeln auch im Stall in Empfang, nie aber hätten sie eine Mistgabel selbst angerührt. Es waren klare Zeichen: Elisa-

Flugaufnahme vom Bauerngut des Schlosses Rümligen
Foto: zvg

beth de Meuron und ihr Sohn, studierter Ingenieur Agronom, wollten von nun an in der Landwirtschaft mitreden.

Für Madame de Meuron war die Veränderung ebenso gross wie für die Pächter – und auch für Walter Schneiter, den neuen Knecht in Rümligen, der diesen ungewohnten Alltag meistern half. Er hatte in seinem Leben schon viel Arges erlebt und ging auf in seinen neuen Aufgaben. Hier stand er nicht abseits, begegnete keinen skeptischen Blicken. Er merkte schnell: Im Fokus stand nun Madame de Meuron. Sie wurden beobachtet und ihre Taten kommentiert, wenn auch nur hinter vorgehaltener Hand. Weil Walter solches nur zu gut kannte, war er umso loyaler seiner Herrin gegenüber.

Es sind zwei Besuche, die mich Anfang 2015 in das Rümligen der Dreissigerjahre zurückversetzen. Ein Besuch führt mich zu Marie Ramseyer-Messerli, deren Eltern bis 1934 in der dritten Generation den Landwirtschaftsbetrieb von Schloss Rümligen führten. Zuerst für die Familie von Wattenwyl, Elisabeths Grosseltern mütterlicherseits, anschliessend für die Familie von Tscharner und zuletzt für Elisabeth de Meuron. 1934 siedelten sie dann in flachere Gefilde um. Das einzige ebene Kulturland des Schlossguts von Rümligen war der Reitgarten, der nicht landwirtschaftlich genutzt wurde. Die Familie Messerli mit ihren fünf Kindern suchte eine andere Pacht, weil Madame de Meuron den Pachtzins wiederholt erhöhen wollte. Die damals 12-jährige Marie erinnert sich heute, bei unserem Treffen im bernischen Kirchberg, glasklar an ihre Kindheit – und erzählt von ihren Erinnerungen an die Zeit in Rümligen, auch an Madame de Meurons damaligen Hausangestellten, Gärtner oder Jungen für alles: Walter Schneiter.

Der zweite Besuch führt mich denn auch zu dessen Tochter. Sie treffe ich in Bern, im Stöckackerquartier. Marietta Masshardt-Schneiter erzählt aus dem letzten Jahrhundert die Geschichte ihres Vaters. Ich flechte hier beide Geschichten zusammen, denn sie ergeben zwei Perspektiven auf das Leben im und um das Schloss Rümligen jener Zeit. Es entsteht ein Bild aus den Erinnerungsfragmenten von Marie Ramseyer-Messerli und Marietta Masshardt-Schneiter. Die Perspektiven von Marie Ramseyer-Messerli und Walter Schneiter wechseln sich ab und ergänzen sich.

Die kleine Marie

Das Bauerngut liegt vis-à-vis des Schlosses, etwas entfernt, aber doch mit gutem Sichtkontakt. Marie sass am Küchentisch, es mag um das Jahr 1930 gewesen sein, und pellte Erbsen aus den harten Hülsen. Letztere landeten im Schweinekübel, die grünen Erbsen im Topf fürs Einmachen. Ab und zu steckte sie sich eine in den Mund, knackig und saftig waren sie. Wie immer sass sie auf einer Stabelle, nicht auf der Eckbank an der Wand, so hatte sie das Schloss im Blick. Das Auto hörte sie schon von Weitem. Die Karosserie schwarz, Lampen und Beschläge silbern. Die wenigen Autos in Rümligen steuerten meistens das Schloss an. So wusste Marie: Madame war zu Hause und empfing Besuch. Wenn junge Leute lachend ausstiegen, war es Roger, der die Gäste willkommen hiess.

Sie sah Walter vor die Tür treten. Es musste hoher Besuch angereist sein, denn Walter hatte seine Stallkleider abgelegt und öffnete nun die Tür im Aufzug eines Butlers: in schwarzer Hose, Gilet und weissem Hemd. Marie bewunderte diese Herrschaften mit ihren Autos, ihren Kleidern, sie stellte es sich herrlich vor, an prächtig gedecktem Tisch zu sitzen, sich das Essen servieren zu lassen. Den Zopf, den Maries Mutter am Morgen gebacken hatte, holte Walter schon am Mittag ab. Grittli, die Haushälterin, bereitete das Essen wohl gerade in den Kupferpfannen zu, die in jeder Grösse in der Schlossküche an der Wand auf Tablaren gestapelt waren. Marie war nur einmal bisher in der Küche gewesen, hatte das Ungetüm von einem Kochherd und Backofen bestaunt, der dem im Backhäuschen des Dorfes in nichts nachstand. Madame liess regelmässig Butter, Milch, Kartoffeln und Eier bei Messerlis holen, auch Gemüse und Obst. Alles wurde fein säuberlich in einem blauen Kassabüchlein vermerkt und später vom Zins abgezogen, der alljährlich zu Weihnachten fällig wurde. Zum Zinsen durfte Marie als älteste Tochter mitgehen; sie schrieb die selbstverzierte Weihnachtskarte an Madame de Meuron. Der Vater nahm eine Dose Butterbräzeli der Mutter mit und klopfte an der Tür. Jedes Mal erstaunte es Marie, dass Elisabeth de Meuron persönlich öffnete, um den Umschlag mit dem Geld entgegenzunehmen. Sonst erschienen immer Grittli oder Walter an der Tür. Noch auf der Schwelle zählte Madame de Meuron das Geld nach. Ins Schloss bat sie den Pächter mit seiner Tochter selten, und wenn, dann nur in die Küche.

Am Weihnachtstag kam Madame mit Geschenken zu Messerlis auf Visite. Manchmal waren es Mandarinen, Lebkuchen und Nüsse,

Die Kinder Erna, Martha und Marie mit ihrer Mutter Marie Messerli im Schlosspark
Foto: zvg

einmal schenkte sie auch Handschuhe und Mützen für die Kinder. Gleichzeitig inspizierte sie Küche und Stube, so schien es Marie.

Madame liess sich gerne einen Tee servieren und erzählte aus ihrem Leben. Marie rührte es, wie sich Elisabeth de Meuron darüber freute, dass Roger nun auch im Schloss bei ihr wohnte, da er lange Zeit im Internat und fürs Studium in Zürich weit weg von ihr gelebt hatte. Für die Geschenke einen fehlerfreien Dankesbrief mit den besten Neujahrswünschen in sauberer Schrift zu schreiben, gehörte zu Maries Aufgaben.

Sie wusste, auch Madame de Meuron gehörte zu diesen edlen Herrschaften, trotzdem empfand Marie sie nie als hochnäsig oder eingebildet. Nach einem Todesfall in der Verwandtschaft kondolierte Madame, zeigte grosses Mitgefühl und war sogar traurig. Madame unterschied sich nicht von den anderen Bekannten der Familie.

Vielleicht lag es daran, dass Marie Madame de Meuron auch aus der Nähe sah, mit ihr sprach und nicht nur aus der Ferne beobachtete wie diese Gäste in den modernen Automobilen und warmen Pelzmänteln. Auch gefiel ihr, dass weder die Mutter noch der Vater sich von neugierigen Verwandten oder Dorfbewohnerinnen in Gespräche über ihre neue Herrin verwickeln liessen. «Madame de Meuron ist schon recht, wir haben nichts zu klagen», erstickten sie alle Anläufe, allfälligen Klatsch anzuzetteln.

Noch lieber mochte Marie aber Roger, Madames Sohn. Der Zwanzigjährige brachte mit seinen Freunden und Freundinnen Leben nach Rümligen, ihr Lachen drang oft bis auf den Bauernhof. Roger grüsste Marie, machte Spässe, setzte sich ab und zu einfach in die Küche, um mit der Mutter oder dem Vater zu plaudern. Vor allem wollte er alles über die Landwirtschaft wissen, was und wann Messerlis pflanzten, was gedeihe und was nicht. Er konnte zuhören, manchmal brachte er in Form einer Frage auch einen Vorschlag ein. Sein Wissen zu landwirtschaftlichen Themen und Betriebsführung war durch sein Studium beträchtlich. Maries Vater meinte zur Mutter, Roger werde es einmal gut machen, wenn er hier der Meister sei. Marie entging der Blick der Mutter nicht, wenn sie besorgt fragte, ob Vater denn wegziehen wolle. Das Nein ging in seinem Lachen meist unter.

Walter, der Knecht

Machen wir Halt, kehren noch einmal zur Szene zurück, als Marie beobachtete, wie Herrschaften ins Schloss Rümligen zu Besuch kamen und Walter Schneiter in der Rolle des Butlers die Tür öffnete. Was geschah im Schloss?

Walter riss die Haustür sperrangelweit auf. Die Herrschaften traten ein, hatten keinen Blick für ihn. Er führte sie in den Salon, wo Elisabeth de Meuron auf die Gäste wartete. Walter nahm ihnen Hüte und Mäntel ab, verschwand, um die Getränke zu servieren. Immer wieder schielte er auf die weissen, feinen Handschuhe. Als

Junge durfte er nicht einmal im kältesten Winter Handschuhe tragen. Mochten die Hände noch so blau und starr vor Kälte sein. Er hatte jeweils verzweifelt versucht, Lumpen, die der Wind an einen Zaun getrieben hatte, um die Hände zu wickeln. Handschuhe, das durften die Kinder des Bauern tragen. Walter aber war nur der «Kegel». Von seiner eigenen Familie verstossen wuchs er bei Verwandten auf dem Hof auf. Er arbeitete möglichst viel, um sein allen lästiges Leben zu verdienen. Erst als er mit zehn Jahren stark genug war, erlaubten die Eltern seine Rückkehr nach Hause. Aber sein Stiefvater liess keinen Tag ohne Strafe und Prügel vergehen, so dass er lieber bei den Verwandten geblieben wäre.

Nun also war er hier gelandet. Dank Elisabeth de Meuron. Kannte sie wohl seine Geschichte? Er war sechsundzwanzig Jahre alt, als sie ihn 1928 auf dem Markt in Bern traf und meinte, sie könnte einen Burschen wie ihn in Rümligen gut gebrauchen. Was er denn so könne? In der Hoffnung, den elterlichen Hof hinter sich zu lassen, sagte er schlicht: alles. Sie nahm ihn beim Wort. Mit diesen weissen Handschuhen servierte er in den fremden schwarzen Hosen den Herrschaften kalten Weisswein. Grittli hatte ihm in der Küche mit einem Kamm noch einen Scheitel gezogen, eine flotte Gestalt, wie er da mit dem Silbertablett hantierte. Wenn er die Herrschaften beobachtete, wie sie manierlich an ihren Gläsern nippten, nie zu laut wurden und die Frauen sich hinter ihren Männern hielten, dachte er daran, wie klein der Unterschied war, ob man zu den Herren oder zu den Knechten gehörte. Die Herrschaften hätten seinen Gedanken nie beigepflichtet, ihrer Meinung nach lagen Welten zwischen ihnen und ihm. Und für Madame de Meuron? Auf ihre Herzlichkeit war kein Verlass, sie wechselte sich ab mit schneidender Kritik und zornigem Tadel.

1932 war ein guter Sommer. Im Frühling hatte den Blüten kein Frost zugesetzt, die Sonne schien regelmässig, es regnete weder zu wenig noch zu viel, die Gewitter machten einen Bogen um Rümligen, und sie blieben von Hagel verschont. Entsprechend gut fiel die Ernte aus. Marie stand am steilen Hang, in der Hand die Hacke, holte sie die Kartoffeln aus dem Boden. Zuerst lockern, ohne die Knollen zu verletzen, dann an den Stauden ziehen und schütteln. Gross, rund und ohne Fäule waren sie. Für einmal war der Vater zufrieden. Nur die Mutter sass erschöpft auf der Wiese und klagte über die steilen Hänge, sogar den Gemüsegarten hatte sie terrassieren müssen. Am liebsten hätte sie den Park von Madame umgestochen, den einzigen ebenen Flecken ums Haus, aber natürlich war das strengstens verboten. Auch hätten die riesigen Bäume dem Gemüse zu viel Schatten gespendet. Der Vater runzelte nicht wie sonst besorgt die Stirn, vielmehr lachte er und versprach, ab Donnerstag werde alles besser.

Schon am frühen Morgen machte sich Messerli in den Sonntagskleidern auf, Richtung Bahnhof in Thurnen. Vergnügt pfeifend, ohne etwas zu verraten. Von Marie wollte er erfahren, ob Madame zu Hause sei – sie hatte die Schlosstür immer im Blick. Nein, Madame war wie häufig weg, vielleicht in Bern oder Amsoldingen. Besser so, bemerkte ihr Vater. Sie müssten schon etwas Geduld haben, bis er zurückkomme, rief er den zappeligen Kindern und der leicht besorgten Mutter zum Abschied zu.

Sie hatten mit dem Mittagessen zugewartet – doch dann schöpfte die Mutter die Suppe und wünschte in Gottes Namen ein gesegnetes Mahl. Niemand packte anschliessend so richtig an bei der Arbeit, um sich ja nicht zu weit vom Hof zu entfernen und die Überraschung zu verpassen. Der Bruder wischte die Einfahrt schon zum zweiten Mal, Marie tränkte die Kühe, holte Wasser in die Küche, eine Arbeit, die sie sonst nur auf Befehl der Mutter erledigte. Jeder Tropfen Wasser im Haus musste im Brunnen beim Stall geholt werden. Besonders samstags gab es ein richtiges Geläuf, wenn der Zuber fürs wöchentliche Bad gefüllt und dann mit einem grossen Feuer geheizt wurde.

Der erste Traktor in Rümligen, um 1930
Foto: zvg

Plötzlich blieben alle stehen und lauschten. Ein Geräusch, wie sie es noch nie vernommen hatten, war zu hören. Sie täuschten sich nicht, es kam näher. Ein Auto war es nicht, dafür war es zu laut und zu knatternd. Wie Gewehrsalven, aber von einem ganzen Regiment. «Da!», rief Marie, die das fahrende und rauchende Ungetüm als erste erblickte. Sie liefen dem Vater entgegen. Er stellte den Dieselmotor ab und stieg majestätisch herunter wie aus der schönsten Königskutsche. «Das ist ein International IH. Man kann damit Gras mähen, Felder pflügen, die Dreschmaschine anhängen. Das Leben wird damit ganz sicher leichter.» Er legte stolz den Arm um seine Frau. «Wenn hier eine Schlossherrin die Zügel in die Hände nimmt, dann ist eine neue Zeit angebrochen», der Vater nickte unmerklich Richtung Schloss, «wir müssen uns dieser Entwicklung anpassen und mitgehen.» Alle drängten sich um das graue Gefährt mit den grossen Rädern, der Motor war ein rechteckiger Kasten, die Reifen standen auf Stangen gesteckt abseits. Das Vehikel ähnelte einem Auto, war aber viel massiger und grösser. Es war der erste Traktor in Rümligen. Der Vater parkierte ihn unter dem Vordach des Tenns. «Wir können ihn auch anderen Bauern vermieten – und der eine oder andere hat schon erwägt, er wolle eine Maschine kaufen, die wir anhängen können. So hat das ganze Dorf etwas davon», kommentierte er. Kaum zurück eilte auch Madame de Meuron herbei. Sie zeigte Freude an diesem modernen Gerät, auch wenn sie persönlich lieber auf die Kraft der Pferde setzte. Beeindrucken liess sie sich von dieser neuen Technologie trotzdem. Verschmitzt sagte sie, dass Messerli sie am Sonntag lieber weiterhin mit der Chaise in die Kirche nach Thurnen fahren solle. Sie liess es sich aber nicht nehmen, genau zu beobachten, wenn Messerli in Sichtweite mit dem Traktor fuhrwerkte.

Auch Walter war fasziniert vom Gefährt. Gerne hätte er es lenken gelernt, wagte aber nicht zu fragen. Zu lernen, das hatte ihm sein Stiefvater gesagt, gäbe es nichts für ihn. Er solle arbeiten und zufrieden sein, wenn ihm jemand eine Stelle anbiete. Seine Halbgeschwister traten Lehren an, konnten sich diese gar selbst auswählen, er aber musste arbeiten. Seit er bei Madame de Meuron im Dienst stand, bemühte er sich, die aufgetragenen Arbeiten gründlich zu erledigen. Jeweils an Weihnachten kehrte er einen Tag zu seiner Mutter und dem Stiefvater zurück. Als sein Bruder zu Hause an Weihnachten mit dem Abschlusszeugnis prahlte, fragte Walter Madame, ob sie ihm ein Zeugnis ausstellen könne. Ob er denn gehen wolle, ob er unzufrieden sei, wollte Elisabeth de Meuron wissen. Vielleicht. Aber noch nie in seinem Leben habe er ein Zeugnis in den Händen gehalten, antwortete er.

Zeugnis
Walter Schneiter war Hausbursche bei uns, hauptsächlich für die Heizung und die Öfen [...]

Ich stelle ihm gerne das Zeugnis aus eines ehrlichen treuen Angestellten. Ich liess ihn einen Servierkurs besuchen sodass er uns beim Tischservice aushelfen konnte. In einer Zeit wo der Haushalt verkleinert war hat er den ganzen Haushalt zeitweise alleine besorgt, sogar das Kochen das er nicht gelernt hat aber ein wenig versteht. Er hat überall geholfen wo er konnte.

E v Meuron.

Im März 1933 überreichte Madame de Meuron Walter dieses sauber mit blauer Tinte beschriebene Blatt. Buchstabe für Buchstabe las er es, er hatte die wenige Zeit, die er in der Schule verbringen durfte, gut aufgepasst, denn Lesen und Schreiben wollte er beherrschen, ebenfalls die Zahlen. Er war stolz.

Im Winter lebte die Haushälterin Grittli, die Madame sonst immer zur Hand ging, in Bern – sie weigerte sich, im eiskalten Schloss zu arbeiten. Madame, Roger und er waren alleine. Wohl musste Walter heizen, aber möglichst sparsam. Eine schier unmögliche Aufgabe, gerade so viel einzufeuern, damit keine Leitung einfror, mit einem Minimum an Holz. Einmal unterschätzte er die Winternacht – am Morgen floss kein Wasser mehr, alles war Stein und Bein gefroren. Gross war der Aufwand, Raum für Raum aufzutauen, grösser noch war sein Gram, eine Aufgabe nicht erfüllt zu haben.

Wenn Grittli weg war, war er es, der Madame das Essen auftrug. Ihre Wünsche waren bescheiden, gerne verlangte sie Thon mit Brot. Er richtete den Thon aus einer Konservendose garniert mit etwas Petersilie, die der Kälte im Topf auf der Laube trotzte, auf einem weissen Teller an, servierte ihn mit einem Stück Brot auf dem silbernen Tablett mit den weissen Handschuhen. Manchmal wünschte sie warme Speisen. Er kramte in seinen Kindheitserinnerungen, wie die Frauen in seiner Kindheit in der Küche ihre Rösti gebraten hatten.

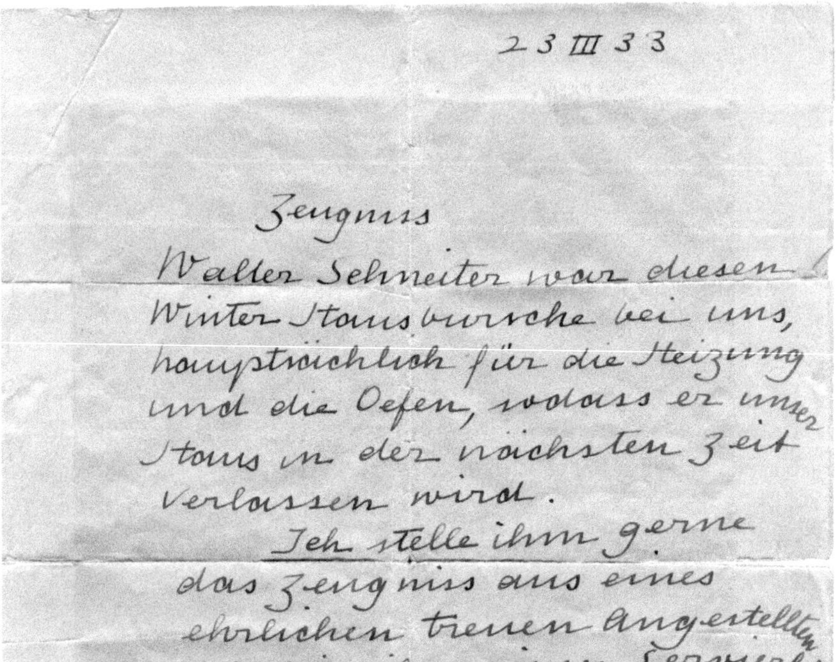

23 III 33

Zeugniss

Walter Schneiter war diesen Winter Hausbursche bei uns, hauptsächlich für die Heizung und die Oefen, sodass er unser Haus in der nächsten Zeit verlassen wird.

Ich stelle ihm gerne das Zeugniss aus eines ehrlichen treuen Angestellten. Ich liess ihn einen Servierkurs besuchen sodass er uns beim Tischservice aushelfen konnte. In einer Zeit wo der Haushalt verkleinert war hat er den ganzen Haushalt zeitweise allein besorgt, sogar das Kochen das er nicht gelernt hat aber ein wenig versteht. Er hat überall geholfen wo er konnte

E v Meuron

Elisabeth de Meurons Zeugnis für Walter Schneiter
Foto: zvg

Es gelang ihm gar nicht so schlecht. Vor allem, seit er sich wagte, die kleine Bauerntochter Marie um den einen oder anderen Rat zu fragen. Sie war es, die ab und zu Briefe der Pächter an Madame vorbeibrachte. Sie half ihm beim Lesen und Schreiben, nun auch beim Kochen. Marie fragte ihre Mutter nach Rezepten für die Bauernrösti aus Brot und Äpfeln mit Rosinen, Zucker und Zimt, und wenn dies Walter auf den Tisch zauberte, freute sich Madame de Meuron riesig – oft gesellte sich Roger, angezogen durch den Duft, bei Tisch hinzu.

Das Zeugnis bewahrte Walter in der Schublade seines Nachttischchens auf, dieses und das Bett waren die einzigen Möbel in seiner Kammer. Das Zeugnis und eine Geige gar das einzige, was er nebst seinen wenigen Kleidern besass. Manchmal öffnete er die Schublade und blickte hinein, das gab ihm die Sicherheit, auch anderswo in der Welt um Arbeit nachsuchen zu können. Aber noch blieb er in Rümligen. Zum ersten Mal spürte er, wie jemand seine Gegenwart schätzte, dankbar war für seine Hilfe und seine Handfertigkeit. Mit Roger verband ihn fast so etwas wie eine Freundschaft, auch wenn sie nur wenig miteinander sprachen, und wenn, dann oft über die Landwirtschaft – ein Interesse, das beide verband. Roger erkundigte sich öfters nach seinen Erfahrungen mit Pferden, Kühen oder dem Anbau von Kartoffeln. Jemand interessierte sich für seine Meinung. Wie Walter das genoss!

Im Winter schaffte es Marie manchmal kaum zur Schule. Der steile Pfad lag tief verschneit, sie und ihre Geschwister sanken bis zum Bauch in den Schnee ein. Hatte der Vater noch anderes im Dorf zu erledigen, spannte er ein Pferd vor den Schlitten und brachte die Kinder in die Schule. Der Vater liebte den Winter, oft nahm er den grossen Hornschlitten aus dem Schopf, zu sechst zogen sie ihn am Sonntagnachmittag den Hang hinauf und fuhren mit grossem Karacho ins Tal. Diese vergnügten Momente machten die Plackerei an den Hängen wieder wett.

Ganz ausser Atem von der rasanten Fahrt und voller Schnee des abrupten Stopps in einer Schneewechte erzählte der Vater den Kindern, dass dieser Winter der letzte sei mit rassigen Schlittenfahrten; die Mutter und er hätten zusammen eine neue Pacht gesucht und nun endlich auch gefunden. Diese lag im Freiburgischen zwischen Ueberstorf und Flamatt – mit grossen flachen Feldern, die sich bestens mit dem neuen Traktor bebauen liessen. Denn hier am Hang war dieser gar keine grosse Hilfe. Es war zu steil.

Ausschlag für diesen Entscheid gab Elisabeth de Meuron, als sie persönlich die frische Butter holen kam und dabei schlechte Nachrichten brachte. Die Mutter drückte gerade das Edelweissmodel in den harten, geschlagenen Rahm, als Elisabeth de Meuron ankündete, dass sie aufgrund der Weltwirtschaftskrise gezwungen sei, mehr Zins für den Betrieb zu fordern. Das war zu viel. Sicher hätten Messerlis die Pacht weiterhin bezahlen können, aber in den letzten Jahren war nichts so geblieben, wie es vorher gewesen war. Madame de Meuron trieb sich oft auf dem Hof herum, beanspruchte einen Teil des Stalls für ihre neue Eberzucht und mischte sich oft ein, wenn es um die Fruchtfolge oder den Zeitpunkt der Ernte ging. Der freundliche Roger sass gleichzeitig wie auf der Wartebank, hatte keine richtige Aufgabe und plangte auf den Hof. So bewarben sich Messerlis für eine andere Pacht und erhielten den Zuschlag, so dass die Pächterfamilie nach mehreren Generationen Rümligen verliess. Die neue Eigentümerin und die vielen Neuerungen hatten Messerlis veranlasst, ihre Situation zu verändern und eine neue Heimat zu suchen. Damit brach eine Kontinuität in Rümligen für Madame de Meuron weg.

Maries Vater war traurig. Er war im Schlossgut in Rümligen aufgewachsen, schon sein Vater hatte sein Leben dort verbracht. Marie wusste, ihr würden nicht nur ihre Freundinnen fehlen, sondern auch diese Weitsicht ins Gürbetal, der Blick auf die Alpen, diese versteckte und doch erhabene Lage. Und das Schloss, das sie jeden Tag vor Augen hatte, das in jedem Licht andere Seiten zeigte, schöne,

Schloss Rümligen um 1930
Foto: zvg

geheimnisvolle, sie würde es vermissen. Auch Madame de Meuron, Roger, die energische Grittli und Walter, dem sie gerne half – diese besondere Gruppe von Menschen hatte sie sehr lieb. Insgeheim fragte sich Marie: Was wird aus ihnen, wenn wir weg sind? Messerlis waren der Garant, dass alles wie am Schnürchen lief. Wenn nun dieser Faden riss? Vor allem fragte sie sich: Wem würde sie abends lauschen, wenn Walters Geigenspiel nicht mehr zu hören war?

Das Geschenk der Mutter

Sie war Walters grösster Stolz: seine Geige. Als Kind, als er bei seinen Verwandten verdingt war, kamen im Frühjahr, Sommer und Herbst Hausierer vorbei, Scherenschleifer, Kesselflicker, Korber. Die Bauersleute kauften ihnen Stricke ab, liessen das eine oder andere flicken. Aus Neugierde folgte ihnen Walter, als sie mit ihrer Ware abzogen, bis an den Waldrand. Es brannte ein Feuer, ein alter Mann hatte eine Geige und spielte bezaubernd vor sich hin. Walter rannte nun so oft es ging zum Lagerfeuer und lauschte versteckt im Gebüsch der Musik. Bis ihn einmal von hinten ein Mann packte, schüttelte und fragte, was er da ausspioniere. Nichts, nur die Musik, sagte Walter und zeigte auf den alten Mann. Misstrauisch führte der Mann Walter ins Lager und erzählte, dass er diesen Jungen bereits mehrere Male beobachtet habe, wie er sich angeschlichen habe und sie beobachtete. Er glaubte nicht, dass es wegen der Musik war. Der Alte fragte nur: «So, was spiele ich denn so?» Und Walter summte sofort die Melodien nach, die er gehört hatte – eine Mazurka, eine Polka und einen Tanz. Es stimmte, nickte der alte Mann. Heute habe ich diese Stücke nicht alle gespielt. Willst du einmal? Er drückte Walter die Geige in die Hand. Strahlend nahm er sie und legte sie an die Wange. Fein fuhr er mit dem Bogen über die Saiten. Der Alte führte seine Hand, legte sie an die richtige Stelle und zeigte ihm, wie er dem Instrument verschiedene Töne entlocken kann. Von da an stahl sich Walter jeden Tag vom Hof weg in seine Geigenstunde, bis an einem Nachmittag im Herbst die Wagen weg waren und das Feuer gelöscht war. Wenn er sich abends auf seinem Strohlager niederliess, nahm er in Gedanken die Geige und fuhr mit den Fingern über den Hals und zog den Bogen über die Saiten. Und hörte, wie er die Stücke des Alten spielte.

Weihnachten feierte Walter nicht bei seinen Verwandten, er durfte jedes Jahr zu seiner Familie fahren. Beim Essen fragte der Vater, welche Wünsche die Kinder hätten. Seine Geschwister sprachen von Schlitten, Kufen, um Schlittschuh zu laufen. Am Schluss fragte sein Stiefvater mehr zum Spass, was Walter sich denn wünsche. «Eine Geige», flüsterte er ganz leise, das Gelächter seiner Geschwister und des Vaters war umso schallender. Nur seine Mutter blieb ruhig. Als die Weihnachtstage vorüber waren, packte er sein Bündel. Die Mutter folgte ihm nach draussen. Sie trug einen eigenartigen Kasten unter dem Arm. Sie reichte ihm das Instrument und wies ihn an, er solle schnell verschwinden, damit ihn niemand sehe. Erstaunt blickte er sie an – die Goldkette, ein Erbstück ihrer Mutter, fehlte um ihren Hals. Einmal mehr mahnte seine Mutter ihn mit den beiden Sätzen, die seine Kindheit geprägt hatten: «Man darf nichts sagen – man sagt besser nichts.» Er rannte davon.

Die Geige nahm Walter bei jeder Gelegenheit hervor und spielte, was er gelernt hatte, und übte, was ihm noch im Ohr klang. Bis alles so tönte, wie er es wollte. Bei jedem Tanzabend beobachtete er mehr die Geiger als die Mädchen, sein Geigenspiel war bald so bekannt, dass er auch zum Tanz aufspielen konnte. Wenn er musizierte, wurden seine Züge weicher und er lächelte wie sonst kaum je.

Marie konnte sich nicht erinnern, dass Elisabeth de Meuron sich während all der Jahre, wenn sie Butter oder Milch kaufen kam, je hätte in die Stube statt in die Küche setzen wollen, auch wenn die Mutter es ihr jedes Mal angeboten hatte. Doch diesmal sass Madame de Meuron dort und schwieg. Messerlis hatten ihr mitgeteilt, dass sie gehen, Rümligen verlassen würden. Ernst meinte sie, es tue ihr sehr leid. Sie hätte Messerlis gerne auf dem Hof behalten. Am nächsten Tag kam sie mit einem Paket: vier Trinkgläser sorgfältig in Seidenpapier gewickelt – mit goldenem Rand und feinen goldenen Bändern und eingeritztem Schlangenmuster, zur Erinnerung ans Schloss und als Dank. 1934 zog die Familie Messerli, in dritter Generation Pächter des Schlossguts, von Rümligen weg.

Walter blieb. Er spürte, dass er Madame de Meuron nun helfen musste, diesen Verlust zu verkraften und das Leben auf dem Schloss neu zu organisieren. Sie hatte ihm auch geholfen, Tritt im Leben zu finden und seinen Weg zu gehen. Er stellte es sich auch reizvoll vor; Roger würde den Betrieb übernehmen, den Anbau der Felder planen, er mit anpacken. Madame de Meuron führte ihre Hunde- und neu auch Eberzucht. Eine ausgefallene, aber durchaus sinnvolle Idee, waren gute Eber doch bei den Bauern ringsum gesucht. Walter liebte vielseitige Arbeiten, Neues zu beginnen machte ihm keine Angst. Ihm oblag die Obhut der Hundezucht. Er mochte die Schäferhunde, fütterte sie und spielte mit den Jungen, warf ihnen Stöcke, und sie befolgten seine Kommandos. Aber wenn einer starb, musste er im Wäldchen hinter dem Park eine Grube ausheben und den Hund begraben. Dies machte ihm zu schaffen. Hätte er eine Arbeit auslassen können, es wäre diese gewesen.

Als Messerlis wegzogen, änderte sich die Stimmung auf dem Schloss. Die Familie hatte zum Gut gehört wie die alten Bäume. Mit Erstaunen sah Walter, dass bald neue Pächter ins Bauernhaus zogen. Roger dagegen sah er kaum noch und wenn, dann nie mehr im Stall. Umso öfter aber war Madame de Meuron dort anzutreffen, was kurzum zu Zerwürfnissen mit den neuen Pächtern führte. Madame war oft anderer Meinung und wollte sich gegen die Pächter durchsetzen. Ähnliche Auseinandersetzungen hatte Walter auch schon zwischen Roger und seiner Mutter beobachtet. Walter hatte geglaubt, dass nun Roger den Pachtbetrieb übernehmen würde, mit einem oder zwei Knechten. Doch Madame de Meuron liess dies nicht zu. Was war geschehen? Wo lag das Problem? Walter konnte es sich nicht erklären, spürte aber die grossen Spannungen zwischen Mutter und Sohn, die sogar das weitläufige Schloss nicht milderte. Roger war so unglücklich, dass er nach Ueberstorf zu Messerlis fuhr, um sie zur Rückkehr zu bewegen, erzählte er Walter. Doch Messerlis hatten sich schon gut eingelebt, zu gut, um wieder zurückzukehren.

Walter fiel auf, dass Roger immer seltsamer wurde. Er war nun oft unterwegs, kehrte in Gesellschaft von lauten und manchmal auch unflätigen jungen Leuten zurück, manchmal schien er sich wochenlang im Schloss zurückzuziehen. War er gar krank, fragte sich Walter, wenn er zufällig Roger begegnete und in dessen fahles und ausdrucksloses Gesicht schaute.

Eines Morgens rief Madame Walter zu sich und sagte: «Sie dürfen nichts sagen – besser sagt man nichts.» Wie er diese Sätze kannte! Fortan musste er jeden Morgen die blutigen Laken von Rogers Bett wechseln. Er war schwerkrank. Im Dorf munkelte man, Roger habe eine Geschlechtskrankheit, gar Syphillis; Walter kannte diese Krankheit nicht – wusste aber, dass sie nicht geheilt werden konnte. Aber war das vielleicht auch nur eines von vielen Gerüchten, die über das Schloss und seine Bewohner im Dorf zirkulierten? Elisabeth de Meuron sprach immer von der Typhus-Erkrankung ihres Sohnes. Ein Jahr lang pflegte Walter Roger – bis zu dieser denkwürdigen Einladung von Elisabeth de Meuron Anfang 1939. Auch wenn niemandem zum Feiern zumute war, lud sie eine grosse Gesellschaft ein, um das Jahr 1939 trotz der drohenden Kriegsgefahr angemessen zu beginnen.

Walter nahm wieder in steifer Haltung die Gäste in Empfang, hielt die Schale hin für die Visitenkarten der Herrschaften. Er konzentrierte sich auf jedes dieser weissen, manchmal auch leicht rosa oder hellblau eingefärbten Kärtchen. Vielleicht war ja heute ein von Graffenried zu Gast bei Madame? Wenn, dann würde er ihn den ganzen Abend nicht aus den Augen lassen. Beim Servieren des Abendessens, wenn er zwischen den Gängen wartend in der Ecke stand, fand er genug Zeit, die Leute zu beobachten. Fast wäre Walter einer von ihnen. Doch das wusste niemand – ausser wohl Elisabeth de Meuron aus unerklärlichen Gründen. Sie hatte nie etwas gefragt, er nie etwas gesagt.

Er war als Kleinkind zu seinen Verwandten gebracht worden, wusste anfänglich nicht, weshalb er anders behandelt wurde als die anderen Kinder. Bis sie ihm eröffneten, sie seien nicht seine leiblichen Eltern. Die Frau, die er mit «Tante» ansprach und die ab und an zu Besuch kam, das sei seine Mutter. Fortan bat er seine Mutter wiederholt, mit ihr heimgehen zu dürfen. Sie schüttelte immer nur den Kopf und strich ihm übers Haar. 1912, als Walter zehn Jahre alt war, holte ihn die Mutter heim nach Hause. Den fremden Mann sprach er mit «Vater» an. Dieser hatte kurz gezögert, bevor er kurz mit einem «also gut» nickte. Am Abend wünschte ihm die Mutter eine gute Nacht, es war, als wäre er endlich im Paradies angekommen. Er rief sie in seine Kammer und fragte, warum er erst jetzt bei ihnen leben dürfe. Weil er jetzt arbeiten könne, erklärte die Mutter. Sie setzte sich aufs Bett und erzählte schluchzend die ganze Geschichte: Ihre Eltern hatten in Münchenwiler einen Bauernbetrieb geführt. Mit achtzehn Jahren hatte sie als Zimmermädchen im Schloss der von Graffenrieds gearbeitet und war vom Schlossherrn geschwängert worden. Aus Angst vor diesem unehelichen Kind hatte sie so schnell wie möglich einen Bauernsohn geheiratet. Walter war zur Welt gekommen, doch der Ehemann hatte bald gesagt, dieser Balg könne nicht von ihm sein. 1902 unehelich schwanger zu werden war eine ungeheure Schande. Der Schlossherr war kurz nach der Geburt von Walter verstorben, der Adoptivvater hatte das Kind nicht im Haus haben wollen, so war Walter zu Verwandten geschickt worden. Die Mutter hatte so lange gebettelt, bis Walter zurückkommen durfte, sobald er genug kräftig zum Arbeiten geworden war. Im Gegensatz zu den anderen Kindern verbot ihm der Stiefvater aber, eine Lehrstelle anzunehmen. Dies alles erzählte die Mutter und schloss mit dem Satz: «Du darfst nichts sagen – am besten sagt man nichts.» Walter wurde noch verschlossener; er ertrug alle Prügel und Schelte des Stiefvaters mit dem Gedanken, dass er von einem Schlossherrn abstammte. Was besiegelte eigentlich den Unterschied zwischen Herrn und Knecht?

In Gedanken versunken hielt sich Walter an diesem Fest für den Service in Rümligen bereit, als Elisabeth de Meuron ihn kreidebleich zur Seite nahm – mit den Worten, etwas Furchtbares sei geschehen. Er müsse in den Keller. Roger sei tot. Walter war zwar aufgefallen, dass Roger nicht zum Essen erschienen war, aber gewundert hatte es ihn nicht. Die Gesellschaft hatte sich zum Essen hingesetzt, Rogers Platz war leergeblieben. Madame war aufgestanden und hatte im ganzen Schloss nach ihm gesucht, während Walter gedankenabwesend auf das Kommando wartete, um das Essen zu servieren. War das wirklich Elisabeth de Meuron vor ihm? Dieselbe Person, in den gleichen Kleidern, die eine Stunde zuvor charmant die Gäste begrüsst hatte, stand nun völlig verändert vor ihm. Jede Farbe war aus dem Gesicht gewichen, jegliche Spannung und Kraft aus der Haltung entschwunden. Jene Elisabeth de Meuron, die Walter ins Schloss geholt hatte und immer wieder herzliche Worte für ihn fand, diese Elisabeth de Meuron traf Walter nie mehr an. Der Selbstmord von Roger veränderte Madame de Meuron für immer. Er nahm alle Kraft zusammen, stieg in den Keller und trug Roger zusammen mit einem Arzt hinaus ins Freie, wo er ihn auf eine Bank bettete und wartete, bis die Polizei erschien.

Madame klopfte am nächsten Tag früh an Walters Kammer. Er erschrak über die hagere, schwarzgekleidete Frau mit dem schneeweiss gepuderten Gesicht. Sie schickte ihn mit einer Schaufel ins Wäldchen hinter dem Park, er musste neben den Hundegräbern ein Menschengrab ausheben. Auf einem Schubkarren rollte Walter den frischgezimmerten Sarg mit Roger zum Grab und musste ihn alleine in die Grube schieben. Erst als er diese wieder verfüllt und die Erde zu einem Hügel geformt hatte, trat Elisabeth de Meuron hinzu, schickte Walter fort und legte einen Strauss weisser Blumen nieder. Jetzt wusste Walter: Er musste gehen, Schloss Rümligen und Madame de Meuron verlassen.

Mit dem Zeugnis, der Geige und einem Bündel Kleider – die schwarzen Hosen, das weisse Hemd und die Handschuhe durfte er behalten – verabschiedete er sich. Madame drückte ihm eine silberne Teekanne in die Hand. Sie hatte Tränen in den Augen, wohl des Sohnes wegen.

Die Burg schützte gegen aussen, aber im Innern brach alles auf, was gegoren hatte. Das Gericht hatte bei der Scheidung Roger in die Obhut seines Vaters gegeben, er musste ins Internat gehen, wo er es vor lauter Heimweh kaum aushielt. Er ahnte nicht, wieviel seine Mutter unternommen hatte, damit er bei ihr bleiben könnte – und warum sie doch darauf verzichtet hatte, ihm zuliebe. Endlich waren sie nun in Rümligen wieder vereint, aber es war zu spät. Statt zusammenzufinden und gemeinsam das Gut zu führen, entzweiten sich Mutter und Sohn endgültig. Elisabeth de Meuron legte die Geschicke Rümligens nicht in Rogers Hände – so ging Roger für immer, und damit ein Teil von Elisabeth.

Walter hatte mehr Glück – dank seiner Geige. So erzählt es seine Tochter Marietta Masshardt. Ich bin aufgetaucht aus den Bildern von Rümligen, die in meinen Gedanken entstanden sind, und sitze wieder in diesem märchenhaften Haus im Berner Stöckackerquartier. Es erinnert mich nicht an das verwunschene, geheimnisvolle Gut Madame de Meurons, sondern an ein Schloss aus Kinderträumen: Spiegel mit verzierten goldenen Rahmen, antike hölzerne Schränke, an der Decke gläserne Leuchter, liebevoll drapierte Blumen.

An einem Tanzabend, fährt Marietta fort, spielte Walter in Münchenwiler im «Bären» auf, eine schöne Frau tanzte und wirbelte um ihn herum und war begeistert von seinem Spiel. Sie war zu Fuss aus Murten gekommen und erzählte, sie kenne diese Musik von ihrer Familie, ihre Mutter komme aus Russland, sei eine eingewanderte Serbin aus einer Musikantenfamilie. Walter heiratete sie nach Ausbruch des Zweiten Weltkrieges, bereits 40 Jahre alt. Mariettas Mutter stammte aus einer Familie der «Moosbarone», Bauern, die in Murten durch die Juragewässerkorrektion reich geworden waren – Sumpfland wurde zu kostbarem Kulturland. Das Geld erbten indes nur ihre Brüder; einer von ihnen lieh ihr Geld, um ein Haus im Berner Stöckackerquartier zu kaufen und einen Kolonialwarenladen einzurichten. Geschäftstüchtig wie sie war, warf der Laden so viel ab, dass sie drei Liegenschaften im Quartier kaufen konnte, eine um die andere. Marietta lebt heute mit ihrem zweiten Mann in einem dieser Häuser. Die Mutter starb an Multipler Sklerose, Marietta hatte sie bei sich gepflegt.

Nach dem Tod seiner Frau war ihr Vater wie verloren. Mariettas Mutter hatte immer alles organisiert, geregelt, den Karren gezogen und den Laden geschmissen. Er hatte sich als Magaziner durchs Leben geschlagen, bei Kiener und Wittlin in Zollikofen, später wurde er Lagerist bei der SBB. Ihm sei zum Verhängnis geworden, dass er keine Lehre hatte machen können, habe er immer wieder gemeint.

Als Witwer wurde er noch mürrischer als vorher und verschanzte sich hinter seinem tragischen Lebensmotto: «Man soll nichts sagen – besser sagt man nichts.» Wenn Marietta ihn auf seine Arbeit bei Madame de Meuron ansprach, dann erzählte er wenig. Hielt ihr das Zeugnis unter die Nase, das bis zu seinem Lebensende in der Nachttischschublade blieb. Es gehöre zum Stolz des Butlers, nichts über die Herrschaften zu erzählen. Einmal aber brach die Geschichte aus ihm heraus, aufgrund einer unbändigen Wut: Marietta hat zwei Söhne aus zwei Ehen. Als sie sich scheiden liess und ein zweites Mal heiratete, geriet Walter in Rage. Er befürchtete, dass sich die Geschichte wiederholen würde. Dass nun Mariettas Sohn aus erster Ehe von seinem Stiefvater gleich schlecht behandelt werden könnte, wie es ihm selbst widerfahren war. Dass er ungeliebt, bestraft und diskriminiert würde. Da erzählte Walter seine Geschichte – samt seiner Zeit bei Madame de Meuron, eine der besten und gleichsam schwersten seines Lebens. Eine Lebensschule, in der er zum Pfleger und Totengräber eines Freundes wurde: Roger de Meuron.

Marietta konnte ihren Vater von ihrem Handeln nie mehr überzeugen. Sie pflegte ihn zu Hause. Zeitlebens trug er zwei Charaktere in sich; Herr und Knecht. Nicht selten waren diese im Widerstreit. Wenn im Radio Ländler-Musik gespielt wurde, holte er seine Geige, drehte die Lautstärke voll auf und fidelte dazu. Am Schluss wurde es zur Katzenmusik, doch die Nachbarn wussten, jetzt spielt wieder der Walter Schneiter.

Marietta erzählt schmunzelnd, aus ihrem Sohn, dem Enkel eines von Graffenrieds, sei trotz seines Stiefvaters etwas geworden. Er ar-

Haus mit Kolonialwarenladen im Berner Stöckackerquartier
Foto: zvg

beitete bei der Burgergemeinde als Finanzverwalter. Mir geht durch den Kopf, dass sich der Kreis vom Herrn und Knecht doch irgendwie geschlossen hat.

Es entsteht eine Pause, fast alles ist gesagt. Ich erzähle Marietta Masshardt vom Besuch bei Marie Ramseyer-Messerli in Kirchberg, von den Gläsern, die sie bereitgestellt hat, das Geschenk von Elisabeth de Meuron. Sie hat sie aufbewahrt, in all den Jahren zerbrach kein einziges. Marie, die als Mädchen zur gleichen Zeit im Bauerngut des Schlosses Rümligen gelebt hatte wie Walter. Zufällige flüchtige Begegnungen waren es, so wie auch jetzt die indirekte Begegnung von Marietta und Marie. Marie Ramseyer-Messerli ist eine Bekannte von Freunden meiner Eltern, die diesen Kontakt vermittelt haben. Marietta Masshardt hat sich telefonisch bei mir gemeldet. So haben sich die beiden Geschichten gekreuzt. Ob sich Marie und Walter wirklich gekannt hatten, weiss ich nicht mit Sicherheit, dies ist meine Fantasie.

Marie hatte Elisabeth de Meuron in den Siebzigerjahren noch einmal getroffen. Ihre Mutter plante zum 80. Geburtstag einen Ausflug ins Gürbetal und wollte kurz bei Madame de Meuron in Rümligen vorbeischauen. Madame war tatsächlich zu Hause im Schloss, konnte sich bestens an Messerlis erinnern und rief auch Grittli herbei. Kurze Minuten schweifte Madame in Gedanken zurück in diese Zeit, beteuerte erneut, sie habe deren Wegzug damals sehr bedauert.

Plötzlich zieht Marietta Masshardt alte Mode-Fotografien hervor. Kennen Sie diese Frau? Ich verneine. Es ist sie selbst, Marietta als Fotomodell in jungen Jahren. Das Bild kommt mir irgendwie bekannt vor: dieser schwarze Pagenkopf, dieses feine Gesicht. Marietta lacht. Ja, dieses Bild diente als Vorlage zur Zigarettenpackung von «Mary-Long».

Bevor ich mich verabschiede, gleitet mein Blick noch einmal über die Möbel und Vasen – und Marietta Masshardt erzählt von den Auktionen beim berühmten Auktionshaus Stuker in Bern. Dort würden sie häufig antike Schränke oder Spiegel kaufen. Mariettas

Maries Mutter besucht Madame de Meuron am 80. Geburtstag ein letztes Mal
Foto: zvg

Mann Willi restauriert sie. Erst auf dem Heimweg kommt mir die letzte Frage zum Stichwort Stucker in den Sinn: Waren Masshardts wohl auch bei der Versteigerung des Nachlasses von Madame de Meuron dabei?

Marietta Masshard – das Fotomodell für die Zigarettenmarke «Mary Long»
Foto: zvg

Otto Bienz (links neben Madame de Meuron) am 1. Oktober 1971 in Rümligen
Foto: zvg

«Es gibt nur einen Bienz, den Otto Bienz»

(Familie Bienz, Barbara Staub)

Es empfiehlt sich nicht, mit einem ehemaligen Kavallerie-Offizier einen Termin zu vereinbaren und ihn anschliessend zu vergessen. Besonders nicht, wenn der Offizier dafür bekannt ist, dass er «die Korrektheit in Person» ist. Hans Bienz ist mir sehr wohl ein Begriff. Meine Kinder- und Jugendjahre verbrachte ich so oft es ging bei den Pferden. Da ich kein eigenes besass, hatte ich keine Möglichkeit, an Wettkämpfen teilzunehmen. Der Schweizerische Pferdesportverband rief Ende der Siebzigerjahre jedoch den sogenannten Junioren-Vierkampf ins Leben. Viererequipen, gemischt aus Mädchen und Jungen bis achtzehn Jahren, traten gegeneinander an. Im Schwimmen, Laufen, Dressur- und Springreiten. Während zweier Tage fanden die Turniere statt, die Pferde wurden zur Verfügung gestellt und zugelost. Die Schweizermeisterschaft fand im Herbst in der «Empfa», der damaligen Eidgenössischen Militärpferdeanstalt, in Bern statt. Diese Militärpferde, die sonst nur von professionellen Bereitern geritten wurden, waren eine Herausforderung für mich, keine 50 Kilogramm schwer und auch nicht sehr grossgewachsen. Hans Bienz hatte den Parcours aufgebaut und sass sowohl beim Springen wie in der Dressurprüfung als Richter in der Jury – er war also eine zentrale Figur, bestimmte über Sieg oder Niederlage.

Von zwölf Jahren an war ich im Team von Solothurn, dem von Münchenbuchsee nächstgelegenen. Beim Junioren-Vierkampf lernte ich auch meinen zukünftigen Ehemann kennen, er war im Oberdiessbacher Team. Regelmässig wurden wir aus Solothurn Schweizermeister – übertrumpften aus einem einzigen Grund das Team von Oberdiessbach: Wir trainierten im Gegensatz zu ihnen auch Schwimmen. Im Reiten bekamen die Obediessbacher dagegen immer die besseren Stilnoten, was wir Solothurner nur darauf zurück-

Hans Bienz (vor dem Baum), 1969
Foto: zvg

führten, dass ihr Reitlehrer mit Hans Bienz befreundet war. Das Schwimmen hat uns trotzdem gerettet.

Hans Bienz meldete sich Jahrzehnte später bei mir, um mir die vielen Briefe von Madame de Meuron an seinen Vater zu übergeben, der mit Elisabeth de Meuron befreundet gewesen war. Den Namen Otto Bienz kannte ich aus den Briefen des Rümliger Landwirts und Präsidenten des Kavallerie-Reitvereins Gürbetals, Paul Messerli. Ich war etwas skeptisch, ob mir diese Unterlagen noch viel Neues bringen würden, die Geschichte mit der Kavallerie und dem Concours in Rümligen habe ich von Messerli erfahren und in der Biografie über Elisabeth de Meuron verarbeitet. Wir versuchten, ein Datum zu vereinbaren, was für Hans Bienz angesichts all seiner Engagements nicht einfach war. Entweder passte ihm der Termin der

Übergabe nicht oder ich fand keine Zeit, so dass fast anderthalb Jahre vergingen, bevor es 2018 zu diesem Treffen kam, das dann noch fast scheiterte. Es war reiner Zufall, ich kehrte eben vom Einkaufen zurück, als ich Hans Bienz sah, der sich vor meinem Haus ins Auto setzte, um wegzufahren. Ich konnte nichts anderes zur Entschuldigung anfügen. Ich hatte den Termin schlicht vergessen. Er drückte mir die sorgfältig zusammengestellten Briefe in die Hand, in einer blauen Mappe mit einer Kopie meines Buchcovers verziert – und verabschiedete sich. Was sollte ich damit machen? Sollte ich dieses zweite Buch wirklich noch schreiben?

Das Treffen mit Hans Bienz fiel mitten in eine schwierige Zeit, als mein Mann und ich uns trennten. Wenn plötzlich nichts mehr ist, wie es zwanzig Jahre war, da wird das Vertraute plötzlich fremd. Ist dies die Erklärung, warum ich das Treffen mit Hans Bienz einfach vergass – weil ich unsicher war, was ich mit den Briefen anfangen sollte? Ob ich mich überhaupt noch einmal mit Madame de Meuron beschäftigen wollte?

Nun merke ich mit jeder Stunde, die ich am zweiten Buch arbeite, welche Freude es mir bereitet. Der Entscheid, nach der Beerdigung von Barbara Hegner noch einmal in das Leben von Elisabeth de Meuron und ihren Begleiterinnen und Begleitern einzutauchen, fühlt sich richtig und wichtig an.

Die Unterlagen von Otto Bienz, die nun vor mir liegen, vervollständigen das Bild von Rümligen weiter. Wie beim Komponisten Jürg Wyttenbach war ich auch von mehreren Seiten auf die Familie Bienz hingewiesen worden. Der Landwirt Paul Messerli erwähnte sie häufig, aber auch Barbara Staub riet mir, Kontakt mit Hans Bienz aufzunehmen.

Die Ermunterung, anders zu sein

In die Zeit der Freundschaft zwischen Otto Bienz und Elisabeth de Meuron gehörte auch Barbara Staub. Sie war häufig Gast in Rümligen, nicht nur bei Elisabeth de Meuron, sondern auch im Reitgarten. Die junge Frau könnte als Gegenpol zu Trainoffizier Otto Bienz gesehen werden, indes hatten sie mit ihrer Liebe zu den Pferden und der Reiterei durchaus auch Gemeinsamkeiten. Barbara Staub war als einziger erlaubt, was Elisabeth de Meuron sonst nicht tolerierte: Sie ritt, bevor sie laufen lernte, später auch im Rümliger Paddock, war unabhängig und fuhr schnelle und schicke Autos. Da sie geschickt, gescheit und sehr tüchtig war, trug ihr dies die Bewunderung von Elisabeth de Meuron ein. Sie war so oft in Rümligen, dass sie einfach dazugehörte.

Wir sitzen im Restaurant Commerce in Vallamand, wo Barbara Staub wohnt, und essen die Spezialität des Hauses: Egliflets. Sie hat alles geplant. Essen und Reden im Restaurant, anschliessend Kaffee und Vully-Nidlechueche bei ihr zu Hause mit Blick auf den Murtensee. Zu dieser Aussicht gewährt Barbara Staub auch Einblick in ein aufregendes Leben und eine besondere Freundschaft zwischen der damals zwanzigjährigen Frau und der über achtzigjährigen Elisabeth de Meuron.

Die Sonderstellung und auch Sonderrechte von Barbara Staub lassen sich durch ihre Herkunft erklären. Sie ist die Tochter eines Trainobersts, und ihre Eltern waren seit den Vierzigerjahren das Heimleiterpaar von Riggisberg. Elisabeth de Meuron besuchte Barbaras Eltern regelmässig, auch in Begleitung von Heinrich-Adolf Münger, dem Pfarrer von Thurnen; an jeder Heim-Weihnachtsfeier sass sie mitten unter den Pensionärinnen und Pensionären.

Riggisberg war auch geschäftlich von Bedeutung. Die Auftritte verpasste Barbara als Mädchen nie, wenn Madame de Meuron mit ihrem Angestellten Antonio die Muttersau zum Eber brachte. Das heutige Kompetenzzentrum für Menschen mit psychischen oder geistigen Beeinträchtigungen «Schlossgarten Riggisberg» war 1881 als «Mittelländische Armenanstalt» gegründet worden und war unter der Leitung der Familie Staub die «Mittelländische Verpflegungsanstalt». Ein Landwirtschaftsbetrieb war Teil der Institution, inklusive Zuchteber. Vom Schloss Rümligen wurde die Sau in einer Holzkiste auf dem Brügiwagen eines Pferdegespanns transportiert. Oben auf der Kiste fuhr Madame de Meuron mit den langen schwarzen Gewändern mit. Die Sau hatte ein Rendez-vous mit dem Eber; Elisabeth de Meuron trank einen Kaffee bei Barbaras Eltern im Salon des ehemaligen Patrizierhauses.

Barbara besass bald schon ihr eigenes Pferd, den alten Irish-Hunter «Maikäfer» bekam sie von der Familie Wäber aus Bern auf Lebzeiten in Pflege. Elisabeth bat sie einmal, ihr vorzureiten. Barbara traf Elisabeth auf einer Bank vor dem Schloss an, sie ritt in einer Volte um sie herum und trabte einige Figuren auf dem Platz, zum Schluss blieb Barbara knapp vor Madame de Meuron stehen, das Pferd schnaubte und Barbara senkte den Kopf nach unten und grüsste mit einer schwungvollen Abwärtsbewegung der rechten Hand, so wie Richter auf Turnierplätzen begrüsst werden. Madame de Meuron hatte grosse Freude am «jungen Trübu», wie sie sagte, dem jungen Mädchen.

In den Sechzigerjahren war Barbara die einzige Frau im Reitverein Gürbetal und trainierte zusammen mit den Dragonern auf dem Springplatz des Schlosses. Sie war eine der ersten Frauen, die in der Schweiz eine Trabrenn-Lizenz bestand und in Diesldorf, Aarau oder Maienfeld Trabrennen bestritt. Madame verlangte, dass beim Training im Reitgarten stets ein Offizier anwesend sei, was sich natürlich selten einrichten liess. Mit dem Fernrohr, das auf der Schlossterrasse für das Alpenpanorama aufgebaut war, konnte Elisabeth de Meuron genau beobachten, wer alles auf dem Platz ritt. Es war nicht die einzige Regel, die Madame zwar aufstellte, auch kontrollierte, aber bei Verstössen nicht sanktionierte.

Zuerst gab es böse Zungen, die sagten, jaja, der Liebling von Madame de Meuron, das «Schlossfräulein», dürfe alles, das dürfe sogar auf dem Springplatz reiten ... Zum Glück erhielt bald auch die Tochter des Käsers ein Pferd, so dass sie zusammen trainieren konnten.

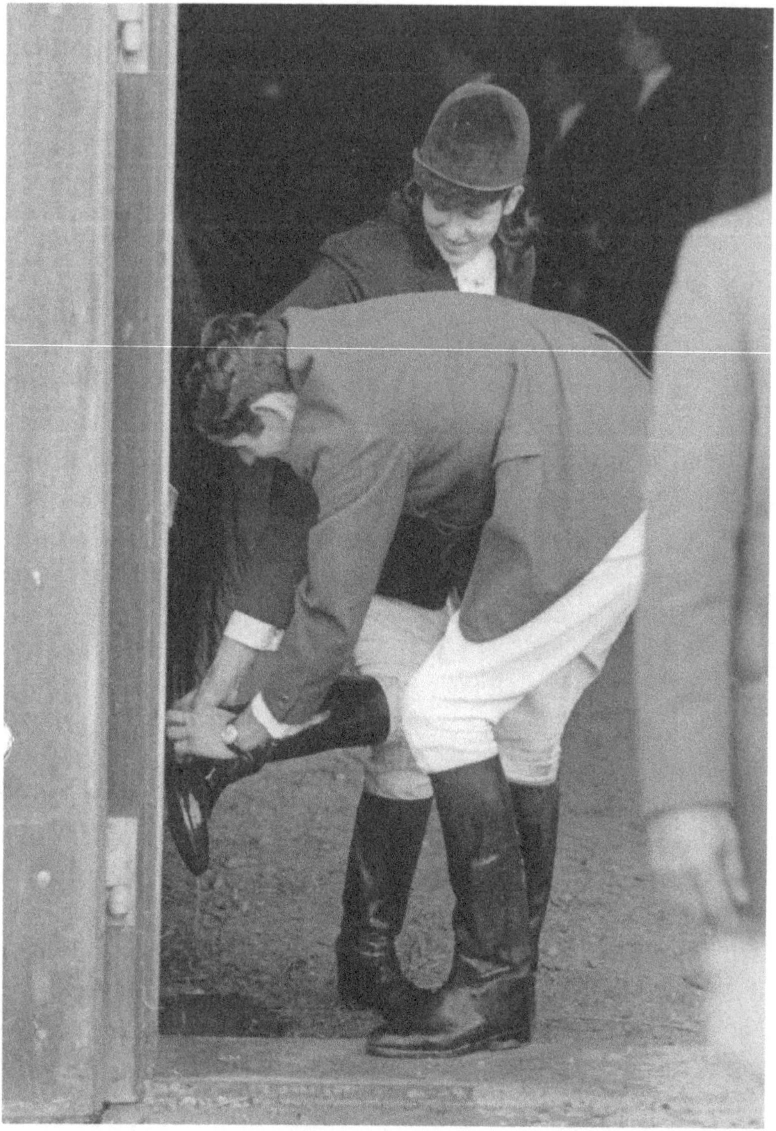

Nach der Fuchsjagd 1969 putzt Hans Bienz Barbara Staub die Stiefel
Foto: zvg

Barbara ritt nicht nur vorzüglich, mit knapp zwanzig Jahren besass sie auch bereits ein Auto. Das kam Madame de Meuron sehr gelegen. Bei verschiedenen Gelegenheiten bat sie Barbara, sie in die Stadt zu chauffieren. Barbara fuhr einen Mini Cooper, die grosse Frau mit ihren Röcken darin zu platzieren war umständlich. Madame blieb stoisch. «Möchten Sie noch ins Café Blaser?», fragte Barbara jeweils, weil sie wusste, wie sehr Madame de Meuron die Nussgipfel dort liebte. Der Cafébesuch war ein Ritual. Madame zog grusslos an den Frauengruppen vorüber, die im Café sassen. «Arztfrauen, Klatschfrauen», meinte sie abschätzig zu Barbara. Woher diese Verachtung kam, konnte Barbara nie ergründen. Doch hörte sie Elisabeth selbst nie tratschen. Wenn sie über andere Personen sprach, wollte sie etwas in Erfahrung bringen oder ein Anliegen vortragen. Etwa, ob sie einem jungen Studenten eine Wohnung anvertrauen sollte. Wenn ein unbekannter Mann sie grüsste, wurde Madame de Meuron zuweilen wütend, weil sie dies als Frechheit empfand. Barbara bemerkte, dass dieses Benehmen natürlich Aufmerksamkeit erregte. Es wurde still, wenn sie das Café betraten. Niemand wollte etwas verpassen. Barbara kamen viele Anekdoten zu Ohren. Eine Freundin arbeitete in der Metzgerei Bell, wo Madame regelmässig einkaufte. Für die Hunde holte sie für dreissig Franken Fleisch und für sich einen Hamburger. Diese Anekdote glaubte Barbara auf Anhieb. Sie kannte die Tierliebe von Elisabeth de Meuron.

Madame de Meuron bestellte ein Taxi, um in Bern Möbel vom Vertmont an die Junkerngasse in ihre Wohnung zu zügeln. Der Chauffeur weigerte sich, Stühle und Tisch einzuladen. So rief Madame de Meuron Barbara an, die glücklicherweise einen Dachträger gekauft hatte, um den Sulky, den Wagen für die Pferderennen, zu transportieren. Ein Möbelstück nach dem andern gelangte auf dem Dach des Mini Coopers an die Junkerngasse. Elisabeth de Meuron schätzte und lobte Barbaras Hilfsbereitschaft:

Du liebe Barbara Staub, sehr bewundert habe ich Dich am Weihnachtsfest wie Du so tüchtig das Ganze verstehst. Deine Mutter schrieb oder sprach mir immer davon in letzter Zeit, wieviel Arbeit man Dir habe übergeben können. Eine besondere Schönheit hat dir das verliehen und du trägst auch dein schönes schwarzes Haar auf eine anziehende Weise. – Ich möchte, dass du weisst, dass du mir eine Freude bist die Bewunderung ist.

Die Schlossherrin erschien Barbara manchmal wie eine verwunschene oder vergessene Königin in einem Märchen. Die Rolle als Berner Original realisierte Barbara Staub erst mit etwas Distanz. In Riggisberg war Madame eine bekannte Person unter vielen. Barbara war Besuche von Regierungs- und Bundesräten gewohnt. Zu solchen Anlässen sang oder jodelte sie ein Ständchen, sie war eine talentierte Sängerin, das gefiel Madame de Meuron sehr. Sie bat Barbara an jeder Weihnachtsfeier, ein Stück solo zu singen. Die Gesangsausbildung bei der Mutter des österreichischen Opernsängers Christian Bösch, einer Bekannten der Familie Staub in Wien, war organisiert. Kurz bevor Barbara abreiste, sang sie an einer Vortragsübung im Konservatorium Bern – trotz ihrer Erkältung; da rissen die Stimmbänder. Lange konnte sie nicht mehr sprechen, singen konnte sie nie wieder. «Da hatte ich Pech», sagt Barbara, «aber sonst immer wieder unglaubliches Glück.»

Sie erinnert sich an den Todeskampf, den sie mit 30 Jahren gewonnen hatte: Nach einem Abendkurs für das Wirtepatent in Thun rutschte sie bei Starkregen auf dem Heimweg aus, stolperte über eine Mauer und landete in einer Bambushecke. Ein abgebrochener Bambuszweig steckte in ihrem Gesäss. Am nächsten Morgen war ihr Körper derart geschwollen, dass sie zum Arzt fuhr und eine Spritze gegen Tetanus erhielt. Doch es war schon zu spät. Das Fieber stieg, Lähmungen stellten sich ein, notfallmässig wurde sie von der Ambulanz ins Tiefenauspital gebracht, da in der Insel bereits ein Tetanusfall einer jungen Frau behandelt wurde. Die Frau starb kurze Zeit darauf, ihr selbst gaben die Ärzte fünf Prozent Überlebenschancen. Sie spritzten Barbara Schlangengift und versetzten sie ins künstliche Koma. Als die Mediziner sie nach mehreren Wochen wieder zurückholten, wusste niemand, ob sie sich je wieder bewegen, sprechen oder essen können würde. Sie überlebte. Ihr Sohn war damals fünf Jahre alt. Sie entschloss sich, auch die Ausbildung als Hauswirtschaftliche Betriebsleiterin zu absolvieren, und übernahm den internen Betrieb des ehemaligen Seelandheimes Worben.

Barbara Staub ist in ihrer Erzählung wieder da gelandet, wo sie eigentlich beginnen wollte. Viele ihrer Freundinnen verstanden nicht, weswegen sie alles stehen und liegen liess, um Madame de Meuron zu Hilfe zu eilen, wenn diese sie rief. Diese Hilfsbereitschaft hatte sie in die Wiege gelegt bekommen. Der Vater war als junger Mann Adjunkt in der Armenanstalt Kühlewil, kannte die Eltern von Hans Gurtner. Dort lernte er die Mutter kennen, diese besuchte die soziale Frauenschule in Zürich und absolvierte ein Praktikum. Nach der Heirat leiteten Staubs während des Krieges gemeinsam die «Strafvollzugskompanie Zugerberg Walchwil», einen Landwirtschaftsbetrieb der Schweizer Armee. Noch nie war dort eine Frau tätig gewesen, doch Barbaras Vater beantragte, seine Frau müsse die Wäscherei und die Küche übernehmen. Barbara schmunzelt: «Es gab schon bei meiner Geburt eine kleine Verbindung zu den späteren Concours in Rümligen. Ich kam im Berner Engeriedspital zur Welt, in den Vierzigerjahren arbeitete dort Verena von Allmen, die spätere Ehefrau des Bundesrates Rudolf Gnägi. Sie brachte mich zur Welt.» Später, wenn Verena Gnägi Barbara in Rümligen sah, erinnerte sie sich an ihre Geburt. Und ja, schon damals hatte sie Glück gehabt. Auf der Heimreise war ihr Vater mit dem Auto in einen Hydranten gefahren, das Baby wurde aus dem Körbchen geschleudert. Ihre Mutter und die Tante, die auch im Auto sassen, hatten beide eine Gehirnerschütterung, sie wurde glücklicherweise nicht verletzt.

Barbara schenkt Kaffee nach. Ihre Eltern behandelten Bundesräte und Insassen der Anstalt mit dem gleichen Respekt. Wer Hilfe nötig hatte, erhielt diese auch. Diese Haltung habe sie von ihren Eltern übernommen. Als junge Frau spürte sie genau, wie sehr Elisabeth de Meuron Unterstützung nötig hatte, auch wenn sie nicht darum bat. Sie war mit dem grossen Schloss und allen anderen Liegenschaften völlig überfordert, ebenso mit der neuen Zeit, in der die alten Ordnungen immer merklicher an Bedeutung verloren. Madame de Meuron musste sich in der modernen Zeit neu orientieren; Barbara Staub half ihr dabei. Barbara war das Bindeglied zwischen der ihr bekannten Welt – der Kavallerie und der Landwirtschaft – und der Zeit, die in den Sechzigerjahren angebrochen war.

Einmal rief Madame de Meuron Barbara Staub zu Hilfe, weil ihr ein Barsoi-Rüde, einer ihrer grossen, weissen Windhunde, entwichen war. Damals fuhr Barbara einen kleinen Alfa Romeo Veloce, einen Zweisitzer. Sie lud Elisabeth de Meuron ein, und zusammen fuhren sie zum Polizeiposten in Rüeggisberg. Dort versuchten zwei Polizisten mit Cervelats, den grimmigen Hund in Schach zu halten. Sein Knurren und Zähnefletschen schlug in ein wildes Wedeln um, als er Elisabeth de Meuron sah, unterwürfig strich er ihr um den Rock. Etwas schwieriger war es, zuerst Madame ins Auto zu setzen, dann den grossen Hund auf ihre Knie, selbst Platz zu nehmen und das Auto zu lenken. Barbara musste ruckartig schalten, worauf der Barsoi nach ihrer Hand schnappte. Es ging lange, bis die Wunde verheilte, die Narbe ist immer noch sichtbar.

Barbara Staub half auch oft bei Hausarbeiten mit. Madame habe Grittli manchmal ausgeschimpft, doch kaum war diese einen Tag nicht da, fehlte sie ihr schon. Die beiden Frauen waren so unterschiedlich und doch immer so eng verbunden. Lange Zeit liess sie ausser Grittli niemanden im Haushalt fuhrwerken. Bei Barbara machte sie eine Ausnahme. Barbara Staub versteht bis heute nicht, warum Madame de Meuron nicht am Begräbnis von Grittli Bieri teilnahm. Die Beerdigung fand in Thurnen in der Kirche statt, die Trauergemeinde versammelte sich direkt vor Grittlis Haus. Barbara war nicht bekannt, dass sich Elisabeth mit den Verwandten von Grittli zerstritten hatte.

Nach der Schule besuchte Barbara Staub die Handelsschule in La Neuveville und teilte Madame de Meuron mit, sie würde gerne ein Auslandsjahr in Paris verbringen. Elisabeth de Meuron war sofort Feuer und Flamme, riet ihr aber, in den angelsächsischen Raum zu reisen: «Ich glaube, in England oder Irland wärst du besser zustande gekommen, weil deinen Leuten ähnlicher – aber du kommst sowieso überall zustande.» Madame de Meuron glaubte, Barbara passe nicht recht zum Wesen der Franzosen. Denn Barbara stehe, anders als die Franzosen, «für Menschenliebe, Tierliebe, Naturliebe, allem Getue abhold». Sie gab ihr den Rat mit:

Zu streng musst du nicht urteilen über den französischen Geist und dass sie leichtsinnig geistreich reden. Es ist nur äusserlich. In Frankreich sind selbst die Kinder meist herzige Papageien – manchmal sogar etwas schwierig. Ich habe Franzosen gekannt aus der höheren Gesellschaft und fand Peters Idee für dich gar nicht besonders angenehm. Eine Rosskur, so aus der Geborgenheit der Güte und Fürsorge gegen die Menschheit – ausgerechnet nach Paris zu kommen. Schaden wird es dir nicht, aber schön wirst Du es nicht haben, die geistige Luftveränderung ist zu gross. Die französische Schweiz, Genf, Lausanne und Neuchâtel sind ganz anders als Paris, kein Vergleich.

Peter, Barbara Staubs älterer Bruder, hatte sie der Familie einer Comtesse in einen Pariser Haushalt vermittelt. Madame de Meuron dagegen schickte Barbara eine Adresse in Windsor, die sie passender fand. Barbara Staub entschied sich dennoch für Frankreich. Rührend begleitete Elisabeth de Meuron sie mit bebilderten Karten – und vielen Tipps:

Herzliche Gratulation liebe Barbara, dass Dein Examen vorbei ist und Du Ende April nach Frankreich fährst. Besser beim Französisch zu bleiben, wenn Du das Gefühl hast, es sitze noch nicht so recht. In einer Familie kommt das von selber und bei der Comtesse de Touchet ist es für einen accent der besseren Gesellschaftsklassen günstig. Französisch ist eine sehr schöne Gesellschafts- und Literatursprache und Wert, dass man gute Satzformen lernt, anders als das Französisch, das die Handelskorrespondenz bedingt. Es sind 2 ganz verschiedene Französisch. Beide haben ihre Berechtigung. Beide sollte man kennenlernen.

Elisabeth de Meuron sorgte sich, falls Barbara von Heimweh geplagt würde. Sie schickte Stoffe, um sich Kleider oder eine Tasche zu nähen. Ein Stoff war knallgelb wie ein Kanarienvogel, erinnert sich Barbara.

Liebe Barbara, packe deine Sachen in diesen Fetzen, wenn du Heimweh bekommst wird er Dich an bessere Zeiten erinnern und daran, dass Du die paar Wochen aushalten musst zu Deiner Bildung. […] Vor ein paar Tagen kaufte ich in der Stoffhalle Bern dieses Stück Stoff und gebe ihn oder es Dir jetzt zur Erinnerung mit, weil ich nichts anderes unter der Hand habe! Alles Gute wünscht Dir EvM.

Den Sommer über zog Barbara Staub mit der Gastfamilie in die Normandie, Elisabeth de Meuron war sich sicher, da passte Barbara hin:

Dort wird es dir gleich besser gefallen, denn das Volk in Frankreich ist äusserst gutmütig und freundlich, Du wirst es gleich fühlen. Auch die Luft ist besser und das tägliche Leben viel einfacher. Ich war einmal zu Besuch in einem kleinen Schloss in der Bourgogne und es war von einem altmodischen Mangel an Komfort, von dem man sich in der Schweiz keinen Begriff machen kann – und war gleichwohl nett.

Barbara muss erneut schmunzeln. Für sie war Elisabeth de Meuron der Inbegriff von Altmodisch. Auch Rümligen stand nicht für modernen Komfort. Madame de Meuron rapportierte Barbara den Gang der Landwirtschaft, die verregnete Heuernte im Jahr 1964 und die wiederkehrenden Gewitter – und natürlich erzählte sie ihr von der Springkonkurrenz. Barbara war sonst immer mit von der Partie, wenn auch als besonderer Gast. Weil sie an der Springkonkurrenz nicht mit ritt, durfte sie nicht bei den Männern sitzen, da sie aber unverheiratet war, auch nicht bei den Frauen. Die Lösung war folgende: Sie ging Grittli zur Hand und konnte sowohl mit den Männern als auch mit den Frauen reden.

Elisabeth de Meuron erkundigte sich, wenn wohl sehr diskret, wie es denn wäre, wenn Frauen auch mitreiten würden an ihrem Concours. Doch die Antwort, war eindeutig:

Die Springkonkurrenz vom 5. Juli ist noch gar nicht recht vorbereitet im Reitgarten wegen Heuet wo Arbeitermangel herrscht. Du musst nicht allzu sehr bereuen, nicht da zu sein, denn selber reiten hättest du auf keinen Fall können, man nimmt nicht einmal Reiter ohne Uniform. Ich habe mich auch ein wenig erkundigt, Reitvereine sind anderswo so halb oder ganz militärisch, dass Du keinesfalls als zum Reitverein gehörig gerechnet werden kannst, Deine Freunde würden sowieso gerügt werden, wenn es auskäme. Wenn du aus Frankreich zurückkommst, wirst du ein andersartiges Reiten gesehen haben und gefällt dir dann wahrscheinlich auch weniger. Man ändert sich im Leben.

Otto Bienz oder andere Kavalleristen hätten wohl kaum erwartet, dass Elisabeth de Meuron persönlich einer Frau erlauben würde, den Parcours zu bestreiten. Niemand hätte geglaubt, dass Elisabeth nur aufgrund der militärischen Tradition davon absah. Aber so war es. Dass die Beteiligung von Frauen nur eine Frage der Zeit war, das wusste Madame de Meuron. Dass Barbara mit der Zeit die Freude an der Reiterei verlieren würde, da täuschte Madame de Meuron sich. Barbara hat die Freude daran behalten.

Ich bin beeindruckt, wie aufgeschlossen Elisabeth de Meuron sich gegenüber Barbara zeigte. Die Herzlichkeit und Ernsthaftigkeit, mit der sie sich um Barbara sorgte und sie unterstützte, finde ich bemerkenswert. Kein Brief enthält Floskeln, der Text ist substantiell, geistreich und sprachlich sorgfältig formuliert. Elisabeth de Meurons Karten scheinen nie beliebig oder zufällig. In den Briefen zeigt sich ihr breites Wissen, sie beschrieb das literarische Französische ebenso wie die Geschäftssprache. Sie erzählte von eigenen Reisen nach England oder Frankreich. Auch wenn ich in den Karten um 1900 wenige Hinweise darauf gefunden habe, war Elisabeth de Meuron in jungen Jahren auch in fremden Ländern unterwegs – oder entnahm sie ihr Wissen gar den Schilderungen ihres Bruders?

Die Freundschaft mit Elisabeth de Meuron hat Barbara Staub von Kind an geprägt. Beeindruckt war sie von der Eigenständigkeit der alten Frau. Was auch immer geschah, sie löste das Problem selbst oder suchte passende Unterstützung und Hilfe. Dabei liess sie sich selten in die Karten, hinter ihre Fassade blicken. Die wenigsten hätten in Madame de Meuron die aufgeschlossene und moderne Frau vermutet. Ein Leben lang bleibt Madame de Meuron für Barbara Staub eine Aufmunterung, den Mut zu haben, anders zu sein – sich selbst treu zu bleiben.

Elisabeth de Meurons Anteilnahme und Fürsorge für Barbara Staub kontrastiert ihre Beziehung zur eigenen Tochter Louise. Das Verhältnis war geprägt von Streit, der auch später regelmässig eskalierte, erzählte die Enkelin Barbara Hegner, die mehrere Handgreiflichkeiten zwischen den beiden erleben musste. Elisabeth verstand ihre Tochter Louise nicht, ebenso wenig umgekehrt. Elisabeth de

Meuron war überzeugt, ihre Tochter habe eine Erbkrankheit, da sie der Ehe mit Fritz, einem Vetter zweiten Grades entstammte. Überall suchte Elisabeth de Meuron nach Anzeichen dieses psychischen Defekts – und fand diese vermeintlich. Sie liess Louise 1947 in eine psychiatrische Klinik einweisen, diese flüchtete mit der Hilfe ihres geschiedenen Ehemanns Maximilian von Stockar nach Genf, wo sie versuchte, als Sekretärin ein unabhängiges Leben zu führen. Dass Elisabeth de Meuron bei Louises Arbeitgeber auftauchte und diesen vor der psychischen Krankheit ihrer Tochter warnte, war unglaublich. So entschloss sich Louise, ihre beiden jugendlichen Töchter für die Ausbildung in der Schweiz zu lassen und nach Tanger auszuwandern. Dort lebte sie bis zu ihrem Tod 1977. Alljährlich kehrte Louise in die Schweiz zurück und stattete ihrer Mutter einen Besuch ab, bis es jedes Mal nach kurzer Zeit zum Streit kam und Louise wieder abreiste. Einmal unternahm Madame de Meuron eine Reise nach Marokko, doch Louise weigerte sich, ihre Mutter zu empfangen. Elisabeth de Meuron verlor den Sohn durch einen Suizid, die Tochter an Nordafrika. In den Genuss ihrer Empathie und ihrer Fürsorge kamen andere.

Madame de Meuron bot Barbara Staub, was sie ihren eigenen Kindern nicht zu geben vermochte. Das emotionale Defizit, das bei den Schilderungen ihrer Nachkommen so erschreckend ist, scheint hier wie weggewischt. Vielleicht tilgte die Freundschaft zu Barbara Staub auch einen Teil von Elisabeth de Meurons Schuldgefühlen, die sie aufgrund ihres Versagens gegenüber ihren Kindern hatte. Mit Barbara Staub gelang Madame de Meuron der Schritt ins 20. Jahrhundert. Dies, ohne dass von aussen auch nur die kleinste Veränderung erkennbar gewesen wäre. Die Fassade der alten herrischen Aristokratin blieb, auch wenn sie sich im Innern längst emanzipiert hatte.

Concours

Umbrüche gab es einige in Rümligen, seit Elisabeth de Meuron das Szepter führte. An einer Tradition aber hielt sie fest: am regelmässigen Concours im Springgarten des Schlosses. Ihr Vater, ihr Bruder, ihr Sohn waren begeisterte Reiter und Kavalleristen gewesen. Wenn sie den Pferden und Reitern beim Training zuschaute, stiegen Erinnerungen hoch. Doch bei aller Tradition, auch der Reitsport veränderte sich. Tauchte doch plötzlich eine junge Frau zwischen den Männern auf, eine, die sie schon als kleines Kind kannte: die Tochter der Heimleiter aus Riggisberg. Elisabeth de Meuron wagte es nicht, sie forsch vom Platz zu weisen.

Waren die Concours 50 Jahre lang streng in der militärischen Tradition gehalten und lagen in Männerhand, hatte sich Elisabeth de Meuron dank Barbara Staub im Geiste schon mit der Gegenwart angefreundet. Während sie mit den Concours – mit Hilfe von Otto Bienz – gegen die Abschaffung der Kavallerie kämpfte, reifte gleichzeitig der Gedanke, dass auch Barbara Staub bei der Springkonkurrenz mitreiten konnte. Die ambivalente, auch differenzierte Haltung zeigt sich in den Ereignissen rund um die letzten Springkonkurrenzen in Rümligen, die sich dank der Unterlagen von Otto Bienz nachzeichnen lassen. Die 33 Briefe und Karten skizzieren folgende Ereignisse.

Die Spezialität der Rümliger Concours, dieser Treffen des berittenen Militärs, der Dragoner, war das Dreierspringen. Immer drei Reiter mussten mit ihren Pferden den Springparcours gleichzeitig und gemeinsam meistern. Genauso wichtig wie die Reiterei war die Einladung der Ehrengäste zum Nachtessen im Schloss. Am liebsten sah es Elisabeth de Meuron, wenn ein Bundesrat dabei war, in den Sechzigerjahren immer wieder der Vorsteher des Militärdepartementes Rudolf Gnägi, den Madame de Meuron schon als Berner Regierungsrat kennengelernt hatte. Geladen waren hohe Offiziere, Regierungsräte, Regierungsstatthalter und Gemeindepräsidenten – immer in Begleitung ihrer Gattinnen.

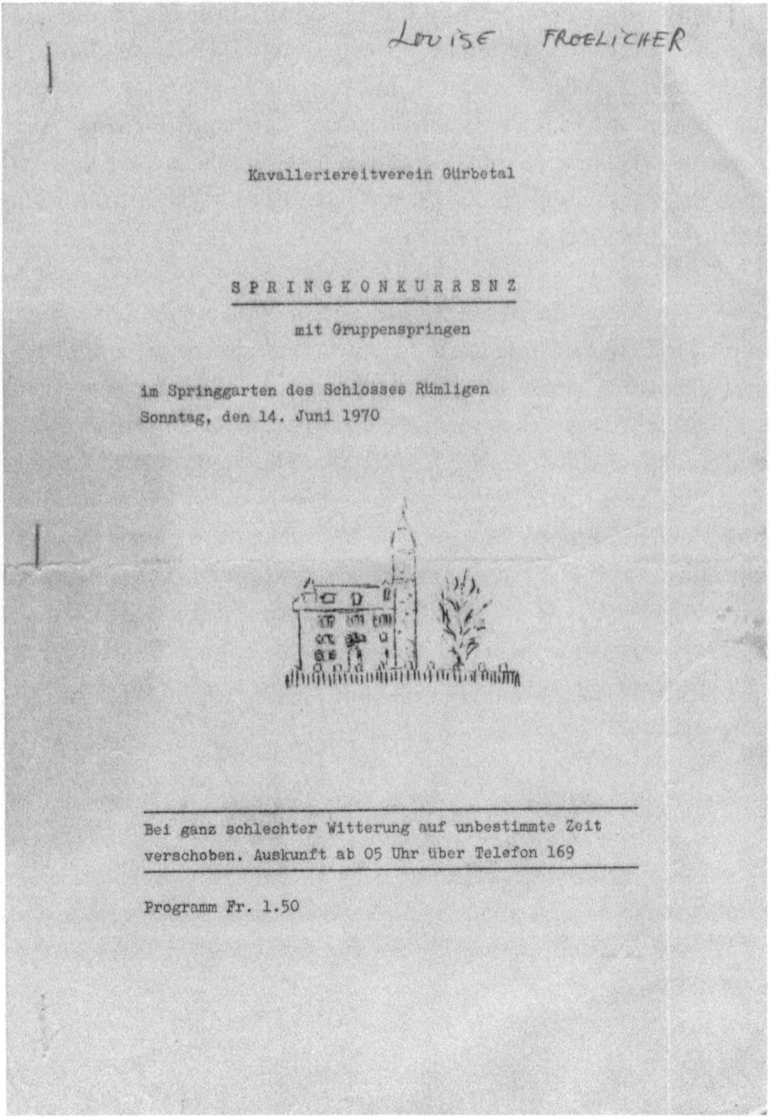

Louise Froelicher

Kavalleriereitverein Gürbetal

S P R I N G K O N K U R R E N Z

mit Gruppenspringen

im Springgarten des Schlosses Rümligen
Sonntag, den 14. Juni 1970

Bei ganz schlechter Witterung auf unbestimmte Zeit verschoben. Auskunft ab 05 Uhr über Telefon 169

Programm Fr. 1.50

Für jeden Concours wurde ein eigenes Programm gedruckt.
Foto: zvg

Der Reitverein Gürbetal und der Landwirt Paul Messerli organisierten die Springkonkurrenz, Grittli oblag die Organisation der Mahlzeiten und der Bedienung, Madame de Meuron repräsentierte und begleitete die Gäste durch den Tag. Mit zunehmendem Alter brauchte Madame de Meuron aber einen würdigen Stellvertreter, auch für die gesellschaftlichen Aufgaben. Diesen fand sie im Alt-Nationalrat und Oberst Otto Bienz.

Begonnen hatte die Bekanntschaft 1964. War früher Otto Bienz selbst geritten, so wurde er in diesem Jahr als Ehrengast eingeladen, und der Zufall wollte es, dass die Dragoner im Keller dem Wein etwas zu sehr zusprachen und ihre Gesänge am Abend immer lauter und unflätiger wurden. Obgleich Madame de Meuron das eine oder andere nicht mehr richtig hörte, diese Lieder missfielen ihr zutiefst. Bienz machte kurzen Prozess und besänftigte die jungen Männer mit ein paar scharfen Worten. Das vergass ihm Madame nicht. Sie schrieb kurz nach dem Concours: «Sehr geehrter Herr Bienz, mein lieber Freund am Ende meines Lebens!» Sie dankte für seinen Einsatz am Concours und fragte, ob sie ihn auch künftig für Aufgaben anfragen dürfe:

> *Nun möchte ich nicht, dass Sie zu viel Umstände und Kosten an Zeit und anderem mit diesen munteren Dragonern haben sollten. – Es ist mir leid, Sie damit zu belästigen, aber ich bin sicher, dass es auf einige Zeit, vielleicht auch auf lange Sicht wirken wird. Viele Grüsse an Sie Herr Nationalrat, dem Helfer für ungezogene junge Männer und an Ihre liebe Frau!*

Sie schickte immer Bitten oder Einladungen an Herrn Bienz, und sehr häufig auch an das Ehepaar Bienz, diese liessen wenig Spielraum für Absagen. Nebst den Springkonkurrenzen lud sie Herrn und Frau Bienz auch meist zu ihren Geburtstagen ein. Am 10. Juli 1966 schrieb sie:

Am Freitag, 1. Oktober kommt Blasmusik wie jedes Jahr einmal um 20.15 im Schloss spielen und zusammensitzen und es würde mich sehr freuen, wenn Sie und Frau Bienz um 18:30 zum Abendessen kommen würden. Ich lade nur wenig nachbarliche Freunde aus Nachbarschaft ein, es ist kein grosser Anlass, weil es mit mir abwärts geht, aber jemand Rechtes sollte auch da sein, um mit diesen Musikanten nachher beim Trinken im Keller zu sprechen um mir zu helfen.

Es war eine Essenseinladung, verknüpft mit einer Aufgabe nach dem Rechten zu sehen – und seine Frau sollte bitte ihr oder Grittli zur Hand gehen. Sie hatten dafür das richtige Format.

Während die Geburtstage und die Springkonkurrenzen zunächst gesellschaftliche Anlässe waren, wandelten sich die Concours rund um die Abschaffung der Kavallerie zu politischen Veranstaltungen, wo Fingerspitzengefühl und politisches Kalkül angezeigt waren. Elisabeth de Meuron fühlte sich verpflichtet, sich für den Erhalt der Kavallerie einzusetzen. Der Bundesrat hatte Anfang 1972 bekanntgegeben, die Schweiz würde – als letztes Land Europas – die Kavallerie abschaffen. Die definitive Entscheidung würden die Räte in der Herbstsession fällen. Elisabeth de Meuron plante in dieser alles entscheidenden Phase, den Politiker Otto Bienz an die Spitze der Organisation des Concours zu stellen. Sie schrieb dem Reitverein Gürbetal und dem bisherigen OK-Präsidenten Paul Messerli:

Angesichts der jetzigen Lage der Kavallerie bestimme ich, dass an der mir verkündeten Springkonkurrenz vom ersten Sonntag im Juli Ständerat Oberst Bienz Neuenegg die oberste Stellung einnehme und der Reitverein sich wenn nötig von ihm beraten lasse. […] Es ist eine Ehre für Euch Dragoner, dass er zu euch steht […]

Der Concours war untrennbar mit der Kavallerie verbunden, so dass die Unsicherheit die Stimmung dämpfte. Niemand wollte so richtig anpacken, niemand wusste, was nun zu tun war. So entschied sich

Festessen im Schloss Rümligen (Otto Bienz sitzt vis-à-vis von Madame de Meuron)
Foto: zvg

Madame de Meuron, das Organisationskomitee auszuwechseln, auf die Gefahr hin, ihren Verwandten Rudolf von Wattenwyl, den Gutsbesitzer von Schloss Oberdiessbach, vor den Kopf zu stossen: «Verehrter Bienz, es ist etwas passiert – aber es ist nicht so arg.» Im Herbst 1971 noch hatte sie die Organisation von Wattenwyl übergeben, doch dieser war in ihren Augen untätig geblieben. Deshalb bat sie nun Bienz, das Ruder zu übernehmen. «Im Sinn wie ich retten wollte, was gerettet werden könnte.»

Von Wattenwyl war dagegen, Gnägi einzuladen, Madame de Meuron fand, es könnte der Sache zum Vorteil gereichen. «Indem man sich Bundesrat Gnägi zu nähern versuchte, der offensichtlich Dragoner gern hatte und vermutlich von Celio gezwungen wird, diese zu opfern.» Sie informiere Bienz, «dass es etwas gibt, das man mit Leichtigkeit ‹überfahren› kann und ich vielleicht ein wenig darin verwickelt bin.» Sie nahm Gnägi in Schutz, der nach dem Kollegialitätsprinzip des Bundesrats für die Abschaffung der Kavallerie einstehen musste – auch wenn es à contre coeur war – letztlich sei Bundesrat Nello Celio verantwortlich für den bundesrätlichen Antrag zur Abschaffung der Kavallerie. Schlug Otto Bienz normalerweise Madame de Meuron keine Wünsche aus, ging ihm diesmal alles zu weit:

Sehr geehrte Frau de Meuron
Für Ihre Briefe danke ich bestens. Mit ihren Ideen und der Gestaltung werfen Sie Verschiedenes durcheinander. Es wird beleidigte Leute geben und der sonst üblichen frohen Stimmung an der Konkurrenz Abbruch tun.

Vorläufig ist es mir nicht möglich, ihrem Wunsch zu entsprechen und für Ihren Anlass den üblichen bewährten Rahmen so krass verlassen zu helfen. Ich hoffe sehr, dass Sie Verständnis für meine Haltung aufbringen.

Im Weiteren möchte ich Sie darauf aufmerksam machen, dass Sie mein Amt und meine Stellung verwechseln mit jemand anderem. Erlauben Sie mir, dass ich Ihnen kurz sage, dass ich nicht Ständerat, sondern Nationalrat war. Ich bin 1910 geboren, Burger von Bern – Zunft zu Metzgern – heute tätig als Oberfeldkommissär des Eidg. Militärdepartementes. Im Militär war ich Oberst und zuletzt Trainchef des Gebirgsarmeekorps 3 (Wille).

Otto Bienz fuhr nach Rümligen, um bei Madame de Meuron persönlich vorzusprechen. Vielleicht war Madame de Meuron mit ihren 90 Jahren nicht mehr imstande, den Concours auf dem Schloss durchzuführen, da sie Namen und Funktion verwechselt hatte? Madame de Meuron nutzte dieses Treffen, um Otto Bienz ins Boot zu holen. Gerade jetzt sollten sie doch gemeinsam kämpfen!

Verehrter Bienz ob – Oberfeldkommissär und Oberst ist – ganz gleich es gibt nur einen Bienz, den Otto Bienz von Obergrund, das weiss ich ganz gut. [...] Es drängt mich Ihnen meine Freude zu schreiben Sie gesehen zu haben und Ihrer treuen Freundschaft versichert zu sein. Soviel Dankbarkeit in der Luft für Gegenwart und Zukunft welche man gar nicht aussprechen will, nicht aussprechen sollte aber gemeinsam daran denken!

Otto Bienz übernahm. Gnägi wurde eingeladen. Er schickt aber eine Absage mit Blumen und entschuldigte sich und seine Frau. Madame de Meuron war erleichtert. Sie druckte das Tscharner-Wappen, den stehenden Vogel Greif, auf den Briefkopf:

Mein bester Stempel verehrter Bienz um die Freude zu schreiben die ich über Ihr Schreiben habe, dass Sie das mit unserem Bundesrat Gnägi in die Hand bekommen haben so dass ich ruhig bin dass es richtig zugeht, das ist Männersache und je nachdem mit unserem Dragonerhandel eine heikle Angelegenheit gerade jetzt.

Der Kampf um die Kavallerie wurde mit harten Bandagen geführt. Auch Madame de Meuron griff zu unkonventionellen Mitteln. Um die Dragoner möglichst wirkungsvoll zu unterstützen, inszenierte sie sich in ihren schwarzen Gewändern und dem weissen Gesicht, liess sich gar mit hohen Militärs filmen. So ging der Concours 1972 in bekannter Tradition ebenso würdig wie fröhlich über die Bühne – vielleicht bot er einigen einen Hoffnungsschimmer in der politischen Debatte? Elisabeth de Meuron dankte dem Ehepaar Bienz für ihre Unterstützung:

Danke für die herrliche Züpfe, die mir Grittli stückweise brach – nicht geschnitten – in Plastiksäckli mitgibt nach Bern und Amsoldingen, wo mich an beiden Orten soviel Rückwärtiges erwartet. [...] Dann suche ich Worte, um die Freude und Dankbarkeit zu sagen, welche ich für die Art und Weise habe wie der hohe Militär Kommissär alles in Ordnung brachte. Es war vorher wie ein böser Traum und wurde ein schöner Traum und Ihre Ruhe liebe Frau Bienz ist mir eine Hilfe gewesen, wie Sie sich leicht denken können. [...] Es war ein prächtiges Fest Punktum.

Nur wenige Wochen später fielen die Würfel. Das Parlament folgte dem Bundesrat und schaffte die Kavallerie ab – auch eine Petition mit 500 000 Unterschriften konnte die Politiker nicht umstimmen.

Ein weiteres einschneidendes Abschiednehmen im Leben von Elisabeth de Meuron. Wie oft war das Ende unwürdig, überstürzt oder unmerklich über sie hereingebrochen. Diesmal sollte es anders sein, diesmal wollte sie die Kavallerie mit einem letzten Fest verabschieden. Organisiert wie immer vom Kavallerie-Reitverein Gürbetal, unter der Leitung von Paul Messerli.

Herr und Frau Bienz schickte sie 1973 eine Einladungskarte, sie sollten wie früher einfach als Gäste kommen:

Verehrter Freund Bienz. 1. Juli letzte Dragoner-Springkonkurrenz. Ich bitte Sie als mein Gast zum Mittagessen zu kommen und im Reitgarten den Dragonern ein wenig beizustehen in ihrer Trauer. Gnägi habe ich schreiben müssen mir zuliebe nicht zu kommen und ihre Trauer nicht zu stören bei den Dragonern. Viele Grüsse und Antwort ob man Sie aufs Programm zu den Ehrengästen tun darf.

Bienz freute sich darauf, als Gast und Zuschauer nach Rümligen zu fahren. Wenige Tage vor dem Concours kam ein Hilferuf.

Der OK-Präsident Paul Messerli war zum Gemeindepräsidenten gewählt worden und ein Angestellter auf Messerlis Hof hatte sich das Bein gebrochen. Bienz irritierte, dass Madame de Meuron einen Zwist mit dem Ehrenpräsidenten, SVP-Nationalrat Hans Ueltschi erwähnte:

Die Welt fällt deshalb nicht um. Als aber ich am Sonntag per Express Ueltschi meine Meinung geschrieben: Wenn er in Uniform käme sei er Herr auf meinem Boden, aber in Zivil?? [...] Ich habe Ueltschi zugesprochen im Brief in Uniform zu kommen, aber ich denke er kommt nicht mehr hinein. Da muss er eben zu Hause bleiben, man hätte nie erlauben sollen, dass Ueltschi als Nationalrat aufs Programm kommt, aber die Welt fällt nicht um deshalb. (Da wäre der gutmütige Gnägi doch besser gewesen.) Ich achte Nationalräte sehr, nur sollen diese nicht bei geschlachteten Dragonern und Pferden das Totenmahl durch eigene Anschauungen stören.

Elisabeth störte sich daran, dass der angefragte Redner nicht wie es den Reitern gebührte, in Uniform auftreten wollte. Sie befürchtete, er würde die Rede als Bühne für seine politischen Anliegen nutzen. Ihre Meinung hielt sie nicht hinter dem Berg, sondern teilte sie Ueltschi direkt mit. Vermutlich verkniff sie sich nur die Bemerkung, seine Uniform sei ihm wohl zu eng geworden – und das wenige Tage vor dem Fest! Bienz ahnte nun, weshalb der OK-Präsident Messerli plötzlich sein Amt abgab. Auch wunderte er sich nicht, dass Messerli jetzt auf ihn verwies: «Paul Messerli, welcher sehr vielen Verpflichtungen nachkommen muss, ist es, welcher mir jetzt sagte, Sie beizuziehen.»

Einmal – wohl das letzte Mal – musste Bienz für Madame de Meuron die Kastanien aus dem Feuer holen. Er bewahrte Ruhe und sprach vor allem Ueltschi zu, er solle den Ausführungen von Elisabeth de Meuron nicht zu viel Beachtung schenken – damit dieser seinen Auftritt nicht plötzlich kurzfristig absagte.

Hans Ueltschi kam aus Boltigen angereist, und trotz gegenteiliger Ankündigung stand auch Madame de Meuron unter den Zuhörerinnen und Zuhörern, als Ueltschi die Rede in Zivil hielt.

Der Oberstleutnant, Mitglied der Justiz- und Militärkommission, Anwalt und Viehzüchter begann mit einem Lob:

Es ist mir von unserer hochverehrten und betagten Gastgeberin, Frau de Meuron, der ehrenvolle Auftrag erteilt worden, [...] das Wort zu ergreifen. [...] Dank ihrer grossen Tierfreundlichkeit, und besonders dank ihrer Anhänglichkeit und Sympathie zum Pferd und auch zu uns Kavalleristen, sowie zu ihrer positiven und kompromisslosen Einstellung zu unserer Armee, ist es möglich gewesen, seit fünf Jahrzehnten dieses würdige traditionsgebundene Reiterfest durchzuführen. Frau de Meuron ist heute noch eine überzeugte Repräsentantin von unserem mittelständischen und bodenständigen Gedankengut und verkörpert in einer vollkommenen Art das Erbgut und die Tradition des altbernischen Patriziertums.

Der Streit um den Uebeschisee und Madame de Meurons Widerstand gegen die Militärübungen war wohl nicht bis zu Ueltschi gedrungen. Wie eine altbernische Patrizierin das mittelständische Gedankengut repräsentieren konnte, diesen Widerspruch liess er offen. Er überreichte Madame zum Dank einen grossen Blumenstrauss. Von dieser Einleitung abgesehen widmete er sich in seiner halbstündigen Rede vor allem der Politik:

Der Kampf zur Erhaltung unserer Reiterwaffe ist letztes Jahr in die entscheidende Endphase getreten, Kavallerieverbände und alle Freunde des Pferdes sammelten auf dem Wege der Petition innerhalb von ein paar Wochen unter dem Motto: «Petition zur Erhaltung des Pferdes in der Armee» annähernd eine halbe Million Unterschriften, welche im Mai der Bundeskanzlei übergeben wurde. – Diese selten eindrucksvolle und imposante Übergabe mit 300 Berittenen mit ihren ehrwürdigen Standarten aus allen Gauen der Eidgenossenschaft bleibt zeitlebens ein historisches denkwürdiges Ereignis und Erlebnis. – Es darf in diesem Zusammenhang festgestellt werden, dass die Sammlung von fast 5 mal 100 000 Unterschriften in aller Ruhe und Stille vor sich ging – ohne jedes Marktgeschrei –

ohne aufdringliche Transparente und ohne Randalieren, sondern mit Disziplin, Würde und Ruhe.

«Endphase», «Gauen», «Disziplin» erinnern mich an das deutsche Kriegsvokabular der Vierzigerjahre. Waren diese Begriffe im Militärjargon vielleicht gang und gäbe? Die Petition zeigte kurzfristig Wirkung, der Nationalrat lehnte 1972 mit überwältigendem Mehr die Abschaffung ab und forderte vielmehr die Beibehaltung von zwölf Schwadronen. Als der Ständerat die Abschaffung der Kavallerie dann doch befürwortete – folgte ihm der Nationalrat. Was Ueltschi nicht verstand: «In diesem Zusammenhang darf ich auf die Meinungswandlung von einer entscheidenden Zahl von Parlamentariern hinweisen – und das innerhalb zwei Monaten, ja einer Woche.»

Für die Kavalleristen war dieser Entscheid unbegreiflich, enttäuschend und niederschmetternd. Ueltschi aber rief zur Besonnenheit auf: «Auch in dieser Phase haben wir Disziplin und Ruhe bewahrt.» Er dankte namentlich verschiedenen hochrangigen Offizieren und Majoren. Er mahnte die demokratischen Spielregeln an, die Minderheit habe sich der Mehrheit zu fügen:

Diese Spielregel gilt auch für uns Kavalleristen – machen wir nicht in ressentiments und rancunes –, sondern fügen wir uns dem Entscheid des Parlamentes, auch wenn es schwerfällt und wir Mühe haben, uns mit dieser Tatsache abzufinden.

Er forderte die Kavalleristen auf, sich umschulen zu lassen und in den Kavallerie-Reitvereinen die zivile Reiterei zu fördern: «Das Pferd darf nicht verschwinden!»

Er schlug vor, einen Teil der Eidgenössischen Militärpferde-Anstalt in ein ziviles Pferdezentrum umwandeln. Der Pferdesport ist weit verbreitet, die «Empfa» wurde zum Nationale Pferdezentrum

NPZ. Doch in einem Punkt behielt Ueltschi nicht recht. Die Renaissance der Kavallerie folgte nicht:

> *Wenn die Presse nach der Abstimmung im Eidgenössischen Parlament geschrieben hat, «die Kavallerie hat ihre letzte Schlacht verloren», – so bedeutet dies für uns Kavalleristen eine Herausforderung. Wir sind uns voll bewusst, dass die nächste Schlacht von uns gewonnen wird, wenn es darum geht, unser Wehrwesen, unsere Gesellschaftsordnung, ja unseren Staat zu erhalten, – nachdem nachgewiesenermassen eine Vielzahl subversiver Kräfte am Werk sind, eine Änderung unseres Staatswesens herbeizuführen. Es bedeutet für uns alle eine heilige Verpflichtung, unseren Reitergeist zu bewahren zur Erhaltung von unserer prächtigen Heimat. [...] Die gleiche Kavallerie wird eines Tages noch unser Staatswesen vor dem Zerfall retten.*

Das Reiterfest sei kein Totenbegräbnis: «Frau de Meuron, [...] das Reitertreffen in Rümligen in seiner traditionsgebundenen Art muss weitergeführt werden, wir bitten Sie darum.»

Zum Schluss wandte er sich an die Gegner der Kavallerie mit dem Ruf des englischen Königs Richard III. vor seinem Tod im Schlachtgetümmel bei Shakespeare: «Ein Pferd, ein Königreich für ein Pferd.» Mit einem Schwur auf die Treue zu den Pferden schloss er seine Ansprache.

Elisabeth de Meuron war begeistert. Vergessen war, dass sie weder eine Bühne für politische Rhetorik bieten wollte, noch einen Redner in Zivil. Sie schrieb an Frau Bienz: «Er hat sich mit der Rede Mühe gegeben, ich habe sie abschreiben lassen, so schön war sie. Aber er bat, sie nicht zu verteilen.» In diesem kleinen geschlossenen Rahmen deutsch und deutlich seine Meinung zu äussern, das schien Ueltschi wohl passend. Wenn diese Rede die Runde bis nach Bern gemacht hätte – was hätten seine linken Ratskollegen dazu gesagt?

Die Kavallerie als Garant für die Demokratie im Kampf gegen subversive Elemente?

Die Rede, die authentisch die politische Befindlichkeit der damaligen Kavallerie wiedergibt, ist integral erhalten geblieben. Sie weist auf die Spannungen innerhalb der Politik hin, die sicher da und dort zu privaten Zerwürfnissen geführt hatten. Denn 1973 setzten bürgerliche und konservative Kräfte der Kavallerie ein Ende. Die Rede und die Haltung Ueltschis zeigte, welchen Stellenwert Elisabeth de Meuron mit ihren Concours in Rümligen innehatte; sie bot einen Rahmen, in dem die Kavalleristen zusammen reiten konnten, aber auch politisieren.

Elisabeth de Meuron war erleichtert. Dass dieser – da war sie sich sicher – letzte Concours reibungslos über die Bühne gegangen war, hatte sie Otto Bienz zu verdanken.

Mein verehrter Oberst Bienz! Wie sehr danke ich Ihnen für Ihre treue Freundschaft und wie gross ist meine Bewunderung für Ihr Können, die Feier im Hof angeordnet zu haben. [...] Denn Grittli hatte gestreikt, ihren Abschied verlangt. [...] Statthalter und ich machten den Haushalt und der stand dank Grittlis Streik-Gelüsten auf zweifelhaftem Stand und mangelnden Vorbereitungen.

Nun haben Sie verehrter Bienz es zu diesem wundervollen Weihfest gestalten können wo ganz verschiedene arme Seelen oder aufgeregte Gemüter Friede ahnen konnten. Die Musikanten, die Reiter, die Zuschauer, Zuhörer – alle konnten etwas finden, um auf den Lebensweg mitzunehmen.

Das hat keine Bewandtnis mit mir, das ist Otto Bienz sein Reich der Menschenkenntnis. Vielleicht einer geheimen Bindung mit dem Ort und sicher einer Bindung mit den Dragonern und ländlichen Musikgesellschaften.

Ihre dankbare Elisabeth de Meuron

Elisabeth de Meuron erkannte die Verdienste von Bienz, würdigte sie und nahm sich selbst zurück. Gleichzeitig bezichtigte sie Grittli des Streiks, obwohl diese schlicht zu krank und gebrechlich geworden war, um ein solches Fest zu stemmen. Vielleicht war sich Elisabeth de Meuron sehr wohl bewusst, dass dieses Fest Grittlis, aber auch ihre Kräfte eigentlich überstiegen hatte. Ihr Anliegen war nicht in erster Linie der Kampf um die Kavallerie, sondern die Versöhnung und die Suche nach einem weiteren hoffnungsvollen und friedlichen Weg. Die Kavallerie war würdig zu Grabe getragen worden, und eine Tradition ging zu Ende, damit, wie sie schrieb, «alle etwas finden konnten, um auf den Lebensweg mitzunehmen». Dafür hatte sich ein letzter Effort gelohnt, dafür dankte sie Otto Bienz. Endlich war es ihr gelungen, ein Ende ohne Krach, Eklat oder Gram zu finden. Das war sie ihren Ahnen schuldig, allen voran ihrem Vater und ihrem Sohn. In ihren Gedanken ritt Roger jeden Concours mit – und auch diese Erinnerung musste sie ausklingen lassen.

Loslassen konnte sie – besser wohl als mancher Dragoner, der nie über die Abschaffung der Kavallerie hinwegkam. Madame de Meuron kannte Abschiede. Sie sah die militärische Reiterei sterben, doch junge Frauen und Männer verbrachten nun gerne ihre Freizeit auf Pferderücken. Man sah es ihr äusserlich nicht an; sie verstand den Lauf der Zeit, sah sie doch selbst, wie ihre Enkelinnen mit dem Flugzeug herumreisten und ihre Pächter mit Traktoren auf die Felder fuhren – wer wollte da noch mit den Pferden in den Krieg ziehen?

Auf die offizielle Gesellschaft des Concours musste sie künftig verzichten, auf Militärs, Politiker, Persönlichkeiten aus Kultur und Gesellschaft. Diese Gelegenheit, die Schlossherrin zu spielen, ging zu Ende. Ein Wermutstropfen war, dass sie damit auch die Gelegenheit verlor, spontan Gäste einzuladen. Sei es ein Zeitungsjournalist, sei es ein Heizungsfabrikant. Wenn sie eine amüsante Begegnung hatte, schrieb sie dieser Person und lud sie kurzerhand an den Concours ein. Das Zusammentreffen all dieser Menschen hatte sie stets amüsiert:

Meine liebe Frau Bienz. Wie hat es mich gefreut, dass Sie mir nachgesprungen sind beim Casino-Platz – und – Sie so schön und jung zu sehen! Und nun möchte ich auf meinem besten Papier um etwas bitten, das wäre: Herrn Oberst und Oberfeldkommissär die 3 Foto zeigen und ihm eine geben, wenn er eine will und mir die anderen zurückschicken. Die Fotos sind von einem Zentralheizungsfabrikant aus Bern gemacht, der mit mir befreundet ist und an die letzte Springkonkurrenz von mir zum Essen im Keller eingeladen wurde und oben geblieben herumschlich und die Fotos ohne unser Wissen machte. Ueltischi war daran, seine Rede gehen vorzubereiten. Die Fotos sind lustig – ich wie eine strenge Lehrerin!

Selbstironie blitzte hervor, die sie für ihre Umgebung so liebenswert machte.

Die Kavalleristen trauerten um den Verlust der berittenen Armee, Elisabeth de Meuron war befreit von der Last, diesen Concours und damit die Tradition aufrechtzuerhalten. Die Freundschaften hatten grosse Erleichterungen gebracht. Sie versöhnte sich mithilfe von Barbara Staub mit der Schuld gegenüber ihren Kindern, sie begrub mithilfe von Otto Bienz mit dem Concours auch die Schuldigkeit gegenüber ihren Ahnen.

Traditionsreicher Concours vor imposanter Kulisse
Foto: Hans Steiner, © Musée de l'Elysée, Lausanne – Fonds Hans Steiner

Ines Meier mit Madame de Meuron, 1969
Foto: zvg

Das warme Bad mit Ines Meier

Es ist ein strahlender Frühsommertag; ich quere mit der Strasse den Flugplatz Belp bei Bern auf der Suche nach dem Haus von Ines Meier. Nach einer Kehrtwende finde ich die richtige Gabelung, Ines Meier steht beim Haus und winkt. Wir sitzen mit Blick auf den spriessenden Garten am Stubentisch. Hans Meier begrüsst mich ebenfalls, sagt, er komme später zum Kaffee. Zuerst aber will Ines Meier erzählen. Sie hat einen dicken und farbigen Stapel Briefe vor sich.

Die Mutter von drei Kindern schaute sich Ende der Sechzigerjahre, 45-jährig, nach einer Arbeitsstelle um, als sie 1969 im Gürbetaler Anzeiger auf ein Inserat stiess: Elisabeth de Meuron suchte eine Hilfe für Schreibarbeiten, Buchhaltung, Haushalt und Garten.

Ines Meier meldete sich, erhielt bald darauf einen persönlichen Brief:

> *Es ist was ich haben sollte das Sie mir anbieten, denn ich bin doch eine hilflose alte Frau mit modern-ausserkantonaler Familie. Jetzt habe ich eine alte Bauern-Haushälterin, 76jährig mit Star, welche sehr müd wird – die mir hilft, aber manchmal aussetzt, weil kränklich. Ich telefoniere Ihnen nächstens und die Haushälterin hört dann was Sie sagen, ich höre schlecht.*

Grittli lud Ines Meier für ein Vorstellungsgespräch zu Madame ein. Sie fuhr die halbe Stunde Weg ins Schloss Rümligen mit dem Töffli, Auto fahren konnte Ines Meier nicht. Grittli war ihr sofort sympathisch. Eine kleine, untersetzte Frau mit einer einfachen Brille und von der Arbeit geschundenen Händen, immer ruhig, ab und zu aber sehr bestimmend. Elisabeth de Meuron sass um 17 Uhr – wie jeden Tag – in der Küche und trank Tee. Heute war zum ersten Mal auch Ines Meier dabei. Zwei Fenster erhellten den Raum, dazwischen stand ein Tisch, die schmale Seite an der Wand. Dort sass Elisabeth de Meuron. Ines Meier nahm ihr gegenüber Platz. Grittli stand daneben und servierte den Tee. Kein einziges Mal nahm auch sie Platz, wenn sie Tee tranken. Obwohl sich Grittli immer am Gespräch beteiligte, trank sie stehend etwas abseits des Tisches. Elisabeth de Meuron sei das wohl gar nicht aufgefallen. Für Ines Meier war es ein seltsames Zeichen der Unterwürfigkeit. Elisabeth de Meuron wühlte jeden Tag im Küchenschrank nach derselben Dose und klaubte trockene Kekse heraus, die sie in den Tee tunkte.

Elisabeth und auch Grittli waren sich einig: Ines Meier sollte die Helferin sein. Sie schlossen keinen Arbeitsvertrag ab, alles blieb bei mündlichen Abmachungen. Einen Nachmittag in der Woche sollte sie ins Schloss kommen, von halb zwei bis sechs – für den Lohn von zwanzig Franken.

Elisabeth de Meuron hatte die Briefe aufgeteilt in geschäftliche Korrespondenz, Rechnungen und private Briefe. Jede Beige war in einem Korb gestapelt, keiner der Körbe schien je leer zu werden. Geschäftlich gab es viele Entscheidungen zu treffen, zu den Liegenschaften im Vertmont, zu den Altstadthäusern, zum Schloss Amsoldingen oder Rümligen oder zur Alp Rämisgummen. Häufig wandten sich die Pächter oder Mieter direkt an Madame, statt an die beauftragte Verwaltung von Graffenried in Bern. Und oft fällte Madame Entscheidungen, ohne sich abzusprechen. Da entstanden Widersprüche, Unklarheiten und damit viel Arbeit.

Vielleicht hätte Elisabeth de Meuron den Verwalter machen lassen sollen, meint Ines Meier heute. Hätte sie sich so entlasten und vielleicht auch ihr grösstes Problem, die Geldnot, etwas lindern können?

Madame de Meuron vermietete ihre Wohnungen so günstig, dass kein Geld für die dringenden Reparaturen blieb. Dies äusserte sich in der Beige der offenen Rechnungen. «Um 16Tausend aus Schuld von Heizkessel im Vertmont anzahlen zu können so nebenbei habe ich Bücher verkaufen können und läuft noch und ist mühsam», war zuhanden von Ines Meier notiert. Der Kontakt zwischen Madame und ihr beschränkte sich nicht auf die Besuche im Schloss, fast nach jedem Arbeitstag schickte ihr Elisabeth de Meuron eine Notiz oder einen Brief. «Debriefing» würden wir das heute wohl nennen.

Ines Meier traf in Rümligen auf eine Herausforderung, die sie persönlich, aber auch ihr Können auf die Probe stellte. Als erstes verschaffte sie sich einen Überblick über alle angesammelten Pendenzen und Probleme. Systematisch arbeitete sie diese ab und erlangte dadurch schnell das Vertrauen von Elisabeth de Meuron.

Es gab viele Schreibarbeiten zu erledigen, oft musste sie im Namen von Elisabeth de Meuron telefonieren, auch mit der Liegenschaftsverwaltung in Bern. Ines Meiers Arbeit schien Sisyphusaufgaben gleich, sie hörte nie auf und es war viel zu viel für die 87-jährige Elisabeth de Meuron.

Sie entschuldigte sich in einem fort bei Ines Meier für die Unordnung, dieses schier unüberwindliche Chaos: «Entsetzt bin ich beim Gedanken, dass ich Sie liebe Seele in meinen Geröllhaufen gelockt habe – das kann nicht von langer Dauer sein.» Madame befürchtete, Ines Meier würde sich mit ihren Qualifikationen in Sprachen, Buchhaltung und Korrespondenz bald eine andere Arbeitsstelle suchen: «Was für Arbeit ist gestern alles erledigt worden, es ist eine Pracht!»

Die Berge von Korrespondenzen und Rechnungen strapazierten Ines nicht. Die Zustände im Haushalt gaben ihr jedoch zu denken. Die alte Grittli erledigte die ganze Wäsche von Hand, Madame wollte keine Waschmaschine im Haus. Nicht einmal eine Winde gab es, die schweren Leintücher mussten sie zu dritt draussen auswringen. Ein Kraftakt. Zudem war Madame sehr modebewusst. Sie las regelmässig die Frauenzeitschrift «Femina». Wenn die Röcke auf den Sommer hin wieder kürzer getragen wurden, liess sie ihre Säume um 2 cm kürzen. Wurde die Mode wieder länger, wurden sie wieder um 2 cm heruntergelassen. Auch wenn dies bei der Länge ihrer Röcke nicht ins Gewicht fiel und es niemand bemerkte – Madame war es sehr wichtig.

Ines Meier nahm die weissen Blusen mit nach Hause, zumindest diese wusch sie mit der Waschmaschine und bügelte sie mit dem elektrischen Bügeleisen. Die Blusen trug Elisabeth de Meuron immer drei Tage und drehte sie dann um, um sie weitere drei Tage zu tragen.

Der Blick ins moderne Leben

Sobald Ines Meier ihr Amt angetreten hatte, gewährte Elisabeth de Meuron ihr überall vollen Einblick, zog sie bei allem zu Rate. Sie interessierte sich für die Haushaltsführung ihrer Angestellten, so dass diese Madame zum Nachtessen einlud. Dies war der Anfang der Freundschaft auch mit ihrem Mann, Hans Meier. Dieser fuhr zum Schloss, um Madame abzuholen. Später rief ihn Madame immer wieder an und bat ihn um eine kleine Ausfahrt übers Land.

Elisabeth de Meuron durchstreifte beim Besuch in Kehrsatz das Meier'sche Haus wie ein junger Hund. Wollte alles wissen, alles erklärt haben. Die drei Kinder fragte sie nach ihren Namen, aber auch, was ihnen gefällt und was sie einmal lernen wollten.

> *Ich finde Ihr Heim samt Einwohnern erstklassig, grosszügig ohne Kleinlichkeit brauchbar eingerichtet für die verschiedenen Situationen des Lebens, ob grösster Luxus oder strenge Ordnung je nachdem wie die 3 Kinder sich entwickeln, sie lernen schon da das Leben, das kommt. Liebe Frau Meier, welchen frischen, praktischen Reichtum an Haus, Möbeln und Menschen erlebte ich gestern!*

Natürlich inspizierte Madame de Meuron auch den Garten: «Nur Ihre Hostet und Ihr Gemüsegarten entsetzt mich, da könnte ich nachhelfen via Grittli.»

Ines Meier kochte Pastetli, da sie wusste, dass Madame nicht gut beissen konnte. Madame nahm diskret vor dem Essen ihr Gebiss aus dem Mund, steckte es in einem Taschentuch in ihre Handtasche. So konnte sie die Pastetli essen. Ihr Gebiss war der Grund, warum sie bei Anlässen nie etwas ass: Vor den Herren schämte sie sich, ihre künstlichen Zähne wegzulegen. Die Pastetli genoss sie sehr.

Die Einladung war ein Wendepunkt. Beim Abschied sagte Madame de Meuron, sie würde beim nächsten Besuch in Rümligen gerne ein heisses Bad nehmen. Madame de Meuron liess den Boiler lange aufwärmen und führte Ines in den ersten Stock, ins gelbe Badezimmer. Es war modern, ein grosser Kontrast zum übrigen Standard im Schloss. Dieses Bad hatte sich Madame de Meuron mit einem Teil des Erlöses aus dem Verkauf ihres Elternhauses am Münsterplatz in Bern eingebaut. Noch angekleidet stand sie da und überprüfte die Temperatur, sie wünschte die Wanne bis oben gefüllt und das Wasser mit viel Badezusatz versetzt, damit es tüchtig schäumte. Ines half Madame, sich auszukleiden und staunte über die feine und schöne, jugendliche Haut. Madame stieg in die Badewanne. Ines wollte sich diskret entfernen, doch Elisabeth de Meuron wies auf einen Stuhl neben der Badewanne. Ein Moment lang war es still, dann tauchte Madame ab, verschwand unter dem Schaum – durchnässt tauchte zuerst das graue Haar auf, dann das Gesicht und Madame holte tief Luft. Dies wiederholte sie genüsslich. Dazwischen lag sie ganz ruhig da, das warme Wasser löste ihre Züge, ihr Gesicht schien Jahre jünger. Es löste auch die Zunge, und sie begann zu erzählen. Wie gerne sie im See geschwommen war als Mädchen, wie sehr sie das Wasser liebte. Über eine Stunde lag sie im Bad, zum Schluss sagte sie unvermittelt: «Sie müssen nicht denken, dass Sie direkt nach mir kommen. Uns trennt noch eine Schicht.» Ines stutzte ob dieser Bemerkung, bis sie realisierte, dass die Intimität des Bades Elisabeth de Meuron wohl in Angst versetzt hatte. Es brauchte ein Abgrenzen, sie wollte verhindern, dass Ines Meier sich möglicherweise ebenbürtig fühlte oder sich mit ihr gleichstellte. Ines entgegnete freundlich, dass Elisabeth de Meuron ohne ihre und weitere allfällige untere oder obere gesellschaftliche Schichten gar nicht würde leben können. Im Bad vertraute Madame Ines ihr inneres Ringen und ihre Probleme an. Dabei erschrak sie über die Feststellung, wie sehr sich ihre und Ines Meiers Probleme ähnelten, trotz der unterschiedlichen Herkunft.

Ines reichte ihr das grobe Badetuch. Madame rubbelte sich von Kopf bis Fuss ab und bat Ines, ihr das Nachthemd zu reichen. Um nicht zu frieren und um ihren Aufzug zu kaschieren, warf sie sich eine schwarze Loden-Pelerine über. Zusammen gingen sie in die Küche, tranken Tee und assen Kekse. Dieses Ritual wollte Elisabeth de Meuron wiederholen, so oft es möglich war. Die Gespräche, die im Bad begannen, führte Madame in der Nacht oft in Briefen weiter.

Ines Meier hält in ihrer Erzählung inne, um einen Brief herauszuzupfen, der schon aus der Beige hervorlugt. Dieser hat sie besonders beschäftigt. Der Titel ist unmissverständlich:

> *Zum Vernichten*
> *Sie gütige Ines Meier lesen Sie diesen Brief. Er ist nicht Frauenlaster des Körpers, aber des Geistes, das ich ungewollt errege durch meine geistige und körperliche Beschaffenheit, wo nur Menschenzucht reinblütig mit den Frauen von Kind auf getrieben wurde und – vielleicht wie bei Tieren es etwas Seltsames gibt.*

Elisabeth de Meuron sah sich als Ergebnis einer «Menschenzucht». Mit dem Resultat war sie nicht glücklich. Oft hatte sie in ihren Briefen die «eingeschriebenen Gesetze» erwähnt. So bezeichnete sie nicht ihre Erziehung oder Sozialisierung, sondern ihre Geburt, die über Generationen durch geplante Heiraten gesteuert worden war. Ihre Kinder schienen ihr belastet, da sie der Ehe mit einem Vetter zweiten Grades entsprangen. Diese Erbfolge belastete auch das Verhältnis zu ihnen, prägte ihr negatives Bild. Ines unterbricht meine Gedanken und liest weiter:

Ich habe Männerhände, sehe an Männern oft Frauenhände. Ich halte die Frauen sehr hoch, habe mehr Achtung vor meinen Schwestern als vor den Männern. Aber bei den Männern ist geistig viel Nahrhaftes Gefreutes zu holen.

Dass Männer und Frauen gesellschaftlich nicht gleichgestellt waren, begründet durch biologische Unterschiede, lernte Elisabeth de Meuron von klein auf. Ihre Beobachtung, dass die Geschlechter sich manchmal zum Verwechseln ähnlich sahen, etwa bei ihren Händen, liess sie an dieser Abgrenzung zweifeln. Im Alltag war sie dennoch strikt darauf bedacht, diese Linie möglichst klar zu ziehen: Männer und Frauen separierte sie in ihrer Gesellschaft.

Ines Meier war aufgefallen, dass Elisabeth de Meuron sich in der Öffentlichkeit gerne mit Männern umgab. Bei den Geburtstagsfeiern oblag es Ines Meier, die Frauen von den Männern fernzuhalten. Sie speisten in eigenen Räumen im Schloss oder auf der Terrasse, während Madame de Meuron mit den Männern dinierte. An ihren Festen wollte sie nichts mit den Frauen zu tun haben. Ines Meier blieb nichts anderes übrig, als den Frauen zu erklären, dies sei der Wunsch von Madame und sie könne nichts ausrichten. Sogar Hans Meier setzte die Hausherrin zu sich an den Tisch, während Ines im Treppenhaus und in der Bibliothek die Frauen betreute.

Was Ines Meier irritierte, war, dass diese künstliche Trennung der Stimmung keinen Abbruch tat. Sowohl die Frauen- wie die Männerrunde waren heiter und ausgelassen. Alle akzeptierten diese Auflagen und feierten weiter, mit Musik im Keller, man sang, lachte, es war laut – und mittendrin die fröhliche Elisabeth de Meuron.

Das Verhältnis von Madame zu den Männern schien ihr indes nicht ungetrübt. Im warmen Bad hatte Madame erzählt – was ja kein Geheimnis war –, dass sie ihre Liebe nicht heiraten durfte. Was sie ihr aber im Brief nachreichte, beelendete Ines Meier. Sie sucht dieses Blatt hervor.

Körperlich tugendhaft erzogen, geliebter Jungmann nie habe heiraten können, weil Vater, besonders Bruder – und Mutter? – es nicht zuliessen in eifersüchtiger Gier.

Ihre ganze Familie war gegen die Heirat? Was meinte sie mit der «eifersüchtigen Gier»?

Ich bin verwundert. Der Vater hatte die Heirat verhindert, das war Elisabeths offizielle Erklärung. Dass die Mutter ihren Teil beigesteuert hatte, habe ich zum ersten Mal bei Mary Lienhart gelesen. Nun soll auch der Bruder gegen diese Heirat gewesen sein? Dies ist mir neu – in seinen Briefen deutet Louis nichts Derartiges an. Ihr Verbündeter, der so vieles mit ihr geteilt hatte, war in dieser wichtigen Frage nicht auf ihrer Seite gewesen. Und alles nur, weil ihr niemand das Glück gönnen wollte?

Ich konnte ohne Schwierigkeiten in die Ehe eines unbedeutenden blaublütigen Vetters entfliehen wo klar war, dass ich keine Liebe für ihn aufbringen konnte und lebte viele Monate unberührt an seiner Seite. Etwa 2 Tage vor der Hochzeit 23jährig, meine Mutter bittend, j'aimerais que tu me dis il y a quelque chose ... j'aimerais savoir ... Sie wurde starr im Gesicht und ohne mich anzusehen sagte sie: Adam et Eve ont voulu savoir et ils sont sortie du Paradis. Stand neben den Tieren und verschwand.

Fast ein Jahr lebte ich unberührt neben meinem Mann, es gab die Geburt meiner Tochter und nachher verlangte er, dass ich verhindere, dass es mehr Kinder gebe – ich verweigerte es und scheinbar wurde er homosexuell und galt als solcher, aber ich habe es nie geglaubt.

Wie schrecklich war es für die junge Frau, verheiratet, aber nicht begehrt zu sein, am Anfang eines neuen Lebensabschnitts zu stehen, der nichts Erfreuliches brachte? Die Schuld für die Homosexualität von Fritz gab sie sich selbst, weil sie sich – wie sie schon Verena

Kuske schrieb – gegen Verhütungsmittel wehrte. Sie wurde nicht begehrt, und gab sich auch die Schuld an der gescheiterten Ehe. Das war noch immer nicht genug.

Ines seufzt, bevor sie weiter vorliest. War es der Schmerz, der die Sätze von Elisabeth noch ruppiger erscheinen liess?

Dass ich durch Scheidungsrichter den Sohn verlor, dem Vater zugesprochen in Zuoz Institut erzogen wurde, das ich zu bezahlen hatte und in den Ferien seinem Vater gehörte weil einer jährliche für sich 2 x von mir Tausend erhalten soll – er sandte mir auch in Rümligen den Weibel wenn die Bezahlung säumte.

Bei der Scheidung verlor sie ihren Sohn, zahlte ihrem Mann den Lebensunterhalt. 1923, vor knapp hundert Jahren, war ein Franken fast zehnmal so viel wert im Vergleich zu heute, Elisabeth zahlte viel Geld, bekam das Sorgerecht für Roger trotzdem nicht zugesprochen. Sie ahnte, eine Versetzung ins Internat würde er nicht verkraften. Letztlich gab sie den Kampf um ihre Kinder auf. Der Grund dafür wird mir erst jetzt, aus den Zeilen an Ines Meier, klar:

Vor der Scheidung hatte mir ein Künstler-Flüchtling angeboten den Beweis zu liefern, dass mein Mann homosexuell sei und ich den Bub bekäme, als gut erzogene Dame war mir klar, dass es nicht zu Ehren meiner Kinder beitrage und antwortete nicht. Obwohl es gut gemeint war. Ich blieb im Verkehr mit meinem Mann und sah den an seinem Todestag.

Elisabeth de Meurons Abwägungen galten dem Wohl ihres Sohnes. Das Leben im Internat schien ihr für Roger die kleinere Belastung zu sein, als mit einem Vater leben zu müssen, der offiziell als homosexuell galt. Hatte Roger je erfahren, wie sehr sich seine Mutter für ihn eingesetzt hatte? Und letztlich zu seinem Schutze auf das Sorgerecht verzichtet hatte? Er konnte es seiner Mutter nie verzeihen, dass er seine Kindheit nicht in der Familie verbringen durfte. Anfänglich versuchte er gar, aus purem Heimweh, den Bahnschienen entlang nach Bern zurückzufinden.

Sein Leben endete tragisch. Die Landwirtschaft, die der studierte Agronom als Verwalter in Rümligen nicht übernehmen durfte, weil seine Mutter es ihm nicht zutraute, die Krankheit, die ihn schwächte – beides trieb ihn mit fast dreissig Jahren in den Tod.

Auch die Beziehung mit dem «Künstler-Flüchtling» nahm für Elisabeth de Meuron kein gutes Ende. Vermutlich war es der Österreicher Viktor Hammer, der ihr bei der Scheidung helfen wollte. Der Künstler kam nach dem Ersten Weltkrieg eine Zeitlang bei der Familie de Meuron im Haus am Münsterplatz in Bern unter und malte das Porträt von Elisabeth mit dem Turban. Elisabeth de Meuron verliebte sich in den Gast; er weihte sie in seine Pläne ein, in die USA auszuwandern und bat sie, ihn zu begleiten. Sie ging nicht. Ihre Wurzeln hielten sie in Bern zurück, es war «eingeschriebenes Gesetz». Im Brief fasste sie diese tragische Entscheidung in knappe Worte: «Ich antwortete nicht.»

Hörrohr statt Lippenlesen

Ich schaue Ines Meier an. Nie hätte ich gedacht, dass eine Angestellte, die während einiger Jahre allwöchentlich einen Nachmittag im Schloss verbrachte, eine solche Vertrautheit schaffen konnte. Die Briefe an Ines Meier sind sehr sorgfältig und sauber geschrieben. Andere Briefe aus den Jahren zwischen 1969 und 1975 waren teilweise kraklig bis unleserlich verfasst. Den Rand des Briefpapiers hatte Elisabeth de Meuron mit altem Geschenkpapier verziert. «Comme un enfant j'ai ‚collé' sur mon papier à lettre de bons voeux du papier de fête d' emballage pour faire plus joli.» Papier, das jetzt den Umschlag dieses Buches ziert.

Ines Meier wunderte sich anfänglich, warum Elisabeth de Meuron sich so um ihren Sohn Stefan bemühte. Als Ines beiläufig erwähnte, ihr Sohn habe schulfrei und sei alleine zu Hause, wurde sie handkehrum gerügt:

> *Liebe Frau Meier, für alle Fälle schreibe ich, dass ich mich sorge, wenn Sie Ihren jüngsten Bub Armin alleine zu Haus lassen und ich bitte Sie mir in diesem Fall abzusagen oder ihn mitnehmen und herumspringen lassen in der Nähe oder mit einem Buch irgendwo unterzubringen. Die Karte, wo Mondbesucher oder Mondleute empfängt sah ich in Thun und begreift vielleicht ihr Sohn besser als ich? MIZIA heisst das Flugzeug.*

Fortan nahm Ines ihren Sohn an schulfreien Nachmittagen mit ins Schloss. Elisabeth schenkte ihm Briefmarken für sein Sammelalbum und zeigte sich sehr geduldig, auch wenn er herumrannte, laut lachte oder wild mit den Hunden spielte. Nachdem Madame de Meuron die Geschichte ihres Sohnes Ines Meier anvertraut hatte, verstand diese die Fürsorglichkeit besser. Über Rogers Tod wurde nur hinter vorgehaltener Hand getuschelt. Elisabeth de Meuron hätte die Geschichte gerne unter Verschluss behalten, was ihr nicht gelang. Madame kümmerte sich auch um Meiers Tochter. Sie liess ihr aus der Bäckerei von Riggisberg eine Torte zur Konfirmation schicken. Über das Schicksal ihrer Tochter Louise erzählte oder schrieb sie Ines Meier jedoch nicht.

Wenn Louise zu Besuch in Rümligen war, erinnert sich Ines Meier, schrien sie sich durchs ganze Haus an, da war der Teufel los. Madame de Meuron öffnete nicht nur die geschäftlichen Bücher, sie vertraute Ines Meier auch ihr inneres Ringen an.

Im Frühjahr rückten in Rümligen alle zur Gartenarbeit aus – gejätet werden durfte nur, was Madame nicht gefiel. Wenn ein Kraut blühte, dann sollte es stehen bleiben, so ihre Weisung. Auch sie stülpte ihre schweren schwarzen Gummistiefel über, nahm einen hellen Strohhut und füllte schweigend eine Schubkarre mit Primeln, Vergissmeinnicht und Osterglocken. Ines Meier riss die Löwenzahnsprösslinge bei der Kiesterrasse aus und beobachtete von oben, wie Madame die Allee entlang stapfte und ins Wäldchen abbog. Eine Stunde später kehrte sie zurück, die Karre leer, der Blumen entledigt. Auf dem Heimweg bog auch Ines Meier ins Wäldchen. Sie traf zuerst auf die Hundegräber, bevor sie die frischen Blumen neben dem Grabstein von Roger entdeckte. Das Geheimnis von Rogers Grab hatte Madame de Meuron gut gehütet.

Madame sorgte sich nicht nur um die Kinder, sondern auch um die Gesundheit von Ines Meier. Ines erzählte von ihren Gehörproblemen. Elisabeth de Meuron wusste genau, was das bedeutete; das Hörrohr war kein launiger Spleen, ihre Schwerhörigkeit hatte schon in den Zwanzigerjahren eingesetzt, als sie vierzig Jahre alt war. Zuerst spülte ein Arzt die Ohren gründlich aus, ohne Erfolg. Sie nahm Unterricht im Lippen-Lesen, ohne dieser Kunst habhaft zu werden.

Ich reiste dann nach Basel zu einem damals berühmten Professor, welcher mir eine hoffnungslose Diagnose stellte – sofort ablesen lernen – und sagte: versprechen Sie mir zu keinem Arzt mehr zu gehen, da verlieren Sie das Gute, das Sie noch haben – es war ein seltsamer Rat und später habe ich mich manchmal gefragt, ob ich den Mut hätte haben sollen, es operieren zu lassen, denn ausser dem alten Professor glaubten die Leute daran. Jetzt sprach ich mit einem Arzt, der mein Mieter ist über Ihren und meinen Fall und er sagte, man kann vorher nie wissen, ob es gut oder schlecht kommt wegen den Nebengeräuschen.

Elisabeth de Meuron zelebrierte mit ihrem Hörrohr ihre Gehörschwäche, hätte aber viel dafür gegeben, diese zu lindern. Die Andeutungen, dass sie absichtlich nur verstanden habe, was sie hören wollte, trafen wohl – wie vieles andere – nicht zu. Die Anekdoten und das Büchlein von Susy Langhans sprach Madame ab und zu an. Sie erwähnte einen Leserbrief an die Zeitschrift «Femina»:

Ines Meier und Madame de Meuron, 1969
Foto: zvg

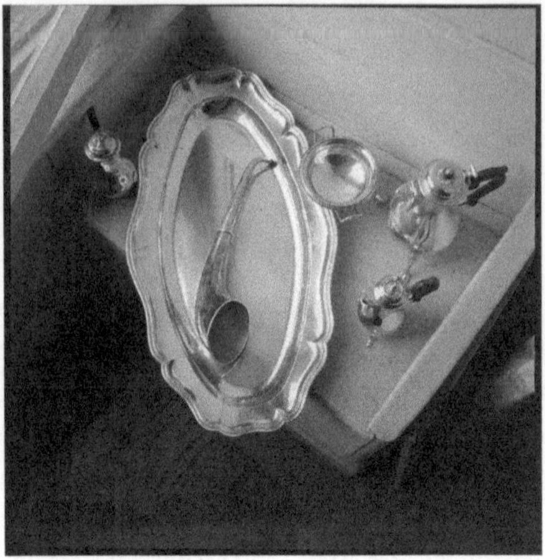

Hörrohr von Madame de Meuron
Foto: Burgerbibliothek Bern, N Eugen Thierstein 373/281 (16)

Schrieb an Redaktion Femina, ich möchte meinen Brief nicht publizieren, aber eine kurze Notiz, dass zwischen Langhans-Buch und mir nichts in Wirklichkeit von Ähnlichkeit besteht, das Buch sei ein erfundenes Fantasie-Gebäude mit welchem ich nichts zu tun habe – also die Berichtigung des Irrtums fordere in Bern könne es sowieso diese Figur überhaupt nie gegeben haben. Ich vermied jeden derben Ausdruck oder besser liess mit Willen fehlerhafte Deutsche Satzstellungen aus dem Französischen stehen. Mein Stil wird sie so von selber überzeugen müssen, dass Berndeutsch nicht meine angeborene Sprache ist und es in Bern keine solche Dinge gibt.

Es oblag Ines Meier, die Autorin der Anekdotensammlung mehrmals am Telefon abzuweisen und ihr auszurichten, Madame wünsche sie nicht zu empfangen. Einmal gewährte Madame de Meuron einen Besuch, bei dem sie in Anwesenheit von Ines Meier sehr deutlich machte, sie wünsche keine Publikation zu Lebzeiten, Langhans solle warten, bis sie gestorben sei – das Büchlein erschien trotzdem. Ines fand es amüsant, sie hat aber Elisabeth de Meuron darin nicht wiedererkannt. Die Schlossherrin hingegen lag während Wochen apathisch im Bett, neben dem rechten Ohr «Viktörli», am unteren Bettrand lagerten die anderen Hunde.

Ines Meier besuchte auch Madame de Meurons Häuser in der Stadt, sie sollte auch dort für Ordnung sorgen. Madame fügte an, sie solle sich für die Stadt schön anziehen. Elisabeth de Meuron zeigte ihr Zimmer an der Junkerngasse, das Bett mit prachtvoller Aussicht auf das Schwellenmätteli und die Aare. Madame war verabredet oder erledigte Kommissionen, Ines Meier fegte das Treppenhaus. «Ich bin so begeistert von Ihrer Arbeit Junkerngasse», bedankte sich Madame. Das nächste Mal erschien Ines nicht mehr schön hergerichtet, sondern in ihren Arbeitskleidern, um Elisabeth de Meuron in der Stadt zur Hand zu gehen.

Das Büro ihres Ehemannes Hans Meier lag am Nydeggstalden, er leitete das Berner Amt für Berufsbildung. Am Mittag verpflegte er sich im Büro, ging anschliessend in der Gerechtigkeitsgasse einen Kaffee trinken. Wenn er auf Elisabeth de Meuron traf, verabredeten sie sich für eine Ausfahrt am Wochenende. Bei diesen Fahrten kommentierte sie die Landschaft und zählte auf, wen sie wo kenne, wer wo lebte – sie schwatzte munter drauflos. Sie war dankbar, konnte sich meistens kein Taxi leisten. Ines Meier bekam den Lohn in bar. Oft aber erhielt sie nur zehn Franken, die restlichen zehn schicke Madame, sobald sie wieder Bargeld besass. Schuldig sei ihr Madame nichts geblieben.

Als Extra zu ihrem kargen Lohn erhielt Ines Meier eine Bewilligung für Ausflüge in den Park und zum See nach Amsoldingen. Madame stellte ihr eine Karte aus, um sie bei Bedarf in Amsoldingen vorzuweisen:

An Hans Gfeller Schloss Amsoldingen
Herr und Frau Meier haben Erlaubnis auf dem See Schiff zu fahren zu Baden und sich ums Haus aufzuhalten.
Elisabeth de Meuron-Tscharner

Ines Meier arbeitete bis 1975 im Schloss. Nachdem sie 1972 ihre Tätigkeit im Zivilschutz wieder aufgenommen hatte, blieb nicht genug Zeit, um regelmässig in Rümligen auszuhelfen – zur grossen Enttäuschung von Madame de Meuron: «Sie liebe Seele plagen Sie sich nicht, ich habe versagt, versagt – und es ist gescheitert. Es ist zum Abschied, dass ich Ihnen Rapport über meine Lage mache.» Es folgte eine seitenlange Auflistung mit allen ihren «Baustellen». Sie beklagte zu hohe und falsche Rechnungen des Gaswerks für ihre Liegenschaften in Bern: «Ich war persönlich öfter in Gaswerk und es sind immer andere Leute.» Die Reparaturarbeiten an der Junkerngasse gingen nicht vorwärts: «Die Arbeiter sind ein Reinfall und läuft seit Wochen und Monaten und Stundenlöhne sind sehr hoch.» Dann der Zwist der Pächter in Amsoldingen: «Bruderzwist wo der eine Hauswart werden will aber den Zwist mit dem Pächter-Bruder aufrechterhalten dabei ...»

Diese Not rührte von der Überforderung und oft auch Unkenntnis von Madame, was allgemein bekannt war und ausgenutzt wurde. Inspizierte Elisabeth ihre Häuser in Bern, waren alle fleissig an der Arbeit, kehrte sie nach Rümligen zurück, zog der Schlendrian ein. Dasselbe wiederholte sich in Amsoldingen und in Rümligen. Madame konnte immer nur an einem Ort sein. Um die Aufsicht abzugeben, fehlte ihr das Vertrauen.

Das Spiel mit der Zeit

Jetzt hat sich gerade durch meine Nachlässigkeit vieles zusammengebraut und da kommt noch, dass ich Sie folgerichtig verliere. Es ist ein Gebiet, das eine Zeit lang ein guter Übergang für Sie war, aber Sie gehören als Frau in den Dienst der Neuzeit.

Nun herzlichen Dank und wie Sie sagen SCHLUSS – es waren Kapitel unseres Lebens und ihr Weg führt Zivilschutz als Häuptling [...] UNORDNUNG UNTERGANG Vielen Dank für alles! Ich hatte mich gefreut und hoffte und bin traurig aber total einverstanden.

Madame de Meuron sah es als ihr Verschulden; hatte sie mit ihren Aufgaben Ines Meier überfordert oder vergrault? Sie fühlte sich im Stich gelassen. Ines Meier half weiterhin im Schloss, wann immer sie konnte, besonders, nachdem Grittli verstorben war und sich die Situation zusehends verschlimmerte. Niemand kochte mehr, Ines Meier nahm donnerstags Essen für ein bis zwei Tage mit. Die Hunde waren richtig arg und griffen Madame an. «Viktörli wollte mich fressen», bemerkte sie einmal zu Ines und schrieb: «Bei mir geht ein alter Hundebiss am Absatz nicht gut.» Ines riet ihr, sofort einen Arzt aufzusuchen.

Ines Meier kehrte manchmal erst nach acht Uhr abends von der Arbeit in Bern nach Kehrsatz zurück und traf Elisabeth de Meuron wartend vor der Haustür. Sie trug immer ein Anliegen vor, Ines Meier aber schien es, als suche sie einfach Gesellschaft. Sie trank einen Tee, manchmal nahm sie auch ein Abendbrot zu sich, anschliessend chauffierte Hans Meier sie zurück nach Rümligen. Wie sie nach Kehrsatz gekommen war, verriet sie nie.

Wann immer möglich nahm sich Ines Meier Zeit, damit Elisabeth de Meuron ihr heisses Bad geniessen konnte. An einem Winternachmittag lagen nicht nur das Nachthemd und die Pelerine bereit, sondern auch ein roter Rock, ein edler dunkelblauer Mantel und spitze Schuhe mit Absätzen. Elisabeth de Meuron liess sich in ihr Nachthemd helfen. Dann wandte sie sich an Ines Meier. Madame bat sie, diese Kleider aus ihren Jugendjahren anzuziehen, ihr war aufgefallen, dass Ines die gleiche Grösse trug. Ines schlüpfte hinein, Madame setzte sich auf ihren Sessel im Salon. Ines schritt an ihr vorüber durchs Zimmer, hin und her, drehte sich, begann, die junge Elisabeth zu spielen. Elisabeth schaute zu, versank in die vergangene Zeit und ihre Erinnerungen.

Im Rollenspiel manifestierte sich, wonach Elisabeth de Meuron bei so vielen ihrer Freundschaften suchte: nach Spuren ihres Lebens im Leben der anderen, in den Bildern, Erzählungen, Gefühlen ihrer Nächsten. Während Ines Meier sich wieder umkleidete, meinte Elisabeth: «Die Hüte werden Sie erben.» Viel später erreichte Ines ein letzter Brief:

Bern-Deutsch ist mir immer als untauglich vorgekommen, wenn es um höhere Werte geht. Falls die Post Sie einmal erreicht, soll mein herzlicher Dank dabei sein für – un peu de tout.

Martin Kiesewetter und Madame de Meuron in Rümligen, 1970
Foto: zvg

Kiesewetter
(Martin Kiesewetter)

Ich fange an zu ahnen welcher Student Ihr Arzt ist – er war mit einem Hamburger zusammen welcher später mit mir im Verkehr blieb auf Durchreisen – ich lasse also Ihren Dr. gern grüssen – ich habe ihn in meinem Gewissen gewissenhaft gesucht und gefunden –, wenn er vom Hamburger etwas weiss, so möchte ich es wissen.

Dieser Abschnitt aus dem Brief aus dem Jahr 1973 an Ines Meier ist hängengeblieben, ich konnte ihn nicht vergessen. Erst 2018 hat sich bei mir ein Dr. M. Kiesewetter gemeldet und mitgeteilt, er sei Mieter bei Elisabeth de Meuron gewesen – er besitze noch Briefe, ob ich interessiert sei. Etwas später schickte er einen dicken Umschlag: 165 Seiten, eingescannt und gedruckt. Verfasst zwischen 1965 und 1974.

Die Freundschaften mit den Singstudenten und mit anderen Mieterinnen und Mietern waren Teil der Biografie. Ich erhielt damals von den Studenten Hunderte von Briefen zu lesen. Aus diesem Grund legte ich diesen Umschlag in ein Hängeregister zu den anderen Dokumenten.

Es lässt mir keine Ruhe, ich bin neugierig, ob der Hamburger, von Madame de Meuron gesucht, mit Kiesewetter identisch sein könnte. Ich hole die Scans hervor und beginne die Briefe zu lesen. Tatsächlich, er war es! Nach der ersten Seite erkenne ich die Bedeutung dieser Verbindung.

Einen Tag zuvor habe ich per Zufall mit Katrin Rieder diskutiert, ob und wo Elisabeth de Meuron wohl politisch aktiv gewesen war. Sie teilte meine Auffassung, dass die Quellenlage nicht mehr hergibt als ihr Engagement für ihre Liegenschaften, für den Umweltschutz, den Erhalt der Altstadthäuser, die Rettung der Kavallerie und allenfalls noch bei Regierungsstatthalterwahlen. Falls sie in den Dreissiger- und Vierzigerjahren eine politische Rolle gespielt hätte, fehlen mir dazu die Quellen. Sicherlich pflegte sie Kontakte mit Angehörigen aus den ehemaligen Berner Patrizier- und Bernburgerfamilien, die mit Hitlerdeutschland sympathisierten. Auch hatte sie Kontakt mit dem deutschen Botschafter während des Zweiten Weltkriegs. Welche politische Haltung sie vertrat, muss offenbleiben. Ihr ständisches Denken begleitete sie durchs Leben, sie fühlte sich deswegen anderen Menschen gegenüber nicht überlegen. Sie konnte sich aber ihrer ererbten «eingeschriebenen Gesetze», wie sie es formulierte, nicht entledigen.

Der Briefwechsel mit dem jungen Studenten Martin Kiesewetter gewährt einen Einblick in ihre Gedanken zwanzig Jahre nach Kriegsende. Der Briefkontakt begann 1965 mit der Bemerkung, Kiesewetter solle nicht in Bern studieren, es sei für einen Deutschen zu früh, um in der Schweiz zu leben ...

Corona

Dankbar finde ich auf dem gelben Couvert eine Telefonnummer. Ich will mich bei Martin Kiesewetter melden, um ihn zu bitten, sein Material verwenden zu dürfen und gegebenenfalls ein Gespräch mit ihm zu vereinbaren.

Einem persönlichen Treffen steht der Lockdown aufgrund des Corona-Virus im Weg. Erste Recherchen geben preis: Kiesewetter bedeutet nach Max Gottschalds «Deutsche Namenskunde» Wetterbeobachter. Zudem soll Kiesewetter ein deutsches Adelsgeschlecht sein. Martin Kiesewetter ist heute ein bekannter Zürcher Gerichtspsychiater. Ich finde mehrere Artikel, in denen er sich zu Gewaltverbrechern oder zur Milderung von Strafen bei psychischer Unzurechnungsfähigkeit äussert. Viele Gutachten in aufsehenerregenden Fällen entstammen seiner Feder.

Drei Mal klingelt das Telefon beim ersten Versuch, schon meldet sich Martin Kiesewetter. Die Erreichbarkeit ist ein kleiner Vorteil des Corona-Hausarrests. Kiesewetter ist bereit, beim Buchprojekt mitzumachen. Das Gespräch vereinbaren wir für den folgenden Tag, den 16. April 2020, um 12 Uhr.

Zur Vorbereitung lese ich über Nacht alle seine Briefe, nummeriere sie und erstelle wie gewohnt das Dokument für die Notizen, mit Seitenzahl, Datum und Zitaten, die ich verwenden möchte. Parallel bereite ich den Fragekatalog für das Telefongespräch vor.

Martin Kiesewetter lässt sich Zeit für seine Antworten. Er reiste nach Bern, weil er aufgrund des Numerus clausus in Hamburg keinen Studienplatz erhalten hatte, anders als in Bern. Zwei Wochen später informierte ihn die Universität in Hamburg, er sei trotzdem zum Studium zugelassen, doch Kiesewetter entschied, in Bern zu bleiben. Im gleichen Semester studierte auch Claudia von Tscharner, sie verwies ihn bei seiner Wohnungssuche an Madame de Meuron.

«Ich bin mit 83 Jahren selten mehr im Stand, mit Leuten zusammenzukommen, wo es nicht unbedingt nötig ist. Ich lege Ihren Brief in die Mappe der Wohnungs- oder Zimmersuchenden», antwortete diese im Juni 1965 auf seine Anfrage und riet ihm, am Kiosk den Anzeiger der Stadt Bern zu kaufen, dort habe es Angebote für Wohnungen. Kiesewetter bezog ein Zimmer an der Schosshalde. Wie ungeeignet es war, erkannte die schwerhörige Elisabeth de Meuron sogar am Telefon: «Es wird wohl besser sein, sich eine andere Bleibe zu finden, nach dem Lärm zu urteilen, den man im Telefonapparat hört, wenn Sie telefonieren.» Martin Kiesewetter entwickelte den Ehrgeiz, ein Zimmer bei Madame de Meuron zu ergattern. Er wollte unbedingt in der Altstadt wohnen, doch diese Wohnungen und Zimmer waren rar. Er bewarb sich gar um das Zimmer auf dem Münsterturm, «eine Schnapsidee», wie er heute findet. Nach dem ersten Semester meldete er sich Anfang 1966 erneut bei Elisabeth de Meuron. Diese antwortete:

Es gibt eine primitive Studenten-Wohnung, welche aber jetzt bei der Kälte ungünstig ist für einen Ausländer-Mediziner, aber nicht für Schweizer Medizin-Studenten, welche vom Land sind und robuste Pfadfinder. [...] Ich kann mir nicht vorstellen, dass Sie so genügsam sind wie das hiesige Völklein der Medizin-Studenten es sind.

Sie empfahl Alternativen:

Nun habe ich mit unendlicher Mühe Telephonbuch das Studentenlogierhaus Bern Bümpliz entdeckt. Tel 551175. Alles besetzt aber Warteliste wo man sich eintragen kann. Möbliert, 2 Bett im Zimmer, fliessend Wasser im Gang 65.–, Etwas besser 80 Fr., Zimmer mit Balkon fliessend Wasser im Zimmer 120 Fr. Gemeinsame Küche zum selber kochen, Aufenthaltsräume aber HAUSORDNUNG.

Elisabeth de Meuron hatte die Adresse des Studentenwohnheims herausgesucht, selbst angerufen, um sich nach freien Plätzen und den Kosten der Zimmer zu erkundigen. Fühlte sie sich verantwortlich, dass der Hamburger eine geeignete Bleibe erhielt? Kiesewetter gab nicht auf. Seine Kommilitonin ermunterte ihn, es war ja keine klare Absage. Madame de Meuron erwähnte, sie habe nichts Passendes, aber das konnte sich bei der Vielzahl ihrer Liegenschaften schnell ändern. Diese Ambivalenz erkannte er schon damals bei Madame de Meuron. Sporadisch fragte er nach. Er schrieb vom Schulbesuch in einer ursprünglich dänischen Mittelschule in Hamburg, da dieser Bezirk früher unter der Herrschaft Dänemarks stand, erwähnte seine bürgerliche Erziehung, erzählte von der Mutter, die Zahnärztin war, und vom Vater, einem Ingenieur. Unerwähnt blieb seine Grossmutter, eine passionierte Handballerin und Tennisspielerin.

Zu meiner Bemerkung, ich hätte gelesen, Kiesewetter sei ein Adelsgeschlecht, muss er nur lachen. Dies stimme – mit einer Ausnahme – sicher nicht: Nur der Wiener Hofrat Raphael Georg Kiesewetter wurde 1843 mit dem Prädikat «Edler von Wiesenbrunn» in den Adelsstand erhoben, in Erinnerung blieb er aufgrund einer Kantate, die Franz Schubert seiner Tochter widmete: «Zur Feier der Genesung des Fräulein Irene von Kiesewetter». Mit adliger Abstammung konnte er also nicht punkten. Um Madame de Meurons Interesse zu wecken, betonte er aber, dass er aus der Hansestadt Hamburg stamme, der Stadt der Seefahrer ...

Lieber Kiesewetter, welch herrlicher Brief vom 14.1.66. ganz Ihres Namens würdig und ich zweifle nicht an Ihrer Seeräuber- und Heldenabstammung oder tollen Eroberern oder würdigen Kauffahrern, Hanseaten – aber die Wohnung ist ein einziges kleines Zimmer ... Ihren Traum, mit Kollegen da zu hausen muss ich vernichten, weil es ein Traum war.

Endlich liess sie sich erweichen. Einen nächsten Brief verband sie mit einer Vorladung zu einem ersten persönlichen Treffen:

Mein lieber Kiesewetter, es geht in Ordnung – nicht, dass Sie als Mieter empfehlenswert scheinen, oh nein, aber Sie gefallen mir, Sie sind von ähnlicher Bildungsstufe wie ich und «mein Volk» das ja alles das Zeitliche gesegnet hat. Am Freitag den 25. Februar will ich von 13 Uhr 30 bis 14 Uhr Junkerngasse No5 erster Stock sein, falls Sie kommen könnten, dass ich Sie einmal gesehen habe.

Elisabeth de Meuron wärmte in einer Pfanne Wasser und goss es über den Nescafé, den sie schwarz servierte. Schwarz, dafür mit Schnaps, das war ihre Gewohnheit. Sie wollte alles über seine Heimat wissen, bevor sie zu einer Hausführung schritt.

Kiesewetter wäre gerne an die Junkerngasse 10 gezogen. Doch ihre Antwort war klar: «Nein, das ist nur etwas für Schweizer. Die sind viel animalischer.» Der Standard in diesem Haus schien ihr für ihn zu tief, Kiesewetter als Deutscher war sicherlich bessere Wohnungen gewohnt und brauchte mehr Komfort.

Madame de Meuron begleitete ihn anschliessend auf einen Spaziergang durch die Altstadt. Es wurde zum Ritual, wenn Kiesewetter sie besuchte. Kein einziges Mal flanierte sie über den Münsterplatz, ohne auf das Fenster zu zeigen, aus dem ihr Vater einst dem deutschen Kaiser salutiert hatte, als dieser bei einem Staatsbesuch vor das Münster getreten war.

Kiesewetter spürte die starke Bindung von Madame de Meuron zu ihrer Familie. Unvermittelt blieb sie stehen: «Kieswetter, die Leute, sie lachen über mich. Aber sie dienen mir!» Sie fand in wenigen Worten eine treffende Beschreibung. Es faszinierte Kiesewetter, wie sie die Leute richtig einschätzen und einordnen konnte. Die Studenten in den Wohnungen von Madame mochten zwar ab und zu über sie lachen, aber wenn Madame vor ihnen stand und etwas verlangte, hätte niemand es gewagt, ihr einen Wunsch abzuschlagen.

Sie marschierten auf ihrem Rundgang weiter. In der Marktgasse blieb Kiesewetter stehen, bevor er die Strasse überquerte. Madame de Meuron schüttelte nur den Kopf: «Kiesewetter, Sie schauen links, Sie schauen rechts, bevor sie über die Strasse gehen. Das müssen Sie nicht – die Leute, die kennen mich, die halten.» Sie schritt quer über die Strasse, ohne von den Fahrzeugen Notiz zu nehmen. Dank ihrer auffälligen Erscheinung bestand keine Gefahr, dass sie übersehen worden wären. Kiesewetter erkannte in ihrem forschen und selbstbewussten Auftreten in der Öffentlichkeit ein gut inszeniertes Rollenspiel. Aus den Briefen sprach hingegen eine fragende, unsichere und zweifelnde Frau.

Am 1. Mai 1966 bezog er zusammen mit einem anderen Studenten die Wohnung an der Kramgasse 17. Der Notar schickte einen Mietvertrag, 60 Franken für das Zimmer, ohne Heizung und Wasser.

Kriegszeit und Politik

Warum Kiesewetter für sein Studium die Schweiz wählte, konnte Elisabeth de Meuron nicht verstehen. «Was Sie hier in Bern wohl studieren könnten, wo doch Deutsche Universitäten besser sind, da wir uns für unser Universitäten sehr vieler Deutsche Professoren bedienen – wir sind kein Volk der Wissenschaftler besonders nicht Bern.»

Eine deutsche Herkunft löste in Elisabeth de Meuron Ehrfurcht aus. Sie schätzte die Menschen und ihre Fähigkeiten sehr:

Das alte Deutschland der preussischen Könige, der Deutschen Kaiser war den Adelsfamilien Berns sehr nah, noch ein Vetter von mir machte Dienst unter den Garde-Ulanen der Kaiserin, heiratete eine Deutsche. Mein Vater studierte in Heidelberg.

Umgekehrt riet sie Kiesewetter von seinem Aufenthalt in der Schweiz ab, es sei einfach noch zu früh nach dem Krieg.

Vielleicht muten Sie sich zuviel zu unter Schweizern leben zu wollen, es sind da sehr verschiedene Stämme und vermischen sich schwer, sehr Fremdenfreundlich sind sie aber nie.

Es ist ein Fluch des Allmächtigen gewesen, gleich wie er sein Volk Israel nicht beschützt hat, hat er sein Volk der Germanen nicht beschützt, in den Zeiten vor dem letzten und während des letzten Krieges, dass eine Art Tollwut Menschen mitreissen konnte in ein Thun des Teufels, das jetzt den Klang der deutschen Sprache im Ausland etwas anhaftet, das stumme Feindschaft auslöst. Ich hätte meine Söhne noch nicht in die Schweiz schicken zum Studium, es ist noch zu früh nach den Judenvernichtungslagern. In Anbetracht dessen will ich für Sie Kiesewetter sorgen sobald ich etwas frei habe denn Hamburg hat kaum mitgemacht und «ihr Volk» schon gar nicht glaube ich.

Es ist eine eindrückliche Schilderung des Nationalsozialismus als «Tollwut», ebenso fasziniert mich der Gedanke, dass der Allmächtige, den Elisabeth de Meuron bewusst nicht «Gott» nannte, nicht nur die Juden nicht schützte, sondern auch die Deutschen nicht vor dem Nationalsozialismus. Ein doppeltes Versagen der göttlichen Gewalt. Auch die Formulierung, dass die Gräueltaten mit dem Klang der deutschen Sprache in Verbindung gebracht werden, ist sehr treffend. Madame de Meuron korrespondierte sehr sorgfältig und reflektiert mit Kiesewetter – mit einer glasklaren Haltung.

Martin Kiesewetter versuchte zu erfahren, wie Madame den Krieg erlebt hatte, die Zeit des Nationalsozialismus und Faschismus. Sie blieb vage, äusserte sich – mit zwanzig Jahren Distanz – ambivalent. Kiesewetter schien es, dass sie ihm zwar nicht nach dem Mund redete, aber wohl – je nach Gegenüber – eine etwas andere Meinung vertreten konnte.

Diese Ambivalenz existierte offenkundig. Oft erschrecke ich bei Bemerkungen über Personen, die Elisabeth de Meuron schätzte. In einem Brief an Martin Kiesewetter erwähnte sie Mary Lienhard, die ehemalige Nachbarin von Kiesewetter. «Die verrückte Lienhard», schrieb Elisabeth de Meuron. Mary Lienhard, der sie sich durch die Geschichten ihrer Mütter so nahe fühlte, ihr über all die Jahre sehr Persönliches anvertraute, verunglimpfte sie nun so sehr. Ähnlich äusserte sie sich zu den früheren Nachbarn Kiesewetters, Ingrid und Lorenz Tschudi: «Tschudi und seine Frau finden vielleicht etwas durch Zufall, aber ich denke, sie bleiben in ihrem Fuchsbau wie Waldtiere und die verrückte Lienhardt auch.»

Abschätzige Bemerkungen lese ich auch zu Ines Meier. Etwa in einem Brief an Verena Kuske: «Meine 1 mal die Woche kommende Sekretärin Frau Meier, geistig verwahrlost mit Emporkömmling-Gatte aus dem Volk.» Konnte sie es nicht verkraften, dass Ines Meier ihr gekündigt hatte? Warum nannte sie Hans Meier, den sie so gerne für sich einspannte, einen «Emporkömmling»? Warum diskreditierte Elisabeth ihre Leute, mit denen sie sich verbunden fühlte und die ihr etwas bedeuteten, gegenüber anderen? Die Freundschaften etwa zu Ines Meier oder Mary Lienhard waren nicht gespielt. Anderen gegenüber wollte sie hingegen nicht eingestehen, wie nahe sie diesen Personen stand. Als ob sie sich abgrenzen müsste, Distanz schaffen. Wollte sie nicht zugeben, dass ihre Freundinnen und Freunde dem «Volk» und nicht reichen oder adligen Familien entstammten? Ich erinnere mich an die Aussage von Walter Grimmer, dass ihre Beziehungen immer etwas Absolutes hatten. Sie duldete niemanden neben einer Freundin oder einem Freund. Versuchte Elisabeth de Meuron so, ihrem Gegenüber das Gefühl zu geben, für sie etwas Einzigartiges zu sein?

Was sie gegenüber Kiesewetter über ihre Freundinnen und Bekannten sagte, war nicht immer identisch mit dem, was sie diesen persönlich zu verstehen gab. So liegt die Vermutung nahe, dass sie Kiesewetter nicht unbedingt offenbarte, was sie über den Zweiten Weltkrieg dachte und welche Rolle sie während dieser Zeit gespielt hatte.

Die Morde an den Juden verurteilte sie aufs Schärfste. Nicht nur gegenüber Kiesewetter, ich erinnere mich auch an Briefe mit ähnlichen Aussagen an den Kunstmuseums-Direktor Max Huggler in den Fünfzigerjahren:

> *Die Prüfung des Krieges finde ich sehr hart, dass Gott erlaubt hat, dass die Deutschen sich so verirren müssen den Juden Greueltaten zuzufügen. Nicht nur die Juden hätte er erretten sollen, sondern die Deutschen vor ihrem Thun erretten sollen.*

Martin Kiesewetter erinnert sich am Telefon daran, dass die Ideen der Rassen- und Vererbungstheorien Elisabeth de Meuron überzeugten. Die Vererbungslehre prüfte sie im Alltag in ihrer Tierzucht. Zuerst bei den Deutschen Schäferhunden, später den legendären weissen Barsoi – aber vor allem spezialisierte sie sich auf ihre Eberzucht:

Meine Stammbaum-Schweine werden Montag zur Zucht prämiert. Ich habe sehr vornehme Schweine, nicht Mastschweine, und ihre Stammbäume werden Eidgenössisch geprüft und kontrolliert bis und mit Urgrosseltern, noch höher hinauf wenn man will, es sind Bücher wie Zivilstandesamt und uneheliche Geburten dürfen nicht eingetragen werden. Ein prächtiger Unsinn und doch voll Sinn zur Erblichkeitslehre, alle Tiere mit wunderbaren Namen die mit Respekt ausgesprochen werden.

Madame de Meuron beschäftigte sich intensiv mit der Tierzüchtung, aber auch Humangenetik interessierte sie.

Meine Nachkommenschaft ist mir eher fremd, ich habe nicht vererben können und jetzt spricht man sogar in Gesellschaft von Damen von den «Gen» des «gênes» aber wie diese hätten reguliert werden können vor der Zeugung habe ich trotz meines Hörrohrs nicht vernehmen können, auch wäre es etwas spät mit 83 Jahren dahinter zu kommen.

Immer begleitet von einem Augenzwinkern, unterschied sie auch bei Menschen ungeniert nach Rassen – auch nach dem Zweiten Weltkrieg.

Lieber Kiesewetter, Sie sind ein anziehendes Geschöpf in heutiger Zeit mit Botschaft des Guten Willens, mit Repräsentant seiner Vaterstadt, Sie sind eine sorgsam geführte Menschenzucht reinrassig – aber vermutlich schwierig und wunderlich.

Daraus folgerte sie die herausragende Stellung der Deutschen: «Die Tüchtigkeit der Deutschen bezweifelt niemand, sogar die überlegene Tüchtigkeit der Rasse den andern Völker gegenüber.» Warum ausgerechnet diese Menschen Kriege begannen und Gräueltaten, ja Völkermord begingen, widersprach ihrer Logik.

Ich war immer toll auf Geschichte je älter ich werde immer mehr. Die Geschichte Deutschlands hat sich jetzt noch nicht geklärt, dass es so gekommen ist begreift niemand.

Eine Theorie ist noch, dass das Frauenstimmrecht Hitlertum so unsinnig begünstigt hat, ohne das Frauenstimmrecht hätte es in den Anfängen, als es noch Zeit gewesen wäre – nie soweit kommen können.

Und dann später hat man die Bescherung gehabt, unter welchen Unschuldige und Schuldige gleich dastehen, – bis alles verraucht ist.

Wer sollte in diesem Chaos jetzt schon urteilen können. Später wird alles gut. Wir können Deutschland in der Schweiz einfach nicht begreifen, kennen dort nur das Resultat nicht die Ursachen.

Da Elisabeth de Meuron wusste, wie die Zeit die Sicht auf die Dinge, besonders auf die Geschichte, veränderte, war für sie die Kriegszeit noch nicht abschliessend geklärt:

Während des Krieges war zuletzt die Schweiz gänzlich von Deutschland umzingelt, es gab kein unabhängiges Österreich mehr, kein unabhängiges Italien mehr und kein Frankreich, und war ein Krieg, wo es überhaupt nicht schön zuging. Wir hatten allerhand jämmerlicher Flüchtlinge, die noch knapp über unsere Grenzen hereinstürzten. Ich klage nicht an, ich erkläre nur, dass der Volksschrecken die Deutschen waren, weil sie ja siegreich waren die längste Zeit, es kam aus dem Nichts und verfiel ins Nichts. Die Geschichte wird aus Hitler einen so grossen Mann wie Napoleon den 1. machen und er wird ganz anders dastehen als bis jetzt […] sein Traum wird in Erfüllung gehen an den er sicher nicht mehr glaubte. Gutes hat er Deutschland nichts hinterlassen, indem er es in Verruf gebracht hat und Sie tun Recht, Goodwill in die Schweiz zu bringen. Sie sind ein «netter Kerl». Ich helfe Ihnen.

Auch hier wieder diese Ambivalenz. Hitler bezeichnete sie als Teufel, gleichzeitig erwog sie, dass Deutschland erneut, aber erfolgreich von einem Hitler geführt werde könnte. 1970 schrieb sie:

Die Deutschen haben eine Berufung, welche jetzt noch unklar ist, da es noch immer gross genug ist um verschiedene Menschenstämme einigen zu müssen, was ohne ein erbliches Kaiser- oder Königshaus viel komplizierter ist. Vielleicht kommt ein neuer Hitler Euch anführen und würde ganz einfach!

Sie bat Kiesewetter um seine Meinung und um weiterführende Lektüre. Martin Kiesewetter erkannte: Madame de Meuron hatte feste Grundsätze, die sie jedoch hinterfragte und umstürzte, wenn sie widerlegt wurden. Alles, davon war sie überzeugt, waren Konventionen. Hatten diese ihre Berechtigung verloren, mussten neue her: «Machen Sie geschichtlich-politische Aufsätze für mich oder Zeitschriften, das ist anregend!»

Der junge Medizinstudent verkörperte für sie die neue Zeit, die Moderne. Sie beichtete ihm, wie wenn es ihr peinlich wäre, dass sie den «Stern» lese. Sie berichtete über ihre Lektüre und räsonierte über die darin gezeigten Persönlichkeiten, deren Portraitfotos sie sorgfältig studierte und aus ihren Gesichtszügen Schlüsse zu deren Charakter zog.

Via Stern studiere ich die Köpfe und habe Heinemann herzlich gern bekommen, weil er sich sichtlich um Willy Brandt sorgt und ihn zu achten scheint, das zeugt von viel Geistes-Grösse. In Deutschland wächst etwas Gutes auf und ich hoffe, dass etwas dereinst aus Ihnen werde Kiesewetter.

Einmal schickte Kiesewetter eine Neujahrskarte mit dem Bild eines spanischen Künstlers. Sie kommentierte diese: «Spanien ist sonst nicht auf moderner Höhe, – mit Franco-Regime.»

Mit Interesse verfolgte sie auch Ende der Sechzigerjahre die Studentenunruhen. Kiesewetter offenbarte ihr auch hier dezidiert seine Meinung – er unterstützte diese Proteste. Sie schrieb ihm:

Am Freitag waren Singstudenten bei mir und war ein Deutscher dabei, dieser denkt wie Sie betreffs Polizei und Studenten in Deutschland aber weniger schroff als Sie, Lieber. Ich denke so: Polizei ist über immatrikulierte Studenten auf der Strasse gleich wie meine Freundin, welche kürzlich tot auf der Strasse umfiel, der Polizei gehörte, welche sie in irgendeine polizeiliche Leichenhalle verschleppte. Dass der deutsche Student erschossen wurde ist gang und gäbe bei verschreckten Polizisten, es ist wie ein Verkehrsunfall der bei Strassenkundgebungen, die amtlich verboten sind es krawallartig wird. Nun hoffe ich Sie wieder einmal zu sehen weil es so belebend ist, mit jemandem zu sprechen, der anderer Meinung ist.

Madame de Meuron verteidigte die Polizei, sah es als deren Aufgabe, für Ruhe und Ordnung zu sorgen. Obwohl sie die Unruhen verurteilte, konnte sie ihnen dennoch auch Positives abringen:

In der Schweiz ist es ähnlich wie Sie es in Deutschland schildern, nämlich: eine gewisse Neigung zu «Demonstrationen», sich aufspielen zu wollen, sich als Selbstbestätigung hervorzutun, nur ein Zeichen, dass die Menschheit noch persönliches Denken besitzen, auch wenn es hirnverbrannt ist.

Madame de Meuron schätzte, als Aristokratin, die Gedankenfreiheit. Individuelle Meinungen achtete sie höher als gedankenloses Mitläufertum. Auch wenn sie mit der provokativen Haltung der Studentinnen und Studenten nicht einverstanden war, wertete sie diese als gutes Zeichen. Wäre sie nicht von den verschiedenen Weltanschauungen fasziniert gewesen, hätte Madame de Meuron wohl kaum die Wortgefechte mit Kiesewetter gesucht. Kein Thema, das sie nicht mit Kiesewetter diskutieren wollte. Seine Meinung teilte Madame nicht, seine Argumentation aber bewunderte sie.

Ihr Brief ist prächtig. Sie sollten nicht Medizin studieren, sondern etwas Geistiges. Sie sind ein Pilger wie Parzifal mit dem Gelübte zu hohen Taten und Gedanken. Mein holpriges Deutsch verstehen Sie ganz gut, obwohl meine graphologischen Urteile mich schon als jung als Ausdrucksgehemmt verurteilten. Sie schreiben vorzüglich und sollten als Journalist studieren, um Zeitschriften oder Tageszeitungen klar und sicher zu publizieren, Vorträge halten, wenn Ihre Sprachtechnik verständlicher wäre.

Letzteres war für sie wohl besonders wichtig, da sie schlecht hörte. Und sie verglich ihn mit anderen Medizinstudenten, die «geben tüchtige Männer und sind keine Phantasten und Fanatiker des Hohen und Schönen und Edlen wie mein lieber Kiesewetter aus Hamburg».

Zürich ist schlimmer als Patagonien

Ihr Rat hätte ihn nie vom Studium abbringen können, so ernst nahm Kiesewetter Madame de Meuron dann doch nicht. Den Kontakt zu ihr hielt er aufrecht, obwohl er schon nach zwei Jahren aus ihrer Wohnung wieder ausgezogen war. Warum lag ihm so viel an dieser Verbindung? Elisabeth de Meuron war sehr fürsorglich. Sie schickte Kiesewetter aus Amsoldingen gebranntes Bäzi-Wasser und erläuterte im Begleitbrief dessen Wirkung:

Das friedliche Schnäpslein war gestern auch im Begriff gebrannt zu werden, als ich dort war. Der Schluss macht ein Mann der von Bauernhof zu Bauernhof zieht mit Retorten, eine fahrbare Maschine – und vorher macht man allerlei Künste – und zuletzt klebt jemand von der Familie Etiquetten auf die Flaschen, eine Arbeit, um welche man sich «reisst», aus Wichtigtuerei. Dessenungeachtet schüttet man das Schnäpschen auf offene Wunden v. Mensch und Tier – so auch diese Tage in 2 Eber welche aneinander geraten waren zur Ehre einer Sau und 5 cm tiefe Risse hatten.

Mental fühlte sich Kiesewetter getragen. Madame kümmerte sich um ihn, weit über die materiellen oder alltäglichen Sorgen hinaus.

So sehr Freude habe ich an Ihnen Kiesewetter gehabt wie an den phantastischen Kleinfischen, welche man in Aquarien bewundert in ihrer schillernden Pracht. Man sorgt sich um sie ob sie wohl gedeihen können, ohne dass man ihnen behilflich sein kann, da sie anderen Lebensregeln unterstellt sind. Die Vielfalt der Dinge und die Vielfalt der Lebewesen macht den Reiz des Lebens aus – und noch dazu, dass man nie alles verstehen und wissen wird.

Diese Zuneigung schätzte Kiesewetter als Student, gleichzeitig freute ihn die Resonanz auf seine eigenen Briefe, die Wertschätzung, die ihm zuteil wurde. Elisabeth de Meuron war liebenswert und anregend, ihre Briefe waren geistreich, ja klug, und als seine Mutter gestorben war, schickte sie ihm einen der schönsten Kondolenzbriefe.

Im Geist bei Ihnen und Ihrer Trauer lieber Kiesewetter versuche ich anständig zu schreiben – denn mit 88jährig ist man körperlich und geistig heruntergekommen. Mit 58 Jahren zu sterben ist vielleicht eine Gnade des Schicksals, aber es ist sehr früh.

Das Geheimnis von Leben und Sterben und Aufhörens ist uns Menschen vorenthalten.

Es kann sein, dass was man Seele nennt nur ein Teil ist von Etwas Grossem das wir nicht kennen und es wäre so wie einer, aus der Mode gekommener Deutscher Dichter schrieb «und meine Seele spannte weit ihre Flügel aus – flog durch die hellen Lande als flöge sie nach Haus.» Der Dichter heisst etwas wie von Eichendorf.

Elisabeth de Meuron war einfühlsam und zugleich voller Selbstironie. Die beiden Einladungen in Rümligen wird Martin Kiesewetter nie vergessen.

Schreiben Sie mir bitte mit Schreibmaschine eine Beichte, welche Dinge Sie entdeckt haben im Zauber-Urwald der Geisteswelt. Vielleicht finde ich im Sommer einen Weg, dass Sie mich auf dem Land besuchen, es ist ein Ort wo sich Füchse und Hasen gute Nacht sagen. Im Winter noch schwerer zu erreichen. Gesorgt habe ich mich, ob Ihnen körperlich und seelisch wohl sei unter diesen Menschen in Bern? Eine blühende Universitätsstadt scheint Bern zu werden, was sie vorher nie war. Berner-Rasse der Eingeborenen sind keine Gelehrten-Naturen, es sind ausländische Professoren welche die 2 letzten Kriege dahin verschlagen haben, und die Saat ist aufgebrochen?

So feinen Schinken wie bei Elisabeth de Meuron habe er nie mehr gegessen, meint Kiesewetter. Diese Bemerkung erstaunt mich sehr, denn das Fleisch unkastrierter Eber hatten die wenigsten Gäste in guter Erinnerung. Madame de Meuron hatte durch ihre Eberzucht vor allem diesen Schinken vorrätig, aber bei besonderen Gästen servierte sie auch Fleisch der Sauen.

Das erste Mal reiste Kiesewetter zusammen mit einem deutsch-persischen Mitstudenten zum Abendessen nach Rümligen. Grittli servierte das Essen, sie genossen von der Terrasse einen wunderbaren Blick übers Gürbetal und zu den Alpen. Ein Bild, das Kiesewetter bis heute vor Augen hat. Ebenso wie die Abschiedsszene: Elisabeth de Meuron führte die beiden bis zum Tor, die alte Frau winkte ihnen im aufsteigenden Nebel der Nacht lange hinterher.

Ich wollte für die Rosen danken, welche von Ihnen geblieben im Raum wie auch Ihrem Geist Ihrem Gesicht, das noch da ist. Ich fand unser Fest sehr nett im Häuschen. Grittli war mit dem schwarzen Kaffee irgendwie verunglückt und empfing mich mit

Vorwürfen, weil der Kaffee kalt wurde usw. Aber der Asiate und die Kerzen und das Feuer und der Wein gaben uns Leben.

Madame de Meuron wurde in der Gesellschaft der beiden Studenten wieder jung, genoss einen Abend im Kerzenschein und mit Wein – tauchte für einige Stunden in das Studentenleben ein.

Kiesewetter zog nach Kiel, um dort das Staatsexamen zu absolvieren. Jedes Mal, wenn er die Schweiz bereiste, versuchte er, Elisabeth de Meuron zu treffen. Meistens in der Junkerngasse, einmal aber wurde er nach Amsodingen gebeten. So fuhr er 1970 mit einem Freund nach Rümligen zum Mittagessen, anschliessend chauffierten die beiden Madame de Meuron nach Amsoldingen. Sie öffnete im Haus eine alte Kommode und zeigte auf Badekleider aus Zwirn, glücklicherweise in Kindergrössen. Da Elisabeth das Programm schriftlich angekündigt hatte, waren sie vorbereitet:

Mittwoch kleines Mittagessen Rümligen mit Freund bei mir und Abfahrt nach Amsoldingen in den sportlichsten und schlechtesten Kleidern, um im Schiff Luft und Sonnen und Wasserbäder zu nehmen (Seewasser warm) während ich kleine Geschäfte in Haus und Gebäude erledige.

Es gab keine Widerrede, sie mussten in das wacklige Ruderboot steigen. Vom Ufer aus zeigte Madame de Meuron, wie man beim Steg anlegen konnte, und – falls eine Frau an Bord wäre – diese elegant das Boot verlassen konnte, ohne die Füsse zu benetzen. Auch ums Baden kamen sie nicht herum, denn das sei etwas vom Schönsten, das es gebe. Wassertemperatur hin oder her. Madame de Meuron hatte unterdessen einiges zu erledigen. Gemeinsam kehrten sie nach Rümligen zurück. Das war seine letzte Begegnung mit Elisabeth de Meuron. Sie schreibt ihm, er sei ein Mensch «Extra-Sorte».

Der Briefwechsel riss nicht ab.

Schreiben Sie mir, ich bin in schlechtem Zustand, aber ich bin Ihnen nahe. [...] So eine Art Brücke zu Ihnen ist für mich der «Stern» mit seiner guten Sprache, welche ich als geistige Gymnastik so zwischendurch lese.

Im «Stern» begutachtete sie die deutschen Politiker und verlangte von Kiesewetter eine Beurteilung, die sie wiederum kommentierte. Jedes Mal, wenn Madame de Meuron die Illustrierte erwähnte, fügte sie hinzu: «Wo ich die Seiten mit nackten Weibern sorgfältig oder unsorgfältig herausreisse und geballt in den Papierkorb versorge.»

Den Prager Frühling diskutierten sie über mehrere Briefe hinweg. Elisabeth de Meuron sah im Einmarsch der Russen eine grosse Gefahr.

Die Tschechoslowakei-Geschichte ist eine schlimme Sache, welche vorübergehend jetzt in der Erde wie Glut mottet, aber nicht gelöscht ist. In der Schweiz spricht man ungern über dieses Thema, die Flüchtlinge, welche erklären in der Schweiz Wurzeln zu fassen, sind eine fürchterliche Belastung für die Regierungsstellen und die Eidgenossenschaft. Die Russen entpuppen sich als wirklich arg – ärger als man dachte. Wer soll sie bekriegen? Weder Engländer noch Franzosen noch Deutsche können das jetzt besorgen. Österreich werden die Russen nach dem gleichen Rezept wie die Tschechei zubereiten und wir bekommen sie an unsere Schweizer Grenzen, also spricht man nicht von so Unerfreulichem. Mit blauer Emailfarbe ist in meiner Laube Junkerngasse 5 angemalt gross DUBCEK und man riet mir es zu lassen.

Sie erzählte Kiesewetter vom Jurakonflikt, der zu jener Zeit hierzulande hohe Wellen warf:

Der Teufel holt sich in allen Ländern einen Braten unter Jungmännern und im Kanton Bern versucht ein Stück, das Napoleon der 1.

dem Kanton anpflasterte, sich frei zu machen, – und das Waadtland dem Kanton Bern vorher genommen hatte. Diese Jura-Separatisten sind alles junge Leute da die älteren Köpfe wohl wissen, dass 3 Gruppen sind, welche sich nie einigen könnten in einem neuen Kanton. Dabei bedrängt diese aus Kravallbrüdern bestehende Gruppe noch unsere friedlichen eidgenössischen Bundesräte deren es etwa 7 oder 8 gibt und absolut unschuldig sind in dieser interkantonalen Angelegenheit. Es ist die Unruhe der jungen Männer, welche einen Vorwand zum Randalieren sucht, aber auch keine Studenten dabei.

Elisabeth de Meuron sollte Recht behalten. Geeinigt hat man sich bis heute nicht, es bleiben offene Punkte – seit über 200 Jahren flammt der Disput immer wieder auf.

Sie erkannte die Zeichen des Umbruchs in Europa, aber auch in der Schweiz.

Die Schweiz ist auch in einem innen- und aussenpolitischen Entwicklungs-Zustand wo Vieles, wie überall in Europa sich klären sollte, zu was sie werden sollte.

Elisabeth de Meuron meinte, wenn sie 1972 von Altlasten sprach, denen sich die Schweiz entledigen sollte, auch die Kavallerie, die Neuem weichen musste. Die Frauen schienen ihr auf der Suche nach oder im Ringen um eine neue, politisch aktive Rolle.

Die Schweiz hat auch eine Art Erwachen, weil sie zu altmodisch ist für Europa. Das eingeführte Frauenstimmrecht hat bis jetzt nicht Erfolg gehabt, weil wir Frauen in der Schweiz zu faul sind zu studieren wie die Schweiz sich modernisieren sollte, ob unsere Bundesräte Freiheit oder Grenzen ihrer Macht gegeben sein soll. Sicher sind wir Weiber, dass wir intelligenter sind als unsere männlichen

Genossen, aber haben weniger Eifer für die Politik. Deutsche Frauen sind da reger bei der Sache.

Die Briefe gingen hin und her, bis 1974. Da zog Madame de Meuron einen Schlussstrich:

Mein lieber Kiesewetter, ich melde mich ab – ich lebe noch mit 91 Jahren, aber mein Geist verwirrt sich ab und zu und findet sich nicht zurecht. Kiesewetter lieber Freund, ich möchte Sie ein wenig begleiten in Ihrem Leben denn ich denke, Sie sind hart gegen sich selber, was ja prächtig ist. Bin so halb gelähmt, ziehe mich nicht mehr richtig an, kämme und wasche mich nicht mehr jeden Tag, lebe allmählig wie ein Tier, ich bin ja sehr alt. [...] Das veranlasst mich Ihnen in Freundschaft zu sagen, dass Ihre Persönlichkeit zu den Bereicherungen meines Lebens gehört haben – und mich abzumelden.

Das war das letzte, was Martin Kiesewetter von Madame de Meuron hörte.

Diese Auseinandersetzung von Elisabeth de Meuron mit politischen Ereignissen, mit der neuen modernen Zeit, schien Martin Kiesewetter immer auch Ringen mit sich selbst, mit ihren Werten, ihrer Erziehung, ihrer Moral zu sein. Sie war 81 Jahre alt, als er sie kennenlernte, sie spielte keine gesellschaftliche Rolle mehr, wohl seit Jahren. Durch ihre Schwerhörigkeit war sie isoliert, begab sich in Selbstisolation – und galt als Original, als Vertreterin des längst untergegangenen Ancien Régimes. Sie blieb in Verbindung mit dem Sachwalter, mit Grittli und Antonio, ihrer Tochter und den Enkelinnen. Die meisten Menschen zogen an ihrem Leben vorbei – sie kamen und gingen, so wie Verena Kuske, Ines Meier und auch Martin Kiesewetter.

Es habe sich wohl nie eine aktive Rolle in der Gesellschaft ergeben, meint Martin Kiesewetter rückblickend, auch durch die Ehe mit Fritz de Meuron geriet Elisabeth gesellschaftlich eher in den Hintergrund.

Sie war eine Frau, die in ihren Möglichkeiten beschnitten wurde. So lautet die Bilanz des Psychiaters Kiesewetter. Er hat sich oft vorgestellt, wie Elisabeth de Meuron gelebt hätte, wenn sie in Zürich aufgewachsen wäre. Wie eine Annemarie Schwarzenbach, die Tochter des damals weltweit führenden Seidenfabrikanten und Enkelin des ersten Schweizer Generals Ulrich Wille? Hätte sie auszubrechen versucht? Martin Kiesewetter sieht einen grundlegenden Unterschied: Elisabeth stammte aus einer Familie des ehemaligen Patriziates und nicht aus dem Wirtschaftsbürgertum. Dies und auch der Altersunterschied von zwanzig Jahren zu Annemarie Schwarzenbach hatte eine starke Verbindung zu ihrer Herkunft zur Folge, auch wenn sie sich immer wieder aus ihren familiären Strukturen zu lösen versuchte. «Das ist auch eine Persönlichkeitsfrage», sagt Kiesewetter. Statt sich zu befreien, stilisierte sich Madame de Meuron zum Inbegriff dieses Habitus. Doch das hatte seinen Preis.

Da ich mit Psychiater Kiesewetter nun einen Fachmann am Telefon habe, frage ich, ob er sich vorstellen könne, dass Madame de Meuron depressive Phasen durchlebt hatte.

Anfang der Siebzigerjahre erschien sie deprimiert, aufgrund ihrer körperlichen Verfassung und den materiellen Verhältnissen. Diese monatelangen Lähmungen ohne körperliche Ursachen zeigten alle Merkmale einer Depression; Kiesewetter führt dies aber auf die Einsamkeit, die Beziehungsarmut und auf das Gefühl, nicht dazuzugehören, aus der Zeit gefallen zu sein, zurück. Meisterin darin, vieles zu verleugnen, zu überspielen, darüber zu lachen oder zu verspotten, bereiteten ihre körperlichen Gebrechen diesem Rollenspiel ein Ende. Hinter der Fassade, die zusammenbrach, blieb nicht viel übrig. Das setzte Elisabeth de Meuron zu.

Die Begegnung mit Elisabeth de Meuron blieb das prägende Erlebnis in der Schweiz, beurteilt Martin Kiesewetter am Telefon. Eine reizvolle, interessante, schöne Verbindung. Madame de Meuron war sehr klar, zugleich hinterfragte sie ihre Positionen. Sie betonte ihre gesellschaftliche Stellung, um dann gleich zurückzukrebsen und anzufügen, die Berner von Tscharner wären nicht die Wichtigsten gewesen in Bern. Sie war eine eindrückliche Frau, die ihre Rolle spielte im Wissen, sich damit ihre eigene Wirklichkeit zu erschaffen.

Kiesewetter hat sie nicht als arrogant empfunden, kannte diese Seite an ihr aber bestens. Vor einem Concours erzählte sie ihm, sie brauche einen Teppich, um Stürze abzufedern, und bat ihn, sie in die Stadt zu begleiten. Vor dem Haus eines Mieters blieb sie stehen: «Hess ist mein Sklave», sagte sie zu ihm und rief laut: «Hess!», der schnurstracks die Treppe heruntereilte. Sie bat nicht, sondern befahl ihm, sich um den Teppich zu kümmern. Hess blieb einen Moment zögernd stehen. «Sie scheuchte ihn, anders lässt es sich nicht beschreiben, mit einer Handbewegung davon. Die Szene diente ihr ganz offensichtlich zur Illustration der vorher gemachten Bemerkung», erinnert sich Kiesewetter. Andererseits war sie charmant; stand in Amsoldingen auf der Terrasse ihres Schlosses, zeigte mit den Armen über das ganze Gelände mit der Bemerkung, «das gehört alles mir», um im Nachsatz «samt zig Millionen Schulden» anzufügen. Martin Kiesewetter genoss die Freundschaft dieser ausgesprochen solitären Eigendame. Ein Vorbild war sie ihm nie. Dieser Gedanke sei schon aufgrund seiner Herkunft und Sozialisation absurd. Aber es verschaffte ihm den Zugang zu einer Welt, die ihm sonst verschlossen geblieben wäre.

Heute lebt Martin Kiesewetter in Zürich – auch da hielt er sich nicht an den Rat von Madame de Meuron. «Kiesewetter», beschwor sie ihn, «machen Sie eines nie, gehen Sie nie in die Ostschweiz [die für sie alles umfasste, was östlich von Bern lag, Anm.], das ist schlimmer als Patagonien.»

Begründet hatte sie es nie, Kiesewetter vermutet familiäre Bezüge. Martin Kiesewetter kehrte aus Kiel nach Zürich zurück, arbeitete in der Psychiatrie im Burghölzli und entschied sich für die Fachrichtung Forensik. In Zürich lernte er seine Frau kennen, so ist er mit seiner Familie geblieben, zuletzt als leitender Arzt in Zürich, heute führt er eine private Praxis.

In der Forensik faszinieren ihn die verschiedenen Berührungspunkte zu anderen Berufen: der Bezug zur Rechtsprechung oder zur Belletristik mit den unzähligen Schilderungen etwa bei Kleists Michael Kohlhaas oder bei Schiller und der «verlorenen Ehre.» Vielleicht hatte Elisabeth de Meuron Recht mit ihrer Einschätzung, Medizin sei zu wissenschaftlich, zu exakt und zu eng für ihn. Kiesewetter verfasst Texte, arbeitet kommunikativ. Er schreibt keine Zeitungsartikel, aber Gutachten – das sei wahrscheinlich darauf zurückzuführen, dass er sich gerne und meist wohl auch verständlich schriftlich ausdrücke. Für ihn hat die Wahl der Fachrichtung Forensik einen weiteren Grund: Sie passe zu ungeduldigen Leuten. Seine Aufgabe ist es, innert kurzer Zeit viele Informationen zu sammeln und zu verarbeiten und daraus ein Gutachten zu verfassen. Damit sei die Arbeit abgeschlossen. Anders als bei einer Therapie, die Jahre dauern könne, mit ungewissem Ausgang.

Dass er mit seinen Gutachten den Lebensweg von Menschen besiegeln kann, befürchtet er nicht. Entscheidungen fälle er keine, er gebe den Richtern nur Unterstützung für eine bessere Begründung des Urteils. Oft wird er gefragt, ob er eine Rückfälligkeit des Täters ausschliessen könne. Seine Gutachten würden aber keine Wahrheit wiedergeben, höchstens eine von möglichen Wahrheiten. Er könne abschätzen, ob etwas wahrscheinlich oder unwahrscheinlich ist. Das heisse aber immer, ein Täter kann rückfällig werden, wenn eine ganz bestimmte Situation eintritt: «Der Ereigniseintritt gehört zum Wesen des Unwahrscheinlichen.»

Wie hätte wohl Madame de Meuron die Wahl seiner Fachrichtung kommentiert? Martin Kiesewetter überlegt lange. Interessant und bemerkenswert wäre ihr Verdikt gewesen. Sie hätte keine radikale Position vertreten, sie nicht als gut oder schlecht befunden, aber sofort die der Sache innewohnende Ambivalenz erkannt und gnadenlos benannt. Zum Beispiel in Frage gestellt, ob er mit einem Gutachten einen Menschen erfassen kann, ihm gerecht werden. Bemängelt hätte sie zudem, dass er sich mit zu vielem Unschönem, Üblem, und unfeinen Sachen konfrontiere – und befürchtet, dies könnte seiner Persönlichkeit schaden.

Elisabeth de Meuron hatte ganz andere Pläne für Kiesewetter gehabt:

Machen Sie ein Inserat in wissenschaftlichen oder zoologischen Zeitungen: Junger Arzt sucht Anstellung in wissenschaftlichen oder industriellen Expeditionen in unerforschte Gegend. Es gibt da noch die Fidschi-Inseln oder den Südpol. Nebenbei stehen Sie Sterbenden bei oder pflegen Verunglückte und gibt Ihnen ganz von selber das Gleichgewicht wieder und die Lebensfreude.

Ich beende das Corona-bedingte Telefongespräch mit Martin Kiesewetter.

Elisabeth de Meuron hütete selbst das Bett, um eine Grippe auszukurieren, als sie die letzten Briefe an Kiesewetter schrieb. Und ihre Worte gemahnen doch ganz unerwartet an aktuelle Zeiten:

Am Sonntag vor Weihnachten habe ich unsere Sorte Grippe am Abendmahlbecher geholt und habe niemanden angesteckt, telefonierte für Medikamente bei Dr. Bergfried Frei wie es in den Zeitungen angeordnet worden ist, weil man an eine Epidemie glaubte. Über drei Wochen hustete ich mich zu Tod.

Damals brach die Epidemie nicht aus.

General Henri Guisan und die kleine Züsi Steiner
Foto: Hans Steiner, © Musée de l'Elysée, Lausanne – Fonds Hans Steiner

Das letzte Wort
(Familie Steiner)

Wenn ein Text langsam Formen annimmt, innere Bilder zu Papier gebracht sind, gehe ich im Kopf das Bildmaterial durch, welches dieses Buch bereichern soll.

Es gibt Flugaufnahmen vom Schloss Rümligen, die mir zugeschickt wurden, ein Bild der alten Elisabeth de Meuron in Riggisberg im Spitalbett, zahlreiche Erinnerungsbilder ihrer Geburtstage, der Concours. Zwei Kisten füllen Dias mit Bildern der spazierenden Madame de Meuron mit ihren Hunden im Garten. Dazu gesellen sich die Bilder der Freundinnen und Freunde von Madame. Verena Kuske mit keckem Hut vor Antiquitäten, Walter Schneiter mit seiner Geige auf einem Stuhl, Maria Gfeller hoch zu Ross ...

Mitten in diesen Gedanken erinnere ich mich an die Bemerkung von Katrin Rieder, Markus Schürpf, der Leiter des Fotobüros Bern, habe den riesigen Nachlass des Berner Bundeshaus- und Werbefotografen Hans Steiner aufgearbeitet und sei dabei auch auf Aufnahmen von Elisabeth de Meuron gestossen. Hans Steiner hielt den Empfang Churchills fest, die Durchsteigung der Eigernordwand, den Schah-Besuch oder 1954 den Besuch des äthiopischen Kaisers Haile Selassie – und Steiners Porträt des General Guisan hing in vielen Wirts- und Wohnstuben der Schweiz – auch bei meinen Grosseltern. Sein Geschäft «Foto Hans Steiner» war am Waisenhausplatz 2 in Bern.

Wann lernte er wohl Elisabeth de Meuron kennen? Ich melde mich bei Markus Schürpf, er teilt mir mit, die Tochter von Hans Steiner lebe in Bern; er werde sie kontaktieren.

Alles tiptop mit der «Informantin».

Sie heisst Züsi Widmer-Steiner und ist die Tochter von Hans Steiner.

Sie wird zu erzählen haben und hat offenbar, wie ich noch im Kopf hatte, einiges an Briefen von MdM.

Am 25. August 2020, einem warmen Sommertag, treffe ich Züsi Widmer-Steiner in ihrer hellen Wohnung am Traffelet-Weg. Sie öffnet die Tür in einem farbigen Jupe und einem roten, in der Taille zugeknoteten Jäckchen. Ihre grünen Augen funkeln. Die pensionierte Sozialarbeiterin, die nach wie vor viele Menschen in Not unterstützt, ist gerade von einer Reise nach San Quirico d'Orgia in der Toskana zurück und mit dem Hervorsuchen aller Briefe von Elisabeth de Meuron und Unterlagen in ihre Jugendjahre eingetaucht. Die Zeit der Freundschaft mit ihr war die Zeit der grossen Umwälzungen: Ihr Vater Hans Steiner starb 1962, sie beendete ihre Ausbildung, verliebte sich, heiratete, und ihre Kinder wurden geboren. Madame de Meuron, ihre «Ehrengrossmutter», wie sie genannt werden wollte, begleitete diese Jahre.

Wir setzen uns an den Tisch, ein Schälchen mit Zwetschgen und Datteln steht bereit, den Boden schmücken Teppiche, in Regalen reiht sich neben Büchern eine Plattensammlung.

Die Liebe, selbst zu fotografieren, hat Züsi Widmer-Steiner erst im Alter entwickelt. Als Kind und Jugendliche begleitete sie ihren Papa regelmässig, half ihm als Beleuchterin. Beim Empfang von Haile Selassie im Schloss Jegenstorf durfte sie dem Kaiser einen Bildband der Stadt Bern überreichen. Selassie drückte ihr zum Dank eine alte Goldmünze in die Hand – Züsi Widmer bewahrt sie bis heute sorgfältig auf.

Hans Steiner war oft unterwegs auf Reisen, zweimal gar auf einer Weltreise, um Werbeaufnahmen für verschiedene Firmen zu machen.

Züsi lässt mir Zeit, in den verschiedenen Fotografien, Zeitschriften und Briefen zu blättern und zu lesen. Ihr beiläufiger Satz reisst mich aus den Gedanken: «Mein Vater war ein attraktiver und sinnlicher Mann. Auf solche Männer sprach Madame de Meuron an, besonders, wenn sie in Uniform waren.» Diese Bemerkung umreisst denn auch die besondere Beziehung, die Steiners mit Elisabeth de Meuron verband. Es ging um «Feinstoffliches», um Werte, die das Materielle und das Weltliche überstiegen, um eine mystische Ebene, die Elisabeth de Meuron überall suchte. Auf einer Neujahrskarte 1960 formulierte sie es in einfachen Worten: «Bitte zwischen den Zeilen lesen was nicht alles gesagt werden konnte liebe Familie Steiner.»

Die Schwärmerin

Diese Bekanntschaft kam aufgrund eines Zufalls zustande. Hans Steiner war mit dem Luftschutz in einem Wiederholungskurs in Amsoldingen stationiert, während einer Übung musste die Truppe mit Seewasser ihre Wasserspritzen testen. Elisabeth de Meuron war alles andere als erbaut über den Einsatz auf ihrem Gelände. Kaum hätten die Militärs die Wasserschläuche montiert und die Pumpe in Betrieb genommen, sei sie herbeigeilt und hätte Hans Steiner forsch gefragt, wer er sei und was er da mache. Die Antwort habe sie kaum abgewartet, um sofort nachzuschicken, aus dem See dürfe er kein Wasser nehmen. Steiner entgegnete, er entnehme keines, das Wasser gelange direkt wieder in den See zurück. Madame de Meuron antwortete mit einem schelmischen Blick: «Ich habe genau gesehen, wie sie das Wasser in den Himmel spritzen.»

Steiners Erscheinung, auch sein «Charakterkopf», der in allen Biografien oder Artikeln erwähnt wird, erregte die Aufmerksamkeit von Madame de Meuron. Sie erinnerte sich an die erste Begegnung mit Steiner:

Züsi hilft beim Fotografieren. Links neben Madame de Meuron steht Änni Steiner.
Foto: Hans Steiner, © Musée de l'Elysée, Lausanne – Fonds Hans Steiner

Züsi erhält 1954 von Haile Selassie eine Goldmünze
Foto: Hans Steiner, © Musée de l'Elysée, Lausanne – Fonds Hans Steiner

Ein Geschenk von Madame de Meuron an Züsi Widmer-Steiner, Rümligen 1960
Foto: Hans Steiner, © Musée de l'Elysée, Lausanne – Fonds Hans Steiner

Als ich Ihren Vater kennenlernte war er im Militär in Amsoldingen und er sprach mir von Kindern, die konfirmiert würden und wie der Pfarrer nett sei und es erstaunte mich einen ausgewachsenen schönen Mann mit einem Gesicht von ungewöhnlicher Ritter-Rasse so naiv gläubig zu finden. Es war, als ob er selber glücklich war über Religion und Frohe Botschaft und Konfirmation.

Sie war begeistert, als sie vernahm, dass Steiner Fotograf war. Gegenüber Steiners erwähnte Madame ihre eigenen fotografischen Experimente ihrer Jugend nie.

Steiner hatte seine Kameras, eine Hasselblad und eine Rolleiflex, auch im Militärdienst dabei und nahm ein Bild vom Schloss Amsoldingen auf, weit entfernt von einer Postkartenidylle, was bei diesem Gut nahegelegen wäre. Das Foto zeigt das Gebäude aus der Ferne hinter weiten Wiesen und zwischen Bäumen im Zwielicht. Elisabeth de Meuron war bezaubert und liess das Bild 1954 auf Karten drucken:

> *Ihr Photo begeistert mich so, dass ich an bessere Leute wie Prof. Huggler, alte Vettern, die mir Ihre Liebe und Bewunderung von früher gestanden und deriges Volk mehr, das in der Adventszeit auftaucht einfach schrieb: «diese Photo ist wie ein Brief von mir, den ich nicht mehr schreiben kann so wie ich möchte – die Photo ist es – schaut sie gut an mit Geduld.»*

Madame de Meuron faszinierte nicht nur die Fotografie, sondern auch Hans Steiners Passion: die Ausgrabungen in Plurs voranzutreiben. Das Bergeller Dorf wurde 1618 samt seinen 2000 Einwohnerinnen und Einwohnern durch einen Felssturz verschüttet. Das 1021 erstmals erwähnte «Plurium» hatte sich zu einem wohlhabenden Städtchen durch den Abbau und Verkauf von Lavezstein, auf Deutsch Speckstein, entwickelt. Der forcierte Abbau unterhöhlte den Berg Conto – so dass dieser letztlich über dem Städtchen einstürzte. An diesem Ort wollte Hans Steiner Ausgrabungen initiieren und durchführen – auch wenn die Legenden mahnten, alle mit diesem Vorhaben müssten das Leben lassen, ergänzt Züsi Widmer-Steiner. Sie unterbricht die Erzählung.

Ich blättere in einer alten Illustrierten mit Aufnahmen Steiners zu den Ausgrabungen, suche in den Briefen nach Madames Zeilen zu

Plurs. Züsi, getauft Suzanne, von Elisabeth de Meuron «Suzette» genannt, steht auf, um in der Küche Kaffee zu kochen. Sie entfernt noch rasch die Folie über den Datteln. Es gelingt mir, eine in den Mund zu schieben, ohne mir klebrige Finger einzuhandeln. Den Dattelstein will Züsi Widmer-Steiner einpflanzen.

Plurs war ein Dauerthema. Madame de Meuron sprach im Café Blaser auch den Geschichtsprofessor Walther Hofer darauf an, der 1960 aus New York an die Universität Bern berufen wurde. «Mit müder Geste ablehnend auf meine Andeutungen, ... ohne Bosheit, aber entmutigt, sichtlich entmutigt über die allgemeine Situation», schrieb sie über diese Begegnung an Steiner. Ich lese, dass es an Geld fehlte, an Fachkräften, es gab Streitigkeiten zwischen Italien und der Schweiz. Ein schwieriges Unterfangen. Madame de Meuron sprach Steiner Mut zu: «Sicher kommt Plurs einmal zur Geltung, aber so über 2 Nationalitäten muss man es schon als ein Wunder ansehen, was die Familie Steiner GUTER HOFFNUNG erreicht hat, ich freue mich mit Ihnen! Ihre EvM-T.» Wie wenn sie etwas geahnt hätte, schrieb sie ein Jahr später 1961: «Steiner ich fürchte Sie haben ausserordentliche Pionier-Arbeit geleistet für Plurs die bleibend ist, aber erleben werden Sie es kaum mehr dass das Verschüttete ans Tageslicht kommt.»

Züsi stellt die Tassen auf den Tisch. Ich lege den Brief weg, sie sucht in ihren Erinnerungen weiter. Ihren Vater bewunderte sie, mit ihrer Mutter war der Umgang schwieriger. Immer fand diese etwas an ihr auszusetzen. Madame de Meuron war im Gegenteil dem Teenager gegenüber immer äusserst herzlich und zuvorkommend, «dabei war ich damals ein naives Toggeli, hatte nichts zu bieten und verstand die Anerkennung nicht, die mir Madame de Meuron entgegenbrachte.» Züsi staunt, wie klar und lebendig ihre Erinnerungen an die Erlebnisse mit Madame de Meuron sind.

Ende der Fünfzigerjahre erhielt die Familie eine Einladung nach Amsoldingen: Madame de Meuron überreichte der Mutter Änni

Steiner einen grossen Hecht, ganz in Brennnesseln eingepackt. So müsse man ihn lagern, war die Erklärung. Die Familie Steiner war überfordert mit diesem Fisch, noch nie hatte die Mutter einen solchen zubereitet.

Nach Rümligen durften sie ein andermal zum Essen fahren. Beim Tor sprangen die Hunde knurrend herbei. Madame jagte sie weg und bemerkte zu Aenni Steiner: «Es isch mer nid wägem Steiner, es isch mer wäge de Hose.»

Auch ihre Lieblingsstudenten sassen am Tisch, ebenso der Stadtpräsident Reynold Tschäppät mit seiner Frau Lilly. Die Tafel glänzte voll bemaltem Porzellan und poliertem Silber auf weissen Tischtüchern, umrankt von frischen Blumen aus dem Garten. «Was wir assen, weiss ich nicht mehr, aber es hat mir gemundet. Es war alles so trefflich vorbereitet und arrangiert, dass ich mich ehrfürchtig und dankbar gerade hinsetzte, und mir Mühe gab, gepflegt zu essen und zu sprechen. Es war eine feierliche Stimmung und trotzdem sehr heiter.»

Vor dem Essen spielten die Studenten gegen Madame de Meuron Schach, mitten im Spiel unterbrach sie plötzlich, wischte mit einer Handbewegung alle Figuren weg: «Itze isch es mir verleidet.» Dies in dem Moment, als sich ihr Sieg und die Niederlage der Studenten abzeichnete. Ganz die formvollendende Gastgeberin, die ihren Gästen keine Blamage zumuten wollte. Für Hans Steiner hatte sie in der Bibliothek Bücher zu Plurs herausgelegt und schickte ihn in den oberen Stock. Er fotografierte aus der Vogelperspektive Elisabeth de Meuron, Lilly Tschäppät und Änni Steiner, wie sie von der Terrasse über den Park schauen.

Züsi Widmer-Steiner zieht das gerahmte Bild hervor. Madame de Meuron bemerkte: «Frau Tschäppät mit dem grossen Fuss.» Auf dem Bild leuchtet der weisse Schuh hell unter dem Mantel hervor, was Madame de Meuron als Ästhetin sehr störte. Auf der Rückseite des Bildes steht:

Unserer lieben ZÜSELI des Herrn HANS STEINER als Erinnerung wo Ihre Mutter sehr gut zu erkennen ist. 30. Dezember 1960. Bitte in Ihrem Zimmer aufhängen ich wünsche es absolut so! EvM-T mit den besten Wünschen

Hans Steiner begann, für Madame de Meuron zu fotografieren. Sie bat ihn, einen Concours zu dokumentieren, um die Kavallerie zu unterstützen. Züsi war seine Assistentin mit Licht und Schirm und beobachtete. Wenn ihr Vater Kinder fotografierte, kniete er sich hin, auf ihre Augenhöhe. Gerade bei Kinderfotografien – auch in den Kriegsjahren – habe sie die Feinfühligkeit ihres Vaters erkannt. Eine Einschätzung, die auch Madame de Meuron teilte:

Ich staune, dass es möglich ist, so viel Seele in die Schneeglöckleinlandschaft zu bringen. ... Herr Steiner, Sie sind etwas wie ein Zauberer und haben eigentlich auch «die physique» von einem Zauberer. In unserer Zeit ist das etwas Hervorragendes und freut mich aufrichtig Sie kennengelernt zu haben.

Hans Steiner lehrte Züsi, auf den Moment zu achten: «Du musst etwas sehen, und es muss ‹tägg› machen, du musst ergriffen sein, das ist der Moment für das Bild, so gelingt eine Fotografie.»

Madame de Meuron schwärmte von Hans Steiner. Wie so oft in ihrem Leben, zerschlug ein Unglück diese kurze Harmonie.

Der Tod

Soeben vernehme ich es wo Sie Lieber Steiner gelandet sind! So etwas kann einem im Leben immer passieren, aber ich ärgere mich darüber, dass es gerade Ihnen passieren musste, dass Sie zum Hans Steiner, der Sie sind, so wenig Sorge trugen und sich durch Überanstrengung so schwer geschädigt haben. Papeterie Kollbrunner hat Postkarten mit Byzantinischen Mosaiken, ich bitte Sie die anzuse-

hen als Ablenkung und wenn Sie die Süssigkeiten nicht essen können Sie Ihrer lieblichen Suzette geben. In ihrem Gedenken EvMvT

Diese Zeilen schrieb sie am 16. April 1962. Was war geschehen?

Hans Steiner hatte in Plurs bei den Ausgrabungen einen Herzinfarkt erlitten und wurde sofort ins Tiefenauspital nach Bern transportiert. Elisabeth de Meuron besuchte ihn alle paar Tage, schickte ihm Karten mit Abbildungen der Mosaike von Ravenna. Auch Änni Steiner sprach sie Mut und Hoffnung zu.

Ich hoffe mit Ihnen, dass man ihn im Tiefenauspital wieder auf die Beine bringt diesen begnadeten lieben Hans Steiner mit seinem Leichtsinn, mit Reichtum seiner geistigen Fähigkeiten, seinem Wollen und Wirken, seinen Ansichten und allem, was er in seinem Kopf gedacht hat.

Irgendeinmal war die Ravenna-Karten-Serie in der Papeterie Kollbrunner aufgekauft. Anfang Mai meldete sie ins Krankenhaus:

Hier mit besten Grüssen vorläufig die letzte Mosaik-Karte. Es gibt deren noch eine Menge, aber viele sind jetzt verkauft als ich am Montag hinging. Ich denke Ihre Krankheit ist jetzt bald vorbei!
E v Meuron.

Doch es kam anders. Hans Steiner verstarb am 3. Mai 1962. Aufgebahrt lag er in der Halle des Bremgarten-Friedhofs, jeden Morgen legte ihm Madame de Meuron einen Strauss mit frischgepflückten Margriten und Vergissmeinnicht in die Hände. «Das hat sogar das Friedhofspersonal gerührt», sagt Züsi Widmer-Steiner. Von diesem Tag an liess Madame de Meuron zehn Jahre lang jeweils am 3. Mai eine Torte zu Steiners schicken, verziert mit Rehlein, Zwerglein und Vögeln aus Marzipan, versehen mit der Aufschrift «in Memoriam». «Das Sujet passte überhaupt nicht, aber es hat Elisabeth de

Meuron wohl gefallen», meint Züsi, im Spass nannten sie diese Torte, die häufig sehr trocken war, «Staubhaufen». Der Kontakt zur Familie Steiner blieb. In dieser Zeit der Trauer erzählte Elisabeth de Meuron von ihren eigenen Verlusten:

Liebe Suzette, ich selbst war mein Lebenlang ratlos, haltlos verwirrt bei jedem Todesfall in meiner Umgebung, weil wir Menschen vor etwas Grossem Unfassbaren stehen. Der Körper ist nur die Behausung der Seele, welchen sie verlassen muss, wenn er nicht mehr funktioniert. Wohin die Seele geht, bleibt uns nach dem Gesetz der Schöpfung verborgen. Ich denke, diese Seele kommt wieder in einen neuen Körper, irgendeinmal und wir begegnen uns so einander wieder, oder die Seele kommt einfach in uns selber, weil gewisse Tote uns unser Lebenlang begleiten, als wären sie noch am Leben. Und wenn man selber stirbt, sterben diese Toten noch einmal, weil wir sie im Herzen trugen und nach unserem Tod sie niemand mehr kennt, sie keine Seele mehr haben bei der sie zu Gast sein können. Ich denke ihr Vater ist bei Ihnen Suzette.

Es ist berührend, wie Madame de Meuron der Familie Steiner in dieser schweren Zeit beistand. Ihren Briefen haftete etwas Verklärtes an. Die grösste Bewunderung brachte sie Hans Steiner und seinen Werken entgegen:

Vielleicht haben Sie die Weise, Wissende, Nachdenkende doch verstanden, dass ich Ihnen von ganzer Seele danken wollte und Ihnen meine Bewunderung sagen wollte der Bilder welche Herr Steiner durch Fotografie zustande bringen kann, was man gar nicht für möglich hielte und nicht überall im gleichen Grad ist.

Sie lobte Änni Steiner für ihre Familie:

Ihnen zu sagen wie deutlich es sich mir offenbart, dass Sie die Betreuerin die Priesterin sind der kleinen Oase Steiner – und wie dankbar ich meinem Geschick (oder dem Allmächtigen oder dem Schicksal) bin – daran vorbeigekommen zu sein noch so spät in meinem Leben, und da Halt machen kann von Zeit zu Zeit.

Die Tochter Suzette verzückte Madame de Meuron aufgrund ihrer Schönheit – vielleicht erinnerte die Unbeschwertheit sie an ihre eigenen Jugendjahre:

Ihre Tochter sah ich bei Loeb schöner denn je, aber sagen Sie es ihr besser nicht, sie ist noch jung und relativ unverdorben mit ihrem lieben Gesicht. Das Leben, das ihr wartet, kennt man nicht.

Madame de Meuron bewegte sich mit Steiners auf der herzlichen, feinfühligen und künstlerischen Ebene, die ihr zusagte, ohne je Teil davon zu werden.

Auf die Frage, was Hans Steiner von Madame de Meuron hielt, meint Züsi Widmer-Steiner: «Viele in ihrer Umgebung lachten über Madame de Meuron – natürlich nur hinter ihrem Rücken – oder nutzten sie aus. Wenn etwa Grenzzäune einer Weide zwischen zwei Bauernbetrieben repariert werden mussten, erhielt immer sie die Rechnungen, weil es hiess: Die hat ja viel Geld. Mein Vater war voller Lebenslust, war in der Seele hochsensibel und passte eigentlich nicht zu meiner autoritären und oft auch harten Mutter. Elisabeth de Meuron war meinem Vater viel ähnlicher. Sie spürte seine Feinfühligkeit, er schätzte ihre Teilnahme, ihr Interesse und vor allem ihre Wertschätzung auch für seine Arbeit. Für meine Mutter war er ein einfacher Fotograf, vielleicht hätte sie lieber einen Universitätsprofessor geheiratet, der gesellschaftlich mehr gegolten hätte.»

Viel habe ich an diesem Nachmittag gehört und gelesen und bin einmal mehr ins Staunen geraten: Elisabeth de Meuron war eine exzellente Reiterin – im Damensattel. Davon hatte sie Hans Steiner erzählt. Warum sie dies weder an ihren Concours noch gegenüber Barbara Staub erwähnte, kann ich mir nicht erklären. Nachvollziehbar wird dadurch ihre Aussage, Barbara Staub werde im Alter das Interesse an der Reiterei verlieren. Die zweite Entdeckung ist, dass Madame de Meuron eine fleissige Kinogängerin gewesen war, wie sie Suzette schrieb, als sie ihr 1963 einmal im Kino begegnete:

Es ändert jetzt auch meine Kinozeit, wo ich früher hingehen kann. Diese Kinos sind nicht besonders gut in den letzten Monaten, obwohl gute Schauspieler in diesen dummen Stücken spielen.

Elisabeth de Meuron hatte sich für diese «dummen Stücke» sogar fremdgeschämt:

Weil ich Suzette da wusste, kam er mir unanständig vor, was mich sonst wohl nicht schockiert hätte.

Züsi und ich verabreden uns, gemeinsam ins Musée d' Elysée zu reisen, um den Nachlass von Hans Steiner nach Fotografien zu durchforsten. Züsi Widmer-Steiner hat nur noch wenige Werke ihres Vaters. Am Abend gehe ich noch einmal alle Briefe durch – und es scheint mir, als äussere sich Madame de Meuron, um hier das letzte Wort zu haben. Sie streift viele Themen, die im Buch angeschnitten werden, Fragen, die offen geblieben sind, kommentiert sie, ohne eine direkte Antwort zu geben.

Sie schildert, wie sie über den Suizid ihres Sohnes hinweggekommen war:

24. 1. 1970 ... Gestern war der Todestag meines Sohnes 1939 vor dem Krieg: Selbstmord weil er unheilbar krank eine Art Epilepsie ohne starke Anfälle – von Geburt an aber sehr wenig, kam mit den Jahren war bei klarem Verstand erlöste sich von unwürdigem Leben sehr korrekt angezogen an einem Sonntag mit seiner Ordonnanz-Pistole, er war 29jährig Kavallerie 1 Ltn.

Die Welt schien mir im Untergang aber es erlöste ihn und erlöste mich – es war zu schrecklich dem erbarmungslosen Verfall körperlich und geistig machtlos gegenüber zu sein – das Leben ging weiter es kam der Krieg mit Einquartierungen in Amsoldingn und Rümligen und mein Sohn hätte zum ersten Mal nicht mehr Dienst machen können weil viel zu krank.

Der Tod erschien ihr rückblickend als Erlösung, als einzig gangbarer Weg aus einer unheilbaren Krankheit. Diese Krankheit hatte sie ihren Nachfahren gegenüber nie erwähnt. Ebenso wenig, wie sie ihnen erklärt hatte, weshalb sie ausgerechnet ihr Elternhaus als einziges dem Kanton veräusserte. Steiners schrieb sie:

1882 im Münsterplatzhaus geboren wurde und mit kurzen Unterbrechungen bis 1928 gelebt habe als ich es dem Kanton verkaufte, welcher es seit Jahren wünschte um den Münsterplatz ringsum zu besitzen. Die Fassade, welche ich verkauft geht noch bis hinter den Moses-Brunnen. Mein Herz blutete, denn mein Leben war dort, Rümligen war mir fremd, da es an einen Bruder gehen sollte, welcher verunglückte.

Ob sie dem Drängen des Kantons nachgegeben hatte, um ihre Eltern und all die Erinnerungen loszulassen, wird nicht klar. Deutlich aber wird, wie gross und schwer der Schritt war, nach Rümligen zu ziehen.

Eindrücklich sind die Schilderungen ihrer Jugend. Sie zieht Parallelen zwischen der zwanzigjährigen frischverliebten Suzette.

Die Jugend ist so zart wie Blumen. Von innen und aussen kann etwas verletzt werden. In meiner Familie wird auch so viel im Geheimen verletzt worden sein.

Mit diesen Zeilen beschreibt sie, was in den Briefen und Karten ihrer Jugend fehlte: die subtilen, kleinen Verletzungen, die sich summiert haben zu einem Leben voller Enttäuschungen und Irrwege.

Wegen nichts bin ich auch nicht zu dem geworden wie Sie mich sahen, es hat schon etwas dazu gebraucht mich so zu verändern, auch Sie müssen einsam da durch.

Während bei Steiners in Madames Augen viel Gutes und Schönes lebte, fehlte ihr dies bei ihrer Familie.

Bei mir ist deutlich «das andere» – es war für meine Mutter, meinen Bruder, meinen Sohn – harte Schicksale und mir schien es auch mich und meinen Vater erwischt zu haben – ... es war wie ein Fluch auf uns allen ...

Ein Fluch lastete auf der Familie, nicht erst auf ihrem Leben, auch auf demjenigen ihres Vaters, ihrer Mutter, ihres Sohnes. 1962 ahnte sie noch nichts von der Krebserkrankung ihrer Tochter. Trotz ihres Fazits erging sich Elisabeth de Meuron nicht in Selbstmitleid. Sie erkannte auch ihre Privilegien:

Auf der anderen Seite war ich von Dingen und Menschen sehr sehr verwöhnt und bevorteilt gegenüber anderen Menschen, mein Lebenlang.

OBJEKTE AUS DEM NACHLASS
VON FRAU ELISABETH
VON MEURON-VON TSCHARNER

INVENTAR AUS ALTEM ZÜRCHER HAUSE

SPITZENSTÜCKE AUS BERNER, SOLOTHURNER,
FRIBOURGER UND BASLER ERBSCHAFTEN

GROSSE AUKTIONEN

12. NOVEMBER BIS 28. NOVEMBER 1981
UND 3. BIS 5. DEZEMBER 1981

GALERIE JÜRG STUKER AG BERN (SCHWEIZ)

Titelbild des Katalogs zur Auktion des Nachlasses von Madame de Meuron, 1981
Foto: zvg

Der kleine Kerzenstock

(Kurt Aeschimann)

Es ist November. Kurt Aeschimann und ich steigen aus dem Bus Nr. 10 bei der Station Rosengarten aus. Statt durch das Tor in den prächtigen Park einzutreten und die Aussicht auf die Altstadt in der Aareschleife zu geniessen, die das Münster umringt, biegen wir in eine Strasse ein und gelangen nach einigen Hundert Metern links auf einen grossen Platz. Autos rollen knirschend über den Kies, ein Range Rover mit Waadtländer Nummernschild neben Genfer oder Zürcher Wagen.

Von der Bushaltestelle nähern sich Frauen in langen Mänteln. Mächtige Buchen und Platanen säumen den Parkplatz, er füllt sich mehr und mehr, an Sonntagen sei es schlimmer, meint Aeschimann, da herrsche vor der Türöffnung stets ein grosses Gedränge. Er hat selbst auch schon Bilder oder Möbel in die Auktion des Traditionshauses Stuker geliefert. Für alle, die etwas verkaufen wollten, werde ein Apéro spendiert – mit persönlicher Einladung.

Wir betreten zuerst einen Pavillon, ein schmuckes altes Gebäude mit zwei Stockwerken, gefüllt mit modernen Gegenständen, früher hingen hier Teppiche, Bücher und Plakate, im Untergeschoss wurde eine historische Waffensammlung gezeigt.

Das alte Haus, das Hauptgebäude, wurde durch einen modernen Kubus ergänzt, der Fenster hat. Ein früheres Provisorium war fensterlos, erinnert sich Aeschimann. Am Eingang können wie im Theater gegen eine Nummer die Mäntel abgegeben werden. Im Gang steht das Personal erwartungsvoll, die Frauen im Deux-Pièce, die Männer im Anzug, alle tragen Namensschilder. Sie stehen bereit, Auskünfte zu geben oder weiter zu helfen. Es türmen sich Kataloge. Je einen für Möbel, einen für Schmuck, einen für Asiatika. Früher war alles in einem einzigen dicken Katalog gesammelt. Aus dem Innern dringen gedämpft Gespräche.

Kurt Aeschimann überreicht mir einen Plastiksack mit dem zweieinhalb Kilogramm schweren Katalog von 1981. Eine Ente ziert das Werk, eine Strassburger Deckelterrine, eines der «Objekte aus dem Nachlass von Frau Elisabeth von Meuron-von Tscharner». Ich schmunzle. Die Bitte von Madame de Meuron, das «de» nicht mehr mit «von» zu übersetzen, weil das rechtlich nicht mehr zulässig sei, da das «de» kein Adelsprädikat mehr ist, sondern ein Namensbestandteil, hat das Auktionshaus nicht erreicht.

Aeschimann wohnte damals der Auktion bei. Als Redaktor der «Tagesnachrichten» war er einige Male in Rümligen zu Besuch und verfasste Beiträge zu den Geburtstagen von Elisabeth de Meuron. Zuletzt waren sie zusammen an ihrem 85. Geburtstag 1967 auf den Turm in Rümligen gestiegen, um die Aussicht zu bewundern. Zum Begräbnis war er nicht eingeladen worden, wie die meisten aus ihrem Freundes- und Bekanntenkreis.

Die Auktion von Elisabeth de Meurons Nachlass bot, da sie öffentlich und für alle zugänglich war, einen Ersatz. Die Werbung für die Auktion kam einer Einladung zu einer Abschiedsfeier gleich. Viele Bekannte von Madame de Meuron pilgerten zu diesem Anlass. Auch Aeschimann – nun nicht mehr Zeitungsjournalist – besuchte die Auktionstage zwischen dem 12. und 28. November 1981, um in Gesellschaft ihrer zu gedenken.

Auf meine Bitte nun begleitet er mich als Rentner 2015 zu einer Auktion bei Stuker, 34 Jahre nach derjenigen unter anderem mit dem Nachlass von Madame de Meuron. An den Wänden hängt Bild an Bild, am Boden liegt Teppich an Teppich, Möbel stehen dicht an dicht. Trotz allem herrscht keine Trödelmarkt-Atmosphäre, die Stimmung ist andächtig, fast feierlich.

Früher trennten keine Stellwände den Raum, es war ein einziger grosser Saal. Aus einer leicht erhöhten Etage, die in den alten Hausteil der Villa führte, gelangten die Objekte zur Präsentation auf eine Art Bühne. Auf diesem Podest wurden sie zum Verkauf präsentiert.

Wir betreten den alten Hausteil mit wunderbaren Stuckaturen an Decke und Wänden und einem Zimmer mit Erker: Durch die Fenster zeigt sich die Aussicht auf die Altstadt und das Münster, auf die Häuser von Elisabeth de Meuron. Wir bleiben stehen, blättern im alten Katalog. Jürg Stuker, die Führung des Auktionshauses lag in den Händen seiner Nachkommen, hatte damals das Vorwort verfasst:

Über Frau von Meuron soll und muss in diesem Katalog etwas gesagt werden. Und zu dieser Aussage fühle ich mich in doppelter Weise verpflichtet und berufen: Erstes habe ich Frau von Meuron persönlich gekannt, und zweitens oblag mir die Pflicht – und auch die Verantwortung – ihren unüberblickbaren Nachlass zu schätzen und unter ihren beiden Enkelinnen so gerecht wie möglich aufzuteilen. […] In meinem Leben habe ich viele «grosse Häuser» liquidiert und hochbedeutende Sammlungen versteigert. Nur die Tatsache, dass Frau von Meuron ihre eigene Generation um Jahrzehnte überlebte, stellte uns vor eine Anhäufung an Kunstbesitz, die es nirgendwo anders mehr gibt.

Zwei Sommer lang hatte er den Nachlass gesichtet, «ein grandioses Schlussbukett meiner ganzen beruflichen Laufbahn».

Mit diesen Worten gedachte Jürg Stuker Madame de Meuron, wie er sie gekannt und erlebt hatte. Der Katalog wird Aeschimann zu schwer, um ihn im Stehen zu lesen, er klappt das Buch zu und wir schlendern weiter.

Die grosse Flügeltür führt in einen Seitenraum, an einer Stange sind Kleider aufgereiht, auch diese werden versteigert. Kurt Aeschimann zeigt den Gang entlang. Es gab eine abgetrennte Cafeteria, in der das Publikum Kaffee trinken, rauchen und verweilen konnte. Über eine Gegensprechanlage wurden die Nummern der Versteigerung durchgegeben, damit niemand etwas verpasste. Diese Cafeteria gibt es nicht mehr.

Es reicht nicht, geradeaus zu blicken, die Decke und Wände sind voller Lampen, Leuchter in allen Farben und Formen, am Boden liegen Teppiche aller Art. «Englische Schule – ein Reiter auf einem Pferd, geschätzt wird der Preis zwischen 18 000 und 25 000 Franken.» Das Bild trägt die Nr. 2055.

Die Gegenstände werden von fachkundigen Kunsthistorikern begutachtet, sie legen den Schätzpreis fest. Die sehen alle Haare in der Suppe, meint Aeschimann, auch Mängel, die den Besitzern bisher gar nicht aufgefallen waren. Stockflecken auf den Bildern etwa. Wird zum Schätzpreis verkauft, hat man Pech. Liebhaber oder Kenner können sich auch um ein Stück reissen, dann schnellen die Preise in die Höhe – wenn das Objekt den angesagten Stil, die Farben oder Mode trifft. Ein Zehntel des Erlöses erhält das Auktionshaus.

1981 führte Ulrich Haldi die Auktion durch. Er, der als junger Mitarbeiter des Stuker Auktionshauses einige Kupferstichblätter bewerten musste, Madame de Meuron hatte diese als «minder» taxiert. Doch Haldi erkannte den Wert und nannte ihr einen realistischen Preis. Erstaunt über seine Ehrlichkeit meinte sie: «Sie sind ein schlechter Kaufmann.» Als Dank lud sie ihn zur nächsten Springkonkurrenz ein. Deshalb beauftragte Jürg Stuker Ulrich Haldi, Madames Nachlass zu versteigern.

Der Schmuck liegt zur Ansicht in einem fensterlosen, extra dafür hergerichteten Raum. Rundum stehen Glasvitrinen, von der Decke zum Boden bis in die abgewinkelten Ecken belüftet und beleuchtet. Die Mitte bilden schwere Tische mit Glasplatten. Wer etwas näher betrachten will, wendet sich an die Mitarbeitenden, damit sie die Vitrinen aufschliessen. An den Wänden thronen kostbares Porzellan und Uhren, zudem Antik-Masken.

Aeschimann schaut sich um, sucht erfolglos nach der Asiatik-Abteilung. Eine Treppe führt ins Untergeschoss. Tische, Schränke mit Geschirr und Puppen, Spielsachen, Schaukelpferde, Puppenstuben, Krämerläden stehen bunt durcheinander. Diese Gegenstände wispern Geschichten, ich möchte stehenbleiben und lauschen. Aeschimann zieht mich weiter, wir tauchen aus dem Untergeschoss auf und betreten den Saal; in einer Viertelstunde beginnt die Auktion. Menschen reihen sich wie Perlen auf die braunen Holzstühle mit metallenen Füssen und blauen Sitzkissen ein. Die Möbel warten an der Seite auf ihren Auftritt. Beigenweise liegen Kataloge bereit, «Ansichtsexemplar» ist auf die Seiten gestempelt. Grosse Monitore zeigen die Verkaufsstücke, nur auserlesene Stücke werden noch auf der Bühne präsentiert.

Wir blättern wieder im alten Katalog:

Im Laufe der Jahre entwickelte sich zwischen Elisabeth de Meuron und mir eine merkwürdige Art von Hass-Liebe; im Grunde genommen mochten wir uns gegenseitig gut. Sie hatte viel Sinn für Witz und Humor, sie wusste zu antworten, zu treffen, und war bis ins höchste Alter geistig unwahrscheinlich rege und oft fast gefährlich schlagfertig. Meinem gewählten Beruf stand Frau von Meuron höchst skeptisch gegenüber. Antiquitäten besass man; man erbte sie bestenfalls – aber man kaufte sie doch nicht! Kunstwerke – die sie in Unmengen besass – wusste sie nicht zu bewerten. […] Zu meinem Freund Adolf Wildbolz äusserte sie sich (sie muss – in Hinblick auf den vorliegenden Katalog – wahrlich einen hellseherischen Moment gehabt haben): «I ma dr Stuker ganz gärn, und er isch geng sehr fründlech zu-mer. Aber er isch mer unheimlech. I frage mi, ob är wäge mir sälber fründlech isch oder ob er bloss uf myni Ouktion wartet.»

Elisabeth de Meuron besass, wovon ich mich bereits mehrere Male überzeugen konnte, ausgezeichnete Menschenkenntnis.

Das Podium ist aufgebaut, mit blauem Stoff abgedeckt. Verziert mit Blumengestecken und Tannenzweigen – es ist nicht mehr Herbst, aber auch noch nicht Advent.

Neben den Stuhlreihen wird ein alter Sekretär aufgeklappt, ein feiner Herr mit weissem Haar, so habe ich mir immer Fritz de Meuron vorgestellt, nimmt einen Stift aus dem Sekretär und klappt ihn wieder zu. Zigarettenrauch hat sich an Kleider gehängt.

«Ich begrüsse Sie, heute kommen die Asiatica zum Ausruf», ruft der Auktionator und informiert, morgen früh, ab 8 Uhr, bis und mit Freitag können ersteigerte Gegenstände abgeholt werden.

4001 Stehende Figur, 750 Franken. Niemand meldet sich, niemand bietet.

Die Figur verblasst auf dem Bildschirm.

Die nächste erregt grösseres Interesse. Am Telefon ist ein Bieter zugeschaltet, 1500 Franken. Die Mitarbeiterin streckt stellvertretend elegant die Hand hoch. Zwei Angestellte im Jackett überwachen an beiden Seiten der Sitzreihen die Auktion, damit keine Handmeldung übersehen wird. Der Ausrufer hat einen kleinen Holzhammer, aus hellem Holz gedrechselt, mit einem durchdringenden Ton, wenn er auf den Tisch aufschlägt. Im Publikum sitzen viele Asiaten. Der Saal füllt sich zusehends. Zusätzlich ist eine Mitarbeiterin auf der Treppe postiert, um den Raum und die Bietenden von oben zu überblicken. Der Ausrufer nennt Objekt, Ort, Stil und den Anfangspreis.

Dann zum ersten, zum zweiten und zum dritten.

Ein Tisch wird von 2700 auf 11 000 Franken hochgeboten. Beginnt das Bieten, jagen die Preise meist schnell in die Höhe. Die 300er-Schritte werden zu 500er-Schritten, je höher der Preis, desto grösser die Stufen. Nun geht es in 1000er-Schritten. Eine zweite, dritte, vierte Telefonleitung wird zugeschaltet. Der Ausrufer spricht mit ruhiger Stimme, es ist keine Jahrmarkt-Atmosphäre, keine Anpreisung, es bleibt nüchtern. Hinter dem Vorhang tritt ein Mitarbeiter mit Mobiltelefon am Ohr auf die Bühne und bietet mit. Eine Deckeldose wird von 200 auf 2400 Franken gesteigert.

«Deux milles quatre cent» – der Auktionator wiederholt die Zahlen auf Französisch. Er hält in der einen Hand den Hammer, in der anderen einen schwarzen Stift. Vor ihm steht unberührt ein Wasserglas.

Weitere Mitarbeiterinnen auf dem Podium arbeiten am Computer. «Five hundred», auch auf Englisch werden Preise ausgerufen. Wohl je nach Klientel. Gemurmel im Saal. Der Auktionator weist mit einer feinen Handbewegung auf den Höchstbietenden. Viele Anwesende sind betagt, gehen an Krücken oder Stöcken. Auf einem Gemälde im Hintergrund posiert ein Reiter mit Pferd, blickt verträumt in den Saal, wie wenn er eine schöne Aussicht betrachtete. Daneben spiegelt sich das Sonnenlicht in einem Bild und macht es unkenntlich. Die Uhren an der Wand stehen still.

Nummer 1793. Kleiner Kerzenstock, Biel um 1740. Achtkantig, leicht gemuldeter Tellerfuss mit profiliertem Rand und ringförmiger Handhabe an palmettenförmiger Daumenrast. Darüber profilierte, runde Tülle mit breiter, dem Teller entsprechender Tropfschale. 4000.– Seltenes Formstück. Bieler Silber kommt auf dem Markt kaum vor. Aus dem Nachlass von Elisabeth de Meuron von Tscharner stammend.

So lesen wir im Prospekt von 1981. Wieviel da geboten wurde, erinnert sich Kurt Aeschimann nicht. Wir stellen uns vor, wie Madame de Meuron des Nachts mit diesem Kerzenständer in der Hand durch Rümligen wandelte. Im Nachthemd und bei Kälte mit ihrer schwarzen Pelerine. In schlaflosen Nächten schrieb sie bis zum Morgengrauen Briefe, viele davon bei Kerzenlicht. Die Gegenstände von Elisabeth de Meuron im Katalog müssen zwischen Objekten anderer Verkäufer gesucht werden. Kleine Silberbecher, ein Deckelschüsselchen, Pfannen, Kaffeekannen, Rechauds, alles zu stattlichen Preisen. Die Deckelterrine in Entenform wechselte den Besitzer für 90 000 Franken – bei einem Schätzwert von 75 000 Franken. Dies vermeldete die Zeitung nach der Auktion, der ausgeschnittene Artikel liegt noch eingeklemmt im Katalog.

Ein sehr sonderbares Auktionsstück ist gar in meinen Besitz gelangt. Hanni Grob-Stalder, eine Besucherin einer meiner Lesungen, schickte mir eine kleine Schachtel mit türkisfarbenen Glasscherben, zwei Münzen und einer aufgeklebten Karte zu, geschrieben von Elisabeth de Meuron:

Notice 1936: contenu 1 flacon de cendre, 1 Vase? le tout volé ou trouvé dans des catacombes ou plutôt à Pompei au commencement du 19ième ciècle par ma grand-mère Anna de Werdt qui a vecu a Castellammare comme enfant et ou son père est enterré.»

Über Umwege hatte Hanni Grob-Stalder diese Fundstücke erhalten, die sie mir mit dem Vermerk weiterschickte:

Diese Schachtel aus dem Nachlass der Madame de Meuron ist an der Auktion der Galerie Jürg Stuker im November 1981 versteigert worden. Im Auktionskatalog war sie mit einem Wert von 150 Franken aufgeführt. Ersteigert hat sie die Enkelin der Madame de Meuron, Frau von Stockar.

Diese soll die Schachtel einer Garderobiere der Galerie verschenkt haben – nun steht sie in meinem Büchergestell.

Eines sei noch deutlich erwähnt: Nie wieder in unserem Lande werden grosse und kleine Dinge zu kaufen sein, die dermassen «den Stempel der Echtheit» aufweisen. Kaum je kommen noch Werke auf den Markt, die aus Häusern stammen, welche während Jahrhunderten keine Handänderung erfahren haben.

So schrieb Jürg Stuker in seinem Vorwort. Bilder aus Elisabeth de Meurons Nachlass wurden verkauft. Ein Brustbildnis Gustav Adolphs, König von Schweden, Wappendarstellungen oder aber Johannes Dünz' «Die Wachstube der Affen. Um zwei Tische gruppiert vergnügen sich bunt kostümierte Affen bei Kartenspiel, Wein und Tabak. Dieses Werk aus dem Nachlass von Meuron-von Tscharner ist sicherlich eine bernische Replik nach David Teniers und diente Gottfried Mind als Vorlage für sein Blatt ‹Corps des Singes›. 36 000 Franken.»

Die Stuhllehnen biegen sich leicht zurück. Dank der blauen Kissen lässt sich die Atmosphäre einer Schulaula vertreiben. Der Parkettboden hat Kratzspuren und eine dunkle Färbung vom Abrieb der Schuhsohlen. Die Wände sind weiss, die Vorhänge, die das Licht von aussen fernhalten, schleppend schwer und grau. Eine Mitarbeiterin streckt am Telefon nur einen Finger in die Höhe, eine anderen hebt die Hand fast mechanisch, wie die chinesischen «Winkekatzen». Elegant sind sie alle. Nummer, Name, Beschreibung, Stil, Alter, Preis – monoton in fester Reihenfolge.

In Gedanken schweife ich zurück, male mir in meiner Phantasie die Auktion von 1981 aus. Sitzt dort nicht Maria Gfeller? Sie hält ihre Handtasche auf dem Schoss, ihre Sonntagskleider heben sie dennoch ab von den eleganten Damenroben. Sie beobachtet interessiert das Treiben, notiert hat sie nichts, nie würde sie eine Kaffeekanne für 4000 Franken kaufen. Darüber kann sie nur staunen. Sie geniert sich etwas, wenn sie an die Tassen denkt, in denen sie in ihrer Küche Madame de Meuron einst Tee servierte. Sie lächelt, Madame hat ihn dennoch genossen, vielleicht sogar noch mehr als zu Hause aus edlem Porzellan. Maria Gfeller bemerkt vor sich die beiden Hirschi-Brüder, Alfred und Erich. Sie stecken die Köpfe zusammen und tuscheln – vielleicht erkennen auch sie den einen oder anderen Gegenstand wieder? Ob sie Hirschis begrüssen wird, weiss sie noch nicht. Wenn es der Zufall will. Gemeinsam über Madame zu plaudern wäre schön. Maria kennt die Geschichte, welche die Brüder erzählen würden. Dieser nächtliche Mondscheinausflug hat sich ins Amsoldinger Gedächtnis eingebrannt. Maria hat nur kurz einen Blick ins Café geworfen, bevor sie zeitig im Saal Platz genommen hat. Wäre in Begleitung der Hirschi-Brüder einen Kaffee zu trinken vielleicht eine Möglichkeit? Und ist dort nicht auch Peter Moser? Seine Brüder gondelten zusammen mit Alfred Hirschi auf dem Amsoldingersee. Maria Gfeller staunt, wer alles das Bedürfnis hat, sich von Elisabeth de Meuron auf diese Art zu verabschieden. Ist Neugierde dabei? Sensationslust? Oder die Trauer um Vergangenes?

Natürlich sitzen in meinen Tagträumen auch Masshardts in den vorderen Reihen – sie besuchen die Auktionen regelmässig, aber trotzdem verfolgen sie diese Auktion fast mit Andacht. Die Gegenstände von Madame de Meuron erinnern an die Erzählungen des Vaters Walter Schneiter, an seine Jahre als Knecht in Rümligen. Sofort ins Auge sticht Verena Kuske – wäre der Rock nicht kürzer und der Hut weniger ausgefallen, für einen kurzen Moment hätte man sie mit Madame verwechseln können. Wie viel Zufall wohl in dieser Ähnlichkeit stecken mag? Die Verzierung auf dem Hut ist viel zu farbig. Immer wieder steht sie auf, bewusst hat sie sich einen Platz am Ende einer Sitzreihe gewählt, winkt diskret verschiedenen Leuten zu, unter ihrem Arm klemmt der kiloschwere Katalog, als ob er eine Zeitung wäre. Sie wirkt in der allgemeinen Ergriffenheit rastlos. Die Dame in Rot – könnte es Ines Meier sein, im Kleid der jungen Elisabeth de Meuron?

Ich stelle mir auch den Komponisten Jürg Wyttenbach in dieser Runde vor. Erfolglos, denn das ist nicht seine Welt, er hätte wohl kein Bedürfnis nach einem solchen Abschied verspürt. Vielleicht hat er in der Zeitung das Inserat gesehen und dabei an das Pförtnerhäuschen und das gestohlene Hochrad gedacht. Walter Grimmer dagegen, wäre er in Bern gewesen, hätte nicht gefehlt. Einige Zuschauerinnen und Zuschauer seiner Casino-Konzerte hätte er wiedererkannt – und gerne die eine oder andere Erinnerung ausgetauscht. Vielleicht mit Hans Gurtner, der im Café sitzt und mit Barbara Staub plaudert – schliesslich kannten sich ihre Eltern von der Armenanstalt in Kühlewil her. Die beiden stehen ab und zu in der Tür des Auktionssaals, um dem Bieten zu lauschen. Otto Bienz hatte von der Auktion gehört – ohne dass es sein Interesse geweckt hätte. Ihn faszinierte die Person, weniger das Drum und Dran. Kiesewetter, ja, der war selbst schuld, dass er diese Veranstaltung verpasste – nicht einmal davon wusste. Madame hatte ihm ja davon abgeraten, in die Ostschweiz zu ziehen.

Sie war für ihre Nächsten und für ihre Umgebung kein bequemer Mensch; sie wollte es auch gar nicht sein. [...] Eine von ihr gefasste Meinung blieb unverrückbar (und so kam es, dass oftmals Gutgewillte unbeachtet blieben, dieweil sich Unwürdige ihrer Freundschaft zu versichern wussten).

Wen Jürg Stuker wohl damit meinte? Er, der in direkter Nachbarschaft an der Junkerngasse lebte – «sonnseitig», wie sie es nannte – und auch in Gerzensee in Nachbarschaft zur Familie ihres Mannes Fritz de Meuron. Hatten Stuker und Elisabeth de Meuron das gleiche Verständnis von «Würde»? War es wohl in ihren Kreisen üblich, Freundschaften mit Menschen aus so verschiedenen Gesellschaftsschichten zu pflegen, so wie es Elisabeth de Meuron lebte? Wen hätte er sich wohl als Entourage von Elisabeth de Meuron gewünscht?

Mit fortschreitendem Alter wurde der Umgang mit Elisabeth von Meuron schwieriger. Seit sie mehr und mehr als Original galt, hatte man unter den Berner Lauben scharenweise ungenierte Zuhörer, wenn sie in ihrer beneidenswerten Direktheit einem die heikelsten Fragen stellte und man die erwartete Antwort in das berühmte Hörrohr brüllen musste. [...] In ihren letzten Jahren liess mich Frau von Meuron noch hie und da kommen, etwa so, wie wenn man etwa Handwerker ins Haus kommen lässt. [...] Elisabeth wollte von mir meist eine Schätzung oder einen beruflichen Rat – den sie dann prompt in den Wind schlug. Es war peinlich, traurig und bemühend, zuzusehen, wie jede noch so gut gemeinte Hilfe nicht fruchtete. [...] Bei letzten Besuchen sass man einer reichen armen Frau gegenüber, die bemerkenswert vereinsamte und die den Ballast ihres Besitzes mit fast hundert Jahren nicht mehr zu überblicken vermochte.

Ich klappe den Katalog zu. Elisabeth de Meuron hatte die Konventionen ignoriert – und den Auktionator so behandelt, wie sie es für nötig befand. Sie war keine alte, verbitterte Frau, sondern blieb mit ihren Freundinnen und Freunden bis zum Schluss herzlich verbunden.

Nun verabschiede auch ich mich von Elisabeth de Meuron. Ihre Bekannten, ihre Freundinnen und Freunde haben mir unterschiedliche Lebenswelten des letzten Jahrhunderts erschlossen; den Alltag von Pächterfamilien, den Werdegang von Musikern und Komponisten, die Motivation eines Gerichtspsychiaters, Frauenbiografien von Wiedereinsteigerinnen, von selbständigen Künstlerinnen oder von der «Frau Professor» als Helferin und Ehegattin. Diese Verbindungen haben mich aber in erster Linie Elisabeth de Meuron nähergebracht. Ihre Freundschaften offenbarten viele mir neue und überraschende Seiten ihrer Persönlichkeit und Wendungen ihres Lebens.

Ich konnte mitverfolgen, wie Elisabeth de Meuron den Schritt in die moderne Zeit schaffte, wie sie Frauen unterstützte, damit diese erreichten, was ihr nicht geglückt war. Ich erlebte ihre Bewunderung für eigenständige Frauen, Künstlerinnen und Musiker. Sie schöpfte aus den Kontakten Kraft und labte sich am Leben ihrer Bekanntschaften, einige liess sie hinter ihre Fassade blicken. So wie sie ihre Freundinnen und Freunde in die spriessende Welt hinter die trutzigen Mauern von Rümligen lud, so öffnete auch sie sich gegenüber ihren Vertrauten. Zutage trat eine feinfühlige, engagierte, bis ins hohe Alter interessierte Frau, die sich dort einsetzte, wo sie es für nötig befand: Sie half einzelnen Menschen, setzte sich für einen See ein, wollte möglichst perfekte Kreaturen züchten, mischte sich in die Dorfpolitik ein, spannte den Bogen zu eidgenössischen Themen und unterstützte Künstlerinnen und Studenten in ihrem Werdegang. Als Gegenleistung nahm sie Anteil an deren Leben. In ihrer Familie hatte sie versagt – diese Schuld suchte sie in ihren Freundschaften gutzumachen.

Beim Ausgang steht ein Buffet mit Orangensaft und Wasser bereit. Stöckelschuhe klappern auf dem Parkett. Fragile Kunstgegenstände werden in Seidenpapier gewickelt, das Klebeband heult beim Abspulen. Eine rote Katze sitzt auf dem Kiesplatz an der Sonne. Hat nicht eben Mary Lienhard ihr beim Vorübergehen über den Kopf gestrichen? Die Sonne wühlt im Nebel, der Münsterturm sticht hervor.

Zu Hause liegt in einem Couvert eine Karte, die mir der Berner Frauenarzt Ferdinand Oberholzer zugeschickt hat. Auch er war ein Mieter von Elisabeth de Meuron an der Junkerngasse 9. Die Karte zeigt ein Porträt von Elisabeth als schöne, junge Frau. Das Originalbild hing in ihrem Schlafzimmer in Rümligen. 1910 posierte sie, 28-jährig, im schulterfreien weissen Kleid, mit Perlenkette und einem auffälligen Ring mit einem grossen Edelstein an den schlanken Fingern – es muss ihr Ehering gewesen sein, denn sie war bereits verheiratet und trägt auf dem Bild sonst keinen anderen Ring. Sie schaute den Maler – und jetzt die Betrachterin direkt an – selbstsicher, gelassen und zufrieden. Dieses Bild gefiel ihr und gleichzeitig erfüllte es sie mit Wehmut.

Das habe ich geglaubt zu sein und das war ich.

Schön, wie sie ihre Befindlichkeit beschrieben hat. Über ihr Alter und den Tod schrieb sie als letzten Satz:

Seien Sie ohne Sorge, ich bin schon oft da gewesen.

Porträt der 28-jährigen Elisabeth de Meuron, 1910
Foto: zvg

Ebenfalls bei Zytglogge erschienen

Karoline Arn
Elisabeth de Meuron-von Tscharner (1882 – 1980)
Der Wunsch der Löwin zu fliegen
ISBN 978-3-7296-0885-6

Elisabeth de Meuron-von Tscharner – als Berner Original ist sie in die Geschichte eingegangen. Anekdoten und träfe Sprüche werden ihr zugeschrieben, die schwarzen Kleider, grossen Hüte, das verbeulte Hörrohr und ihre weissen Windhunde bleiben in Erinnerung. Ihr Auftritt jedoch – eine grosse, gelungene Maskerade – und ihre Erscheinung sind nur auf den ersten Blick schwarz-weiss.

Karoline Arns Bestseller über eine faszinierende Persönlichkeit liegt in der 5. Auflage vor.

Ebenfalls bei Zytglogge erschienen

Franziska Streun

Die Baronin im Tresor

Betty Lambert – von Goldschmidt-Rothschild – von Bonstetten

ISBN 978-3-7296-5041-1

Das Leben der aus der Brüsseler Lambert-Bankiersfamilie und der Pariser Rothschild-Dynastie stammenden Baronin spiegelt die Geschichte des 20. Jahrhunderts wider. Die jüdische Adlige floh nach dem Ersten Weltkrieg von Frankfurt am Main in die Schweiz und lebte jahrzehntelang auf dem Bonstettengut in Thun/Gwatt. Dort hielt sie Hof, empfing das internationale Geistesleben und half Verfolgten auf der Flucht vor dem Nationalsozialismus.

Die Romanbiografie über Betty Lambert liegt in der 5. Auflage vor.

Ebenfalls bei Zytglogge erschienen

Margret Greiner
Sophie Taeuber-Arp
Der Umriss der Stille
ISBN 978-3-7296-5002-2

Die Romanbiografie zeichnet auf der Grundlage intensiver Recherche, auch bisher unveröffentlichter Briefe, in romanhaften Szenen das Bild einer kraftvollen Künstlerin, verbindlich als Mensch, kompromisslos in ihren ästhetischen Ansprüchen.

Hans Arp beschrieb seine Frau als engelsgleiches Wesen und hob sie in den Himmel – Margret Greiner zeigt, dass sie durchaus von dieser Welt war, lebenspraktisch, unerschrocken und von grosser Klugheit.

Ebenfalls bei Zytglogge erschienen

Marianne Künzle
Uns Menschen in den Weg gestreut
Kräuterpfarrer Johann Künzle (1857 – 1945)
ISBN 978-3-7296-0952-5

Johann Künzle ist neben Sebastian Kneipp der bedeutendste Kräuterpfarrer im deutschsprachigen Raum. Er gehört zu den Wegbereitern der modernen Pflanzenheilkunde.

Marianne Künzle, trotz Namensgleichheit nicht mit dem Pfarrer verwandt, widmet sich in ihrem sorgfältig recherchierten Roman den bedeutsamen Jahren von Künzle und zeichnet ein vielschichtiges Bild des umtriebigen Pfarrers, der politischen Debatte, die sein Schaffen auslöst, und einer bewegten Epoche.

Ebenfalls bei Zytglogge erschienen

Beat Hüppin
Donetta, der Lichtmaler
ISBN 978-3-7296-0992-1

Es war ein spektakulärer Fund, als man Ende der 1970er-Jahre 5000 Glasplatten des Tessiner Wanderfotografen Roberto Donetta (1865 – 1932) entdeckte. Die dokumentarische Kraft und die ganz eigene Bildsprache seiner Arbeiten, so ist sich die Fachwelt einig, machen ihn zu einem grossen Pionier der Fotografie.

Beat Hüppins Roman zeichnet ein facettenreiches, lebendiges Bild eines Mannes, der ganz für seine Leidenschaft lebt und keine Opfer scheut, dieser nachzugehen.

Ebenfalls bei Zytglogge erschienen

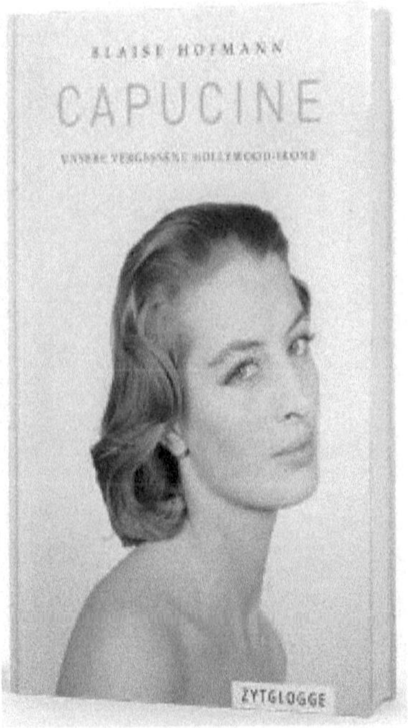

Blaise Hofmann
Capucine
Unsere vergessene Hollywood-Ikone
ISBN 978-3-7296-5032-9

In den 1950er-Jahren stieg die junge Französin Capucine vom gefragten Pariser Mannequin rasch zum Hollywood-Star auf. Sie drehte an der Seite von John Wayne, Peter Sellers, Romy Schneider und genoss ihr glamouröses Leben, das 1990 in Lausanne tragisch endete.

Der Waadtländer Autor Blaise Hofmann nimmt uns mit auf seine Spurensuche nach dieser faszinierenden Frau. Barbara Traber hat ihre Geschichte aus dem Französischen atmosphärisch dicht übertragen.

Ebenfalls bei Zytglogge erschienen

Therese Bichsel
Anna Seilerin
Stifterin des Inselspitals
ISBN 978-3-7296-5046-6

Bern im 14. Jahrhundert: Kaum der Kindheit entwachsen, wird die Halbwaise Anna von ihrem Vater Peter ab Berg mit dem Kaufmann Heinrich Seiler verheiratet. Als ihr Mann vor der Zeit stirbt, muss sie sich als reiche, junge Witwe in der aufstrebenden Stadt behaupten. Als Bern von der Pest heimgesucht wird, trifft sie eine weitreichende Entscheidung.

Der historische Roman über die Gründerin des Berner Inselspitals Anna Seiler, genannt Seilerin, liegt in der 3. Auflage vor.